누구나 쉽게 배우는

딥러닝
스타트

박동규

dongupak@gmail.com

저자는 '널널한 교수의 코딩 클래스' 유튜브 채널을 운영 중이며 파이썬, C, 자바, Swift 등의 프로그래밍 언어와 자료구조, 알고리즘, 머신러닝, 딥러닝, 인공지능 관련 강좌를 400개 이상 업로드하였다. 저서로는 《누구나 쉽게 배우는 인공지능 스타트》, 《으뜸 파이썬》, 《따라하며 배우는 파이썬과 데이터 과학》, 《으뜸 머신러닝》, 《으뜸 데이터 분석과 머신러닝》, 《자바 3D 프로그래밍》 등이 있다. 가장 최근에는 2022년에 출간된 저서인 《누구나 쉽게 배우는 인공지능 스타트》가 '2023년 세종도서' 학술부문도서로 선정되었다. 또한 2020년에 출간된 저서인 《으뜸 파이썬》은 '2020년 세종도서' 학술부문도서로 선정된 바 있다.

- 1993年 부산대학교 전자계산학과 이학사
- 1996年 부산대학교 전자계산학과 이학석사
- 1999年 부산대학교 전자계산학과 이학박사
- 2002年~현재 창원대학교 정보통신공학과 교수
- 2021年 부산대학교 컴퓨터 및 정보통신연구소 객원교수
- 2007年 미국 카네기멜론대학교 방문교수
- 2012年 미국 텍사스A&M대학교 방문교수
- 2023年 IEEE Busan Section Chair
- 창원대학교 정보전산원장, 창원시 스마트모바일 앱센터장 역임

누구나 쉽게 배우는
딥러닝 스타트

인쇄 2023년 12월 05일 초판 1쇄
발행 2023년 12월 15일 초판 1쇄

지은이 박동규
발행인 채희만
기획편집팀 임민정, 임유리, 강미연 | **마케팅팀** 한석범, 성희령 | **경영관리팀** 이승희
발행처 INFINITYBOOKS | **주소** 경기도 고양시 일산동구 하늘마을로 158, 대방트리플라온 C동 209호
대표전화 02)302-8441 | **팩스** 02)6085-0777

도서문의 및 A/S지원
홈페이지 www.infinitybooks.co.kr | **이메일** helloworld@infinitybooks.co.kr

ISBN 979-11-92373-28-7 | **등록번호** 제 2021-000018호 | **판매정가** 30,000원

머리말

최근 몇 년 동안 인공지능은 우리 사회 전반의 여러 분야에서 혁명적인 변화를 만들어 내고 있습니다. 특히 2022년 출시된 ChatGPT의 등장과 미드저니를 비롯한 생성 인공지능은 특정 분야에서 인간의 능력을 능가하는 모습을 보이며 큰 사회적 파장을 일으켰습니다.

인공지능이라는 기술은 1950년대에 등장한 기술로, 70여 년의 역사를 가지고 있으나 이 기술이 혁명적인 기술로 인정받고 자리를 잡게 된 것은 최근 10여 년가량입니다. 오랜 기간 동안 기술적 돌파구를 찾지 못하고 정체되었던 인공지능 기술의 문제점을 해결한 돌파구가 된 것은 '딥러닝'이라는 기술입니다.

ChatGPT나 알파고, 생성 인공지능, 추천 시스템 등 우리가 사용하는 대부분의 인공지능 기술은 심층 신경망을 효율적으로 학습시키는 딥러닝 기술을 이용하고 있습니다. 하지만 딥러닝 기술이 실제로 어떤 원리로 어떻게 실행되는지 알기 쉽게 설명하는 책은 부족합니다. 그 이유는 이 기술의 아래에 다양한 최적화 기술과 미분, 편미분과 같은 다소 복잡한 수학적 원리가 숨어있기 때문입니다.

이 책은 딥러닝을 처음 접하는 독자들에게 복잡한 딥러닝의 원리를 최대한 단순하게 전달하고자 작성되었습니다. 그러나 딥러닝의 수학적 내용이나 복잡한 알고리즘에 대한 설명을 피해서 수박 겉핥기 식의 내용으로 기술하지도 않습니다. 이 책은 딥러닝의 기초 원리만 간단한 식으로 설명하여 어려움을 피하는 방식이 아닌, 그 기술의 핵심 원리와 응용 분야를 직관적으로 이해할 수 있게 설명하였습니다. 특히 학습자를 위한 도전 문제와 이해도를 확인할 수 있는 다양한 주관식, 객관식, 코딩 문제들이 제공되고 있습니다. 이러한 문제들을 하나씩 풀어 간다면 어렵게 보였던 딥러닝의 원리를 이해할 수 있을 것이며 다양한 응용 능력을 가지게 될 것입니다.

이 책은 시각적인 자료를 통해서 딥러닝을 설명하고자 노력하였습니다. 다소 어려운 내용이라도 시각적인 설명이 더해진다면 독자분들이 조금 더 쉽게 이해할 수 있을 것으로 믿고 있습니다. 그리고 대부분의 딥러닝 알고리즘을 파이썬 코드로 구현하였습니다. 이 코드를 통해 실제 환경에서 어떻게 딥러닝을 구현하는지 알 수 있을 것입니다.

우리는 매일 주변에서 다양한 딥러닝 알고리즘을 활용하고 있습니다. 예를 들면 스마트폰의 얼굴 인식 기능이나 유튜브의 영상 추천 시스템, 언어 번역 시스템, 생성 인공지능 등의 다양한 기술이 있습니다. 이 책에서는 다양한 인공지능 기술의 원리를 풀어나가면서 딥러닝이 어떻게 우리의 일상에 녹아들어 있는지 탐색하려 합니다. 독자들은 이러한 이해를 통해서 이 기술이 어떻게 다양한 문제를 해결하는지 이해할 수 있을 것이며, 아울러 그 큰 잠재력을 확인할 수 있을 것입니다.

이 책을 집필하기 위하여 박병권, 정세진 학생의 교열을 받았으며, 박동윤 군은 2장의 딥러닝 기초 지식에 대한 수식 오류를 많이 고쳐 주었습니다. 또한 인피니티북스 기획편집팀의 열정으로 저자가 미처 알지 못했던 많은 오류도 찾게 되었습니다. 특히 교열 단계에서는 강미연 신생님의 끈기와 노력이 저자에게 큰 동기 부여가 되었으며 이 자리를 빌어 특별히 감사를 드립니다.

딥러닝 기술은 지금 이 시간에도 발전해 가고 있습니다. 따라서 이 책은 완성된 기술을 소개하는 것은 아니라고 생각합니다. 책을 읽으며 만나게 되는 오류가 있을 경우 저자의 이메일로 알려주시면 출판사를 통해서 정오표를 제공하고자 합니다.

이 책을 접하는 독자 여러분들이 딥러닝에 대한 이해를 바탕으로 인공지능을 잘 활용하는 훌륭한 개발자 또는 연구자, 프로그래머가 되기를 진심으로 기원합니다.

따뜻한 마음으로 여러분을 응원합니다.

2023년 11월

지은이 **박동규**

이 책의 활용

강의 주차 설계

- 이 책은 대학의 일반적인 한 학기 강의에 해당하는 15주 강의에 적합하도록 13개의 장으로 구성 되었습니다.

- 중간고사, 기말고사 기간을 제외한 13주 동안 한주에 1개의 장씩 학습하면 수업 진도에 맞을 것 입니다. 하지만 수강생의 관심도에 맞게 중간고사 대신 프로젝트 수업이나 발표 수업을 진행하 여 1개의 장을 2주에 걸쳐 학습해도 좋을 것입니다.

- 강의자께서는 각 절에 있는 도전 문제를 학생들과 함께 풀어보면서 학생들의 이해도를 확인할 수 있습니다. 각 절의 이해도를 테스트 할 수 있는 도전 문제는 그 난이도를 상, 중, 하로 표기하 였습니다.

강의 보조 자료

- 이 책으로 강의를 하시는 분들을 위한 강의자료는 인피니티북스 홈페이지에서 제공받을 수 있습 니다.

- 인피니티북스 홈페이지: http://infinitybooks.co.kr

- 인피니티북스 홈페이지에서 교수회원가입을 하신 후 로그인하여 교수지원실 메뉴를 찾아서 검 색하시면 됩니다.

강의 코드 보기

- 이 책의 코드는 저자의 github 저장소에서 다운받을 수 있습니다.

- 저자의 github 저장소: https://github.com/dongupak/DLstart/

이 책의 구성

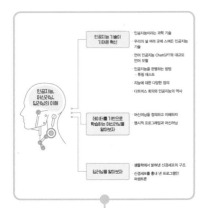

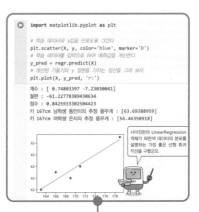

도전 문제

본문 사이에 배치하였으며, 학습한 내용과 연관된 문제들로 구성하여 학습 효과를 극대화할 수 있습니다.

한걸음 더

독자가 학습할 때 추가로 알아 두면 좋은 배경지식이나 심화된 내용들을 설명하여 흥미를 더했습니다.

①　②　③　④

로드맵

해당 장에서 학습할 주제와 내용을 한눈에 볼 수 있도록 도표로 제시하였습니다.

소스코드

여러 개의 엄선된 파이썬 소스코드를 제공하여 직접 실행해 볼 수 있도록 구성하였습니다. 또한 소스코드에 설명을 덧붙여, 독자의 습득력 및 이해도를 높였습니다.

도전 문제 4.2: 평균 절대오차와 평균제곱 오차 구하기

1. 정답값 벡터가 [2, 4, 6, 8, 10]일 때, 모델 A의 추정값이 [2.1, 4
   델 A와 정답 사이의 평균 절대오차와 평균제곱 오차를 넘파이를
   하여라.

   모델 A의 평균 절대오차 = 0.2199999999999983
   모델 A의 평균제곱 오차 = 0.07399999999999997

2. 다음과 같은 함수 $f(x)$의 도함수를 구하여라.

   1) $f(x) = 2$
   2) $f(x) = 5x$
   3) $f(x) = 2x^2$
   4) $f(x) = 2x^2$
   5) $f(x) = (x-5)^2 + 2$
   6) $f(x) = 2e^x$
   7) $f(x) = 5x^2 + 2x^3$
   8) $f(x) = (x -$
   9) $f(x) = \frac{1}{x}$

한걸음 더: 뉴로모픽 반도체

현재의 인공지능 알고리즘의 대부분은 중앙처리 장치, 그래픽 처리
기존의 컴퓨팅 시스템에서 실행된다. 만일 컴퓨터 자체가 신경망의
더 빠르고 효율적으로 딥러닝 기술을 구현할 수 있지 않을까? 이러
모방한 인공지능 반도체를 구현하고자 하는 기술도 진행되고 있는데
semiconductor 라고 한다. 이와 같이 뇌의 구조를 모방한 반도체는 메
적도가 높아지므로 저전력과 고성능을 구현할 수 있을 것으로 기대되
발 등 다양한 분야에 활용될 것으로 예상된다.

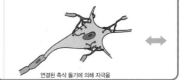

연결된 축삭 돌기에 의해 자극을

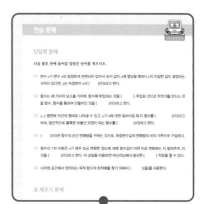

요약

각 장의 핵심 내용을 요약·정리하여 배운 내용을 복습할 수 있으며, 한눈에 파악할 수 있도록 구성하였습니다.

코딩 문제

직접 실습 가능한 코딩 문제들을 삽입하여 딥러닝 활용 능력을 극대화할 수 있도록 구성하였습니다.

⑤　⑥　⑦　⑧

NOTE

학습 내용과 관련된 용어나 특징, 예시 등을 구체적으로 설명하여 독자의 이해도를 한층 더 높일 수 있도록 구성하였습니다.

연습 문제

다양한 유형의 문제들을 삽입하여 학습 내용 점검 및 응용 학습을 할 수 있도록 구성하였습니다.

차례

CHAPTER **10** 합성곱 신경망   360

CHAPTER **11** 합성곱 신경망의 응용   402

CHAPTER **12** 데이터 증강   436

01

인공지능, 머신러닝, 딥러닝의 이해

학습목표

- 인공지능 기술의 정의를 이해한다.
- 다양한 분야에 스며든 인공지능 기술에 대하여 살펴본다.
- 머신러닝을 정의하고 이해한다.
- 인간의 신경세포가 가지는 작동 원리와 딥러닝의 핵심 원리를 이해한다.

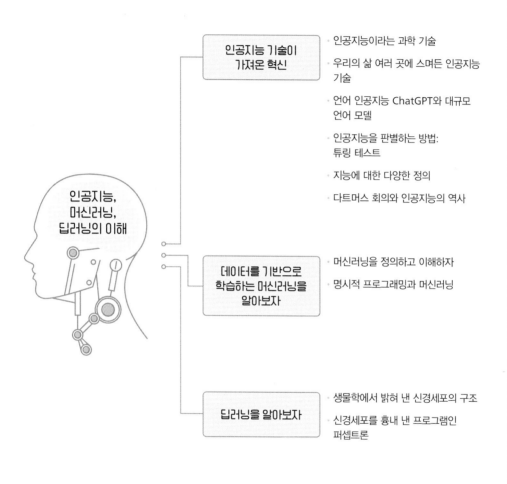

인공지능,
머신러닝,
딥러닝의 이해

**인공지능 기술이
가져온 혁신**

- 인공지능이라는 과학 기술
- 우리의 삶 여러 곳에 스며든 인공지능
  기술
- 언어 인공지능 ChatGPT와 대규모
  언어 모델
- 인공지능을 판별하는 방법:
  튜링 테스트
- 지능에 대한 다양한 정의
- 다트머스 회의와 인공지능의 역사

**데이터를 기반으로
학습하는 머신러닝을
알아보자**

- 머신러닝을 정의하고 이해하자
- 명시적 프로그래밍과 머신러닝

딥러닝을 알아보자

- 생물학에서 밝혀 낸 신경세포의 구조
- 신경세포를 흉내 낸 프로그램인
  퍼셉트론

01 인공지능 기술이 가져온 혁신

인공지능이라는 과학 기술

인간은 오래 전부터 고된 육체 노동이나 정신 노동으로부터 해방되어 풍요로운 삶을 누리고자 하는 욕구를 가지고 있었다. 그리고 이러한 인간 욕구는 현대의 눈부신 기술 발전을 이루는 원동력이 되었다. 이러한 욕구를 가진 인간이 구현한 기술 중에서 최근 가장 큰 성취를 이룬 기술은 바로 인공지능 기술이다.

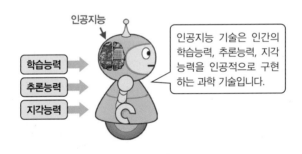

과연 인공지능이란 무엇일까? 이 기술은 언제 시작되었을까? 인공지능 ^{Artificial Intelligence} 기술은 **인간의 학습능력, 추론능력, 지각능력을 인공적으로 구현하려는 과학 기술**을 말한다. 인공지능이라는 용어와 학문 분야는 컴퓨터 과학자와 인지 과학자들에 의해서 1950년대에 만들어졌다. 새로운 학문 분야가 만들어지고 이 유망한 학문의 갈 길이 확정되면서 인공지능은 한동안 학술계 및 산업계와 함께 여러 나라의 정부 기관으로부터 많은 주목을 받았다. 하지만 과학자들의 높은 기대와는 달리 인간의 지능과 유사한 지적 능력을 인공적으로 구현하는 것은 매우 어려운 기술로 밝혀졌다. 이렇게 되자 인공지능 분야는 한동안 산업계와 학계의 연구자들로부터 외면받았다. 그러나 최근 인공지능은 엄청난 관심과 학계·산업계의 지원을 받고 있는 중요한 학문 분야가 되었다.

인공지능을 구현하기 위해서는 다양한 접근 방법이 있을 수 있다. 이러한 접근 방법 중에서 2000년대 초반에 발표된 딥러닝 ^{deep learning} 은 인공지능 기술의 세부 기술 분야 중 하나이다. 또한 딥러닝은 인공지능을 구현하는 기술 중에서도 핵심적인 기술로 평가받고 있다. 이 책에서 주로 다루는 딥러닝은 인공지능의 한 분야인 머신러닝의 세부 분야이기 때문에 머신러닝에 대한 기초적인 개념에 대해서도 설명할 것이다. 이 책의 주제가 되는 **딥러닝은 인간의 두뇌가 하는 일을 컴퓨터의 연산으로 구현한 알고리즘**이라 할 수 있다. 이 알고리즘은 인간 두뇌를 잘 흉내 내고 있기 때문에 기존에는 인간만이 할 수 있다고 여겨지던 고도의 추상 활동을 수행할 수 있게 되었으며, 심지어 **특정한 영역에서 인간을 능가하는 사례**가 속출하고 있다. 이 책에서 집중적으로 살펴볼 딥러닝 범주에 속하는 알고리즘은 구조에 따라 다양하게 분류되나, 매우 큰 인공신경망을 많은 데이터를 통해 학습시킨다는 공통점이 있다.

우리의 삶 여러 곳에 스며든 인공지능 기술

유튜브의 인공지능 기반 영상 추천 시스템

독자 여러분이 스마트폰을 열고 재미있는 영상을 보기 위해 유튜브나 넷플릭스에 접속하면 보통 어떤 영상을 보게 되는가? 아마도 이미 구독한 채널의 영상이나 최근에 살펴본 영상과 유사한 영상이 추천 영상으로 나타나게 될 것이다. 혹은 알 수 없는 알고리즘이 추천하는 재미있는 영상에 흥미를 느껴서 시간 가는 줄 모르고 그 영상에 빠져든 경험이 있을 것이다.

넷플릭스, 유튜브와 같은 영상 스트리밍 서비스에서는 인공지능 기술에 기반한 추천 서비스를 널리 활용하고 있습니다. 2016년 이후 유튜브에 인공지능 기술을 기반으로 한 추천 시스템이 도입된 후 시청 시간이 20배 증가했다고 하는군요.

유튜브는 인터넷 상의 결제를 쉽게 도와주는 페이팔 ^{PayPal} 이라는 회사의 직원이었던 **채드 헐리, 스티브 천, 자베드 카림**이 2005년도에 창립한 영상 스트리밍 서비스를 제공하는 회사이다. 이 회사는 2006년도에 구글이 인수하였는데 뛰어난 영상 재생 기술과 영상 공유를 쉽게 하는 기능을 제공하여 이후에도 꾸준히 인기를 얻었다. 유튜브가 오늘날과 같이 폭넓은 사용자를 확보하고 온라인 스트리밍 서비스로 각광을 받게 된 배경에는 **인공지능 기술에 기반한 뛰어난 영상 추천 시스템의 역할이 크다.** 여러분은 유튜브에 접속했을 때 마침 내가 보고 싶었던 영상이나 노래가 유튜브 화면에 가장 먼저 나타나는 즐거운 경험을 해 보았을 것이다. 초창기 유튜브에서는 유튜브에 접속할 경우 최근 영상이나 인기 영상이 유튜브 화면에 가장 먼저 나타나도록 하는 알고리즘을 사용하였다. 그러나 유튜브는 2016년 이후 인공지능 시스템이 추천하는 사용자의 동영상 시청 이력, 시청 시간,

구독 여부, 상호작용 등의 컨텍스트를 기반으로 우선 순위를 부여하여 **개인화된 동영상 추천 서비스를 제공**하도록 알고리즘을 수정하였다. 이 인공지능 알고리즘의 도입 이후 개인별로 비디오를 시청하는 시간은 평균 20배 이상 증가하였다.

넷플릭스의 인공지능 기반 콘텐츠 추천 시스템

OTT의 대표 주자인 넷플릭스 Netflix 는 2021년 기준으로 전 세계 약 2억 2천만 명이 넘는 구독자를 확보하고 있으며, 많은 구독자의 시청 형태를 분석해 최적의 콘텐츠를 추천해주는 추천 시스템 기반의 서비스를 제공한다. 넷플릭스에서 이용자가 시청하는 영화의 약 70~80%가 추천을 통해 이루어지고 있으며, **넷플릭스사의 인공지능 기술에 기반한 추천 시스템은 회사의 핵심 경쟁력**이다. 넷플릭스는 2006년도부터 2009년까지 개발자를
대상으로 하는 추천 시스템 알고리즘 대회를 주최했다. 이를 토대로 현재 100여 개가 넘는 다양한 추천 시스템 알고리즘을 기반으로 하여 2,000개가 넘는 취향 그룹을 생성하여 개인화 추천 시스템을 구축하였으며, 개인마다 다른 취향을 반영하여 다양한 콘텐츠를 제시하고 있다.

독거 노인을 돕는 인공지능 스피커

한편 증가하는 1인 가구를 위한 인공지능 스피커의 역할도 점차 증가하고 있다. 2021년 2월 1일 강원 춘천시 퇴계동에서 홀로 사는 77세 김모 씨는 어지럼증으로 집 안에서 넘어지면서 팔목이 부러졌다. 김 씨는 인공지능 스피커에게 "아리아 살려줘!"를 외쳤고, 이를 인식한 인공지능 스피커는 즉시 보안 업체와 통신사로 긴급 문자를 발송했다. 그리고 이 내용을 확인한 보안 업체는 김 씨에게 전화를 걸어 상태를 확인한 뒤 곧바로 119 구급대원을 출동시켰다. '아리아'는 SK텔레콤에서 만든 인공지능 스피커인 누구 NUGU 를 호출하기 위해 사용하는 음성 명령어이다. 이 인공지능 스피커는 그림과 같이 긴급 요청이 접수되면 관제 센터에 신고를 접수시키며 이를 접수한 관제 센터는 확인을 통해 119 또는 112에 연락을 취한다. 상황이 종료되면 출동 결과를 보호자나 보호 대상자에게 문자로 그 결과를 통보하는 절차를 가지고 있다.

SK텔레콤의
인공지능 스피커

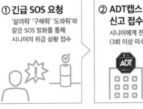

인공지능 스피커의 위급 상황 처리 절차

2020년 4월부터 인공지능 스피커 돌봄 서비스를 시작한 SK텔레콤사에 의하면 돌봄 서비스를 진행한 결과, 이를 사용한 **돌봄 대상자의 통화량이 늘었고 활동 범위도 2배가량 늘어난 것**으로 나타났다. 또한 대화할 상대가 되는 AI 스피커를 활용하는 노령 사용자들은 가족들과 월 4회 이상 연락하며 우울감과 고독감이 감소하는 등 삶의 만족도와 행복 지수가 증가하는 것으로 나타났다.

인공지능 번역기 파파고

구글이나 네이버 등에서 제공하는 번역 시스템을 사용하면 웹 페이지에서 외국어로 표기된 자료들을 손쉽게 한국어로 변환하여 읽을 수 있다. 다음 그림은 네이버에서 제공하는 파파고의 인공지능 기반 번역기이다. 이 시스템은 왼쪽에 "인공지능은 컴퓨터 공학의 인기 있는 연구 분야입니다."와 같은 한글 문장을 입력한 후 오른쪽에 적절한 대상 언어를 선택할 수 있다. 이 시스템은 결과적으로 다음과 같이 여러분이 표현하고자 하는 문장을 원하는 언어로 빠르게 번역할 수 있다.

이처럼 일상생활 속 여러 곳에 스며들어 있는 인공지능 기술은 우리의 삶을 변화시키고 있으며, 독자 여러분은 이 새로운 시대의 큰 파도가 밀려오는 순간에 서 있다.

파파고 번역기의 번역 결과

언어 인공지능 ChatGPT와 대규모 언어 모델

ChatGPT는 OpenAI 그룹에서 만든 인공지능 챗봇이다. 이 인공지능 챗봇은 인간이 만든 방대한 문장을 학습하여 이를 바탕으로 자연어를 생성하는 기술이며, 매우 방대한 학습량으로 인하여 사용자와 일상적인 대화를 진행할 수 있게 되었다. ChatGPT는 인간의 언어 사용 패턴을 학습하여 자연스러운 응답을 제공할 수 있으며, 이를 통해 사용자가 입력한 질문에 적합한 응답을 제공할 수 있다.

여러분이 chat.openai.com이라는 웹사이트에 접속한 후 계정을 만들고 프롬프트에 입력을 하는 간단한 절차만으로 ChatGPT는 매우 재미있는 응답을 보여준다.

예를 들어 다음과 같은 간단한 프롬프트를 ChatGPT에 입력해 보자.

다음 문장 뒤에 들어갈 문장을 완성해줘.

ChatGPT에 사용된 구체적인 기술은 다음과 같다.

이러한 입력에 대하여 ChatGPT는 다음과 같이 매우 상세하고도 정확한 답변을 제공한다.

ChatGPT에서 사용된 기술은 자연어 생성을 위한 트랜스포머 transformer 모델이다. 트랜스포머 모델은 시퀀스-투-시퀀스(sequence-to-sequence) 구조를 가지고 있으며, 입력 시퀀스에서 출력 시퀀스를 생성할 수 있는 모델이다. 이를 위해 트랜스포머 모델은 입력 시퀀스의 정보를 인코딩하고, 이를 이용해 출력 시퀀스를 디코딩하는 과정을 거친다. 이 과정 중에서 트랜스포머 모델은 자연어 생성과 관련된 정보를 추출하고, 이를 이용해 자연스러운 응답을 생성할 수 있는 출력 시퀀스를 생성한다.

ChatGPT의 문장 생성기능

ChatGPT는 동일한 질문에 대해서도 약간 다른 답변을 내기는 하지만 위와 같이 훌륭한 문장을 자연스럽게 잘 생성해 낼 것이다. 이와 같은 놀라운 기능으로 인하여 ChatGPT는 구글 검색을 위협하는 기술이 될 것이라는 전망까지 낳고 있다.

2022년 11월에 발표된 ChatGPT는 출시 5일만에 1백만 명이 넘는 가입자를 확보하였다. 이는 역사상 가장 성공적인 정보통신 서비스로 볼 수 있다. 현재 많은 사용자들이 이용 중인 서비스 중에서 1백만 명의 가입자를 확보하는 데 인스타그램은 2.5개월, 페이스북은 10개월, 에어비엔비는 2.5년, 넷플릭스는 3.5년이나 소요되었다는 점에서 ChatGPT의 성취가 얼마나 놀라운지 알 수 있다. ChatGPT의 성공에 고무된 대규모 언어 모델들이 뒤이어 출시되었는데 구글의 바드 Bard 와 LaMDA, 메타 인공지능 연구소(전 페이스북)가 발표한 대규모 언어 모델인 LLaMA, 스탠퍼드 대학의 Alpaca 등이 있다.

인공지능을 판별하는 방법: 튜링 테스트

앨런 튜링 Alan Turing 은 암호학자이자 논리학자 그리고 수학자로 유명하지만, 그의 가장 큰 기여는 1940년대와 1950년대에 시작된 **컴퓨터 과학의 선구적 연구**일 것이다. 그는 계산을 위한 방법으로 튜링 기기라는 추상 모델을 제시하고 형식화함으로써 컴퓨터 과학에 지대한 공헌을 하였다. 튜링 기기는 오늘날 컴퓨터의 수학적, 추상적 모델로 볼 수 있다.

앨런 튜링은 이미테이션 게임 The Imitation Game 으로도 불리는 튜링 테스트 Turing test 의 고안자로도 유명한데, 이 테스트는 '인간과 같은 지능을 가지는 기계'를 판별하기 위한 목적으로 제시되었다. 만일 인간이 만든 **기계 A가 사고를 한다**는 것을 주장하는 과학자가 있을 경우, 우리는 어떤 방법으로 기계 A가 사고를 한다(혹은 지능을 가진다)는 것을 밝혀낼 수 있을까?

튜링이 고안한 테스트는 인간 평가자 C가 볼 수 없도록 벽으로 가려진 건너편에 기계 A와 인간 B가 있고 C는 누가 인간인지를 모르는 상태에서 진행된다. 벽 건너편의 A와 B가 키보드를 통해서 문자만으로 인간 평가자와 대화를 하였을 때 **인간 평가자가 기계와 인간을 확실하게 구분할 수 없을 경우 이 기계 A는 튜링 테스트를 통과했다**고 볼 수 있다. 즉, 기계 A가 지능을 가지고 있다고 말할 수 있는 것이다.

인간 C가 벽으로 가려진 건너편의 기계 A, 인간 B와 문자만으로 다양한 주제로 대화를 해서 둘을 전혀 구분할 수 없다면 기계 A가 지능을 가지고 있다고 말할 수 있다.

A

기계

B

인간

C

??

누가 인간인지를 판별하는 인간 평가자

앨런 튜링

도전 문제 1.1: 튜링 테스트

상 중 하

튜링 테스트를 통과한 기계는 지능을 가진 기계로 인정받을 수 있을까? ChatGPT와 같이 인간을 능가하는 언어 인공지능 기계는 지능을 가진 것으로 평가할 수 있는가? 각자 자신의 생각을 정리해 보자. 이에 대한 적절한 근거를 제시해 보자.

지능에 대한 다양한 정의

앨런 튜링은 '인간과 같은 지능을 가지는 기계'를 정의하기 위해서 튜링 테스트를 고안하기는 했지만 오늘날의 많은 과학자들은 단순히 튜링 테스트를 통과했다고 해서 기계가 지능을 가지고 있다고 이야기하지 않는다. 그 이유는 지능 ^{intelligence} 이라는 용어 자체가 많은 의미를 가지고 사용되고 있으며 학자들 간의 일치된 정의가 없기 때문이다. 다음 표는 지능에 대한 여러 학자들과 사전에 나타나 있는 정의를 담고 있다.

	지능의 정의
옥스포드 영어사전	특정 지식이나 기술을 획득하고 적용할 수 있는 능력
하워드 가드너	문제를 찾아서 해결하는 기술 또는 무언가를 창조하는 능력
뢰벤 포이어스타인	생존 환경의 변화에 적응하기 위해 인지적 기능을 변화시키는 인간 고유의 능력
데이비드 웩슬러	목적을 가지고 행동하고, 합리적으로 사고하며 환경을 효과적으로 다루는 개인의 종합적 능력
위키 백과사전	심리학적으로 새로운 대상이나 상황에 부딪혀 그 의미를 이해하고 합리적인 적응 방법을 알아내는 지적 활동의 능력

우리말 지능(智能)의 한자 의미를 살펴보면 '알다, 이해하다'를 의미하는 智(지)와 '할 수 있다'를 의미하는 能(능)을 조합한 단어라는 것을 알 수 있는데, 이는 영어 intelligence를 번역하는 과정에서 탄생한 단어이다. 그리고 intelligence의 어원을 따라가다 보면 라틴어 intelligentia에서 유래한 것을 볼 수 있는데 이는 **이해하다**라는 의미를 가지고 있다.

지능에 대한 명확한 정의가 없는 상태에서 인간의 지능을 컴퓨터가 흉내 내도록 하는 연구분야인 인공지능 연구에 대한 어려움을 독자들은 충분히 이해할 수 있을 것이다. 이 때문에 앨런 튜링이 고안한 튜링 테스트가 아직도 인공지능에 대한 **실천적 행동을 통한 정의**로 의미를 가진다고 볼 수 있다.

다트머스 회의와 인공지능의 역사

1940년대에 이르러 컴퓨터 기술은 본격적으로 발전을 거듭하였다. 이러한 컴퓨터 과학 분야의 세부 기술로 오늘날 각광받고 있는 인공지능 ^{Artificial Intelligence: AI} 이 자리를 잡도록 크게 기여를 한 학자들은 1956년 미국 다트머스 대학교에서 열린 학회에 참석한 학자들이었다. 다트머스 회의 또는 다트머스 워크숍으로 알려진 이 학술 모임에서 현재 사용하고 있는 인공지능이라는 용어가 만들어졌으며 공식적인 학술 용어로 인정받는 계기가 되었다. 다트머스 회의 이전인 1950년대 초반까지만 하더라도 인공지능이라는 용어보다는 생각하는 기계 ^{thinking machine} 라는 용어로 인공지능을 지칭하는 것이 더 일반적이었다.

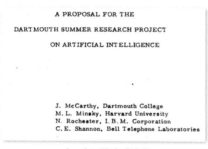

A PROPOSAL FOR THE
DARTMOUTH SUMMER RESEARCH PROJECT
ON ARTIFICIAL INTELLIGENCE

J. McCarthy, Dartmouth College
M. L. Minsky, Harvard University
N. Rochester, I. B. M. Corporation
C. E. Shannon, Bell Telephone Laboratories

다트머스 회의 제안서

다트머스 회의를 주관하는 과정에서 인공지능(Artificial Intelligence: AI)이라는 용어를 만들었지요. 그리고 이 분야가 컴퓨터 과학의 세부 분야로 자리잡도록 크게 기여했답니다.

존 매카시

당시 다트머스 대학교의 조교수였던 **존 매카시** John McCarthy 는 생각하는 기계를 연구하는 이 세부 연구 분야를 더욱더 발전시킬 아이디어를 모으는 과정에서 인공지능이라는 용어가 이 분야의 이름으로 더 적합할 것으로 생각하였고, 이 회의의 제목에 인공지능이라는 이름을 넣게 되었다. 이 학술 회의의 정식 이름은 **인공지능에 관한 다트머스 여름 연구 프로젝트(Dartmouth Summer Research Project on Artificial Intelligence)**인데, 이 모임의 참석자였던 마빈 민스키, 나다니엘 로체스터, 클로드 섀넌, 아서 사무엘 등은 훗날 인공지능 연구의 역사에 큰 기여를 하게 된다. 좋은 분위기에서 출발한 인공지능 연구는 이후에 큰 위기를 겪으며 쇠락의 길을 걷다가 영예를 누리며 부상하고 다시 쇠락하는 일을 겪게 된다.

인공지능 분야는 오늘날 컴퓨터 과학과 다양한 공학, 사회과학, 인문학, 경영학, 예술학 등 분야를 가리지 않고 매우 각광을 받고 있지만 이 인기가 지속적으로 이어진 것은 아니었다. 이 책에서는 왜 인공지능이 인기와 쇠락의 큰 부침을 겪어야만 했는지 여러 가지 사건을 통해서 설명할 것이다.

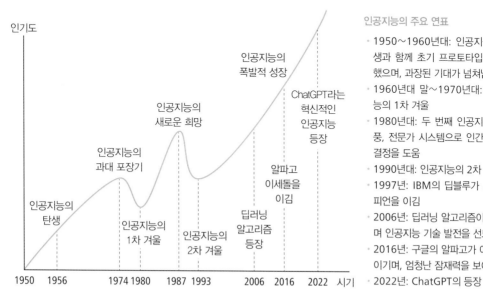

인공지능의 주요 연표

- 1950~1960년대: 인공지능의 탄생과 함께 초기 프로토타입이 탄생했으며, 과장된 기대가 넘쳐남
- 1960년대 말~1970년대: 인공지능의 1차 겨울
- 1980년대: 두 번째 인공지능의 열풍, 전문가 시스템으로 인간의 의사결정을 도움
- 1990년대: 인공지능의 2차 겨울
- 1997년: IBM의 딥블루가 체스 챔피언을 이김
- 2006년: 딥러닝 알고리즘이 등장하며 인공지능 기술 발전을 선도함
- 2016년: 구글의 알파고가 이세돌을 이기며, 엄청난 잠재력을 보여줌
- 2022년: ChatGPT의 등장

인공지능의 주요 연표는 그림과 같이 간략화할 수 있다. 우선 1956년 인공지능이라는 용어가 탄생하였으며, 1950년대~1960년대의 과장된 기대가 큰 성과를 얻지 못하면서 인공지능 연구의 침체기를 겪는다. 1960년대 말부터 1970년대에 걸친 이 침체기를 **인공지능의 1차 겨울**이라고 한다. 1980년대에는 인공지능의 열풍이 불면서 다시 주목을 받기 시작한다. 하지만 곧 한계를 만나 두 번째 침체기를 겪는데 이것이 인공지능의 2차 겨울이다. 2000년대 초반, 조금씩 살아나던 인공지능 연구는 2006년 딥러닝 알고리즘을 통해 전환기를 맞이한다. 이어 2016년 구글의 알파고가 우리나라의 바둑 9단 이세돌 선수를 이기면서 엄청난 잠재력을 보여주었고 이를 통해 인공지능 기술은 폭발적인 성장기에 돌입하게 된다. 이러한 성장기에 불을 지핀 채팅형 인공지능이 바로 ChatGPT라고 할 수 있다.

2016년 구글 딥마인드 챌린지 매치라는 세기의 대결에서 딥마인드의 인공지능 알파고가 이세돌 기사를 4:1로 이기면서 인공지능은 많은 주목을 받게 됩니다.

경기	승리
1차	알파고
2차	알파고
3차	알파고
4차	이세돌
5차	알파고

급격한 성장기에 있는 현재의 인공지능 기술의 주류를 이루고 있는 기반 기술은 바로 딥러닝 기술이다. 이 기술은 1940년대에 **워런 매컬러** Warren McCulloch 와 **월터 피츠** Walter Pitts 에 의하여 최초로 연구되었으며 꽤 오랜 역사를 가지고 있다. 이 기술은 이후에 큰 발전을 이루지 못하고 있었으나, 2000년대 초에 큰 성취를 이루면서 부각되어 오늘날 집중적인 조명과 관심을 받고 있는 학문이다.

도전 문제 1.2: 지능과 인공지능   상 중 하

1. **지능**을 한 문장으로 정의해 보자. 각자 자신만의 방식으로 지능의 특징을 살펴보고 적절한 정의를 내려 보자. 그리고 그 이유를 제시해 보자.
2. 자신만의 방식으로 **인공지능**을 정의해 보자.
3. ChatGPT를 이용하여 지능과 인공지능의 정의를 각각 내려 보자.
4. 워런 매컬러와 월터 피츠의 신경망 모델은 어떤 원리로 동작할까? 관련된 자료를 검색해 보고 정리해 보자.

데이터를 기반으로 학습하는 머신러닝을 알아보자

머신러닝을 정의하고 이해하자

우리가 다루는 **인공지능** 기술은 인간의 학습능력, 추론능력, 지각능력을 인공적으로 구현하려는 컴퓨터 과학의 세부적인 분야로 정의할 수 있는데, 좀 더 단순하게 말하면 **컴퓨터를 사용하여 인간의 지능을 구현하려는 기술**이라고 할 수 있다.

인공지능
인간의 학습, 추론, 지각능력을 인공적으로
구현하려는 컴퓨터 과학의 세부 분야

머신러닝
인공지능 기술의 한 갈래, 명시적 프로그래밍 없이
학습을 통해 기계의 작업 성능을 높여나가는 기술

톰 미첼

머신러닝은 인공지능 기술의 한 갈래로 명시적 프로그래밍 없이 컴퓨터가 **학습을 통해 작업 성능을 높여나가는 기술**을 말한다. 따라서 두 분야를 다이어그램으로 표기하면 그림과 같이 **인공지능이 머신러닝을 포함하는 관계**로 나타낼 수 있을 것이다.

우리는 이 절에서 머신러닝에 대한 **매우 상세하고 엄밀한 정의**를 살펴볼 것이며 이 정의를 통해서 인공지능의 특징에 대해서도 알아볼 것이다. 머신러닝 machine learning 이라는 용어에 대한 공학적인 정의로는 카네기 멜런 대학교 교수인 **톰 미첼** Tom Mitchell 이 그의 저서 《머신러닝》에서 제시한 것이 흔히 사용된다. 그는 머신러닝을 다음과 같이 정의했다.

> "컴퓨터 프로그램이 어떤 **작업 T**에 속한 작업을 수행하면서 **경험 E**에 따라서 P로 측정하는 성능이 개선된다면,
> 이 프로그램은 작업 T와 **성능 척도 P**에 대해 경험 E로부터 학습을 한다고 말할 수 있다."

다소 어렵게 느껴지는 이 정의를 하나하나 따라가며 머신러닝의 원리에 접근해 보도록 하자.

우선 이 정의에 따라 머신러닝을 공학적으로 다루기 위해서는 다음 그림과 같은 세 가지 중요한 요소가 필요한 것을 확인할 수 있다. 우선 **해결해야 할 문제(작업)**가 T이다. 또한 이 일을 수행하는 동작을 P라는 **성능 척도**를 통해 평가할 수 있어야 한다. 그리고 지속적인 훈련 **경험** E를 통해 이러한 평가의 점수를 더 나은 상태로 바꿀 수 있어야 하는 것이다.

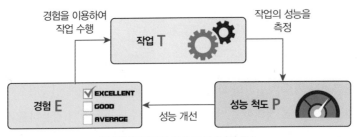

톰 미첼의 정의에 따른 머신러닝의 요소

예를 들어서 체스를 하는 컴퓨터 프로그램을 생각해 보자. 이 프로그램이 스스로 연습 게임을 해서 상대편을 이길 확률을 계산하여, 이 경험을 바탕으로 체스를 잘 두는 머신러닝 알고리즘으로 동작한다고 가정하자. 이 알고리즘에 대하여 작업 T와 성능 척도 P, 경험 E는 각각 다음과 같다고 할 수 있다.

- **작업 T:** 체스 두기
- **성능 척도 P:** 상대편을 이길 확률
- **경험 E:** 스스로 연습 게임하기

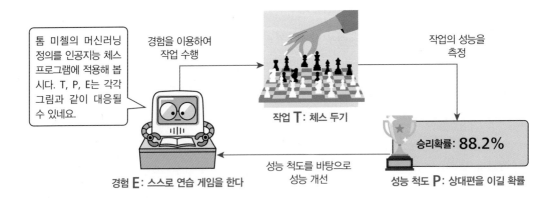

즉, 이 체스 프로그램이 체스를 두는 작업(**작업 T에 해당**)을 하며 상대편을 이길 확률을 계산하고 (**성능 척도 P에 해당**) 스스로 연습 게임을 하는 일을(**경험 E에 해당**) 바탕으로 성능 개선이 이루어 진다면, 이 **체스 프로그램은 머신러닝 알고리즘으로 동작한다고 말할 수 있을 것이다.**

머신러닝은 인공지능이라는 분야의 매우 중요한 영역으로 간주된다. 그리고 요즘 각광받고 있는 인 공신경망을 이용한 **딥러닝** ᵈᵉᵉᵖ ˡᵉᵃʳⁿⁱⁿᵍ 분야 역시 머신러닝의 한 분야로 볼 수 있다.

명시적 프로그래밍과 머신러닝

전통적인 프로그래밍은 데이터를 입력으로 받아서 명시적인 규칙을 통해 출력 을 내보내는 절차를 가지고 있다. 이 프로그램은 머신러닝 알고리즘이 아니므 로 성능 척도를 평가하여 그 성능을 개선할 수 없기 때문에 매우 제한된 일만 할 수 있다.

어느 놀이공원에 **키가 160cm 이상인 사람만 이용 가능한 놀이기구**가 있다고 가정하고 명시적 프로그램으로 이 문제를 해결하는 과정을 살펴보자. 이 프로 그램에는 다음 그림과 같이 ❶ **입력 데이터**, ❷ **명시적인 규칙**, ❸ **출력**이라는 세 가지 구성 요소가 필요할 것이다. 이 그림에서 입력 데이터는 사람의 키가 될 것이며, 명시적인 규칙은 컴퓨터가 수행할 수 있는 명령인 프로그램이 될 것이다. 이 프로그램은 이용자의 키 데이터를 입력으로 받아 명시된 규칙에 의해서 키가 160cm 이상인지 미만인지를 판단 하고 이 판단에 따라 이용 가능 또는 이용 불가의 서로 다른 출력을 내는 방식으로 동작할 것이다.

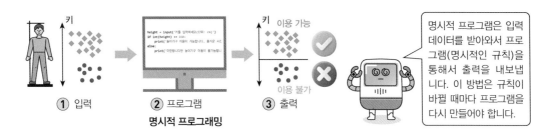

이 방식은 간단한 규칙에 대해서는 잘 동작하지만 규칙이 바뀔 때마다 프로그램을 다시 만들어야 하는 문제가 있다. 또한 손글씨를 인식하거나, 자동차를 운전하는 것과 같이 규칙에 명시되지 않은 예외적인 상황이 많이 발생할 경우에는 잘 동작하지 않을 것이다.

반면 머신러닝은 그림과 같이 ❶ 입력 데이터와 ❷ 출력 데이터를 보고 ❸ 이 데이터 바탕으로 규 칙을 학습한 다음, ❹ 규칙을 생성하는 방식으로 동작한다. 이렇게 만들어진 규칙에 대해 새로운 데 이터가 입력되면 이 데이터에 대하여 규칙을 적용하고, 만일 이 규칙이 잘 동작하지 않을 경우 규칙을 갱신하는 방법을 채택한다.

다음 그림과 같은 상황에서 머신러닝 알고리즘은 입장객의 키 데이터와 이용 가능/이용 불가의 결과 데이터를 바탕으로 학습하여 가장 적절한 규칙인 "키 160cm 이상이면 이용 가능"이라는 규칙을 만들어낸다. 이 규칙은 새로운 데이터에도 적용되어 키가 입력되면 이용 가능/이용 불가의 결과를 반환한다.

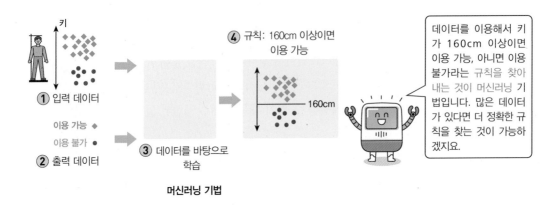

머신러닝 기법

머신러닝 알고리즘은 이용 가능/이용 불가의 결과를 나누는 기준이 160cm일 경우, **데이터가 충분히 주어진다면** 출력값을 바탕으로 별도의 작업이 없어도 스스로 규칙을 생성할 수 있다. 만일 이 기준이 150cm로 변경될 경우, 변경된 **결과 데이터가 주어지기만 한다면 규칙을 스스로 갱신**할 수 있다. 도대체 어떤 방법으로 이런 규칙을 만들 수 있을까? 그림을 통해서 그 원리를 살펴보자.

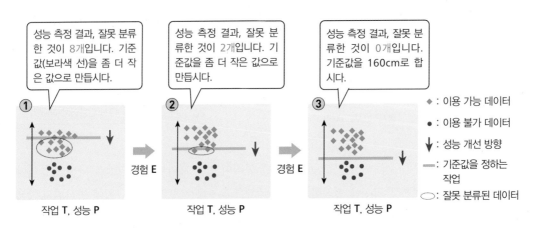

반복적인 작업(T)을 통해 성능(P)을 개선하는 머신러닝의 원리

그림의 세로축을 키 데이터라고 할 때 사람들의 키 데이터와 이용 가능/이용 불가의 정보가 주어져 있다. 그림에서 주황색 다이아몬드는 이용 가능한 사람의 데이터이고, 파란색 원은 이용 불가한 사람의 데이터이다. 기준값이 그림 **①**과 같이 점선으로 주어져 있다면, 이 기준값은 이용 가능/이용 불가를 판단하는 기준으로는 부적합할 것이다. 적합/부적합의 기준은 잘못 분류된 데이터의 개수가 될 수 있을 것이며 이것은 그림 **①**에서 점선 내부에 있는 데이터로 그 값은 여덟 개이다. 이러한 분류 **작업 T**에 대한 **경험 E**을 바탕으로 기준값을 그림 **②**와 같이 성능을 개선해 본다면 어떻게 될까? 이 경우 **성능 P**가 개선되어 **①**보다는 잘못 분류한 데이터의 개수가 두 개로 줄어들었을 것이다. 이 경험을 바탕으로 기준값을 좀 더 아래로 이동해 **③**과 같이 위치시킨다면 잘못 분류한 것이 0개가 된다. 이와 같은 반복적인 작업을 통해서 성능을 개선시키는 것이 머신러닝의 학습 원리이다. 위의 과정을 미첼의 정의에 대입해 보자.

- **작업 T:** 키 데이터를 사용하여 이용 가능/이용 불가 고객의 분류 기준값 찾기
- **성능 척도 P:** 기준값을 적용하여 발생한 오류의 개수
- **경험 E:** 분류를 위한 기준값을 변경

이와 같이 머신러닝은 **데이터를 기반으로 학습하여 작업 성능을 개선**하는 알고리즘으로 다음과 같은 장점을 가진다. 머신러닝 알고리즘은 흔히 모델 ^{model} 이라고도 부른다.

1. 명시적 프로그램에 비해 코드를 유지 보수하는 것이 쉽다.
2. 명시적 프로그램으로 해결 방법이 없는 복잡한 문제도 해결 가능하다.
3. 새로운 데이터에 대해서도 규칙을 생성하여 문제를 풀 수 있다.
4. 복잡한 문제나 대량의 데이터에 대해서 미처 알지 못했던 통찰을 얻을 수 있다.

손글씨 숫자를 인식하는 문제를 명시적 프로그래밍과 머신러닝으로 각각 해결하는 경우를 살펴보자. 명시적 프로그래밍으로 이 문제를 풀기 위해서는 개별적인 손글씨의 규칙을 만들어서 컴퓨터에게 알려주어야 한다. 따라서 "숫자 0은 하나의 닫힌 원으로 정의한다"라는 규칙을 만들 수 있을 것이다. 하지만 숫자 0을 그림과 같이 쓴 다음 프로그램에 넘길 경우 **"숫자 0은 하나의 닫힌 원"**이라는 정의에 어긋나므로 이 이미지를 숫자 0으로 인식하지 않을 것이다. 반면 머신러닝의 경우 학습한 데이터들 중에서 이와 **유사한 이미지를 참고하여 이 이미지를 0으로 분류**할 수 있을 것이다. 하지만 머신러닝은 학습을 위한 **많은 데이터가 필요**하며 학습에 걸리는 **시간도 매우 길다**는 단점이 있다.

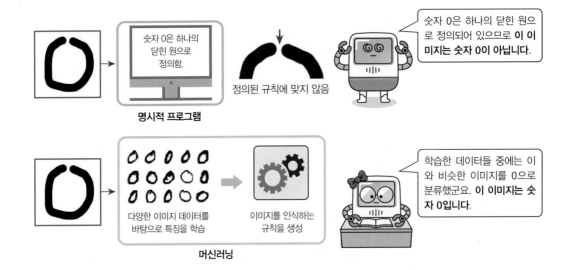

머신러닝은 데이터가 충분할 경우 명시적 프로그래밍 방법보다 더 효율적으로 문제를 풀 수 있는 방법이다. 명시적 프로그래밍과 머신러닝에 대한 설명과 예시 그리고 각각의 단점이 표에 나타나 있다.

	명시적 프로그래밍	머신러닝
설명	특정한 작업을 수행하는 방법을 일일이 지시하는 문장으로 이루어진다.	데이터를 이용하여 학습을 수행한 다음, 규칙을 생성하는 방식으로 동작한다.
예시 (손글씨 숫자 인식)	개별적인 손글씨를 인식하기 위하여 각각의 규칙을 만든다. 예를 들어 숫자 0은 하나의 닫힌 원으로 정의한다.	많은 손글씨 숫자 데이터를 이용하여 각각의 특징을 프로그램이 학습하여 규칙을 얻어낸다.
단점	정의한 규칙을 벗어나는 예외적인 경우에 대하여 적절한 해를 내보내지 못한다. 예를 들어 0의 위쪽에 약간의 틈이 있으면 0으로 인식하지 못한다.	학습을 위한 많은 데이터가 필요하다. 또한 학습에 소요되는 시간이 많이 걸릴 수 있다.

그렇다면 딥러닝과 머신러닝은 어떤 차이가 있는지 깊이 살펴보자.

1. 개와 고양이를 분류하는 프로그램을 만들어 본다고 가정하자. 이 프로그램을 만들기 위하여 개와 고양이의 특징을 각각 세 개 이상 적어 보자.

개의 특징	고양이의 특징

2. 손글씨 숫자 0과 1을 구분하는 프로그램을 만들어 본다고 가정하자. 이 프로그램을 만들기 위하여 0과 1의 특징을 각각 세 개 이상 적어 보자.

0의 특징	1의 특징

3. 손글씨 숫자 0과 1을 구분하는 머신러닝 프로그램을 만들어 본다고 가정하자. 이를 위하여 해야 할 일을 순서대로 적어 보자.

03 딥러닝을 알아보자

생물학에서 밝혀 낸 신경세포의 구조

인간의 지능과 사고의 원리는 아직 완벽하게 밝혀지지 않았으나 생물학자들의 연구에 의하여 뇌가 가지는 구조의 개략적인 특징은 이해하고 있다. 그것은 바로 뉴런^{neuron} 이라는 **신경세포가 다른 신경세포와 연결되어 있고**, 나트륨, 칼슘 등의 물질을 이용하여 화학적 신호를 주고받는다는 사실이다.

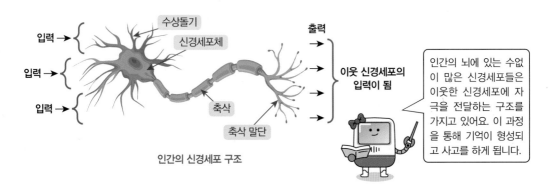

인간의 신경세포 구조

> 인간의 뇌에 있는 수없이 많은 신경세포들은 이웃한 신경세포에 자극을 전달하는 구조를 가지고 있어요. 이 과정을 통해 기억이 형성되고 사고를 하게 됩니다.

이 방대한 연결 구조를 가지는 신경세포에서 수상돌기는 다음 그림의 ❶과 같이 다른 신경세포로부터 신호를 전달받아서(외부의 자극이 입력 신호에 해당한다), 이 외부 자극의 합의 크기를 세포체에서 판단한다(그림 ❷). 다음으로 이 신호의 합이 임계값보다 크면, 뉴런이 반응하여 축삭 말단을 통해서 다른 신경세포로 신호를 전달한다(그림 ❸). 이와 같은 신경세포가 1,000억 개가량 모여서 인간의 뇌를 이루며, 이 신경세포를 연결하는 가지는 무려 100조 개 정도 되는 것으로 알려져 있다.

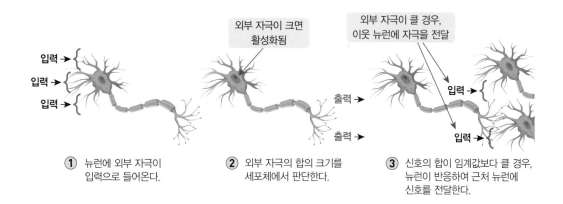

① 뉴런에 외부 자극이 입력으로 들어온다.

외부 자극이 크면 활성화됨

② 외부 자극의 합의 크기를 세포체에서 판단한다.

외부 자극이 클 경우, 이웃 뉴런에 자극을 전달

③ 신호의 합이 임계값보다 클 경우, 뉴런이 반응하여 근처 뉴런에 신호를 전달한다.

이러한 신경세포와 그 연결 구조, 동작을 완벽하게 재현할 수 있다면 인간의 뇌와 유사한 인공뇌 artificial brain 를 만들 수 있을 것이며, 최근에는 사람의 뇌를 모방한 인공 신경세포 소자를 개발하는 단계까지 발전하였다.

한걸음 더: 뉴로모픽 반도체

현재의 인공지능 알고리즘의 대부분은 중앙처리 장치, 그래픽 처리 장치, 주 메모리와 같은 구조를 가지는 기존의 컴퓨팅 시스템에서 실행된다. 만일 컴퓨터 자체가 신경망의 연결 구조를 그대로 가지고 있다면 보다 더 빠르고 효율적으로 딥러닝 기술을 구현할 수 있지 않을까? 이러한 아이디어에 바탕을 두고 인간의 뇌를 모방한 인공지능 반도체를 구현하고자 하는 기술도 진행되고 있는데 이것을 **뉴로모픽 반도체**neuromorphic semiconductor 라고 한다. 이와 같이 뇌의 구조를 모방한 반도체는 메모리와 프로세서가 통합되어 소자의 집적도가 높아지므로 저전력과 고성능을 구현할 수 있을 것으로 기대되며 **자율주행 자동차, 인공지능 로봇 개발 등 다양한 분야에 활용될 것으로 예상**된다.

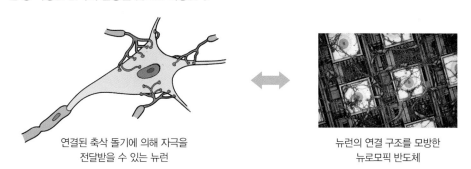

연결된 축삭 돌기에 의해 자극을 전달받을 수 있는 뉴런

뉴런의 연결 구조를 모방한 뉴로모픽 반도체

신경세포를 흉내 낸 프로그램인 퍼셉트론

실험실 단계에서 인간의 뇌를 모방한 소재가 개발되기는 하였지만 현재까지의 기술로는 엄청난 수의 뇌세포와 그것들의 연결 구조로 이루어진 인간의 뇌를 완벽하게 구현하기는 어려운 실정이다.

하지만 뉴런을 대신하는 인위적인 함수와 신경전달물질을 대신하는 숫자값을 다른 함수의 입력으로 넘겨주는 프로그램은 충분히 구현할 수 있다. 이러한 **신경세포**의 구조를 **흉내 내는 프로그램**을 컴퓨터 과학자들은 인공 신경세포 ^{artificial neuron} 혹은 **퍼셉트론** ^{perceptron} 이라고 한다. 다음 그림은 신경세포와 퍼셉트론의 구조를 요약한 표로, 이 책의 핵심이 되는 내용이다. 오른쪽의 퍼셉트론은 신경세포와 최대한 유사한 구조로 구현되었는데 외부의 자극은 0과 1의 수치값을 가지는 입력 노드로 나타내었으며, 이 값들이 가중치에 의해서 곱해져서 합산되는 것이 신경세포의 외부 자극의 합과 유사하다. 퍼셉트론은 이와 같이 외부 자극을 노드의 수치값으로 할당한 후, 이 수치값을 가중치 ^{weight} 에 곱한 다음, 신호의 합을 구한다. 이때, 외부 자극에 곱해지는 가중치는 퍼셉트론의 동작에 큰 영향을 미치며 파라미터 ^{parameter} 라고도 불린다. 그리고 이 자극 값들의 합(그림에서는 σ로 표시됨)이 활성화 단계를 통하여 이웃 뉴런에 값을 어느 정도 전달할지 결정한다.

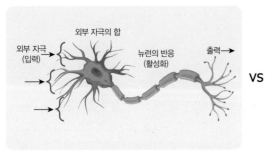

| 신경세포의 구조 | 퍼셉트론의 구조 |

우리가 사용하는 컴퓨터는 0과 1의 전기 신호를 논리적으로 조작하여 복잡한 계산을 하는 논리회로 기계이다. 사실 우리들이 매일 사용하는 스마트폰 같은 소형 컴퓨터가 하는 일도 가장 원초적인 단계로 환원해 보면 컴퓨터가 수행할 논리 연산을 정의해 둔 프로그램에 의해서 정해진 절차를 수행해 나가는 것에 불과하다. 따라서 **신호의 전달과 그 결과가 논리 연산 형태로 구성될 수 있다면 이것이 바로 계산 가능한 기계가 되는 것**이다. 1940년대에 이루어진 매컬러와 피츠의 선구적 연구는 **신경세포의 신호 전달 방식으로 인간의 뇌를 모방함으로써 기계적 계산을 수행할 수 있다는 것**을 보여주었다. 그러나 이러한 신경세포를 데이터를 통해서 학습시키는 것은 그다지 쉬운 일이 아니었으며 이러한 어려움으로 인해 인공지능 연구는 큰 침체에 빠지게 된다. 이 침체 기간은 1960년대 후반에 시작되어 1970년대 내내 이어졌는데 이 기간 동안 인공지능 관련 산업은 매우 축소되었으며, 이에 따라 대학에 지원되던 연구와 투자 자금이 삭감되어 관련 연구는 큰 어려움에 빠지게 되었다. 이것이 바로 1차 인공지능의 겨울 ^{AI winter} 이다.

다음 그림은 단순 신경망 ^{simple neural network} 과 심층 신경망 ^{deep neural network} 을 보여 주는 그림이다. 여기서 단순 신경망은 은닉층이 하나인 신경망으로 표시하였고, **심층 신경망은 은닉층이 여러 개인**

신경망으로 표시하고 있다. 빨간색 노드는 입력층의 노드이며, 주황색 노드는 은닉층의 노드, 초록색 노드는 출력층의 노드이다. 단순 신경망에 비하여 심층 신경망이 더 많은 신경망층을 가지고 있어서 복잡한 구조이며 이 구조가 인간의 뇌와 보다 유사한 구조이다.

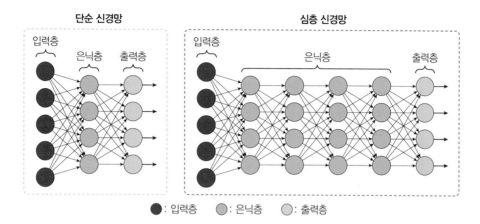

학자들의 연구에 의하여 **심층 신경망은 복잡한 문제를 해결할 수 있는 유용한 수단**으로 생각되었다. 하지만 여러 개의 은닉층에 있는 수많은 가중치들을 어떻게 효율적으로 학습시킬 수 있을까? 이 풀리지 않는 문제를 끈질기게 붙들어, 오늘날의 인공지능 연구 전성기를 이끈 훌륭한 연구자 중 한 명이 바로 제프리 힌턴 Geoffrey Hinton 이다. 제프리 힌턴은 2006년 발표된 〈심층 신뢰 신경망을 위한 빠른 학습 알고리즘(A fast learning algorithm for deep belief nets)〉이라는 연구 논문을 통해서 **많은 은닉층을 가진 깊이가 깊은 신경망도 효율적으로 학습시킬 수 있다는 것을 보였다.** 그 당시 학계와 산업계에서는 전통적으로 사용되던 다층 퍼셉트론과 인공신경망 연구에 대해 부정적인 인식이 매우 강했기 때문에, 이들은 인공신경망이라는 용어 대신 딥러닝 deep learning 을 **심층 신경망을 학습시키는 알고리즘을 지칭하는 용어**로 사용하였다. 이 용어의 쓰임새는 더욱 확대되어 심층 신경망을 사용하는 최근의 인공지능 알고리즘을 지칭하는 용어로 널리 사용되고 있다.

인공신경망이라는 주제로는 사람들의 관심을 끌기에 부족하군! 딥러닝이라는 말로 관심을 일으켜 보면 어떨까?

제프리 힌턴

A fast learning algorithm for deep belief nets *

Geoffrey E. Hinton and **Simon Osindero**
Department of Computer Science University of Toronto
10 Kings College Road
Toronto, Canada M5S 3G4
{hinton, osindero}@cs.toronto.edu

Yee-Whye Teh
Department of Computer Science
National University of Singapore
3 Science Drive 3, Singapore, 117543
tehyw@comp.nus.edu.sg

Abstract

We show how to use "complementary priors" to eliminate the explaining away effects that make inference difficult in densely-connected belief nets that have many hidden layers. Using complementary priors, we derive a fast, greedy algorithm that can learn deep, directed belief networks one layer at a time, provided the top two layers form an undirected associative memory. The fast, greedy algorithm is used to initialize a slower learning procedure that fine-tunes the weights us-

remaining hidden layers form a directed acyclic graph that converts the representations in the associative memory into observable variables such as the pixels of an image. This hybrid model has some attractive features:

1. There is a fast, greedy learning algorithm that can find a fairly good set of parameters quickly, even in deep networks with millions of parameters and many hidden layers.

2. The learning algorithm is unsupervised but can be applied to labeled data by learning a model that generates both the label and the data.

그렇다면 최신 알고리즘은 도대체 얼마나 깊은 층과 얼마나 많은 가중치를 사용하는 것일까? 다음 표는 이미지를 인식하는 데 사용되는 주요 딥러닝 알고리즘과 그 알고리즘에서 사용하는 가중치 그리고 전체 층의 깊이를 보여주고 있다.

이미지 인식 모델	크기	가중치의 수	층의 깊이
VGG16	528MB	1억 3천8백만 개	23
InceptionV3	93MB	2천 3백만 개	159
Xception	88MB	2천 2백만 개	126
InceptionResNetV2	215MB	5천 5백만 개	572
대규모 언어 모델	크기	가중치의 수	층의 깊이
ChatGPT 3.0	-	1,750억 개	12,288
LLaMA	-	70억~650억 개	-
메가트론-튜링 NLG	-	5,300억 개	-

이 표의 위쪽은 이미지 인식을 위한 인공지능 모델이며 아래쪽은 자연어를 생성하는 대규모 언어 모델이다. 이들 중 이미지 인식 분야에서 가장 많은 가중치를 가지는 VGG16은 모두 **1억 3천8백만 개의 가중치**를 가지며, 가장 많은 층을 가지는 InceptionResNetV2는 572개의 층을 가지고 있음을 볼 수 있다. 반면 ChatGPT 3.0의 경우, 가중치의 수만 무려 1,750억 개이며 은닉층의 깊이는 12,288개로 알려져 있다. 이러한 대규모 언어 모델은 점점 그 규모가 증가하고 있으며 2023년 발표된 **메가트론-튜링 NLG**는 가중치가 이것의 3배에 달하는 5,300억 개나 된다. 이러한 추세는 하드웨어 기술의 발전으로 인해 더욱 가속화될 것이다. 이와 같이 방대한 수의 가중치와 깊은 층을 가지는 인공신경망은 1970년대의 단순한 신경망과 확실하게 구별되는 구조를 가지므로 **딥러닝이라는 새로운 용어를 사용하는 것이 전혀 어색하지 않았다.**

다음 그림은 딥러닝 알고리즘의 출현 이전(그림 ①)과 그 이후(그림 ②)를 나타내고 있다. 딥러닝 알고리즘의 출현 이전에는 여러 층으로 쌓아서 인간의 신경망과 비슷하게 구성한 인공신경망을 학습시키는 좋은 알고리즘이 없었다. 그러나 최근 딥러닝 모델은 뛰어난 하드웨어의 도움과 효율적인 알고리즘으로 매우 깊은 은닉층을 가진 신경망을 학습시킬 수 있게 되었다. 따라서 **최근 인공지능의 우수한 성과는 대부분 딥러닝 알고리즘의 도움을 받고 있다**고 할 수 있다.

① 딥러닝 알고리즘 출현 이전

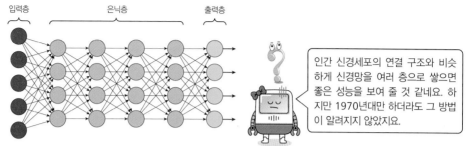

입력층, 은닉층, 출력층으로 이루어진 심층 신경망 구조

인간 신경세포의 연결 구조와 비슷하게 신경망을 여러 층으로 쌓으면 좋은 성능을 보여 줄 것 같네요. 하지만 1970년대만 하더라도 그 방법이 알려지지 않았지요.

② 딥러닝 알고리즘 출현 이후

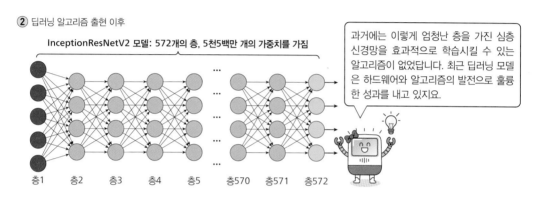

과거에는 이렇게 엄청난 층을 가진 심층 신경망을 효과적으로 학습시킬 수 있는 알고리즘이 없었답니다. 최근 딥러닝 모델은 하드웨어와 알고리즘의 발전으로 훌륭한 성과를 내고 있지요.

이 책에서는 오늘날 인공지능 기술의 바탕이 되는 중요한 기술인 딥러닝에 대해 상세하게 다루어 볼 것이다.

01 우리가 다루는 **인공지능** 기술은 인간의 학습능력, 추론능력, 지각능력을 인공적으로 구현하려는 컴퓨터 과학의 세부적인 분야로 정의할 수 있는데, 좀 더 단순하게 말하면 **컴퓨터를 사용하여 인간의 지능을 구현하려는 기술**이라고 할 수 있다.

02 인공지능을 구현하기 위한 다양한 접근 방법 중에서 2000년대 초반에 발표된 딥러닝은 인공지능 기술의 세부 기술분야 중 하나이다. 최근에 들어 딥러닝은 인공지능을 구현하는 기술 중에서도 핵심적인 기술로 평가받고 있다.

03 유튜브가 오늘날과 같이 대표적인 온라인 스트리밍 서비스로 각광을 받게 된 배경에는 **인공지능 기술에 기반한 뛰어난 영상 추천 시스템의 역할이 크다.**

04 OTT 서비스의 대표 주자격인 **넷플릭스사의 인공지능 기술 기반 추천 시스템은 회사의 핵심 경쟁력**이다.

05 ChatGPT는 사람의 질의에 대하여 자연스러운 답변을 제공하는 언어 생성 인공지능으로 주목을 받고 있다. 대규모 언어 모델로는 구글의 **바드**와 **LaMDA**, 메타 인공지능 연구소가 발표한 대규모 언어 모델인 **LLaMA**, 스탠퍼드 대학의 **Alpaca** 등이 있다.

06 앨런 튜링은 **튜링 기기**라는 추상 모델을 제시하고 형식화함으로써 컴퓨터 과학에 지대한 공헌을 하였다. 그는 '인간과 같은 지능을 가지는 기계'를 판별하기 위한 목적으로 튜링 테스트라는 방법을 제안하였다.

07 머신러닝은 인공지능 기술의 한 갈래로 명시적 프로그래밍 없이 컴퓨터가 주어진 **데이터를 기반으로 학습을 통해 작업 성능을 높여나가는 기술**을 말한다.

08 **생물체의 신경세포의 구조를 흉내 내는 컴퓨터 프로그램**을 과학자들은 인공 신경세포 혹은 퍼셉트론이라고 한다.

09 제프리 힌턴은 2006년 발표된 연구 논문을 통해서 **많은 은닉층을 가진 깊이가 깊은 신경망도 효율적으로 학습시킬 수 있다는 것을 증명했다.** 그는 인공신경망이라는 용어 대신 딥러닝을 심층 신경망을 학습시키는 알고리즘을 지칭하는 용어로 사용하였다.

단답형 문제

다음 괄호 안에 들어갈 알맞은 단어를 적으시오.

01 (   ) 기술은 인간의 학습능력, 추론능력, 지각능력을 인공적으로 구현하려는 과학 기술을 말한다.

02 인공지능이라는 용어와 학문 분야는 (   ) 과학자와 인지 과학자들에 의해서 1950년대에 만들어졌다.

03 인공지능을 구현하기 위한 다양한 접근 방법 중에서 2000년대 초반에 발표된 (   )(은)는 인공지능 기술의 세부 기술분야 중 하나이다. 최근에 들어 (   )(은)는 인공지능을 구현하는 기술 중에서도 핵심적인 기술로 평가받고 있다.

04 구글이나 네이버 등에서 제공하는 인공지능 (   )(을)를 사용하면 웹 페이지에서 외국어로 표기된 자료들을 손쉽게 한국어로 변환하여 읽을 수 있다.

05 ChatGPT에서 사용된 기술은 자연어 생성을 위한 (   ) 모델이며, 시퀀스-투-시퀀스 구조를 가지고 있으며, 입력 시퀀스에서 출력 시퀀스를 생성할 수 있는 모델이다.

06 (   )(은)는 (   ) 기술의 한 갈래로, 명시적 프로그래밍 없이 컴퓨터가 학습을 통해 작업 성능을 높여나가는 기술을 말한다. 두 분야를 다이어그램으로 표기하면 (   )(이)가 (   )(을)를 포함하는 관계로 나타낼 수 있을 것이다.

07 (   )(은)는 특정한 작업을 수행하는 방법을 일일이 지시하는 문장으로 이루어지며, (   )(은)는 데이터를 이용하여 학습을 수행한 다음, 규칙을 생성하는 방식으로 동작한다.

08 퍼셉트론은 외부 자극을 노드의 수치값으로 할당한 후, 이 수치값을 가중치에 곱한 다음 신호의 합을 구한다. 이때, 외부 자극에 곱해지는 값은 (   ) 혹은 (   )(으)로 불린다.

09 제프리 힌턴은 논문을 통해서 많은 은닉층을 가진 깊이가 깊은 신경망도 효율적으로 학습시킬 수 있다는 것을 보였다. 그는 인공신경망이라는 용어 대신 (   )(을)를 심층 신경망을 학습시키는 알고리즘을 지칭하는 용어로 사용하였다.

10 앨런 튜링은 이미테이션 게임으로도 불리는 (   )의 고안자로도 유명한데, 이 검사 방법은 '인간과 같은 지능을 가지는 기계'를 판별하기 위한 목적으로 제시되었다.

객관식 문제

다음 질문에 대하여 가장 알맞은 답을 구하시오.

01 다음 인공지능 기술이 흉내 내고자 하는 인간의 보편적인 능력으로 보기 어려운 것은 무엇인가?

❶ 학습능력
❷ 초능력
❸ 지각능력
❹ 추론능력

02 다음 인물들 중에서 머신러닝을 정의한 인물을 찾으시오. 이 인물은 "컴퓨터 프로그램이 어떤 작업 T에 속한 작업을 수행하면서 경험 E에 따라서 P로 측정하는 성능이 개선된다면, 이 프로그램은 작업 T와 성능 척도 P에 대해 경험 E로부터 학습을 한다고 말할 수 있다"라고 정의를 제시하였다.

❶ 톰 미첼
❷ 하워드 가드너
❸ 데이비드 웩슬러
❹ 폰 노이만

03 체스를 하는 컴퓨터 프로그램이 스스로 연습 게임을 해서 상대편을 이길 확률을 계산하여, 이 경험을 바탕으로 체스를 잘 두는 능력을 가지게 되었다고 하자. 이 능력을 구현하는 데 사용되는 알고리즘이 머신러닝 알고리즘으로 동작한다고 가정할 때, 이 머신러닝 알고리즘에 대한 구성 요소 중에서 톰 미첼의 정의와 가장 거리가 먼 것을 하나 고르시오.

❶ A: 체스 게임을 하는 환경
❷ T: 체스 두기
❸ P: 상대편을 이길 확률
❹ E: 스스로 연습 게임하기

짝짓기 문제

01 인공지능의 주요 시기와 그 특징을 올바르게 짝짓기 하시오.

1950~1960년대 •   • 인공지능의 2차 겨울

1960년대 말~1970년대 •   • 다트머스 회의를 통한 인공지능의 탄생과 과장된
                                    기대가 넘쳐남

1980년대 •   • 인공지능의 1차 겨울, 연구비 축소와 연구자의 이탈

1990년대 •   • 전문가 시스템을 통하여 인간의 의사결정을 도움

2006년 •   • 딥러닝 알고리즘이 등장하여 인공지능 기술 발전을
                                    선도함

02 인공지능 모델의 이름과 그 종류를 올바르게 짝짓기 하시오.

VGG16 •

ChatGPT •   • 대규모 언어 모델

InceptionResNetV2 •   • 이미지 인식 모델

LLaMA •

02

딥러닝을 위한 기초 지식

학습목표

- 함수의 개념과 일차 함수, 이차 함수의 특징을 이해한다.

- 극한과 미분이 가지는 의미를 이해한다.

- 합성 함수의 미분을 연쇄 법칙을 이용하여 수행하는 방법에 대해 알아본다.

- 경사하강법과 편미분의 개념을 이해한다.

- 다양한 머신러닝 알고리즘에 대해 알아본다.

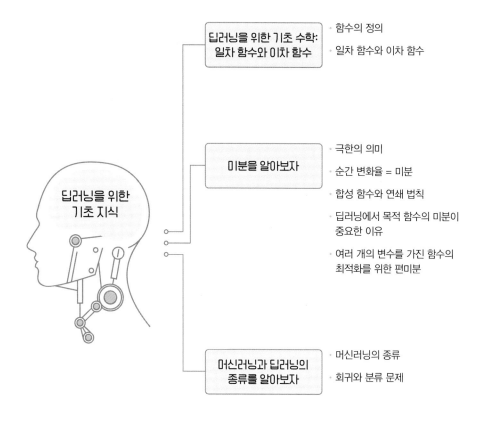

**딥러닝을 위한 기초 수학:
일차 함수와 이차 함수**
· 함수의 정의
· 일차 함수와 이차 함수

미분을 알아보자
· 극한의 의미
· 순간 변화율 = 미분
· 합성 함수와 연쇄 법칙
· 딥러닝에서 목적 함수의 미분이 중요한 이유
· 여러 개의 변수를 가진 함수의 최적화를 위한 편미분

딥러닝을 위한 기초 지식

머신러닝과 딥러닝의 종류를 알아보자
· 머신러닝의 종류
· 회귀와 분류 문제

01 딥러닝을 위한 기초 수학: 일차 함수와 이차 함수

이 장에서는 딥러닝을 이해하고 구현하기 위해서 반드시 필요한 기초적인 수학 지식을 먼저 설명할 것이다. 딥러닝은 프로그래밍 기술, 하드웨어 기술 등과 함께 다양한 수학 연산과 최적화 알고리즘, 함수를 통해서 인간의 지능을 흉내 내고 있다. 이 장에서는 이를 이해하기 위한 수학 개념과 기초 지식을 설명할 것이다. 이 개념들의 일부는 중등, 고등교육과정에서 익힌 내용이 있을 것이지만 복습의 의미에서 전체적인 수학 개념을 다루고자 한다.

함수의 정의

함수는 입력값에 대하여 유일한 출력값을 산출하는 수학적 개념이다. 수학에서 말하는 함수는 19세기 수학자 **피터 디리클레**^{Peter Dirichlet}에 의하여 다음과 같이 정의된 바 있다.

> **함수의 정의:** 변수 y가 변수 x와 밀접하게 관련되어 있어서 숫자 값이 x에 할당될 때마다 y의 유일한 값이 결정되는 규칙이 있다면, y는 독립변수 x의 **함수**라고 한다.

정의에 의하면 함수는 입력 집합에 대한 출력 집합 간의 관계로 각 입력값과 하나의 출력값이 정확히 하나씩 연관되어 있어야 한다. 이때, 입력값이 x인 함수를 표기하기 위해서 $f(x)$라는 기호를 주로 사용한다. 만일 $f(x) = x^2$꼴로 정의되는 함수가 있다면 이 함수는 입력값이 2일 때 2^2의 결과값인 4를 가지며, 입력값이 3일 때 그림과 같이 3^2의 결과값인 9를 가진다.

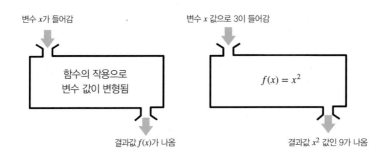

변수 x가 들어감   변수 x 값으로 3이 들어감

함수의 작용으로 $f(x) = x^2$
변수 값이 변형됨

결과값 $f(x)$가 나옴   결과값 x^2 값인 9가 나옴

함수는 입력값과 출력값이라는 요소를 가지는데 입력과 결과는 이전 그림과 같이 해석할 수 있다. 함수는 다음과 같은 세 가지의 요소를 가진다.

- **입력값**: 투입되는 것(=원재료)
- **함수**: 투입된 것으로 뭔가를 만드는 것(=도구)
- **출력값**: 함수를 통해 만들어진 것(=가공품)

일차 함수와 이차 함수

일차 함수

함수가 $y = f(x)$ 꼴인 경우, y가 x에 대한 일차식일 때 이 함수를 일차 함수라고 한다. 일차 함수는 다음과 같은 형태를 가진다.

$$y = ax + b(a = 0, a, b는 상수)$$

일차 함수는 다음 그림과 같이 x, y 평면에 직선의 형태로 나타낼 수 있기 때문에 선형 함수 ^{linear} ^{function} 라고도 한다. 그림에 나타난 직선의 수식은 $y = ax + b$와 같이 a, b라는 상수값을 가지고 있다. 이 식에서 x 값이 0일 때, y 값은 b가 된다. 이와 같이 일차 함수의 그래프가 y 축과 만나는 곳의 y 좌표를 y 절편이라고 한다. 그리고 x 값의 증가량에 대한 y 값의 증가량의 비율을 직선의 기울기라고 한다. 이 기울기값은 수식의 a 값과 같다.

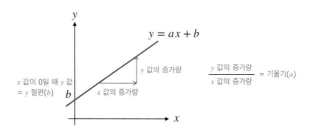

다음은 $y = \frac{1}{2}x + 1$과 $y = 2x + 1$ 함수의 예시이다. 그림 ❶은 $y = \frac{1}{2}x + 1$ 함수의 형태이며 직선의 기울기가 $\frac{1}{2}$이기 때문에, x 값이 1 증가할 때 y 값이 $\frac{1}{2}$만큼 증가한다. 따라서 직선의 기울기가 비교적 완만한 것을 볼 수 있다. 반면 그림 ②는 직선의 기울기가 2이기 때문에, 그림 ①의 직선에 비해 기울기가 큰 것을 볼 수 있다. 기울기값이 더욱 커지면 직선은 더욱더 가파르게 증가하는 형태를 가지게 될 것이다. 만일 기울기가 음수일 경우, 이와 반대로 오른쪽 아래로 내려가는 형태가 될 것이다.

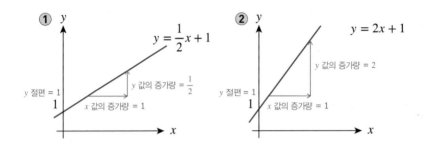

또한 두 직선 모두 x 값이 0일 때 y 값은 1이 되므로 파란색 직선과 y 축은 점 $(0, 1)$에서 만나는 것을 볼 수 있다.

도전 문제 2.1: 일차 함수의 형태를 그려 보자

다음 모눈종이에 일차 함수를 직선으로 나타내 보자. 그림의 검은색 실선이 각각 x 축과 y 축이며 이 두 실선이 만나는 점의 좌표는 $(0, 0)$이다.

1) $y = 3x$ 2) $y = -x + 5$ 3) $y = -2x + 10$

이차 함수

함수가 $y = ax^2$, $(a > 0)$ 형태라면 xy 평면에서 어떤 모양을 가질까? 이 함수는 아래로 볼록한 포물선 모양이 된다(만일 a가 음수이면 위로 볼록한 포물선 모양이 된다). 그림과 같이 $y = x^2$ 형태의 매우 단순한 함수를 생각해 보자. 우선 이 그래프의 모양은 y 축을 기준으로 양쪽이 서로 대칭이다. 이 함수의 x 값은 1이나 −1일 때 y 값은 1이지만, x 값이 2나 −2일 때 y 값은 4가 된다. 따라서 이 함수는 그림과 같이 최소값이 0이 되는 포물선이 된다.

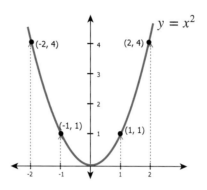

a 값이 1보다 클 경우, 이 함수는 그림 ①과 같이 위의 그래프보다 더 좁은 폭을 가지는 그래프가 되며, a 값이 $1 > a > 0$일 경우, 그림 ②와 같이 위의 그래프보다 더 넓은 폭을 가지는 포물선 그래프가 된다. 만일 a 값이 음수일 경우, 그래프는 a 값이 양수인 그래프를 x 축에 대하여 대칭이동시킨 그래프가 된다.

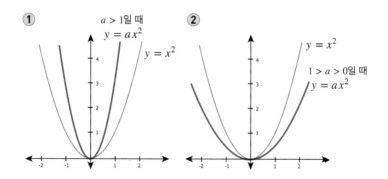

이차 함수는 $y = a(x - p)^2 + q$의 형태로 일반화할 수 있는데, 그림 ①과 같이 q 값이 0보다 크면 y 축에 대하여 양의 방향으로 q만큼 평행이동되며, q 값이 0보다 작으면 y 축에 대하여 음의 방향으로 q만큼 평행이동된다. 한편 그림 ②와 같이 p가 0보다 작으면 x 축에 대하여 음의 방향으로 p만큼 평행이동되며, p가 0보다 크면 x 축에 대하여 양의 방향으로 p만큼 평행이동된다. 그림 ③은

$y = (x - p)^2 + q$를 일반화한 그래프이다. $y = a(x - p)^2 + q$는 그림 ③의 그래프에서 포물선의 폭과 방향이 다를 뿐이다.

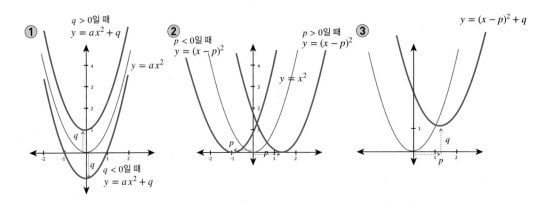

삼차 함수 이상의 고차 함수는 근을 구하는 것도 복잡하고 이 책의 범위를 벗어나는 내용이다. 이차 함수에서 a 값이 0보다 클 경우, 이 함수는 최소값을 하나 가질 수 있는데 이 최소값은 앞으로 다루게 될 경사하강법에서 매우 중요한 값이다.

도전 문제 2.2: 이차 함수의 형태를 그려 보자   상 중 하

다음 모눈종이에 아래와 같은 꼴의 이차 함수를 나타내 보자. 그림에서 검은색 실선이 각각 x 축과 y 축이며 이 두 실선이 만나는 점의 좌표는 (0, 0)이다.

1) $y = 2x^2$ 2) $y = -2x^2$ 3) $y = 2x^2 - 5$ 4) $y = (x - 5)^2 + 2$

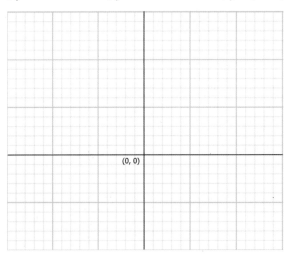

02 미분을 알아보자

극한의 의미

수학에서 극한이란 어떤 값이 특정한 값에 무한히 가까워질 때, 그 값을 변수로 하는 함수가 도달하려는 '목표점'을 의미한다. 이것은 함수에서 입력 x가 무한히 커지거나 특정한 값에 가까워지는 상황에서 함수 $f(x)$가 어떤 특정한 값에 접근하는 것을 나타낸다. 예를 들어 함수 $f(x)$가 있고 이 함수의 변수 x는 a가 아니면서도 a에 한없이 가까워질 때를 생각해 보자. 이때 함수 $f(x)$가 특정한 값 L에 한없이 가까워지면 $f(x)$는 L에 수렴한다라고 한다. 이것은 다음과 같은 수식으로 나타낼 수 있다.

$$\lim_{x \to a} f(x) = L$$

수학에서는 이런 '극한'의 개념을 사용해서 복잡한 문제를 해결한다. 극한은 복잡한 계산이나 어려운 문제를 간단하게 만들어 주는 도구이기 때문이다. 예를 들어, 우리가 어떤 함수 $f(x)$가 있고 x가 어떤 값 a에 접근하면서 $f(x)$의 값이 어떻게 변하는지 알고 싶다면, 우리는 'x가 a에 접근할 때 $f(x)$의 극한'을 구하게 된다. 이것은 x가 a에 가까워질수록 $f(x)$가 어떤 특정한 값에 접근한다는 것을 의미한다. 그리고 극한은 미적분학의 기본적인 개념을 이해하는 데 중요한 역할을 한다. 미적분학은 변화하는 양을 정확하게 기술하는 수학의 분야로, 물리학, 공학, 경제학 등 다양한 분야에서 응용된다.

도전 문제 2.3: 극한을 구해 보자

상 중 하

다음의 극한값을 구해 보자.

1) $\lim_{x \to 0} \dfrac{x(x+7)}{x}$ 2) $\lim_{x \to 4} \dfrac{(x-4)(x+7)}{x}$ 3) $\lim_{x \to 1} \dfrac{x^3 + x}{x+2}$

순간 변화율 = 미분

머신러닝과 딥러닝에 사용되는 여러 기법들을 이해하기 위해 필요한 수학적인 개념 중에서 가장 중요한 개념은 바로 미분 derivative 이다. 미분이란 **함수의 순간 변화율**을 말하며, 다음과 같이 독립변수 x의 변화량에 대한 함수 $f(x)$의 변화량의 비율의 극한으로 정의된다. 따라서 $y = f(x)$와 같은 함수의 한 입력값 a에서의 미분계수 $f'(a)$는 다음과 같다.

$$f'(a) = \lim_{\Delta x \to 0} \frac{f(a + \Delta x) - f(a)}{\Delta x}$$

위의 수식에서 분자 $f(a + \Delta x) - f(a)$는 $f(a)$와 $f(a + \Delta x)$의 차이이며, 분모 Δx는 x 값의 미세한 증가값을 의미한다. 정의에 의하여 $\Delta x \to 0$이므로 이 식의 의미는 x 값이 a일 때 이 함수의 **순간적인 변화율**로 해석할 수 있다. 일반적인 함수에 대하여 미분은 그 함수의 변화량과 독립변수의 변화량의 비율이며, 위와 같이 변화량이 0에 가까워질 때 갖는 극한으로 정의된다. 이와 같이 함수 $f(x)$를 x에 대해서 미분하여 얻어지는 함수 $f'(x)$를 $f(x)$의 도함수라고도 한다. 도함수는 $f'(x)$로 표기하기도 하지만 $\frac{d}{dx} f(x)$ 또는 $\frac{df(x_i)}{dx}$로 나타내기도 한다.

그림 ❶과 같이 x 값이 a일 때 $f(x)$ 함수의 형태를 살펴보면서 기하적 관점에서 이 식을 다시 해석해 보자. Δx가 그림 ❶에서 그림 ❷, 그림 ❸으로 갈수록 점점 작아지며 이 값이 0에 가까워지면 그림 ❸과 같이 기울기값도 변하는 것을 볼 수 있다. 그림 ❸을 살펴보면 그림 속의 직선은 $(a, f(a))$점에서 이 점을 지나는 접선의 기울기와 같아지는 것을 볼 수 있다.

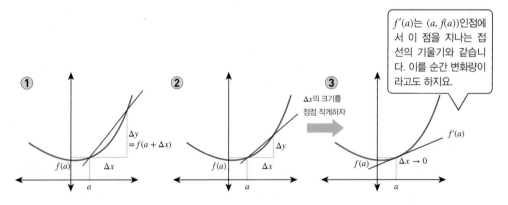

앞서 살펴본 $f(x) = x^2$ 함수가 있다고 할 때 이 함수의 미분값은 어떻게 될까? 이 함수의 미분은 다음과 같이 할 수 있다.

$$f'(x) = \lim_{\Delta x \to 0} \frac{(x + \Delta x)^2 - x^2}{\Delta x} = \lim_{\Delta x \to 0} \frac{(x^2 + 2x\Delta x + \Delta x^2) - x^2}{\Delta x} = 2x$$

다양한 함수에 의하여 앞의 정의를 적용했을 경우 아래 표와 같이 미분 결과를 정리할 수 있다. 함수 $f(x)$, $g(x)$가 있고 상수 C가 있을 때 x에 대한 미분의 기본 공식은 다음과 같으며 이에 대한 증명에 관심이 있다면 미적분학 도서를 참조하도록 하라. 아래의 식에서 x^n은 x의 n승을 의미하며, 이 n 값으로는 0이 아닌 실수값을 사용할 수 있으나, 이 책에서는 0이 아닌 정수값을 사용하는 경우에 대해서만 다룰 것이다.

$\dfrac{d}{dx}(C) = 0$	$\dfrac{d}{dx}[Cf(x)] = Cf'(x)$
$\dfrac{d}{dx}x^n = nx^{n-1}$	$\dfrac{d}{dx}e^x = e^x$
$\dfrac{d}{dx}[f(x) \pm g(x)] = f'(x) \pm g'(x)$	$\dfrac{d}{dx}[f(g(x))] = f'(g(x))g'(x)$

도전 문제 2.4: 미분을 해 보자

다음과 같은 함수 $f(x)$의 도함수를 구하여라.

1) $f(x) = 2$ 2) $f(x) = 5x$

3) $f(x) = 2x^2$ 4) $f(x) = 2x^2 + 3$

5) $f(x) = (x-5)^2 + 2$ 6) $f(x) = 2e^x + 3$

7) $f(x) = 5x^2 + 2x^3$ 8) $f(x) = (x-5)^2 + e^x$

9) $f(x) = \dfrac{1}{x}$

합성 함수와 연쇄 법칙

다음으로 딥러닝을 이해하는 데 중요한 개념인 연쇄 법칙에 대하여 알아볼 것이다. 연쇄 법칙을 이해하기 전에 합성 함수의 개념을 먼저 살펴보자. 합성 함수란 두 개 이상의 함수를 하나의 함수로 결합하여 만든 함수를 말한다. 예를 들어 $y = f(g(x))$와 같은 형태의 함수가 바로 합성 함수이다. 이 함수는 함수 $f()$ 속에 또 다른 함수 $g()$가 들어있는데, 이와 같이 함수 속에 다른 함수가 들어있는 형태를 가지고 있다.

연쇄 법칙 ^{chain rule} 은 어떤 함수 y를 x에 대해 미분할 때, 매개변수 t를 두어 다음과 같이 미분을 한다.

$$\frac{dy}{dx} = \frac{dy}{dt}\frac{dt}{dx}$$

이것은 이전 표의 오른쪽 하단에 있는 $y = f(g(x))$와 같은 합성 함수에 대한 미분을 할 때 유용하다. $t = g(x), y = f(t)$로 두고 다음과 같이 미분을 수행하여 테이블과 같은 결과를 얻을 수 있다.

$$\frac{d}{dx}f(g(x)) = \frac{d}{dg(x)}f(g(x))\frac{d}{dx}g(x) = f'(g(x))g'(x)$$

[예제 1]

다음과 같은 함수를 연쇄 법칙을 이용하여 미분해 보자.

$$f(x) = (x^4 + 2x)^3$$

풀이

$f(x)$를 y로 표기하고 임시 변수 t를 도입하여 $t = (x^4 + 2x)$ 로 두자. 그러면 y는 다음과 같이 임시 변수 t에 대한 세제곱 꼴로 나타낼 수 있다.

$$y = t^3$$

이때 $\frac{dy}{dx} = \frac{dy}{dt}\frac{dt}{dx}$ 이므로 이들을 각각 다음과 같이 나타낼 수 있다.

$$\frac{dt}{dx} = 4x^3 + 2$$

$$\frac{dy}{dt} = 3t^2$$

위의 두 식을 결합하여 다음과 같은 결과를 얻을 수 있다.

$$\frac{dy}{dx} = \frac{dy}{dt}\frac{dt}{dx} = 3t^2(4x^3 + 2) = 3(x^4 + 2x)^2(4x^3 + 2)$$

보다 다양한 문제는 다음 도전 문제를 통해서 알아보자.

도전 문제 2.5: 합성 함수의 미분을 해 보자   상 중 하

다음과 같은 $f(x)$ 함수가 있을 경우, 연쇄 법칙을 사용하여 이 함수의 도함수를 구하여라.

1) $f(x) = 3(x^3 + 2x)^5$

2) $f(x) = \dfrac{1}{2x - 1}$

3) $f(x) = \dfrac{1}{(x^2 + 2x - 1)^3}$

4) $f(x) = \dfrac{x^2}{(x^2 - 1)^2}$

함수 $f(x)$의 1차 미분 $f'(x)$는 x가 매우 조금 변화한 정도에 대해 함수값이 어떤 비로 변화하는지 알려준다. 이것을 변화율이라고 한다. 이러한 성질을 이용하면 머신러닝에서 매우 중요한 최적화 ^{optimization} 작업을 할 수 있다.

딥러닝에서 목적 함수의 미분이 중요한 이유

머신러닝과 딥러닝에서는 데이터의 복잡한 패턴을 스스로 찾아가도록 학습 알고리즘이 필요한데 이를 모델 ^{model} 이라고 한다. 모델이 학습을 하는 과정은 수학적으로 어떻게 나타내야 할까? 이 과정은 수학적으로 모델이 예측한 값과 실제 값의 차이를 단계적으로 최소화시키는 과정으로 정의할 수 있다. 이때 모델이 최대화하거나 최소화하려는 함수를 목적 함수라고 한다. 목적 함수의 다른 이름으로는 손실 함수 $^{loss function}$ 또는 비용 함수 $^{cost function}$ 가 있다. 다음 그림의 파란색 곡선으로 표시된 목적 함수를 $f(x)$라고 할 때, 이 함수를 가장 작은 값으로 만드는 최적의 변수 x^*를 찾는 일을 최적화라고 한다. 다음과 같은 개념으로 그 방법을 살펴보자.

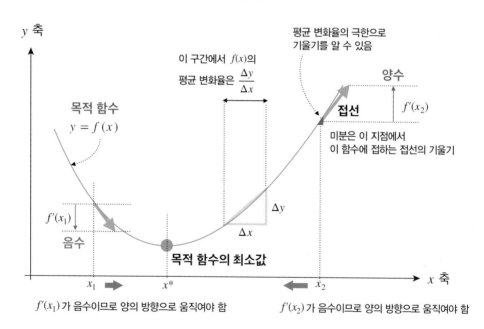

목적 함수: 딥러닝에서 목적 함수란 모델이 최대화하거나 최소화하려는 함수를 말한다. 딥러닝 알고리즘이 동작하기 위해서는 모델의 성능을 수치화할 수 있는 함수가 있어야 한다.

평균 변화율: 그림의 가운데에 있는 분홍색 삼각형을 보면 변수 x가 Δx만큼 변할 때, 목적 함수는 Δy만큼 변한다. 이것의 비가 이 구간의 평균 변화율이다.

미분과 접선의 기울기: $x = x_2$인 지점에서 이 삼각형을 매우 작게 만들었다. 이 삼각형을 무한히 작게 만들면 x_2 지점에서의 목적 함수에 대한 미분값을 얻을 수 있다. 그리고 이 값은 그 지점에서 목적 함수 곡선에 접하는 선, 즉 접선의 순간변화율이다. 이것은 접선의 기울기이다. 이 값의 크기는 경사가 급할수록 더 큰 값이 된다.

경사하강: 접선의 기울기를 따라 반대로 내려오면 해당 지점에서 목적 함수의 값이 더 작은 쪽으로 이동할 수 있다. x_2의 위치에서 x가 증가하면 y도 증가하므로 접선의 기울기는 양수이다. 따라서 x_2에서 음의 방향으로 움직이면 목적 함수를 줄일 수 있다. 즉 $f'(x_2)$의 반대 방향인 $-f'(x_2)$로 이동한다. 이것을 **경사하강법** gradient descent 이라고 한다. x_1의 지점에서 미분은 음수임을 확인할 수 있다. 따라서 이 위치에서는 양의 방향으로 이동한다.

최적화: 최적화는 모델이 학습 데이터에 대한 오차를 줄이면서 가장 잘 예측할 수 있도록 가중치와 편향값과 같은 파라미터를 조절하는 것을 말한다. 위에서 설명한 경사하강법이 잘 동작하여 임의의 위치 x_n에서 시작한 $f(x_n)$이 그림과 같이 목적 함수의 최소값 x^*에 도달할 수 있다면 **최적화가 이루어지고 있다**고 할 수 있다.

여러 개의 변수를 가진 함수의 최적화를 위한 편미분

목적 함수가 가지는 변수는 한 개인 경우도 있지만, 두 개 이상인 경우도 있을 것이다. 이러한 경우에 대하여 최적화를 하기 위해서 필요한 개념이 편미분이다. **편미분** partial derivative 이란 여러 개의 독립변수들을 가지는 함수 f가 있을 경우, 이 함수를 각각의 변수에 대해서 독립적으로 미분을 하는 방식으로, 여러 변수 중에서 하나에 대해 미분하고 나머지는 상수로 취급하는 방법을 말한다. 편미분은 주로 함수의 경사를 찾는 데 사용되며, 머신러닝 및 딥러닝에서 경사하강법 등의 최적화 알고리즘을 구현하는 데 필수적이다. 또한 오차 역전파와 같은 딥러닝의 핵심 개념을 이해하는 데에도 필요하다. 편미분의 기호로는 ∂을 사용하는데 이 기호는 '파셜', '델' 또는 '라운드 디'라고 읽는다.

x, y 두 변수로 이루어진 함수 $f(x, y) = x^2 + xy + y^2$이 있다고 가정해 보자. 이 함수에서 y라는 변수를 상수로 취급하고 x에 대하여 미분을 해 보자. 그 결과는 다음과 같다.

$$\frac{\partial f}{\partial x}(x, y) = 2x + y$$

반대로 x라는 변수를 상수로 취급하고 y에 대한 편미분을 한다면 다음과 같을 것이다.

$$\frac{\partial f}{\partial x}(x, y) = x + 2y$$

만일 다음과 같이 복잡한 함수가 있다고 하더라도 이를 x에 대한 편미분을 하면, x 이외의 변수는 모두 상수로 여기면 된다. 따라서 다음과 같이 x가 포함된 항만 미분하여 간단히 구할 수 있다.

$$f(x, y, z) = x^2 + \sin(yz) + \log(z\cos(y))$$

$$\frac{\partial f(x, y, z)}{\partial x} = 2x$$

편미분을 사용하는 이유를 수학의 언어로 나타내면 다차원 공간에서 정의되는 함수의 최적해를 찾기 위해서이다. 다음 그림과 같이 독립변수 x와 y에 의해 결정되는 목적 함수 $f(x, y)$가 붉은색 선으로 표시된 곡면을 이룬다고 하자. 이 공간은 x, y, z 축을 가지는 3차원 공간이므로 붉은색 영역은 실제로 밥그릇처럼 아래로 볼록한 3차원 곡면이다. 이 함수의 최소값을 찾기 위해서 (x_1, y_1) 지점에서 함수값 $f(x_1, y_1)$을 구했다고 가정하자. 이 값은 최소값이 아니기 때문에 이 위치를 수정해야만 한다. 이때 함수의 값이 줄어드는 방향으로 변수를 x_1과 y_1에서 이동시키면 될 것이다. 이와 같이 함수의 최소값을 찾기 위해 이동 방향을 찾아야 하는데, 이 경우 편미분을 사용하면 x 방향과 y 방향의 기울기를 구하는데 도움이 된다.

그림을 통해서 편미분과 기울기 그리고 최적화에 대해 생각해 보자. 그림에서 $\partial f(x_1, y_1)/\partial x$는 목적 함수의 $f(x_1, y_1)$에 닿는 접선이 x 축 방향으로 갖는 기울기를 의미한다. 비슷하게 $\partial f(x_1, y_1)/\partial y$는 y 축 방향의 기울기이다. 이와 같이 여러 변수를 하나로 표기하는 데에 벡터 표기가 유용하다. 따라서 이 책에서는 $x_1, x_2, \ldots, x_n$을 한 번에 나타내기 위해 $\mathbf{x}$를 사용할 것이다. $\mathbf{x} \in \mathbb{R}^n$의 벡터를 입력으로 하는 함수 $f(\mathbf{x})$의 기울기 벡터 $\nabla f(\mathbf{x})$는 모든 차원의 기울기를 원소로 하는 벡터로 다음과 같이 정의된다.

$$\nabla f(\mathbf{x}) = \left(\frac{\partial f(\mathbf{x})}{\partial x_1}, \frac{\partial f(\mathbf{x})}{\partial x_2}, \ldots, \frac{\partial f(\mathbf{x})}{\partial x_n} \right)$$

기울기 벡터를 구하기 위하여 사용한 표기법 ∇는 다차원 공간에서 편미분한 것들을 모아놓은 것으로 나블라^{nabla} 라고 읽는다. $\mathbf{x}$가 여러 개의 변수를 하나로 나타내기 위한 표기법인 반면, ∇는 개별적인 편미분 결과를 하나로 나타내기 위한 표기법이다.

그림과 같이 두 개의 독립변수를 가진 경우, $\nabla f(\mathbf{x})$는 다음과 같이 두 개의 변수에 대한 편미분으로 정의된다. 따라서 (x_1, y_1) 지점에서의 기울기 벡터는 다음과 같다.

$$\nabla f(x_1, y_1) = \left(\frac{\partial f(x_1, y_1)}{\partial x}, \frac{\partial f(x_1, y_1)}{\partial y} \right)$$

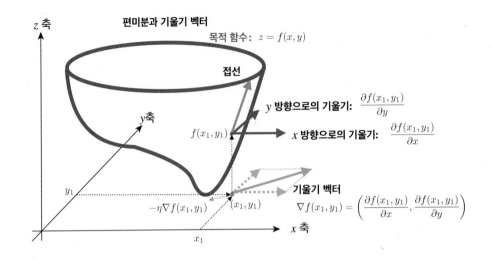

이 기울기 벡터는 그림에서 녹색으로 표시된 화살표이다. 이 화살표는 독립변수로 이루어진 공간에서 정의된다. 최적의 해는 이 기울기 벡터의 반대 방향으로 어딘가에 존재한다. 그것은 이 기울기 방향으로 가면 목적 함수가 커지는 방향이기 때문이다. 정확히 어디인지 알면 좋겠지만, 그 위치를 알 수 없으므로 작은 값 η를 곱하여 기울기 벡터의 반대 방향으로 이동해 보면 더 작은 목적 함수 값을 얻을 수 있을 것이다. 그림에는 녹색 점선으로 표현되어 있다. η는 딥러닝이나 머신러닝의 **학습률** learning rate 로 **현재 위치에서 최적의 해를 구하기 위해서 움직이는 정도**를 의미한다.

우리가 현재 가지고 있는 변수값 (x_1, y_1)이 최적해에 가까울수록 기울기 벡터의 길이는 짧아질 것이다. 기울기 벡터의 크기가 큰 값을 가질수록 더 멀리 이동해야 한다. 기울기 벡터의 크기는 우리가 얼마나 틀렸는지를 가늠할 수 있는 척도가 된다.

미분과 편미분, 목적 함수를 여러분이 직접 구현하는 방식보다 미리 구현된 라이브러리를 이용하는 것이 시간을 더 절약할 수 있기 때문에 이 기능을 만드는 일은 적을 것이다. 그러나 대부분의 **딥러닝 라이브러리들은 이러한 개념 위에서 구현**되어 있으며 딥러닝 기술의 기반이 되는 이론이므로 이러한 사전 지식은 딥러닝을 이해하기 위해 반드시 필요하다.

03 머신러닝과 딥러닝의 종류를 알아보자

머신러닝의 종류

우리가 다루는 **인공지능** 기술은 인간의 학습능력, 추론능력, 지각능력을 인공적으로 구현하려는 컴퓨터 과학의 세부적인 분야로 정의할 수 있는데, 좀 더 구체적으로 말하면 **컴퓨터를 사용하여 인간의 지능을 구현하려는 기술**이라고 할 수 있다.

이러한 인공지능 기술의 여러 분야 중에서 **머신러닝**은 명시적 프로그래밍 없이 컴퓨터가 **학습을 통해 작업 성능을 높여나가는 기술**을 말한다. 또한 머신러닝에는 다양한 기법들이 존재한다.

머신러닝의 종류를 알아보자

이제 머신러닝을 학습 방법에 따라 나누어 보도록 하자. 머신러닝을 할 때 사용하는 방법은 일반적으로 기계에게 답을 알려주는 '교사'의 존재 여부에 따라 크게 **지도학습**과 **비지도학습**으로 나누어진다. 이와는 달리 에이전트와 그 에이전트의 행동에 대한 보상을 통해 학습하는 방법인 **강화학습**은 별도의 영역으로 다룬다. 이들 각각의 특성에 대해서 알아보자.

- 지도학습 supervised learning : 지도학습에서 컴퓨터는 '교사'에 의해 데이터와 레이블 label 을 제공받는다. 레이블은 다음 그림과 같이 **정답지의 역할**을 한다. 지도학습의 목표는 **입력을 출력에 매핑하는 일반적인 규칙을 학습**하는 것이다. 예를 들어서 고양이와 개를 구분할 때, 교사가 고양이와 개로 레이블링된 데이터를 충분히 제공한 뒤에 학습을 하는 과정이 필요하다. 그림과 같이 학습 단계에서 만들어진 **예측 모델**은 테스트 단계에서 새로운 데이터를 만나며, 이전의 학습을 바탕으로 고양이인지 개인지 맞게 된다.

- 비지도학습 ^{unsupervised learning} : 비지도학습은 **외부에서 레이블을 주지 않고 학습 알고리즘이 스스로 입력으로부터 특정한 구조나 숨겨진 패턴을 발견**하는 학습이다. 비지도학습을 사용하면 데이터에서 숨겨진 패턴을 발견할 수 있다. 비지도학습의 대표적인 예가 군집화 ^{clustering} 이다. 이 방법은 다음 그림과 같이 **주어진 데이터를 특성에 따라 둘 이상의 그룹으로 나누는 것**이다. 이렇게 특성을 구분하는 방법을 컴퓨터가 스스로 학습하는 것이다. 여러 뉴스를 비슷한 주제들로 묶어서 제공하는 등의 일에 사용될 수 있다.

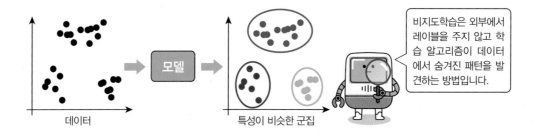

데이터   모델   특성이 비슷한 군집

> 비지도학습은 외부에서 레이블을 주지 않고 학습 알고리즘이 데이터에서 숨겨진 패턴을 발견하는 방법입니다.

- 강화학습 ^{reinforcement learning} : 강화학습은 **에이전트가 시행착오로부터 학습하는 방법**이라고 간단하게 이야기할 수 있다. 이 학습 방법은 지도학습이나 비지도학습과 같이 데이터에서 레이블을 구하거나 패턴을 찾는 방식이 아니며 **학습할 데이터를 사전에 주지 않아도 된다.** 강화학습에서는 에이전트 ^{agent}, 환경 ^{environment}, 행동 ^{action}, 보상 ^{reward}, 상태 ^{state} 라는 학습 데이터가 주어진다. 예를 들어서 그림에 나타난 게임 캐릭터(에이전트)가 **주어진 환경에서 특정한 행동을 수행**하고, 이에 대한 보상이 주어질 경우 이 **보상을 최대화**하는 행동을 결정하는 정책 ^{policy} 을 바꾸어 나가는 방식이다. 알파고를 비롯하여 게임과 같은 분야에서 높은 수준을 보이는 프로그램들이 이러한 방식으로 만들어지는 경우가 많다.

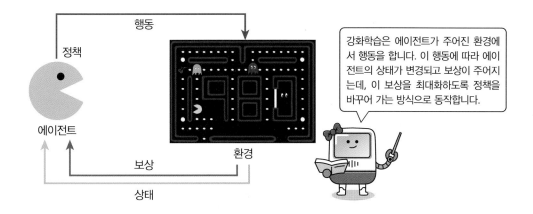

강화학습은 에이전트가 주어진 환경에서 행동을 합니다. 이 행동에 따라 에이전트의 상태가 변경되고 보상이 주어지는데, 이 보상을 최대화하도록 정책을 바꾸어 가는 방식으로 동작합니다.

강화학습은 복잡한 환경과의 상호 작용을 통해서 스스로 행동하는 법칙과 운동 모델을 학습할 수 있기 때문에 로봇 제어, 드론 시스템, 자율주행 자동차 운행 등과 같은 많은 응용 분야에서 성과를 거둘 것으로 기대되고 있다.

강화학습에서 사용되는 **주요 개념과 용어**는 다음 표와 같다.

에이전트	**행위자**[actor] 라고도 하며 주어진 문제 상황에서 행동하는 주체
환경	에이전트가 상호작용해야 할 문제이자 물리적 세계가 될 수 있음
행동	에이전트가 선택할 수 있는 선택지로 그림과 같은 경우 이동 시 앞으로 이동, 뒤로 이동 등이 있음
상태	환경의 모든 정보로, 현재 시점에서의 상황
보상	에이전트가 어떤 행동을 취했을 때 따라오는 이득 혹은 벌칙
정책	에이전트가 행동을 선택하는 데 사용하는 규칙

한걸음 더: 알파고와 강화학습

구글 딥마인드의 **알파고**는 우리 모두에게 매우 익숙한 이름이다. 알파고는 2015년 유럽 바둑 챔피언인 **판후이** 기사와의 시합에서 승리하면서 유명세를 타게 되었다. 이 프로그램의 개선된 알파고 버전은 2016년 세계적인 프로 바둑 기사인 이세돌 9단과의 시합에서도 승리하고, 2017년 5월에는 세계 랭킹 1위인 커제 기사와의 상대로도 이겼다. 알파고는 **강화학습**을 통해서 학습을 수행하며, 이 강화학습을 위한 세부 기술로 심층 신경망을 사용하였다. 바둑을 두는 주체인 알파고는 강화학습의 **에이전트**에 해당하며, 바둑판이 알파고의 **환경**에 해당한다. 그리고 에이전트의 **보상**은 상대편을 이기는 확률을 최대로 하는 것이며, 바둑 돌을 두는 것이 **행동(액션)**에 해당한다. 알파고가 바둑 돌을 둘 때마다 바둑판이 변하는데 이것이 **상태**가 되며, 알파고는 이 보상이 최대가 되도록 **정책**을 개선해 나가는 방식으로 동작한 것이다.

보상이란 일상 언어에서는 항상 긍정적인 의미로 사용된다. 하지만 강화학습에서의 보상은 그냥 알고리즘의 학습에 쓰이는 수치값이다. 따라서 이 값은 양수가 될 수도 있고 음수가 될 수 있다. 음수로 주어진 보상은 일상 언어에서 **벌칙** penalty 이라고 부른다. 알파고에서는 많은 점수 차로 상대편을 이기면 양의 보상이, 지게 되면 음의 보상이 되며, 자율주행 자동차에서는 사고 없이 안전하게 이동할 때마다 양의 보상 값은 커지게 된다.

머신러닝 알고리즘의 학습 방법에 따라서 위의 세 가지로 나누어 보았는데, 이 알고리즘 역시 다음 표와 같이 다양한 종류의 세부 알고리즘이 존재한다.

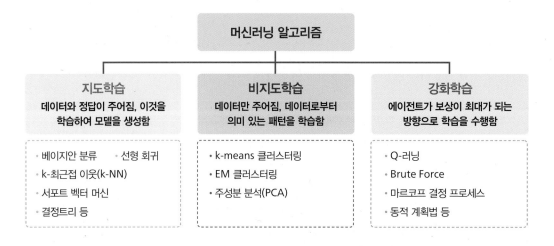

회귀와 분류 문제

머신러닝 알고리즘의 지도학습에 대해 좀 더 상세하게 살펴보면, 지도학습에서 주어진 데이터를 바탕으로 예측하고자 하는 것이 무엇인지에 따라서 크게 회귀 regression 와 분류 classification 로 나눌 수 있다. 이 중에서 예측하고 싶은 **종속변수가 숫자일 때 회귀**라는 머신러닝 기법을 사용한다. 반면 스팸 메일/정상 메일과 같이 **범주형일 경우에는 분류 기법**을 사용한다.

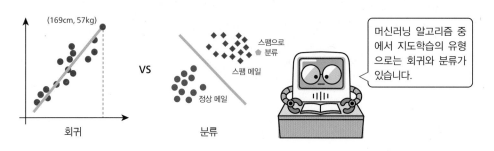

회귀 문제는 앞에서도 다루어 보았는데, 좀 더 구체적인 예를 통해 살펴보자. 철수네 반에 있는 4명의 학생을 임의로 추출하여 키와 몸무게를 측정하였더니 다음 표와 같이 키가 164, 179, 162, 170cm로 나타났으며, 이들의 몸무게는 각각 53, 63, 55, 59kg으로 나타났다고 가정하자. 일반적으로 키와 몸무게는 상관관계가 있기 때문에 이 상관관계를 선형 방정식으로 만들 수 있다면 키가 169cm인 학생의 몸무게를 유추할 수 있을 것이다.

키(단위: cm)	164	179	162	170	169
몸무게(단위: kg)	53	63	55	59	?

이와 같이 주어진 데이터를 바탕으로 **예측하고자 하는 숫자 값을 유추하는 것이** 회귀 regression 이다.

다음으로 분류 classification 문제에 대하여 알아보자. 분류란 **예측하고자 하는 목표값이 범주형 변수인 경우에 적용**된다. 범주형 변수는 참이나 거짓, 0, 1, 2, 3과 같이 연속적이지 않은 이산적인 값을 가지는 변수이다. 분류의 예를 들면 여러분의 이메일 시스템이 수신한 이메일을 **스팸 메일**이나 **정상 메일**로 나누는 것이 될 수 있다. 또는 태블릿에 입력한 손글씨 숫자 이미지 데이터를 이용하여 0, 1, 2, 3, 4, 5, 6, 7, 8, 9 중의 하나로 나누는 것이 될 수 있을 것이다. 분류 문제에서 나누어야 할 목표값을 클래스 class 라고 한다. 이 클래스가 두 가지인 경우를 이진 분류라고 하며, 둘 이상이 될 경우를 다중 분류라고 한다. 이진 분류와 다중 분류의 예는 다음과 같다.

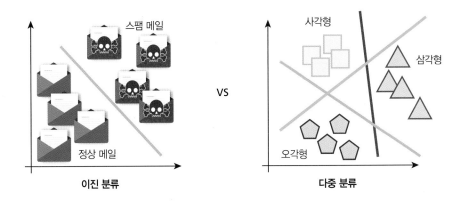

이진 분류	• 스팸 메일 판별: 스팸 메일이다 / 정상 메일이다 • 신용 카드 사기거래 탐지: 사기이다 / 정당한 거래이다 • X선 종양 탐지: 악성이다 / 양성이다
다중 분류	• 그림 이미지 분류: 삼각형, 사각형, 오각형 중 하나로 나누기 • 숫자 이미지 데이터 분류: 0에서 9 사이의 숫자 중 하나로 나누기 • 동물 이미지 데이터 분류: 개, 고양이, 코끼리 … 중 하나로 나누기 • 뉴스 기사 분류: 시사, 경제, 스포츠, 연예 … 중 하나로 나누기

도전 문제 2.6: 다음의 주어진 문제는 분류 문제인가 회귀 문제인가 상 중 하

1. 어떤 사람의 교육 수준, 나이 등을 이용해 연봉을 예측하는 것 → (분류/회귀)

2. 꽃 사진을 보고 꽃의 이름을 알아맞히는 것 → (분류/회귀)

3. 설문을 통해 설문 응답자가 남성인지 여성인지 알아맞히는 것 → (분류/회귀)

4. 신문 뉴스를 보고 낚시성 기사인지 아닌지 알아맞히는 것 → (분류/회귀)

5. 물고기의 길이와 몸무게를 보고 물고기의 가격을 예측하는 것 → (분류/회귀)

01 변수 y가 변수 x와 밀접하게 관련되어 있어서 숫자 값이 x에 할당될 때마다 y의 유일한 값이 결정되는 규칙이 있다면, y는 독립변수 x의 함수라고 한다.

02 머신러닝과 딥러닝에 사용되는 여러 기법들을 이해하기 위해 필요한 수학적인 개념 중에서 매우 중요한 개념은 미분이다. **미분**이란 함수의 순간 변화량을 구하는 것으로 독립변수값의 변화량 비의 극한으로 구성된다.

03 머신러닝과 딥러닝에서 모델이 학습을 하는 과정은 수학적으로 모델이 예측한 값과 실제 값의 차이를 단계적으로 최소화시키는 과정으로 정의할 수 있다. 이때 모델이 최대화하거나 최소화하려는 함수를 목적 함수라고 한다.

04 편미분이란 둘 이상의 변수들을 가지는 함수 f가 있을 경우, 이 함수를 각각의 변수에 대해서 독립적으로 미분을 하는 방식으로 여러 변수 중에서 하나에 대해 미분하고 나머지는 상수로 취급하는 방법을 말한다.

05 합성 함수란 두 개 이상의 함수를 하나의 함수로 결합하여 만든 함수를 말하며, 연쇄 법칙을 사용하면 편리하게 미분을 할 수 있다.

06 **지도학습**의 목표는 입력을 출력에 매핑하는 일반적인 규칙을 학습하며, 학습 단계에서 만들어진 예측 모델은 테스트 단계에서 새로운 데이터를 만나며, 이전의 학습이 바탕이 된다.

07 **비지도학습**은 외부에서 레이블을 주지 않고 학습 알고리즘이 스스로 입력으로부터 특정한 구조나 숨겨진 패턴을 발견하는 학습이며, 대표적인 예로 **군집화**가 있다.

08 **강화학습**은 실수로부터 학습하는 방법으로 학습할 데이터를 사전에 주지 않으며 **주어진 환경**에서 **특정한 행동**을 수행하고, 이에 대한 보상이 주어질 경우 **보상을 최대화**하는 행동을 결정하는 **정책**을 바꾸어 나가는 방식이다.

09 지도학습에서 주어진 데이터를 바탕으로 예측하고자 하는 것이 무엇인지에 따라서 크게 회귀와 분류로 나눈다.

단답형 문제

다음 괄호 안에 들어갈 알맞은 단어를 적으시오.

01 변수 y가 변수 x와 밀접하게 관련되어 있어서 숫자 값이 x에 할당될 때마다 y의 유일한 값이 결정되는 규칙이 있다면, y는 독립변수 x의 (　　　)(이)라고 한다.

02 함수는 세 가지의 요소를 가지며, 함수에 투입되는 것을 (　　　), 투입된 것으로 무언가를 만드는 것을 함수, 함수를 통하여 만들어진 것을 (　　　)(이)라고 한다.

03 x, y 평면에 직선의 형태로 나타낼 수 있고, y가 x에 대한 일차식일 때 이 함수를 (　　　　)(이)라고 하며, 일반적으로 볼록한 포물선 모양이 되는 함수를 (　　　　)(이)라고 한다.

04 (　　　)(이)란 함수의 순간 변화량을 구하는 것으로, 독립변수값의 변화량의 비의 극한으로 구성된다.

05 함수의 1차 미분은 x가 매우 조금 변화한 정도에 대해 함수값이 어떤 비로 변화하는 지 알려주며, 이것을 (　　　)(이)라고 한다. 이 성질을 이용하면 머신러닝에서 중요한 (　　　) 작업을 할 수 있다.

06 다차원 공간에서 정의되는 목적 함수의 최적해를 찾기 위해서 (　　　)(을)를 사용한다.

07 합성 함수란 두 개 이상의 함수를 하나의 함수로 결합하여 만든 함수를 말하며, (　　　　)(을)를 사용하면 편리하게 미분을 할 수 있다.

08 (　　　　　)(은)는 정의한 규칙을 벗어난 예외적인 경우에 대하여 적절한 해를 내보내지 못하며, (　　　)(은)는 학습을 위한 많은 데이터와 소요되는 시간이 많이 걸린다.

09 입력을 출력에 매핑하는 일반적인 규칙을 학습하며, 학습 단계에서 만들어진 예측 모델은 테스트 단계에서 새로운 데이터를 만나게 되는 학습을 (　　　)(이)라고 한다.

10 비지도학습의 대표적인 예로 (　　　)(이)가 있으며, 이 방법은 주어진 데이터를 특성에 따라 둘 이상의 그룹으로 나누는 것이다.

11 강화학습에서 사용되는 용어인 (　　　)(이)란, 행위자라고도 하며, 주어진 문제 상황에서 행동하는 주체를 뜻하며, (　　　)(이)가 행동을 선택하는 데 사용되는 규칙을 (　　　)(이)라 한다.

12 머신러닝 알고리즘의 지도학습에서 주어진 데이터를 바탕으로 예측하고자 하는 것이 무엇인지에 따라서 크게 회귀와 분류로 나눌 수 있다. 이 중에서 예측하고 싶은 종속변수가 숫자일 때 (   )(이)라는 머신러닝 기법을 사용한다. 반면 스팸 메일/정상 메일과 같이 범주형일 경우 (   ) 기법을 사용한다.

13 머신러닝과 딥러닝에서는 모델이 학습을 하는 과정은 수학적으로 모델이 예측한 값과 실제 값의 차이를 단계적으로 최소화시키는 과정으로 정의할 수 있다. 이때 모델이 최대화하거나 최소화하려는 함수를 (   )(이)라고 한다.

객관식 문제

다음 질문에 대하여 가장 알맞은 답을 구하여라.

01 두 개 이상의 함수를 하나의 함수로 결합하여 만든 함수는 무엇인가?

❶ 연속 함수   ❷ 합성 함수

❸ 이차 함수   ❹ 결합 함수

02 명시적 프로그래밍에 비해 머신러닝이 가지는 장점으로 보기 힘든 것을 하나만 고르시오.

❶ 특정한 작업을 수행하는 방법을 작업자가 일일이 알려주어야 한다.

❷ 명시적 프로그램에 비해 코드를 유지 보수하는 것이 쉽다.

❸ 복잡한 문제나 대량의 데이터에 대해서 미처 알지 못했던 통찰을 얻을 수 있다.

❹ 명시적 프로그램으로 해결 방법이 없는 복잡한 문제도 해결 가능하다.

03 다음 중 주어진 분류 문제에서 나누어야 할 클래스가 가장 많은 것을 고르시오.

❶ 스팸 메일 판별   ❷ X선 종양 탐지

❸ 신용 카드 사기 거래 탐지   ❹ 뉴스 기사 분류

짝짓기 문제

01 다음은 강화학습에서 사용되는 주요 개념과 용어를 나타낸다. 주요 개념과 용어를 올바르게 짝짓기 하시오.

환경　　•　　•　환경에서 선택할 수 있는 선택지. 구체적 예시로 에이전트 이
　　　　　　　　동 시 앞으로 이동, 뒤로 이동과 같은 것을 선택할 수 있음.

행동　　•　　•　환경의 모든 정보로 현재 시점에서의 상황

상태　　•　　•　에이전트가 어떤 행동을 취했을 때 따라오는 이득 혹은 벌칙

보상　　•　　•　에이전트가 상호작용해야 할 문제이자 물리적 세계가 될 수
　　　　　　　　있음

정책　　•　　•　에이전트가 행동을 선택하는 데 사용하는 규칙

02 다음은 머신러닝 알고리즘의 학습 방법에 따라 분류한 학습과 세부 알고리즘이다. 각 학습에 따라 세부 알고리즘을 올바르게 짝짓기 하시오.

지도학습　　•　　•　마르코프 결정 프로세스, Q-러닝

비지도학습　　•　　•　k-means 클러스터링, 주성분 분석, EM 클러스터링

강화학습　　•　　•　k-최근접 이웃(k-NN), 서포트 벡터 머신, 결정 트리

기초 수학 문제

01 함수 $f(x) = 2x + 4$에 대하여, $x = 0$, $x = 3$일 때 $f(x)$는 각각 무엇인가?

02 함수 $f(x) = 2x^2 - 1$에 대하여, $x = 0$, $x = 3$일 때 $f(x)$는 각각 무엇인가?

03 함수 $f(x) = 2x^3 + 1$에 대하여, $x = 0$, $x = 1$일 때 $f(x)$는 각각 무엇인가?

04 함수 $f(x) = 2x + 4$의 도함수 $f'(x)$를 구하시오.

05 문제 04의 함수에 대하여 $x = 0$, $x = 3$일 때 $f(x)$의 순간 변화량은 각각 무엇인가?

06 함수 $f(x) = 2x^2 - 1$의 도함수 $f'(x)$를 구하시오.

07 문제 06의 함수에 대하여 $x = 0$, $x = 3$일 때 $f(x)$의 순간 변화량은 각각 무엇인가?

08 함수 $f(x) = 2x^3 + 1$의 도함수 $f'(x)$를 구하시오.

09 문제 08의 함수에 대하여 $x = 0$, $x = 3$일 때 $f(x)$의 순간 변화량은 각각 무엇인가?

연쇄 법칙 문제

01 다음과 같은 $f(x)$ 함수를 합성 함수의 연쇄 법칙을 사용하여 미분하여라. 풀이 과정 전체를 보여 주도록 하여라.

❶ $f(x) = 5(x^2 + 2x + 3)^4$

❷ $f(x) = \dfrac{1}{3x^3 + 2x^2 - 1}$

❸ $f(x) = \dfrac{1}{(x^3 + 3x - 5)^3}$

❹ $f(x) = \dfrac{x^3}{(x^3 + 4)^2}$

03

개발환경 구축과 넘파이

학습목표

- 파이썬 언어와 딥러닝 라이브러리인 텐서플로를 코랩 환경에서 사용하는 방법을 익힌다.

- 넘파이의 특징과 브로드캐스팅, 벡터화 연산의 장점을 이해한다.

- 넘파이의 다양한 기능을 알아본다.

- 딥러닝을 위한 행렬의 핵심 기능을 알아본다.

- 인공신경망을 구현하기 위하여 행렬을 사용하는 이유를 알아본다.

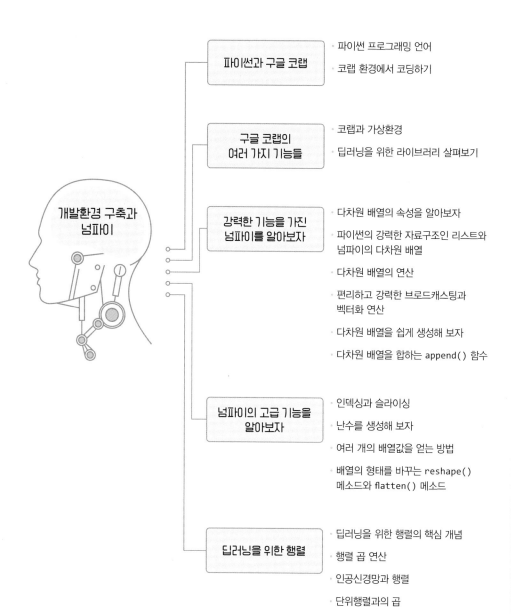

개발환경 구축과
넘파이

파이썬과 구글 코랩
- 파이썬 프로그래밍 언어
- 코랩 환경에서 코딩하기

**구글 코랩의
여러 가지 기능들**
- 코랩과 가상환경
- 딥러닝을 위한 라이브러리 살펴보기

**강력한 기능을 가진
넘파이를 알아보자**
- 다차원 배열의 속성을 알아보자
- 파이썬의 강력한 자료구조인 리스트와
  넘파이의 다차원 배열
- 다차원 배열의 연산
- 편리하고 강력한 브로드캐스팅과
  벡터화 연산
- 다차원 배열을 쉽게 생성해 보자
- 다차원 배열을 합하는 append( ) 함수

**넘파이의 고급 기능을
알아보자**
- 인덱싱과 슬라이싱
- 난수를 생성해 보자
- 여러 개의 배열값을 얻는 방법
- 배열의 형태를 바꾸는 reshape( )
  메소드와 flatten( ) 메소드

딥러닝을 위한 행렬
- 딥러닝을 위한 행렬의 핵심 개념
- 행렬 곱 연산
- 인공신경망과 행렬
- 단위행렬과의 곱

01 파이썬과 구글 코랩

파이썬 프로그래밍 언어

이 책에서는 인공지능 기술 중에서도 딥러닝과 관련된 라이브러리인 텐서플로 ^{tensorflow} 를 사용할 것이며, 프로그래밍 언어는 파이썬 ^{python} 을 사용할 것이다. 이 장에서는 이 책을 이해하는 데 필수적인 파이썬과 관련 개발 도구들을 간략하게 소개할 것이다.

다양한 프로그래밍 언어들 중에서 딥러닝과 같은 인공지능 모델을 구현하는 데 가장 널리 사용되는 언어는 **파이썬**이라는 프로그래밍 언어이다. 이 언어는 **귀도 반 로섬** ^{Guido Van Rossum} 에 의해 개발된 프로그래밍 언어이다. 귀도 반 로섬이 파이썬을 고안한 시기는 1980년대 말이며, 1989년 12월에 구현을 시작하였다. 파이썬이라는 이름은 그리스 로마 신화의 '피톤(Python)'이라는 뱀 형상의 괴물에서 유래했다. 이 뱀은 그리스 델포이의 신탁소를 지배하던 거대한 독사의 모양을 하고 있다. 귀도 반 로섬은 파이썬 프로그래밍 언어의 이름을 자신이 즐겨 보던 텔레비전 프로그램의 이름에서 따왔으며 그리스 로마 신화에 나오는 이 뱀 형상의 괴물에서 따온 것은 아니라고 밝힌 바 있다. 그러나 파이썬 소프트웨어 재단에서는 파이썬 프로그래밍 언어의 로고로 그림과 같이 두 개의 뱀이 위와 아래를 보는 형태를 채택하였다. 이 로고의 디자이너는 마야 문명의 상징물에서 영감을 얻었다고 한다.

파이썬 언어의 로고

파이썬 언어는 머신러닝과 딥러닝 분야에서 가장 인기 있는 프로그래밍 언어입니다.

파이썬 언어의 창시자
귀도 반 로섬

파이썬을 설치하고 활용하는 방법은 다양한데, 파이썬을 제대로 활용하기 위해서는 다양한 패키지를 설치하여 가져다 쓸 수 있어야 한다. 이 책에서는 데이터 과학이나 머신러닝과 관련된 다양한 패키지가 기본적으로 설치되어 있으며, 웹 ^{web} 환경에서 쉽게 사용할 수 있는 구글 코래버러토리 ^{Colaboratory} 환경을 사용할 것이다.

이 책은 독자들이 **기본적인 프로그래밍 역량을 이미 갖추고 있는 것으로 가정**한다. 따라서 일부 독자는 파이썬을 이미 잘 활용할 수 있을 것이고, 그렇지 않은 독자라도 C, C++, Java 등의 언어에 익숙하며 프로그래밍의 기초적인 원칙에 대해 잘 이해하고 있을 것이다.

이 책에서 사용할 주요 프로그래밍 언어는 파이썬이다. 파이썬의 특징 중 하나는 정수, 부동소수점, 문자와 같은 전통적인 자료형 ^{data type} 뿐만 아니라, 데이터 묶음을 처리하기에 편리한 리스트, 튜플, 딕셔너리, 집합과 같은 자료형을 기본으로 제공한다는 점이다. 리스트와 튜플 자료형은 데이터에 접근하기 위해 전통적으로 배열에서 사용하는 인덱싱 ^{indexing} 방식을 사용할 수 있으며, 전체 데이터의 일부분을 편리하게 잘라낼 수 있는 슬라이싱 ^{slicing} 기능은 파이썬을 이용한 데이터 처리를 더욱 효율적으로 만들어 준다.

프로그램의 복잡도가 높아지면 코드의 관리가 매우 중요한데, 가장 뛰어난 해결책으로 인정받고 있는 방법이 바로 객체 지향 프로그래밍 ^{object oriented programming} 방식이다. 파이썬은 '객체 지향 프로그래밍 언어'이며, 파이썬이 다루는 모든 자료형, 함수, 모듈은 객체이다.

예를 들어 리스트 자료형의 데이터는 여러 개의 데이터를 담을 수 있고 인덱스로 접근할 수 있는 자료형이다. 이러한 특정한 자료 유형을 클래스 ^{class} 라고 한다. 이러한 동일 유형의 객체들은 동일한 기능들을 가지고 있다. 다음과 같은 리스트 클래스와 리스트 객체를 통해서 이 개념을 익혀보자.

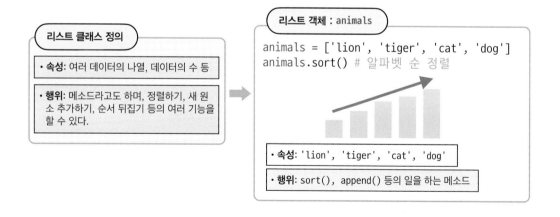

```
>>> animals = ['lion', 'tiger', 'cat', 'dog']
>>> animals.sort()              # animals 리스트 내부 문자열을 알파벳 순으로 정렬
>>> animals
    ['cat', 'dog', 'lion', 'tiger']
>>> animals.append('rabbit')   # animals 리스트에 새 원소를 추가
>>> animals
    ['cat', 'dog', 'lion', 'tiger', 'rabbit']
>>> animals.reverse()           # animals 리스트를 원래 원소의 역순으로 재배열
>>> animals
    ['rabbit', 'tiger', 'lion', 'dog', 'cat']
```

위의 코드를 살펴보면 'lion', 'tiger', 'cat', 'dog' 등의 문자열 항목들을 속성으로 집어넣어 animals라는 리스트 클래스의 인스턴스 객체를 만들었다. 리스트 클래스에는 sort(), append(), remove(), reverse(), pop() 등의 풍부한 기능을 이미 구현해 두었는데, 리스트 클래스에 속하는 모든 객체들이 이 기능을 사용할 수 있다. 이렇게 특정한 클래스에 속한 객체들이 사용할 수 있는 함수들을 해당 클래스의 메소드 method 라고 부른다. 객체 지향 언어는 리스트와 같은 클래스를 정의하고, 해당 클래스의 인스턴스 객체를 생성한 뒤, 이들이 메소드를 이용하여 다양한 일을 할 수 있도록 지원하는 언어를 의미한다. 메소드를 사용할 때는 객체.메소드() 형태로 호출한다. 이 책의 많은 코드가 이렇게 객체 지향 프로그래밍 기법에 근거하여 클래스를 만들고, 그 객체를 생성하고, 메소드를 적용하는 방식으로 이루어질 것이다. 이 장에서 소개하고 있는 내용들은 파이썬과 데이터 분석을 다루기 위해 이미 출간된 여러 책들에 상세히 설명되어 있다.[1, 2]

이 책의 실습은 코랩 Colab 환경에서 파이썬으로 이루어지며, 넘파이 NumPy, 판다스 pandas 와 같은 데이터 처리 패키지와 사이킷런 scikit-learn, 텐서플로 TensorFlow 와 같은 머신러닝 도구를 사용할 것이다.

코랩 환경에서 코딩하기

파이썬을 이용하는 여러 가지 방법이 있으나 그중에서도 구글의 코래버러토리 Colaboratory 는 클라우드 환경에서 주피터 노트북 기반의 파이썬 개발을 위한 탁월한 환경을 제공한다. 주피터 노트북은 웹 환경에서 대화식으로 프로그램을 작성하고 실행할 수 있는 오픈 소스 프로젝트의 이름이다. 줄여서 코랩 Colab 이라고 부르는 이 서비스는 주피터 노트북을 구글의 서버에서 구동시켜 사용자가 이 서버에 접속하는 방식으로 파이썬을 이용할 수 있다. 이 개발환경은 구글 리서치팀에서 개발하여 무료로 배포하고 있으며, 웹 브라우저를 사용하여 쉽게 파이썬 코드를 작성하고 실행할 수 있다.

---

[1] 박동규, 강영민(2020) 으뜸 파이썬, 생능출판사.
[2] 천인국, 박동규, 강영민(2020), 따라하며 배우는 파이썬과 데이터 과학, 생능출판사.

이 서비스의 장점을 설명하면 크게 다음과 같은 것들이 있다.

- 유료로 이용할 수 있는 고급 서비스가 있으나 대부분의 기능을 무료로 이용할 수 있다.
- 클라우드 기반의 서비스이므로 파이썬을 따로 설치하지 않고도 웹 환경에서 파이썬 사용이 가능하다.
- 다른 개발자들과의 파일 공유가 가능하며 협업을 통한 개발도 손쉽게 할 수 있다.
- 넘파이, 판다스, 사이킷런, 텐서플로 등의 패키지가 미리 설치되어 있다.
- 클라우드에서 환경에서 제공하는 GPU[3]와 TPU[4]를 사용하여 고성능 계산을 빠르게 할 수 있다.

코랩 환경은 다음 웹사이트에 **구글 계정으로 로그인**하면 사용할 수 있다.

https://colab.research.google.com/

코랩 서비스에 **구글 계정으로 로그인**하고 새로운 파이썬 파일인 파이썬 노트북을 생성해 보도록 하자. 이를 위하여 파일 메뉴의 새 노트를 선택하도록 하자.

다음으로 새로운 노트에 Hello Python!을 출력하는 파이썬 코드를 작성해 보자. 상단의 '**+코드**', '**+텍스트**'는 코드 셀이나 텍스트 셀을 생성하는 역할을 한다. 우리는 파이썬 코드를 만들 것이기 때문에 '**+코드**'를 이용하여 코드 셀을 생성하도록 하자. 이 코드 셀에는 파이썬 코드를 입력시킬 수 있는데, 그림과 같이 셀에 파이썬 명령을 입력하였다면 **Shift + Enter** 키를 동시에 입력하여 셀을 실행시키도록 하자. 파이썬 명령에 오류가 없다면 코드 셀 아래에 주피터 노트북에서 나타난 것과 동일한 실행 결과가 나타나는 것을 볼 수 있을 것이다.

코드 셀에 파이썬 명령을 입력하고 Shift + Enter 키로 실행시키면
아래에 실행 결과가 나타난다.

이때 작성된 코드는 Untitled0.ipynb 파일과 같이 디폴트 파일 이름으로 구글 드라이브에 저장되며, 파일 이름을 선택하여 적절한 이름으로 수정할 수 있다. 그리고 또 다른 새로운 파이썬 명령을

---

[3] 그래픽스 처리를 위한 고속의 하드웨어 장치로, Graphics Processing Unit의 약자이다.
[4] 구글에서 개발한 머신러닝 플랫폼인 텐서플로의 빠른 처리를 위한 하드웨어 장치로, Tensor Processing Unit의 약자이다.

입력하기 위해서는 코랩 환경 최상단의 '+코드' 메뉴를 선택하면 된다. 이 메뉴를 선택할 때마다 코드를 입력할 수 있는 셀 ^{cell} 이 나타난다. 셀에 코드를 입력하고 좌측에 동그라미와 세모 표시 버튼을 누르면 파이썬 코드가 기계어로 번역되고 다음과 같이 웹 환경에서 실행된다. 아래 셀의 위쪽에 있는 print() 문은 출력을 지시하는 명령어이다.

```
print('Welcome to Deep Learning!')
Welcome to Deep Learning!
```

그리고 새로운 명령어가 실행될 때마다 주피터 노트북 환경과 같이 [1], [2]와 같이 셀의 실행 번호가 증가하며 나타나는 것을 볼 수 있다. 만일 셀의 코드 왼쪽에 있는 실행 버튼을 계속해서 클릭하면 [3], [4]와 같이 실행 번호가 증가하는 것을 볼 수 있다.

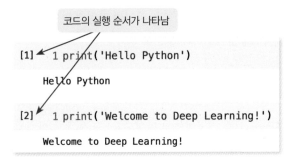

코랩은 데이터 과학, 머신러닝, 딥러닝 분야의 문제를 다루기 위해 필요한 대부분의 패키지들이 준비되어 있다. 따라서 연구자들은 따로 패키지를 설치하거나, 여러 가지 시스템 관리 작업에 신경 쓸 필요 없이 데이터를 분석하기 위한 적절한 이론과 이를 구현하는 코드에만 집중할 수 있을 것이다.

도전 문제 3.1: 코랩에서 파이썬 코딩하기 상 중 하

1. 다음과 같은 출력을 내보내는 파이썬 코드를 작성하여라.

   안녕하세요 딥러닝의 세계로 들어온 여러분을 환영합니다!

2. 다음과 같이 여러분의 이름, 학년, 소속, 취미를 출력하는 파이썬 코드를 작성하여라.

   이름 : 홍길동
   학년 : 2학년
   소속 : 대한대학교 정보통신공학과
   취미 : 서핑, 수영

---

02 구글 코랩의 여러 가지 기능들

코랩과 가상환경

코랩은 주피터 노트북에 기반하고 있어서 주피터 노트북을 익힌 사용자들은 쉽게 이용 가능할 것이다. 또한 구글 드라이브와의 연동 기능, 편리한 노트북 파일의 공유 기능 등이 제공되고 있다. 다음 그림은 코랩에 처음 접속할 때의 화면인데 환영 메시지가 나타나는 제목을 클릭하면 주피터 노트북과 다른 코랩만의 장점을 알려주는 튜토리얼 페이지로 연결되니 이 페이지의 내용을 잘 읽어보도록 하자.

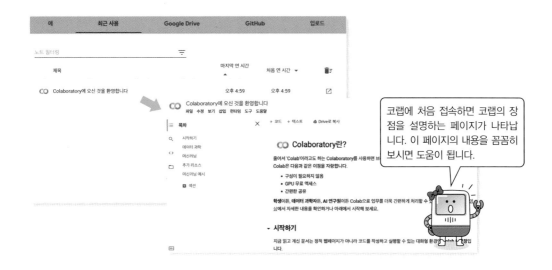

> 코랩에 처음 접속하면 코랩의 장점을 설명하는 페이지가 나타납니다. 이 페이지의 내용을 꼼꼼히 보시면 도움이 됩니다.

코랩의 기능은 주피터 노트북과 동일하지만 우측 상단의 공유 버튼을 선택하면 그림과 같은 '다른 사용자와 공유' 창이 나타난다. 이 공유 창에서 코랩 코드를 공유할 사람의 구글 메일 주소를 입력하여 공동으로 코드를 이용할 수 있다. 공동 작업자 이외의 불특정 다수와 공유할 경우에는 링크 보기 창의 '링크 복사'를 선택하여 링크를 이용한 공유도 가능하다.

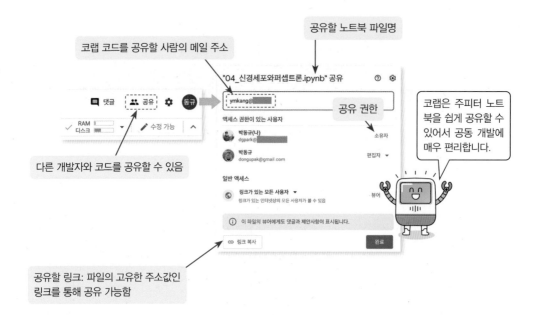

코랩 코드를 공유할 사람의 메일 주소

공유할 노트북 파일명

다른 개발자와 코드를 공유할 수 있음

공유 권한

코랩은 주피터 노트북을 쉽게 공유할 수 있어서 공동 개발에 매우 편리합니다.

공유할 링크: 파일의 고유한 주소값인 링크를 통해 공유 가능함

공유할 때는 그림과 같이 편집이 가능한 '편집자', 댓글 작성이 가능한 '댓글 작성자' 그리고 코드를 살펴보는 것만 가능한 '뷰어'의 세 가지 권한 설정이 가능하다. 이 권한 설정을 적절히 잘 활용하여 단순 참가자와 이 코드를 함께 수정할 수 있는 내부 구성원을 구분하도록 하자.

도전 문제 3.2: 다음 작업을 코랩 환경에서 수행하자 상 중 하

1. Hello World!를 출력하는 파이썬 프로그램을 코랩 환경에서 작성하자.
2. 이 파일의 이름을 hello.ipynb로 변경하자.
3. hello.ipynb를 동료 작업자와 공유하도록 하자. 공유 권한은 편집자로 지정하자.
4. 파일을 공유받은 동료 작업자는 이 코드 다음에 Hello Deep Learning!을 출력하는 코드를 작성하자.

딥러닝을 위한 라이브러리 살펴보기

텐서플로 ^{Tensorflow} 는 **머신러닝과 딥러닝을 위한 오픈 소스 플랫폼**으로 구글의 인공지능 개발부서에서 개발하여 내부적으로 사용하다가 2015년에 오픈 소스로 공개되어 현재 텐서플로 2 버전으로 발전하였다. 텐서플로는 다음과 같은 특징을 가지고 있다.

- 구글사에서 공식적으로 지원하고 배포하는 딥러닝 라이브러리이다.
- 강력한 다중 그래픽 프로세서 유닛(GPU)을 지원한다. 딥러닝을 위해서는 많은 연산이 필요하다. 만일 강력한 그래픽 프로세서 유닛이 있을 경우, 이러한 딥러닝 연산을 빠르게 수행할 수 있다. 텐서플로에서는 코드를 수정하지 않고도 CPU나 GPU에서 모델을 실행시키는 것이 가능하다.
- 텐서플로는 텐서보드라는 기능으로 그래프 시각화를 지원한다. 이 기능을 통해서 학습이 이루어지는 과정을 쉽게 살펴볼 수 있다.
- 텐서플로는 많은 사용자를 확보하고 있어서 다양한 문서와 활발한 인터넷 커뮤니티가 존재한다. 이 때문에 필요한 정보를 빠르게 찾을 수 있다.

한편, 또 다른 딥러닝 플랫폼인 파이토치 ^{PyTorch} 는 메타(전 페이스북)에서 개발을 주도하고 있으며 다음과 같은 특징을 가진다.

- 파이토치는 토치라는 딥러닝 라이브러리에 기반하고 있는데, 이 기능을 파이썬으로 이용할 수 있도록 만든 것이 PyTorch이다.
- 페이스북의 인공지능 연구 그룹에서 주도적으로 개발하는 오픈 소스 라이브러리이다.
- 다중 GPU의 지원을 받는 병렬 프로그램을 쉽게 구현할 수 있다.
- 딥러닝 모델을 만들기 위한 유연하면서도 직관적인 인터페이스를 제공하고 있기 때문에 사용하기 쉽다.
- 외부 라이브러리를 사용해서 데이터 교환을 쉽게 할 수 있는 기능을 제공한다.

머신러닝과 딥러닝을 위한 플랫폼은 텐서플로와 파이토치 이외에도 테아노 ^{theano} , mxnet, 사이킷런 ^{scikit-learn} , NLTK 등 여러 종류가 있다. 이들 중에서 텐서플로가 인기 있는 이유는 우수한 기능과 서비스를 제공하고 있으며, 병렬처리를 잘 지원하고, 고급 신경망 모델을 쉽게 구현할 수 있기 때문이다. 또한 웹 환경에서 머신러닝을 적용하기 위한 자바스크립트 라이브러리인 tensorflow.js라는 라이브러리를 제공하고 있으며 모바일과 임베디드 시스템을 위한 머신러닝 기능도 제공하고 있다. 텐서플로의 기능은 워낙 강력하고 다양하므로 이 책에서는 그 핵심적인 기능을 소개하는 것을 목표로 한다.

텐서플로는 2019년 10월 2.0 버전이 발표되면서 이전 버전과 많은 면에서 달라졌다. 이 책에서는 **텐서플로 2 버전의 기능을 중심**으로 살펴볼 예정이다. 텐서플로 모듈의 이름은 tensorflow이며 tf라는 별명을 주로 사용한다. 텐서플로의 버전은 다음과 같은 __version__ 속성을 통해 확인할 수 있다.

```python
import tensorflow as tf      # tensorflow의 별명은 tf로 한다
print(tf.__version__)        # version 앞뒤로 두 개의 밑줄을 사용한다
```

```
2.13.0
```

도전 문제 3.3: 머신러닝과 딥러닝 라이브러리   상 중 하

1. 테아노, mxnet, 사이킷런 라이브러리의 중요한 특징과 기능에 대해서 정리해 보자.

2. 위에서 언급한 내용 이외의 텐서플로 특징을 조사하고 정리해 보자.

03 강력한 기능을 가진 넘파이를 알아보자

머신러닝과 딥러닝을 위한 많은 라이브러리가 있는데 이들 대부분은 넘파이 ^{Numpy} 라는 파이썬 라이브러리를 기반으로 만들어졌다. 딥러닝을 위한 자료값들은 그 용량이 크기 때문에 빠른 처리에 어려움을 겪는다. 넘파이는 매우 빠르고 편리하게 수치 데이터를 처리할 수 있기 때문에 매우 인기 있는 라이브러리이다. 이 절에서는 넘파이의 특징과 함께 다양한 기능을 알아본다. 아울러 어떤 구조로 인해 넘파이가 빠른 속도로 수치 데이터를 처리할 수 있는지 알아볼 것이다.

넘파이는 파이썬에서 수치 데이터를 다루는 가장 기본적이고 강력한 패키지라 할 수 있다. 데이터 분석이나 머신러닝 프로젝트를 수행한다면 넘파이에 대한 확실한 이해가 필수적이다. 왜냐하면, 데이터 분석을 위한 패키지 판다스나 머신러닝을 위한 사이킷런, 텐서플로 등이 넘파이 위에서 작동하기 때문이다.

다음은 넘파이의 중요한 다섯 가지 특징을 정리한 것이다.

1. **강력한 다차원 배열 처리:** 넘파이는 다차원 배열 객체인 ndarray를 제공한다. 이를 통해 효과적으로 다차원 데이터를 처리할 수 있으며, 이는 과학 계산 작업이나 머신러닝 알고리즘에서 필수적이다.

2. **빠른 연산 속도:** 넘파이는 내부적으로 C언어로 구현되어 있어, 파이썬 내장 리스트에 비해 빠른 연산 속도를 보여준다. 이 기능으로 인해 대량의 데이터를 처리할 때 효율성이 크게 향상된다.

3. **다양한 수학 함수를 제공:** 넘파이는 간단한 사칙연산부터 난수 생성 등과 같은 복잡한 수학 함수까지 다양한 함수를 제공한다. 또한, 이러한 함수들은 배열의 각 요소에 자동으로 적용되는 벡터화 연산을 지원한다.

4. **편리한 브로드캐스팅 기능:** 넘파이의 브로드캐스팅 기능은 서로 다른 크기의 배열 간에도 산술 연산을 가능하게 한다. 이는 코드를 매우 직관적이고도 간결하게 만들어주는 효과가 있다.

5. **다른 라이브러리와의 호환성:** 넘파이는 파이썬 데이터 과학 생태계의 핵심으로, 판다스, 맷플롯립, 사이킷런, 텐서플로 등 다른 많은 라이브러리들이 넘파이 배열을 기반으로 동작한다.

우리가 작업할 코랩 환경에서는 넘파이 패키지가 미리 설치되어 있다. 하지만 일반적인 경우 윈도우나 리눅스, 맥 운영체제의 명령 프롬프트상에서 pip를 이용하여 설치하는 과정이 필요하다. pip는 **파이썬의 패키지 관리 소프트웨어로, 파이썬 표준 라이브러리에 포함되지 않은 외부 라이브러리를 설치하도록 도와주는 도구**이다.

pip를 이용하여 설치할 때는 명령행에서 다음과 같은 명령을 입력한다.

```
pip install numpy
```

넘파이를 사용할 때는 반드시 numpy 모듈을 임포트해야만 한다. 일반적으로 넘파이 모듈에 대해서는 다음과 같이 as 키워드 다음에 나오는 np라는 별칭을 지정하여 사용한다.

넘파이의 가장 기본이 되는 다차원 배열을 array() 함수와 리스트를 이용해서 다음과 같이 생성해 보도록 하자.

```
import numpy as np      # numpy의 별칭으로 np를 지정함
a = np.array([2, 3, 4])  # 다차원 배열 객체
```

이 배열은 2, 3, 4의 정수 값으로 구성되어 있는데 이 개별적인 값을 항목[item] 또는 원소[element] 라고 한다. 이 연속적인 원소들을 가지는 객체가 바로 넘파이의 핵심이 되는 다차원 배열 객체이다. 이 배열 내부의 각 요소는 인덱스[index] 라고 불리는 정수들로 참조된다. 또한 넘파이에서 차원은 축[axis] 이라고도 한다. 다음 그림은 넘파이의 1차원, 2차원, 3차원 배열의 축과 그 형상[shape] 을 나타내고 있다. 배열의 축은 배열 내부의 원소를 인덱싱하는 데 필요하며, 2차원 배열은 두 개, 3차원 배열은 세 개의 축을 가진다. 그림의 가장 오른쪽에 있는 배열은 형상이 (4, 3, 2)와 같은 형태로 표시되는데 이 형상의 의미는 세 개의 튜플 형식으로 표현되는 **3차원 배열 내부의 각 축이 가지는 최대 원소의 개수**를 나타낸다.

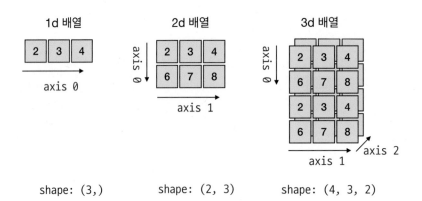

NOTE: 넘파이의 사용과 ndarray의 특징

이 책에서 나타나는 **모든 코드에는 기본적으로 다음 문장이 임포트되어 있다고 가정하도록** 한다. 비록 코드가 생략되어 있더라도 이 코드를 여러분이 직접 입력해야만 에러가 없을 것이다.

```
import numpy as np
```

또한, 이 장에서 다룰 넘파이의 핵심 객체인 ndarray는 다음과 같은 주요 특징이 있다.

- ndarray는 속도가 빠른 프로그래밍 언어인 C언어에 기반한 배열 구조로 되어 있어서 **메모리를 적게 차지하고 연산 속도가 매우 빠르다.**
- ndarray를 사용하면 **배열과 배열 간에 수학적인 연산**을 적용할 수 있다.
- ndarray는 **고급 연산자와 풍부한 함수**들을 제공한다.

다차원 배열의 속성을 알아보자

넘파이의 핵심이 되는 다차원 배열 ^{ndarray} 은 다음과 같은 속성을 가지고 있다. 우선 아래와 같이 간단한 값을 가지는 다차원 배열 객체 a를 만들고 이 객체의 속성을 출력해 보자. 우리는 이러한 속성을 이용하여 프로그램의 오류를 찾거나 배열의 상세한 정보를 손쉽게 조회할 수 있다.

```
a = np.array([2, 3, 4])          # 넘파이 ndarray 객체의 생성
# a 객체의 형상(shape), 차원, 요소의 자료형, 요소의 크기(byte), 요소의 수
a.shape, a.ndim, a.dtype, a.itemsize, a.size
```
```
((3,), 1, dtype('int64'), 8, 3)
```

넘파이의 다차원 배열이 가지는 속성의 자세한 설명은 다음과 같다.

속성	설명
ndim	배열축 혹은 차원의 개수를 나타냄
shape	배열의 형상을 기술하며 (m, n) 형식의 튜플 형으로 나타냄
size	배열 원소의 개수를 말하며 (m, n) 형상 배열의 size는 $m \cdot n$ 임
dtype	배열 원소의 자료형을 기술함
itemsize	배열 원소의 크기를 바이트 단위로 기술함 예를 들어 int32 자료형의 크기는 32/8 = 4 바이트가 됨
data	배열의 실제 원소를 포함하고 있는 버퍼임
stride	배열의 차원별로 다음 요소로 점프하는 데에 필요한 거리를 바이트로 표시한 값

여러 가지 속성 중에서 다차원 배열의 행과 열을 비롯한 차원의 형상을 출력하는 shape **속성은 넘파이 이용자들이 가장 자주 사용하는 속성**이다. a 배열은 (2, 3, 4)의 원소를 가지는 1차원 배열이기 때문에 shape 값이 (3,)과 같이 나타나며, 다음과 같은 2행 3열의 형태를 가진 2차원 배열 b의 속성은 (2, 3)으로 나타난다.

```
b = np.array([[1, 2, 3], [4, 5, 6]])    # 넘파이 ndarray 객체의 b 생성
b.shape
```
```
(2, 3)
```

파이썬의 강력한 자료구조인 리스트와 넘파이의 다차원 배열

파이썬의 리스트는 여러 개의 항목을 한꺼번에 저장하고 처리하며, 인덱싱할 수 있는 강력한 자료형이다. 어떤 모둠에 네 명의 학생이 있고 이들의 중간시험 점수가 있다고 하면 다음과 같은 방법으로 네 명의 시험 점수를 저장할 수 있다.

```
mid_score_lst = [70, 85, 92, 79]
# 파이썬의 리스트를 이용하여 성적을 저장
print('중간시험 점수 :', mid_score_lst)
```
```
중간시험 점수 : [70, 85, 92, 79]
```

파이썬의 리스트는 많은 데이터를 하나의 자료로 처리할 수 있다는 장점이 있으나 수치 연산에서는 불편한 점이 많다. 어떤 모둠의 학생 네 명이 중간시험과 기말시험을 치고 다음과 같은 성적을 얻었다고 가정하자. 이 학생들의 점수를 리스트에 넣고 성적의 합과 평균을 구하기 위해서 +(더하기) 연산을 사용한다면 어떻게 될까? 다음과 같이 첫 학생의 중간시험 성적 70과 기말시험 성적 90의 합 160을 구하는 것이 아니라 두 리스트를 연결하는 결과를 얻게 된다.

```
# 파이썬의 리스트와 연산
student_mid = [70, 85, 92, 79]      # 중간시험 성적
student_fin = [90, 65, 70, 85]      # 기말시험 성적
student_sum = student_mid + student_fin
print('중간시험과 기말시험 성적의 합 :', student_sum)
```
```
중간시험과 기말시험 성적의 합 : [70, 85, 92, 79, 90, 65, 70, 85]
```
```
student_sum / 2    # 오류! : 리스트는 나누기 연산을 지원하지 않음
```
```
    student_sum / 2
TypeError: unsupported operand type(s) for /: 'list' and 'int'
```

무엇보다 리스트는 나누기 연산을 지원하지 않기 때문에 위와 같이 student_sum / 2를 통해서 평균을 구하는 것이 불가능하다.

이제 이 코드의 리스트를 넘파이의 다차원 배열로 고쳐서 이 코드를 실행해 보자.

```
# 넘파이의 다차원 배열 연산
student_mid = np.array([70, 85, 92, 79])   # 중간시험 성적
student_fin = np.array([90, 65, 70, 85])   # 기말시험 성적
student_sum = student_mid + student_fin
print('중간시험과 기말시험 성적의 합 :', student_sum)
```
중간시험과 기말시험 성적의 합 : [160 150 162 164]
```
print('평균 성적 :', student_sum/2)
```
평균 성적 : [80. 75. 81. 82.]

넘파이의 다차원 배열에 대하여 덧셈 연산을 수행하면 배열의 원소 중 첫 원소인 70 + 90의 합 160, 85와 65의 합 150, 92과 70의 합 162, 79와 85의 합 164가 student_sum의 값이 되는 것을 볼 수 있다. 이와 같이 **원소끼리의 연산이 이루어지는 것을** 벡터화 연산이라고 한다. 다음으로 이어지는 student_sum / 2의 결과 역시 모든 원소에 대해서 / 2 연산을 적용시켜 평균값을 출력한다. 따라서 최종 결과는 중간시험 성적과 기말시험 성적의 평균 성적인 **[80. 75. 81. 82.]**를 얻을 수 있다.

다차원 배열의 연산

다차원 배열은 파이썬 리스트와 유사하게 +나 * 연산자와 같은 연산자를 적용할 수 있다. 하지만 이 연산자들이 하는 일은 리스트와는 다르다. 예를 들어서, 다음과 같은 값을 가진 a, b라는 ndarray 객체가 있을 때 이 두 객체에 여러 가지 연산을 적용해 보도록 하자.

```
a = np.array([10, 20, 30])   # 넘파이 ndarray 객체 a 생성
b = np.array([1, 2, 3])      # 넘파이 ndarray 객체 b 생성
a + b
```
array([11, 22, 33])
```
a - b
```
array([9, 18, 27])
```
a * b
```
array([10, 40, 90])
```
a / b
```
array([10., 10., 10.])

이 결과에서 알 수 있는 것은 넘파이의 다차원 배열이 연산을 수행할 경우 개별 원소별로 덧셈, 뺄셈, 곱셈 나눗셈이 이루어진다는 것이다. 따라서 a의 10 원소와 b의 1 원소가 사칙연산을 수행하여 다차원 배열의 첫 원소 11(10 + 1의 결과), 9(10 − 1의 결과), 10(10 * 1의 결과), 10.(10 / 1의 결과)이 됨을 알 수 있다.

도전 문제 3.4: 다차원 배열 다루기   상 중 하

1. 0에서 9까지의 정수 값을 가지는 ndarray 객체 a를 넘파이를 이용하여 작성하여 다음과 같이 출력하여라.

   array([0, 1, 2, 3, 4, 5, 6, 7, 8, 9])

2. 문제 1의 코드를 수정하여 0에서 9까지의 정수 값 중에서 다음과 같이 짝수를 가지는 ndarray 객체 b를 출력하여라.

   array([0, 2, 4, 6, 8])

3. 문제 2번 ndarray 객체 b의 shape, ndim, dtype, size, itemsize를 다음과 같이 출력하여라.

   b.shape = (5,)
   b.ndim = 1
   b.dtype = int64
   b.size = 5
   b.itemsize = 8

편리하고 강력한 브로드캐스팅과 벡터화 연산

앞서 살펴본 파이썬의 강력한 브로드캐스팅 기능과 벡터화 연산에 대해서 조금 더 상세히 알아보자. 만일 다음과 같이 넘파이 배열 a를 생성하여 스칼라값 10을 곱하면 a의 모든 원소에 대하여 10이 곱해져서 결과가 100, 200, 300이 되는 것을 확인할 수 있다. 또한 덧셈에 대해서도 동일하게 원소별 덧셈을 하는 것도 확인할 수 있다.

```
a = np.array([10, 20, 30])
a * 10
```
```
array([100, 200, 300])
```
```
a + 10
```
```
array([20, 30, 40])
```

넘파이는 a * 10을 수행할 때 np.array([10, 20, 30]) * np.array([10, 10, 10])과 같이 a
의 차원에 맞게, 그림과 같이 **스칼라 10을 벡터로 확장시켜주는 작업**을 하는데 이를 브로드캐스
팅 broadcasting 이라고 한다. 브로드캐스팅과 동시에 **파이썬은 하나의 명령을 여러 데이터에 적용하
여 병렬적으로 연산**하는데 이것을 벡터화 연산 vectorized operation 이라고 한다.

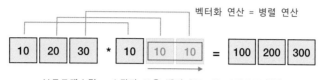

이제 다음과 같이 2차원 배열 b를 만들고 이 배열에 1차원 배열 c를 더하고, 곱할 경우 어떤 결과가
나올지 알아보자.

```
b = np.array([[10, 20, 30],
              [40, 50, 60]])
c = np.array([2, 3, 4])
b + c
```

```
array([[12, 23, 34],
       [42, 53, 64]])
```

```
b * c
```

```
array([[ 20,  60, 120],
       [ 80, 150, 240]])
```

이 코드의 실행 결과는 그림과 같이 [2, 3, 4]라는 값을 가진 배열 c가 같은 값을 가지는 행을 하
나 더 생성하여 [[2, 3, 4], [2, 3, 4]] 배열로 변환된 후 [[10, 20, 30], [40, 50, 60]]과의
덧셈을 병렬적으로 수행한다. 따라서, 두 배열 덧셈의 결과는 [[12, 23, 34], [42, 53, 64]]가
된다. 곱셈 연산도 브로드캐스팅을 거친 후, 벡터화 연산을 수행한다.

다차원 배열을 쉽게 생성해 보자

또한, 넘파이는 다차원 배열을 쉽게 생성하는 함수도 지원하고 있다. zeros((n, m)) 함수는 n×m 배열을 생성하는데 그 초기값은 0으로 해 준다. 만약에 ones((n, m)) 함수를 호출하면 초기값을 1로 가지는 n×m 배열을 생성할 수 있다. 초기값을 임의의 수 x로 지정하고 싶을 경우 full((n, m), x)이라고 하는 함수를 호출하면 된다. 행과 열의 크기가 동일한 정방행렬 중에서 대각선 성분이 1이고 나머지 성분은 0인 행렬을 **단위행렬** identity matrix 이라고 하는데, eye(n) 함수를 이용하면 n×n 크기의 단위행렬을 생성할 수 있다.

```
np.array(range(1, 11))            # 파이썬의 range() 함수로 연속된 수를 만든다
array([ 1,  2,  3,  4,  5,  6,  7,  8,  9, 10])

np.zeros((2, 3))                  # 2행 3열의 행렬 생성 시 모든 값을 0으로
array([[0., 0., 0.],
       [0., 0., 0.]])

np.ones((2, 3))                   # 2행 3열의 행렬 생성 시 모든 값을 1로
array([[1., 1., 1.],
       [1., 1., 1.]])

np.full((2, 3), 100)              # 2행 3열의 행렬 생성 시 모든 값을 100으로
array([[100, 100, 100],
       [100, 100, 100]])

np.eye(3)                         # 3x3 크기의 단위행렬 생성
array([[1., 0., 0.],
       [0., 1., 0.],
       [0., 0., 1.]])
```

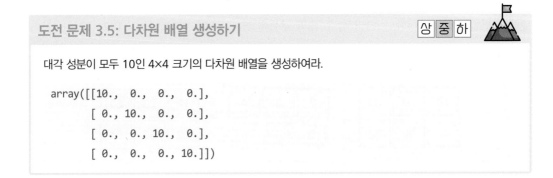

도전 문제 3.5: 다차원 배열 생성하기   상 중 하

대각 성분이 모두 10인 4×4 크기의 다차원 배열을 생성하여라.

```
array([[10.,  0.,  0.,  0.],
       [ 0., 10.,  0.,  0.],
       [ 0.,  0., 10.,  0.],
       [ 0.,  0.,  0., 10.]])
```

다차원 배열을 합하는 append() 함수

다음으로 다차원 배열의 append() 함수에 대해 알아보도록 하자. append() 함수는 인자로 입력된 두 배열을 합하는 일을 하는데 axis를 통해서 축을 명시하지 않으면 디폴트 형상인 1차원 배열로 변환하게 된다. 즉, 다음과 같이 [1, 2, 3] 배열과 [[4, 5, 6], [7, 8, 9]] 배열을 append() 함수의 인자로 넣을 경우, 두 배열을 1차원 배열로 평탄화 작업을 수행한 후 이어 붙여서 [1, 2, 3, 4, 5, 6, 7, 8, 9]를 반환한다.

이때 axis = 0과 같이 축을 명시해 준다면 다음과 같이 특정한 축으로 합하게 되어 배열의 차원이 유지된다. 두 다차원 배열의 append() 함수에서 [1, 2, 3] 배열에 [[4, 5, 6], [7, 8, 9]] 배열을 합하면 오류를 유발한다. 그 이유는 [1, 2, 3] 배열은 1차원 배열이고, [[4, 5, 6], [7, 8, 9]] 배열은 2차원 배열이기 때문이다. 따라서, 아래와 같이 1차원 배열 [1, 2, 3]을 2차원 배열인 [[1, 2, 3]] 형태로 만들고 나서, axis = 0와 같이 축을 명시하여 [[4, 5, 6], [7, 8, 9]] 배열을 합하는 방식으로 두 배열을 합해야 원하는 모양의 배열이 된다.

```
a = np.array([1, 2, 3])
b = np.array([[4, 5, 6], [7, 8, 9]])
np.append(a, b)
```
```
array([1, 2, 3, 4, 5, 6, 7, 8, 9])
```
```
np.append([a], b, axis = 0)        # [a]를 통해 2차원 배열로 만들어야 함
```
```
array([[1, 2, 3],
       [4, 5, 6],
       [7, 8, 9]])
```

선형대수에서 사용되는 행렬 곱셈은 행렬에 있는 행의 성분과 열의 성분을 각각 원소끼리 곱한 것을 더한 결과이다. 그러나 다음과 같은 a, b에 대하여 a * b를 구하면 a, b의 각 원소끼리의 곱을 단순 계산한다.

넘파이에서 제공하는 행렬 곱 함수는 matmul()이다. 그리고 이 matmul() 함수를 조금 더 편리하게 사용할 수 있는 것이 @ 연산자이다.

```
a = np.array([[1, 2], [3, 4]])       # 2차원 배열 a
b = np.array([[10, 20], [30, 40]])   # 2차원 배열 b
a * b                                # 2차원 배열의 곱하기 연산 - 원소 간의 곱셈
```

```
array([[ 10,  40],
       [ 90, 160]])
```

```
np.matmul(a, b)    # 2차원 배열 a, b의 행렬곱, a @ b와 같다
```

```
array([[ 70, 100],
       [150, 220]])
```

```
a @ b              # 2차원 배열 a, b의 행렬곱, 위의 결과와 동일함
```

```
array([[ 70, 100],
       [150, 220]])
```

아래의 그림은 2차원 정방 행렬의 행렬곱 연산 @의 수행 과정을 보여주고 있다. 그림의 왼편을 보면 a 행렬의 첫 행의 각 원소와 b 행렬의 첫 열의 원소의 곱이 이루어지며, 이들의 합 1 * 10 + 2 * 30 이 새로운 행렬의 1행 1열의 원소 70이 되는 것을 알 수 있다.

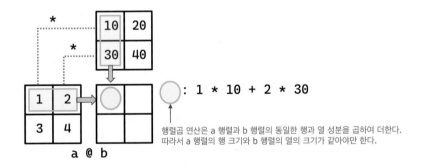

행렬곱 연산은 a 행렬과 b 행렬의 동일한 행과 열 성분을 곱하여 더한다.
따라서 a 행렬의 행 크기와 b 행렬의 열의 크기가 같아야만 한다.

이러한 방법으로 넘파이에서 행렬에 대한 행렬곱 연산 @을 수행하면 다음과 같은 결과를 얻게 된다. 행렬 연산에서 * 연산은 단순한 성분값들의 곱 연산이기 때문에 다음 수식과 같이 행렬 연산과는 완전히 다른 결과를 얻게 된다.

$$\begin{bmatrix} 1 & 2 \\ 3 & 4 \end{bmatrix} * \begin{bmatrix} 10 & 20 \\ 30 & 40 \end{bmatrix} = \begin{bmatrix} 1*10 & 2*20 \\ 3*30 & 4*40 \end{bmatrix}$$

$$\begin{bmatrix} 1 & 2 \\ 3 & 4 \end{bmatrix} @ \begin{bmatrix} 10 & 20 \\ 30 & 40 \end{bmatrix} = \begin{bmatrix} 1*10+2*30 & 1*20+2*40 \\ 3*10+4*30 & 3*20+4*40 \end{bmatrix}$$

1. 1에서 9까지의 모든 정수 값을 크기 순서대로 가지는 3×3 크기의 행렬 a를 arange()와 reshape()을 이용하여 생성하고, 모든 성분의 값이 3인 3×3 크기의 행렬 b를 full() 함수를 사용하여 생성한 후, 다음과 같이 출력하여라. reshape(3, 3) 메소드는 3행 3열의 다차원 행렬을 만드는 함수이다.

```
a = [[1 2 3]          b = [[3 3 3]
     [4 5 6]               [3 3 3]
     [7 8 9]]              [3 3 3]]
```

2. 다음과 같은 행렬 연산을 수행한 후 그 결과를 출력하여라.

```
a + b, a - b, a * b, a / b, a @ b, a ** 2
```

인덱싱과 슬라이싱

다차원 배열 내의 원소는 인덱스 index 라고 불리는 정수를 사용하여 참조할 수 있다. 리스트에서 사용했던 인덱싱과 슬라이싱은 넘파이 배열에도 거의 동일하게 적용된다. 1차원 배열의 인덱싱과 슬라이싱은 리스트와 큰 차이가 없으므로 2차원 배열을 이용하여 기본적인 인덱싱과 슬라이싱을 연습해 보자. 우선 그림과 같은 2차원 배열을 만들어 보자. 이것은 아래와 같이 리스트의 리스트(이중 리스트)를 만들어 생성할 수 있다.

```
arr_2d = np.array( [[1, 2, 3], [4, 5, 6],
                    [7, 8, 9], [0, 1, 2]] )
```

인덱싱을 먼저 수행해 보자. 인덱싱은 두 축에 대해서 모두 가능하다. 첫 번째 축으로 0, 두 번째 축으로 0을 지정하면 가장 첫 원소인 1이 나타날 것이다. 두 번째 축에 대해 인덱싱을 하지 않으면, 첫 번째 축에서 지정된 위치의 모든 데이터가 나타난다.

```
# 첫 번째 행의 첫 번째 데이터
print(arr_2d[0][0])
# 세 번째 열의 데이터
print(arr_2d[2])
```

```
1
[7, 8, 9]
```

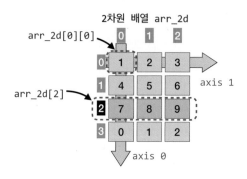

리스트의 슬라이싱과 같은 방법으로 슬라이싱을 할 수도 있다.

 `arr_2d[1:][0:2]`

```
array([[4, 5, 6],
       [7, 8, 9]])
```

그런데 이 결과가 왜 이렇게 나온 것인지는 조금 생각할 필요가 있다. 이와 같은 슬라이싱 결과가
나타나는 이유는 그림과 같이 첫 번째 슬라이싱이 먼저 일어나서 `arr_2d[1:]`을 만들어내고, 여기
에 대해 다시 슬라이싱 `[0:2]`가 적용되어 오른쪽 끝과 같은 결과가 나오기 때문이다. 따라서 슬라
이싱의 순서를 잘 고려하여 슬라이싱을 해야만 원하는 결과를 얻을 수 있을 것이다.

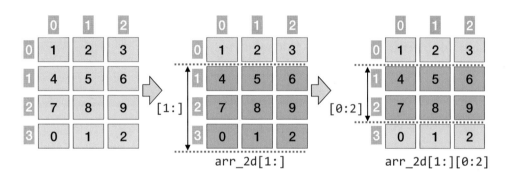

특히 선형대수에서는 가로로 나열된 행과 세로로 나열된 열에 대해서 각각 슬라이싱을 해서 일부
를 가져오는 일이 매우 빈번히 요구된다. 따라서 넘파이는 이러한 요구에 맞는 넘파이만의 인덱싱
방법이 있다. `[i][j]`와 같이 원소를 인덱싱하는 것이 아니라 `[i, j]`로 인덱싱하는 것이다. 각 축
의 길이를 파악하여 `length0`, `length1`에 저장하고, 이 값의 범위 내에서 인덱스 i, j를 바꾸어 `[i]`
`[j]` 인덱싱과 `[i,j]` 인덱싱을 비교해 보자. 동일한 결과가 나온다.

```
length0, length1 = arr_2d.shape
for i in range(length0):
    for j in range(length1):
        print(arr_2d[i][j], arr_2d[i, j]) # 두 방식의 결과는 동일함
1 1
2 2
...
1 1
2 2
```

논리 인덱싱 logical indexing 이란 넘파이의 배열에서 특정한 조건을 주고, 이 조건을 통해서 배열에서 원하는 값을 추려내는 것이다. 예를 들어서 사람들의 나이가 저장된 넘파이 배열 **ages**가 있다고 하자.

```
ages = np.array([28, 25, 12, 16, 20])
```

ages에서 나이가 21살 이상인 사람만 고르려고 하면 **ages >= 21**과 같은 조건식을 써준다. 이 경우 **28 >= 21, 25 >= 21, 12 >= 21, 16 >= 21, 20 >= 21**과 같은 조건식이 호출되고 그 결과는 다음과 같이 **True, True, False, False, False**가 된다.

```
y = ages >= 21
y

array([ True,  True, False, False, False])
```

이 부울값을 **ages**의 인덱스로 사용하면, 참의 값을 가지는 28과 25를 원소로 하는 다차원 배열을 다음과 같이 얻을 수 있다.

```
age_over_21 = ages[ ages >= 21 ]
print(f'age_over_21 = {age_over_21}')

age_over_21 = [28 25]
```

난수를 생성해 보자

넘파이는 풍부한 난수 생성 기능을 제공하므로 이것을 활용하면 데이터 과학을 위한 임의의 데이터를 쉽게 얻을 수 있다. 넘파이의 난수는 넘파이 모듈의 random 서브 모듈에서 제공하는데 randn() 함수는 표준 정규분포를 따르는 난수를 생성하는 데 사용된다.

만일 이 데이터들의 평균값이 165, 표준편차가 10인 정규분포를 따른다고 할 경우, 다음과 같은 방법을 사용할 수 있다. randn(5)는 5개의 난수를 생성하는데 이 난수는 평균이 0이고 분산이 1인 표준 정규분포 standard normal distribution 를 따른다. 따라서 이 값에 10을 곱하고 165를 더하게 되며 우리가 원하는 데이터를 얻을 수 있다.

```
rnd = np.random.randn(5) * 10 + 165 # 평균값이 165, 표준편차가 10인 값 생성
rnd

array([176.07979332, 177.91821264, 165.45715947, 164.34633461,
       167.9482772 ])
```

이 결과에 round(2)와 같은 방법으로 소수점 아래 숫자의 범위를 제한하거나 astype(int) 메소드를 사용하여 정수형 자료로 변환할 수 있다.

```
rnd.round(2)        # 소수점 아래 둘째 자리까지 값으로 변환
array([176.08, 177.92, 165.46, 164.35, 167.95])
rnd.astype(int)     # 정수형 자료형으로 변환
array([176, 177, 165, 164, 167])
```

만일 seed를 다음과 같이 42와 같은 특정한 값으로 지정하면 매번 동일한 난수의 열을 얻을 수 있다(42는 《은하수를 여행하는 히치하이커를 위한 안내서》에 등장하는 삶과 우주 그리고 모든 것에 대한 답을 의미하는 심오한 수로 등장한다).

```
np.random.seed(42)        # 시드값이 특정되면 매번 동일한 난수의 열이 생성됨
```

정규분포는 매우 중요한 난수로 normal() 함수를 사용해서 얻을 수도 있다. 이전에 살펴본 평균값이 165, 표준편차가 10인 정규분포 함수는 다음과 같이 생성 가능하다. 만일 시드값을 42로 설정하였다면 아래 코드의 실행 결과는 이 책의 내용과 동일할 것이다.

```
nums = np.random.normal(loc=165, scale=10, size=(3, 4)).round(2)
nums

array([[169.97, 163.62, 171.48, 180.23],
       [162.66, 162.66, 180.79, 172.67],
       [160.31, 170.43, 160.37, 160.34]])
```

다음은 random 서브 모듈에 포함된 중요한 난수 관련 함수이다.

함수 이름	설명
rand()	균등분포의 난수 표본을 추출한다.
randn()	표준정규분포의 난수 표본을 추출한다.
randint()	최소값과 최대값을 인자로 받아, 주어진 범위 내의 정수 난수를 생성한다. 이때 최대값은 포함하지 않는다.
normal()	평균과 표준편차를 인자로 받아, 정규분포의 난수 표본을 추출한다.
uniform()	균등분포에서 표본을 추출한다.
shuffle()	주어진 리스트나 다차원 배열의 순서를 임의로 섞는다.
permutation()	주어진 범위의 수를 생성하여 섞거나, 배열을 임의의 순서로 섞는다.

다음은 이 함수들을 사용하여 임의의 수를 생성하거나 섞는 예시이다.

```python
a = np.arange(10)          # 0, 1, 2, 3, 4, 5, 6, 7, 8, 9 값을 생성
np.random.shuffle(a)
a                          # a에는 순서가 뒤섞인 값이 들어있다
```

```
array([2, 8, 9, 6, 4, 0, 1, 5, 7, 3])
```

```python
# permutation() 함수는 리스트 원소를 랜덤한 순서로 재배치한 후
# ndarray로 반환한다
np.random.permutation([2, 4, 6, 8, 10])
```

```
array([ 8,  4, 10,  6,  2])
```

넘파이의 다차원 배열기능을 이용하여 10개의 값을 만든 후 이 값을 랜덤하게 섞은 다음 50:50의 비율로 나누어 보자.

```python
a = np.arange(10)                    # 0, 1, 2, 3, 4, 5, 6, 7, 8, 9 값을 생성
np.random.shuffle(a)
print('50% 데이터 :', a[:5])         # 순서가 뒤섞인 값이 5개 들어있다
print('나머지 50% 데이터 :', a[5:])   # 순서가 뒤섞인 값이 5개 들어있다
```

```
50% 데이터 : [2 7 4 0 6]
나머지 50% 데이터 : [1 5 9 8 3]
```

도전 문제 3.7: 다차원 배열 만들기   상 중 하

arange()를 사용하여 1에서 50까지의 원소를 가지는 다차원 배열을 만들자. 이 배열의 원소 50개를 랜덤하게 섞은 후 80%의 데이터는 train_data에 넣고 나머지 20%의 데이터는 test_data라는 배열에 넣어서 이 두 배열을 반환하는 함수 train_test_split()을 만들자. 반환된 배열 값을 각각 다음과 같이 출력하여라.

```
train_data = [36  7 30 15 14  8 21 13 10 31]
test_data = [49 22 38 12  9 39 18 16 29 25 42 20  5 44 34 47 27 24 11 40  4
             43 35  6 41 26 45 19  1 33 32 48 23 28 46 50 17 37  3  2]
```

여러 개의 배열값을 얻는 방법

넘파이에서 linspace()는 상당히 많이 사용되는 함수이다. linspace()는 시작값부터 마지막 값까지 균일한 간격으로 지정된 수만큼의 배열을 생성한다. 이때 그림과 같이 마지막 값은 생성될 데이터 값에 포함된다. 데이터의 수는 num이라는 키워드 인자로 시정하며 니폴트로 50개가 생성된다.

데이터 생성을 시작할 값 - 생략할 수 없음   데이터 생성 개수 - 기본값은 50개

np.linspace(start, stop, num=50)

데이터 생성을 멈추기 위한 마지막 값으로 생략할 수 없음
데이터는 stop-1이 아니라 stop까지 생성됨

정수가 아니라 실수 데이터가 생성된다.
start에서 stop까지의 간격을 균일하게 쪼개어 num개의 실수를 생성한다.

예를 들어서 `linspace(0, 10, 100)`이라고 호출하면 0에서 10까지 총 100개의 수들이 생성된다.
이 수들은 0에서 10까지의 수인데, 100개의 수가 동일한 간격으로 분포하게 된다.

```
np.linspace(0, 10, 100)
```
```
array([ 0.        ,  0.1010101 ,  0.2020202 ,  0.3030303 ,  0.4040404 ,
         ...
        8.08080808,  8.18181818,  8.28282828,  8.38383838,  8.48484848,
        8.58585859,  8.68686869,  8.78787879,  8.88888889,  8.98989899,
        9.09090909,  9.19191919,  9.29292929,  9.39393939,  9.49494949,
        9.5959596 ,  9.6969697 ,  9.7979798 ,  9.8989899 , 10.        ])
```

또 다른 넘파이 함수로 `logspace()` 함수가 있다. 이것은 로그 스케일로 수들을 생성한다. 형식은
`logspace(x, y, num)`이며, 생성되는 수의 시작은 10^x부터 10^y까지 생성된다. 데이터의 수는 num
이라는 키워드 인자로 지정하며, 디폴트로 50개가 생성된다. 이 숫자들 사이의 간격은 로그 스케일
로 결정된다.

```
np.logspace(0, 5, 10)
```
```
array([1.00000000e+00, 3.59381366e+00, 1.29154967e+01, 4.64158883e+01,
       1.66810054e+02, 5.99484250e+02, 2.15443469e+03, 7.74263683e+03,
       2.78255940e+04, 1.00000000e+05])
```

데이터 생성을 10^{start}부터 시작함   데이터 생성 개수 - 기본값은 50개

np.logspace(start, stop, num=50)

데이터 생성을 멈추기 위한 값으로 생략할 수 없음
데이터는 10^{stop-1}이 아니라 10^{stop}까지 생성됨

10^{start}부터 10^{stop}까지의 실수를 로그 스케일로 볼 때 균등한 간격으로 num개 생성한다.
여기서는 10을 밑으로 잡았지만, base 키워드 매개변수에 설정한 인자에 따라 바꿀 수도 있다.

배열의 형태를 바꾸는 reshape() 메소드와 flatten() 메소드

reshape()은 데이터의 개수는 유지한 채로 배열의 차원과 형태를 변경한다. 이 함수의 인자인 shape을 튜플의 형태로 넘겨주는 것이 원칙이지만 reshape(x, y)라고 하면 reshape((x, y))와 동일하게 처리된다.

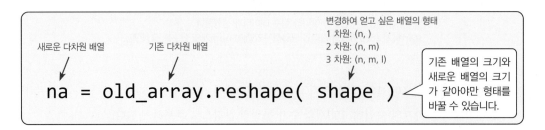

1차원 배열 y를 다음과 같이 생성해 보자. y는 0에서 11까지 12개의 원소를 가지는 배열이 된다. 이제 이 y에 대하여 reshape(3, 4)를 호출하면, 1차원 배열이 3행 4열의 2차원 배열로 바뀌게 된다.

```
y = np.arange(12)     # 0에서 11까지 12개의 수를 생성한다
y
```
```
array([ 0, 1, 2, 3, 4, 5, 6, 7, 8, 9, 10, 11])
```
```
y.reshape(3, 4)       # 다차원 배열의 shape을 (3, 4)로 만든다
```
```
array([[ 0,  1,  2,  3],
       [ 4,  5,  6,  7],
       [ 8,  9, 10, 11]])
```

만약 reshape() 메소드의 두 번째 인자로 -1을 전달하면 첫 번째 인자와 데이터의 개수에 맞춰서 자동으로 배열의 형태가 결정된다. 따라서 다음의 코드는 위의 코드와 동일한 결과를 만들어 낸다.

```
y.reshape(-1, 4)      # 다차원 배열의 shape을 (3, 4)로 만든다
```
```
array([[ 0,  1,  2,  3],
       [ 4,  5,  6,  7],
       [ 8,  9, 10, 11]])
```

배열의 차원을 3차원으로 만들 때는 다음과 같이 세 개의 튜플을 reshape()의 인자로 넣으면 된다. 다음과 같은 (-1, 2, 3) 입력은 2행 3열 배열을 두 개 생성한다.

```
# 3차원 배열을 만든다
y.reshape(-1, 2, 3)
```

```
array([[[ 0,  1,  2],
        [ 3,  4,  5]],

       [[ 6,  7,  8],
        [ 9, 10, 11]]])
```

배열의 구조를 그대로 두고 차원을 증가시키기 위해서는 np.newaxis를 기존 다차원 배열의 새 원소로 넣어 주면 된다. 다음과 같은 방법을 통해서 1차원 배열을 2차원, 3차원 배열로 변환시켜 보자.

```
y = np.arange(3)        # 1차원 배열
y = y[:, np.newaxis]    # 차원을 2차원으로 만든다
y
```

```
array([[0],
       [1],
       [2],
       [3],
       [4],
       [5],
       [6],
       [7],
       [8],
       [9],
       [10],
       [11]])
```

```
y = np.arange(3)                     # 1차원 배열
y = y[:, np.newaxis, np.newaxis]     # 차원을 3차원으로 만든다
y
```

```
array([[[0]],

       [[1]],

       [[2]]])
```

다차원 배열이 2차원 이상의 배열이라면 이를 1차원 배열로 변환할 필요성도 있는데 이때 사용하는 메소드가 바로 flatten() 메소드이다. 다음 실습 코드는 [[1, 1], [2, 2], [3, 3]]의 2차원 배열을 [1, 1, 2, 2, 3, 3]과 같은 1차원 배열로 만들어준다. 이 과정을 평탄화라고 한다.

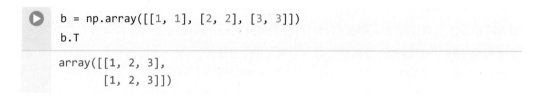

```
b = np.array([[1, 1], [2, 2], [3, 3]])
b.flatten()      # 넘파이 다차원 배열의 평탄화 메소드
```
```
array([1, 1, 2, 2, 3, 3])
```

2차원 배열의 행과 열을 서로 교환하는 것을 전치 ^{transpose} 라고 하는데 다차원 배열의 전치는 .T 속성값을 이용하면 된다.

```
b = np.array([[1, 1], [2, 2], [3, 3]])
b.T
```
```
array([[1, 2, 3],
       [1, 2, 3]])
```

결과는 위와 같이 3행 2열의 행렬이 행과 열이 서로 교환되어 2행 3열의 행렬이 되었다. 따라서 원본 행렬의 1행이 [1, 1]이었으나 전치행렬의 1열이 [1, 1]이 된다.

도전 문제 3.8: 다차원 배열 만들기   상 중 하

1. 0부터 9까지의 연속된 수를 가진 다차원 배열 a를 만들어라.

 a = [0 1 2 3 4 5 6 7 8 9]

2. a를 2행 5열의 형태를 가지는 다차원 배열로 만들어라.

 a = [[0 1 2 3 4]
      [5 6 7 8 9]]

3. 이 행렬의 전치행렬을 만들어서 다음과 같이 출력하여라.

 [[0 5]
  [1 6]
  [2 7]
  [3 8]
  [4 9]]

딥러닝을 위한 행렬의 핵심 개념

이 절에서는 행렬의 핵심 개념인 행렬 곱셈에 대하여 알아볼 것이다. 그 전에 벡터와 벡터의 곱셈에 대하여 알아보자. 임의의 벡터 $\mathbf{u} = (1, 2, 0, -1)$과 $\mathbf{v} = (2, 2, 3, 4)$가 있다고 할 때, 이 벡터는 다음과 같은 $\mathbf{R}^{n \times 1}$ 행렬로 표현할 수 있다.

$$\mathbf{u} = \begin{bmatrix} 1 \\ 2 \\ 0 \\ -1 \end{bmatrix}, \mathbf{v} = \begin{bmatrix} 2 \\ 2 \\ 3 \\ 4 \end{bmatrix}$$

이 두 벡터의 내적은 벡터의 각 대응하는 성분에 대하여 곱을 하고 이들 곱을 모두 합한 값이다. 이 값을 얻기 위해서는 행벡터 곱하기 열벡터의 곱을 수행해야 하며 열벡터 $\mathbf{u}$를 전치하여 $\mathbf{u}^T$를 만들고 이 두 행렬을 다음과 같이 곱한다.

$$\mathbf{u}^T\mathbf{v} = \begin{bmatrix} 1 & 2 & 0 & -1 \end{bmatrix} \begin{bmatrix} 2 \\ 2 \\ 3 \\ 4 \end{bmatrix} = 2 = \mathbf{u} \cdot \mathbf{v}$$

이 과정은 다음과 같이 행렬의 곱셈에서 행 성분과 열 성분의 곱의 합을 구하는 방식과 동일하다.

결과는 **u**·**v**과 **u**^{T}**v**가 동일하게 나타나는 것을 볼 수 있다.

넘파이에서는 다음과 같은 방법으로 두 행렬의 곱셈을 구현할 수 있다. 우선 다음과 같이 [1, -4]와 [3, 6] 값을 가지는 다차원 배열 a, b를 정의하자. 이들의 각 성분별 곱은 1 × 3과 −4 × 6이며 이들 값의 합은 −21이다. 이 값은 np.dot(a, b) 함수로 구할 수 있으며, a.dot(b)와 같이 할 수도 있다.

```
a = np.array([1, -4])
b = np.array([3, 6])
print('a =', a)
print('b =', b)
```

```
a = [ 1 -4]
b = [3 6]
```

```
print('a dot b = ', np.dot(a, b))
```

```
a dot b =  -21
```

```
print('a dot b = ', a.dot(b))
```

```
a dot b =  -21
```

또한 위의 벡터 **u** = (1, 2, 0, −1)와 **v** = (2, 2, 3, 4)의 내적은 다음과 같이 구할 수 있다. 두 벡터의 성분별 곱은 u * v를 이용하여 구할 수 있기 때문에 이 성분들의 합을 np.sum()을 이용해서 구하는 것인데 이 결과는 np.dot(u, v)와 같다.

```
u = np.array([1, 2, 0, -1])
v = np.array([2, 2, 3, 4])
print('u dot v = ', np.dot(u, v))
```

```
u dot v =  2
```

```
print('u * v =', u * v)
```

```
u * v = [ 2  4  0 -4]
```

```
print('np.sum(u * v) =', np.sum(u * v))
```

```
np.sum(u * v) = 2
```

위의 결과를 살펴보면 u * v가 [2 4 0 -4]인데, 이 성분들의 합 2 + 4 + 0 −4 = 2임을 알 수 있으며, 이 값이 np.sum(u * v)의 결과와 같은 것을 확인할 수 있다.

행렬 곱 연산

행렬의 곱셈은 다음과 같은 a * b 연산이 있을 수 있는데, 이 연산을 수행하면 그림과 같이 a의 각 성분에 대응하는 b의 성분이 곱해지고 이 값이 결과 값이 된다. 이 * 연산 결과는 행렬 a, b와 크기가 같은 행렬이 되는데, 이 결과 행렬의 1행 1열 원소는 다음 그림과 같은 과정을 통해서 구해진다. 그림에서 a 행렬의 1행 1열 원소는 1이며 b 행렬의 1행 1열 원소는 10이다. 따라서 결과 행렬의 1행 1열 원소는 이들의 곱인 10이 된다.

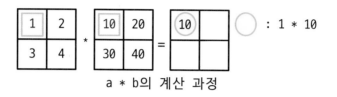

a * b의 계산 과정

이것을 넘파이 코드로 구현해 보자.

```
a = np.array([[1, 2], [3, 4]])      # 2차원 배열 a
b = np.array([[10, 20], [30, 40]])  # 2차원 배열 b
a * b           # 행렬 간의 원소 곱 연산자 *를 사용해 보자
```

```
array([[ 10,  40],
       [ 90, 160]])
```

이 연산의 결과는 다음과 같은 과정을 통해서 생성된 것이다.

$$\begin{bmatrix} 1 & 2 \\ 3 & 4 \end{bmatrix} \times \begin{bmatrix} 10 & 20 \\ 30 & 40 \end{bmatrix} = \begin{bmatrix} 1 \times 10 & 2 \times 20 \\ 3 \times 30 & 4 \times 40 \end{bmatrix} = \begin{bmatrix} 10 & 40 \\ 90 & 160 \end{bmatrix}$$

지금부터 우리가 살펴볼 행렬 곱은 두 개의 행렬에서 한 개의 행렬을 만들어 내는 이항 연산이라는 점에서 앞 문제와 유사하다. 하지만 이 연산은 앞 행렬에 있는 행의 성분과 뒤 행렬 열의 성분을 각각 원소끼리 곱한 것을 더한 결과이다. 이를 파이썬에서 수행하려고 하면 어떻게 해야 할까? 넘파이에서 제공해 주는 행렬 곱 함수는 matmul()이다. 그리고 matmul() 함수를 조금 더 편리하게 사용할 수 있는 것이 @ 연산자이다.

```
a = np.array([[1, 2], [3, 4]])      # 2차원 배열 a
b = np.array([[10, 20], [30, 40]])  # 2차원 배열 b
np.matmul(a, b)
```

```
array([[ 70, 100],
       [150, 220]])
```

```
array([[ 70, 100],
       [150, 220]])
```

np.matmul(a, b)를 출력해 보면 행렬 곱 연산을 수행한 결과를 출력한다. 이를 확인하기 위해 직접 행렬 곱의 결과를 하나하나 구해보면, matmul() 함수를 이용해서 구한 결과가 옳은 결과임을 확인할 수 있다. 이 넘파이의 matmul(a, b) 함수는 a @ b라는 연산자로 나타낼 수도 있다.

행렬의 모든 성분에 대한 행렬곱 연산의 결과는 다음 수식과 같으며 이 값은 넘파이 a @ b의 결과와 동일함을 알 수 있다.

$$\begin{bmatrix} 1 & 2 \\ 3 & 4 \end{bmatrix} @ \begin{bmatrix} 10 & 20 \\ 30 & 40 \end{bmatrix} = \begin{bmatrix} 1 \times 10 + 2 \times 30 & 1 \times 20 + 2 \times 40 \\ 3 \times 10 + 4 \times 30 & 3 \times 20 + 4 \times 40 \end{bmatrix}$$

인공신경망과 행렬

우리가 앞으로 다루게 될 딥러닝의 주제인 신경망은 다음 그림과 같이 단순한 퍼셉트론이 여러 층으로 되어 있다. 퍼셉트론이란 인간의 신경세포를 컴퓨터로 구현한 것으로 이웃한 신경세포에 자극을 전달하는 기능을 모방하고 있다. 이제 다음 그림과 같이 2개의 층으로 이루어진 퍼셉트론을 생각해 보자. 그림과 같이 입력층 노드가 가진 초기값 x_1을 2, x_2를 3이라고 하자. 이 입력에 대하여 각각 1, 2, 1의 가중치와 2, 5, 1의 가중치 weight 가 곱해져서 출력층으로 전달된다고 가정해 보자. 그림에서와 같이 **동일한 입력이 있더라도 가중치 값이 달라지면 그 출력 결과는 달라진다.** 이 가중치는 출력을 결정짓는 값으로 파라미터 parameter 라고 부르기도 한다.

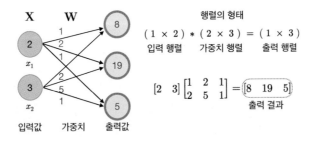

그림의 예시는 매우 간단한 신경망이지만 앞으로 우리가 살펴볼 신경망은 하나의 층에 수백 개의 입력값과 가중치가 있을 수 있다. 이를 표현하기 위한 매우 강력한 수학적인 표현 방법이 존재하는데 이것이 바로 행렬이다. 그리고 이를 집중적으로 다루는 수학의 한 분야가 바로 **선형대수**이다.

입력 x_1, x_2를 하나의 행렬에 넣어서 처리한다면 수식이 더욱 간단해지기 때문에 다음과 같이 행렬 X를 도입하고 정의하자.

$$X = [x_1 \ x_2]$$

가중치 W 역시 다음과 같이 정의하도록 하자. 여기서, ω_{21}는 두 번째 층의 두 번째 노드와 첫 번째 층의 첫 번째 노드를 연결하는 가중치이다.

$$W = \begin{bmatrix} \omega_{11} & \omega_{21} & \omega_{31} \\ \omega_{12} & \omega_{22} & \omega_{32} \end{bmatrix}$$

이때, X 행렬의 크기가 1×2 이고, W 행렬의 크기가 2×3이므로 이 두 행렬의 곱은 1행 3열(1×3 형태) 크기의 행렬이 된다. 따라서 그림의 복잡한 신경망은 다음과 같은 간단한 하나의 식으로 표현이 가능하다. 행렬의 곱셈이 이루어지기 위해서는 **반드시 선행 행렬의 열의 수와 후행 행렬의 행의 수가 일치**해야 한다.

$$A = XW$$

이와 같이 수학에서 사용하는 도구로 인공신경망의 구조를 표현하면 결과값 [8 19 5]를 쉽게 얻을 수 있기 때문에 **인공신경망을 구현하기 위해서는 행렬에 대한 깊이 있는 이해가 필요**하다.

그림에 있는 두 행렬의 곱셈을 넘파이를 이용하여 구현해 보자.

```
X = [2, 3]
W = [[1, 2, 1], [2, 5, 1]]      # X는 (2, 3)크기의 행렬
np.matmul(X, W)                 # X 행렬과 W 행렬의 곱의 결과

array([ 8, 19,  5])
```

행렬 곱의 결과는 위와 같이 [8, 19, 5] 값을 가지는 1행 3열 크기의 행렬이 되는 것을 볼 수 있다.

단위행렬과의 곱

행렬이 행과 열의 크기가 같은 정사각행렬이고 정사각행렬의 모든 대각선 성분이 1이며, 그 외의 성분이 0인 행렬을 단위행렬 ^{identity matrix} 이라고 한다. 단위행렬은 항등행렬이라고도 한다. 이때 만일 어떤 정사각행렬 a와 곱할 b 행렬이 단위행렬일 경우 원래 행렬 a를 반환한다. 이것은 다음 코드로 확인할 수 있다.

```
a = [[1, 2], [3, 4]]
b = [[1, 0], [0, 1]]      # b는 단위행렬
np.matmul(a, b)           # a 행렬과 단위행렬 b의 곱의 결과
```

```
array([[1, 2],
       [3, 4]])
```

```
c = [[1, 2, -1], [3, 4, 5], [2, 1, 0]]
d = [[1, 0, 0], [0, 1, 0], [0, 0, 1]]      # d는 (3, 3)크기의 단위행렬
np.matmul(c, d)                            # c 행렬과 단위행렬 d의 곱의 결과
```

```
array([[ 1, 2, -1],
       [ 3, 4,  5]
       [ 2, 1,  0]])
```

도전 문제 3.9: 행렬의 곱셈

상 중 하

1. 다음과 같은 행렬 A, B, C, D가 있다. 이 행렬에 대하여 다음과 같은 행렬 곱셈을 넘파이를 이용하여 수행하여라.

$$A = \begin{bmatrix} 1 & -2 \\ 3 & -1 \end{bmatrix}, B = \begin{bmatrix} 2 & -3 & 4 \\ 0 & -1 & 2 \end{bmatrix}, C = \begin{bmatrix} 1 & 0 \\ 0 & 1 \end{bmatrix}, D = \begin{bmatrix} 0 & 6 & 4 \\ 3 & 2 & 1 \\ 2 & 1 & 0 \end{bmatrix}$$

1) AA 2) AB 3) AC 4) CC 5) CB 6) BD 7) DD

01 딥러닝을 익히기 위하여 사용되는 인기 있는 프로그래밍 언어인 파이썬은 정수, 부동소수점, 문자와 같은 전통적인 자료형뿐만 아니라, 데이터 묶음을 처리하기에 편리한 **리스트**, **튜플**, **딕셔너리**, **집합**과 같은 자료형을 기본으로 제공한다.

02 특정한 클래스에 속한 객체들이 사용할 수 있는 함수들을 해당 클래스의 메소드라고 부른다. **객체 지향 언어**는 리스트와 같은 클래스를 정의하고, 해당 클래스의 인스턴스 객체를 생성한 뒤, 이들이 메소드를 이용하여 다양한 일을 할 수 있도록 지원하는 언어를 의미한다.

03 코랩 환경은 파이썬의 다양한 **데이터 처리 패키지** 넘파이, 판다스와 사이킷런과 텐서플로와 같은 **머신러닝 도구**를 기본적으로 지원한다.

04 텐서플로는 **머신러닝과 딥러닝을 위한 오픈 소스 플랫폼**으로 구글의 인공지능 개발부서에서 개발하여 내부적으로 사용하다가 2015년에 오픈 소스로 공개되어 2019년 텐서플로 2 버전으로 발전하였다.

05 **넘파이**는 매우 빠르고 편리하게 수치 데이터를 처리할 수 있기 때문에 파이썬에서 수치 데이터를 다루는 가장 기본적이고 강력한 패키지라 할 수 있다.

06 **넘파이 배열**의 개별적인 값을 **항목** 또는 **원소**라 하며, 연속적인 원소들을 가지는 객체가 넘파이의 핵심이 되는 **다차원 배열** 객체이다. 이 배열 내부의 각 요소는 **인덱스**라고 불리는 정수들로 참조되며, 넘파이에서 차원은 **축**이라고도 한다.

07 다차원 배열 내의 원소는 인덱스라고 불리는 정수를 사용하여 참조할 수 있으며, 리스트에서 사용했던 인덱싱과 슬라이싱은 넘파이 배열에도 거의 동일하게 적용된다.

08 넘파이는 데이터를 추려내는 데에 슬라이싱뿐만 아니라 논리 인덱싱이라는 효율적인 방법도 제공한다. 이것은 특정한 어떤 조건을 주어서 배열에서 **원하는 값을 추려내는 것이다.**

09 인공신경망을 구현하기 위해서는 행렬이라는 수학 도구를 사용하는 것이 매우 편리하다.

단답형 문제

다음 괄호 안에 들어갈 알맞은 단어를 적으시오.

01 다양한 프로그래밍 언어들 중에서 딥러닝과 같은 인공지능 모델을 구현하는 데 가장 널리 사용되는 언어는 ( )(이)라는 프로그래밍 언어이다. 이 언어는 귀도 반 로섬에 의해 개발된 프로그래밍 언어이다.

02 구글의 ( )(은)는 웹 환경에서 쉽게 사용할 수 있는 딥러닝 개발환경이며, 데이터 과학이나 머신러닝과 관련된 다양한 패키지가 기본적으로 설치되어 있다.

03 파이썬에서 리스트와 튜플 자료형은 데이터에 접근하기 위해 전통적으로 배열에서 사용하는 ( ) 방식을 사용할 수 있으며, 전체 데이터의 일부분을 편리하게 잘라낼 수 있는 ( ) 기능이 존재한다.

04 주피터 노트북은 웹 환경에서 ( )(으)로 프로그램을 작성하고 실행할 수 있는 오픈 소스 프로젝트의 이름이다. 이 개발환경은 무료로 배포하고 있으며, ( )(을)를 사용하여 쉽게 파이썬 코드를 작성하고 실행할 수 있다.

05 ( )(은)는 구글사에서 공식적으로 지원하고 배포하는 딥러닝 라이브러리로, 강력한 다중 그래픽 프로세서 유닛(GPU)과 그래프 시각화를 지원한다.

06 텐서플로와 경쟁하고 있는 딥러닝 플랫폼인 ( )(은)는 메타(전 페이스북)에서 개발을 주도하고 있는 오픈 소스 딥러닝 라이브러리이다.

07 머신러닝과 딥러닝을 위한 많은 라이브러리가 있는데 이들 대부분은 ( )(이)라는 파이썬 라이브러리를 기반으로 만들어졌다. ( )(은)는 매우 빠르고 편리하게 수치 데이터를 처리할 수 있기 때문에 매우 인기 있는 라이브러리이다.

08 넘파이의 다차원 배열(ndarray)은 2, 3, 4와 같은 정수값이나 실수값 등을 가질 수 있는데 이 개별적인 값을 ( ) 또는 원소라고 한다.

09 넘파이 ndarray 객체의 속성 중에서 ( )(은)는 배열의 형상을 기술하며, (m, n) 형식의 튜플형으로 나타내며, ( )(은)는 배열 원소의 자료형을 나타낸다.

10 스칼라를 벡터로 확장시켜주는 작업을 (   )(이)라고 하며, 이와 동시에 파이썬은 하나의 명령을 여러 데이터에 적용하여 병렬적으로 연산하는 (   )(을)를 행한다.

11 넘파이의 (   ) 함수는 두 배열을 합하는 일을 하며, (   )(을)를 통해서 축을 명시하여 배열을 변환할 수 있다. 명시하지 않는다면 기본적으로 1차원 배열로 변환하게 된다.

12 넘파이 다차원 배열의 메소드인 (   )(은)는 데이터의 개수는 유지한 채로 배열의 차원과 형태를 변경한다.

13 넘파이의 난수는 random 서브 모듈에서 제공하는데 randn( ) 함수는 (   )(을)를 따른 난수를 생성하는 데 사용된다.

객관식 문제

다음 질문에 대하여 가장 알맞은 답을 구하여라.

01 다음 구글 코랩에서 지원하지 않는 서비스를 고르시오.

❶ 클라우드에서 제공되는 GPU, TPU

❷ 사이킷런, 텐서플로 머신러닝 도구 라이브러리 지원

❸ 파일 공유 서비스

❹ 실시간 화상 채팅 서비스

02 다음 넘파이의 핵심 객체인 다차원 배열(ndarray)의 설명으로 옳바른 것을 고르시오.

❶ Java 언어에 기반한 배열 구조로 되어 있어서 메모리를 적게 차지하고 연산 속도가 매우 빠르다.

❷ 배열과 배열 간에 수학적인 연산을 적용할 수 있다.

❸ 1차원 혹은 2차원 객체 배열만 입력가능하므로, 다차원일 경우 `mdarray` 객체를 사용해야 한다.

❹ `itemsize( )` 메소드는 배열 원소의 크기를 비트 단위로 기술한다.

03 다음 파이썬의 random 서브 모듈에 포함된 난수 관련 함수가 아닌 것을 고르시오.

❶ randint( )   ❷ randlong( )

❸ shffle( )   ❹ permutation( )

짝짓기 문제

01 다음은 넘파이에서 사용되는 함수와 그 내용을 나타낸다. 함수와 내용을 올바르게 짝짓기 하여라.

linspace( ) •   • 시작값부터 끝값까지 균일한 간격으로 지정된 개수만큼의
                           배열을 생성함

logspace( ) •   • 로그 스케일로 수들을 생성함

reshape( ) •   • 데이터의 개수는 유지한 채로 배열의 차원과 형태를
                           변경함

flatten( ) •   • 다차원 배열을 1차원 배열로 변환함

02 다음은 파이썬의 머신러닝과 딥러닝을 위한 라이브러리와 설명을 나타낸다. 라이브러리에 대한 설명
을 올바르게 짝짓기 하여라.

텐서플로 •   • 구글에서 공식적으로 지원하며, 텐서보드라는 기능으로
                           그래프 시각화를 지원함

파이토치 •   • 메타(구 페이스북)에서 개발한 오픈 소스 라이브러리이며,
                           토치라는 딥러닝 라이브러리에 기반함

사이킷런 •   • 머신러닝을 위한 다양한 알고리즘과 편리한 프레임워크와
                           API를 제공함

01 1에서 10까지의 정수 값을 가지는 크기가 10인 1차원 배열 a를 arange( ) 함수를 사용하여 생성하여 출력하여라.

❶ 생성된 1차원 배열 a를 다음과 같이 출력하여라.

실행 결과

```
a = [ 1 2 3 4 5 6 7 8 9 10]
```

❷ 부울리언 인덱싱을 사용하여 1차원 배열 a의 원소들 중에서 5 이상의 값을 가지는 원소를 다음과 같이 출력하여라.

실행 결과

```
5 이상의 원소 : [ 5 6 7 8 9 10]
```

❸ 이 배열 a의 원소를 다음과 같이 역순으로 출력하여라.

실행 결과

```
a = [10 9 8 7 6 5 4 3 2 1]
```

❹ ❸의 결과에 reshape( ) 함수를 사용하여, 배열 a를 (2, 5) 형태의 다음과 같은 행렬로 변경하여 출력하여라.

실행 결과

```
[[10 9 8 7 6]
 [ 5 4 3 2 1]]

행렬의 형태 : (2, 5)
```

❺ ❹의 결과에 reshape( ) 함수를 사용하여, 배열 a를 (5, 2) 형태의 다음과 같은 행렬로 변경하여 출력하여라.

실행 결과

```
[[10 9]
 [ 8 7]
 [ 6 5]
 [ 4 3]
 [ 2 1]]

행렬의 형태 : (5, 2)
```

02 `random.random()` 함수를 사용하여 10개의 난수값을 가진 배열 a를 생성하여 다음과 같이 출력하여라. 그리고 이 수들 중에서 최대값, 최소값, 평균값을 각각 출력하여라.

실행 결과

```
a = [0.79457055 0.79563394 0.61542215 0.881637 0.36674677 0.86430664
    0.43726605 0.27081378 0.26353765 0.39242491]
최대값 : 0.8816369959416799
최소값 : 0.2635376504756979
평균값 : 0.5682359433240208
```

03 1에서 9까지의 정수 배열 a를 순서대로 생성하여라. 다음으로 사용자로부터 1부터 9까지의 정수를 n을 입력받도록 한다. 그리고 n개만큼 임의의 노드를 0으로 만들어서 출력하여라. 예를 들어 n이 4이면 임의의 수 4개를 0으로 만들고 나머지는 그대로 출력한다.

힌트 사용자로부터 정수 n을 입력받기 위해서는 `n = int(input('n을 입력하시오 :'))`와 같은 코드를 사용한다. 다음으로 `np.array([0]*n + [1]*(9-n))`을 통해 0 값을 n개 가지고 1 값을 (9-n)개 가지는 넘파이 배열을 생성하여라. 이 배열의 원소를 임의로 섞은 후, 원래 배열과 곱하면 될 것이다.

실행 결과

```
n을 입력하시오 : 4
[1 2 0 4 0 0 7 0 9]
```

실행 결과

```
n을 입력하시오 : 5
[0 2 0 0 5 6 7 0 0]
```

04 사용자로부터 2 이상의 수 n을 입력으로 받아서, 입력된 수를 바탕으로 다음과 같은 n×n 크기의 다차원 배열 a를 생성하는 프로그램을 작성하여라. 이때 배열의 내용은 0과 1의 값이 체크판 패턴으로 교차하여 나타나도록 하여라.

실행 결과

```
n을 입력하시오 : 4
[[1 0 1 0]
 [0 1 0 1]
 [1 0 1 0]
 [0 1 0 1]]
```

```
n을 입력하시오 : 5
[[1 0 1 0 1]
 [0 1 0 1 0]
 [1 0 1 0 1]
 [0 1 0 1 0]
 [1 0 1 0 1]]
```

05 다음과 같은 행렬 A, B, C, D가 있다. 이 행렬에 대하여 다음과 같은 행렬 곱셈을 넘파이를 이용하여 수행하여라.

$$A = \begin{bmatrix} 2 & 3 \\ 0 & 1 \end{bmatrix}, \ B = \begin{bmatrix} 1 & 2 & -1 \\ 2 & 1 & 3 \end{bmatrix}, \ C = \begin{bmatrix} 1 & 0 \\ 0 & 1 \end{bmatrix}, \ D = \begin{bmatrix} 4 & 0 & 1 \\ 2 & 1 & -1 \\ 0 & 2 & 1 \end{bmatrix}$$

❶ AA ❷ AB ❸ AC ❹ CC ❺ CB ❻ BD ❼ DD

04

선형 회귀와 경사하강법

학습목표

- 데이터의 성질, 특성, 변수에 대하여 이해한다.

- 회귀 분석을 이해하고 입력된 데이터에 대한 선형적인 모델링 방법을 알아본다.

- 추정값과 실제 값의 차이인 오차와 다양한 오차 측정 기법에 대하여 이해한다.

- 경사하강법을 통하여 최적의 선형 회귀 직선을 얻는 방법을 알아본다.

- 사이킷런 라이브러리를 사용하여 선형 회귀를 수행하는 방법을 알아본다.

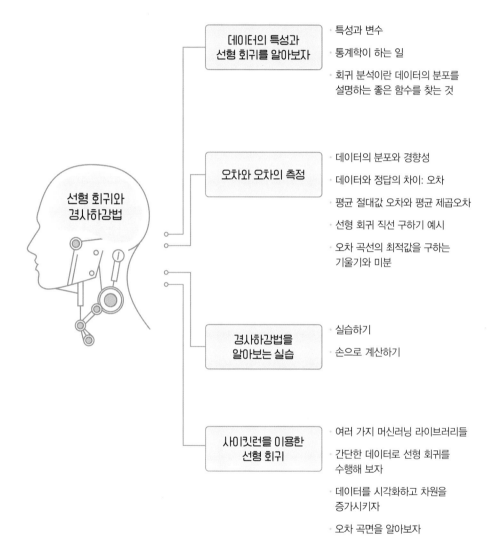

선형 회귀와
경사하강법

데이터의 특성과
선형 회귀를 알아보자

· 특성과 변수

· 통계학이 하는 일

· 회귀 분석이란 데이터의 분포를
  설명하는 좋은 함수를 찾는 것

오차와 오차의 측정

· 데이터의 분포와 경향성

· 데이터와 정답의 차이: 오차

· 평균 절대값 오차와 평균 제곱오차

· 선형 회귀 직선 구하기 예시

· 오차 곡선의 최적값을 구하는
  기울기와 미분

경사하강법을
알아보는 실습

· 실습하기

· 손으로 계산하기

사이킷런을 이용한
선형 회귀

· 여러 가지 머신러닝 라이브러리들

· 간단한 데이터로 선형 회귀를
  수행해 보자

· 데이터를 시각화하고 차원을
  증가시키자

· 오차 곡면을 알아보자

· 경사하강법과 학습률

· 정규화와 표준화

01 데이터의 특성과 선형 회귀를 알아보자

이 장에서는 딥러닝에서 다룰 데이터의 성질과 이에 관련된 용어에 대하여 우선 살펴볼 것이다. 또한 관찰되는 변수로부터 밝혀지지 않은 성질들을 찾아내기 위한 방법으로 선형 회귀에 대하여 살펴보고자 한다.

특성과 변수

이 장 이후부터 사용할 중요한 용어인 특성이란, **관찰되는** 현상에서 **측정할 수 있는 개별적인 속성**을 의미한다. 그리고 기계에 이 현상을 학습하게 한다는 것은 이 특성을 입력으로 사용하여 학습한다는 것을 의미한다. 앞서 다룬 $y = f(x)$라는 함수가 있다고 할 때, 이 함수의 입력 데이터로 사용되는 x가 바로 특성이다. 머신러닝과 딥러닝에서 말하는 특성이라는 것은 **학습의 결과를 결정하는 데에 영향을 미치는 입력 데이터**를 말하기도 한다.

다음은 이 책에서 다룰 수 있는 특성의 예이지만, 이 밖에도 대상에 따라 수없이 많은 특성들이 있을 것이다.

- **사람의 키와 몸무게**: 일반적으로 키가 큰 사람이 몸무게가 더 많이 나가는 경우가 많다. 키와 몸무게는 사람의 특징을 표현하기 위한 좋은 특성이 될 수 있다.
- **개의 몸통 길이와 높이**: 말티즈처럼 작은 개와 사모예드처럼 큰 개를 구분하기 위한 방법으로 개의 몸통 길이와 높이를 입력 데이터로 주고 학습을 시킨다면 말티즈와 사모예드를 잘 구별할 수 있게 될 것이다.
- **주택 가격과 주택 면적**: 주택의 가격에 영향을 주는 특성으로는 주택의 면적, 지하철역과의 거리, 마트까지의 거리, 주택의 건축 연도, 화장실의 수와 같은 것들이 있을 것이다.
- **붓꽃의 꽃잎, 꽃받침 너비와 길이**: 꽃을 분류하는 방법 중의 하나로 꽃잎, 꽃받침의 크기에 따른 분류가 있을 수 있다.

통계학이 하는 일

딥러닝을 이해하기 위해서는 몇 가지 통계 개념에 대한 이해가 필요하다. 통계학은 데이터의 수집과 정리, 분석과 추론을 통해서 사실을 규명하는 과학이다. 일상생활에서 매우 중요한 학문인 통계학은 머신러닝과 딥러닝의 기초가 되는 학문이기도 하다.

통계학에서 문제를 해결하기 위한 구체적인 절차는 그림과 같이 문제를 구조화하고 구조화된 데이터에 대한 이해를 바탕으로 데이터를 정제하고 준비하며, 모델을 평가하고, 예측하는 절차가 있는데 이러한 절차는 머신러닝에서도 꼭 필요한 내용이기도 하다.

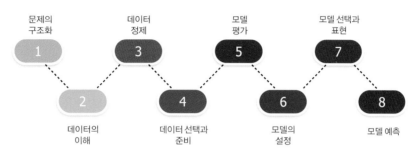

통계학과 머신러닝의 관련성

우리가 알아볼 첫 번째 머신러닝 방법은 회귀 분석(回歸分析)이다. 딥러닝은 머신러닝의 일종이며, 회귀 분석의 여러 가지 방법들이 딥러닝에서도 사용되고 있다. 따라서 회귀 분석은 딥러닝을 이해하기 위한 중요한 기초가 된다. 일상생활에서는 접하기 힘든 다소 생소한 용어인 회귀 regression 란 어딘가로 돌아간다는 의미이다. 통계 분야에서 회귀라는 용어를 처음으로 사용한 사람은 **프랜시스 골턴** Francis Galton 으로 알려져 있다.

회귀 분석은 대표적인 지도학습 알고리즘으로, 관측된 데이터를 통해 독립변수와 종속변수 사이의 숨어 있는 관계를 추정하는 것이다. 이 장의 내용을 이해하기 위하여 변수와 독립변수, 종속변수라는 용어를 먼저 살펴보도록 하자.

용어	해설
변수	측정 결과와 조사 대상에 따라 다른 값으로 나타날 수 있는 특성 혹은 속성으로 변경될 수 있는 양이나 조건을 말한다.
독립변수	연구자가 임의로 조절할 수 있는 변수로, 실험 영역에 있어 다른 변수에 영향을 받지 않는 변수를 말한다.
종속변수	관측이나 측정이 가능한 변수로, 독립변수에 영향을 받아서 변화하는 변수를 말한다.

어떤 연구자가 특정 지역의 주택 면적과 최근 2년간 거래 가격 사이의 관계를 알아보는 경우를 생각해 보자. 이 연구를 위해서 측정해야 하는 대상에 해당하는 주택 면적과 거래 가격은 **변수**라고 지칭한다.

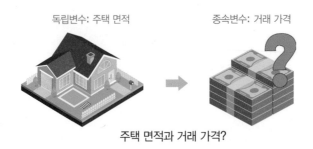

독립변수: 주택 면적　　　　종속변수: 거래 가격

주택 면적과 거래 가격?

일반적으로 주택의 면적이 큰 경우 판매가격도 높은 경우가 많은데, 여기서 다른 변수에 영향을 덜 받는 변수인 **주택의 면적은 독립변수**가 되며, 이에 영향을 받아서 변화할 수 있는 **거래 가격이 종속변수**가 될 것이다.

독립변수	종속변수
• 가설의 원인이 되는 변수	• 가설의 결과가 되는 변수
• 종속변수에 영향을 미치는 선행조건	• 관측이나 측정이 가능한 변수
• 연구자가 임의로 조절할 수 있는 변수	• 독립변수에 영향을 받아서 변화하는 변수

도전 문제 4.1: 독립변수와 종속변수의 구분　　　상 중 하

1. 다음과 같은 가설과 이에 따른 변수가 있을 경우, 이 변수를 독립변수와 종속변수로 구분해 보자.

   • 가설 1: 평균 기온이 올라가면 수영복 판매량이 증가할 것이다.

   • 가설 2: 국민 1인당 GDP가 높아지면 1인당 해외여행비 지출이 증가할 것이다.

   • 가설 3: 소득이 높은 가구일수록 거주하는 주택의 가격이 비쌀 것이다.

   • 가설 4: 공부를 오래 한 학생일수록 시험 성적이 더 높을 것이다.

회귀 분석이란 데이터의 분포를 설명하는 좋은 함수를 찾는 것

앞서 살펴본 주택의 가격은 면적에도 영향을 받지만, 일조량 및 대중교통 수단과의 접근성 등에도 영향을 받을 수 있다. 따라서, 이렇게 관측된 데이터를 바탕으로 **다차원 공간에 존재하는 데이터들을 가장 잘 설명하는 수학 함수를 찾는 것**이 바로 회귀 분석이 해야 할 일이다.

이에 대한 다른 표현으로 $y = f(x)$에서 입력 x와 출력 y를 보면서 함수 $f(x)$를 예측하는 것을 회귀기법이라고 할 수 있다. '주택 면적'을 x 좌표에 입력하고 이들의 '거래 가격'을 y 좌표에 매핑시킨 후, 이 상관관계를 가장 잘 설명하는 직선을 찾는 문제를 예로 들 수 있다. 그림의 왼쪽은 x로 나타낸 특정한 지역의 주택 면적과 거래 가격 y를 확인한 결과인데 파란색 점들이 측정값들(데이터)이다.

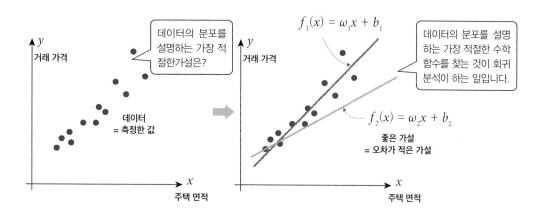

이 둘 사이의 상관관계가 일차방정식으로 표현될 수 있는 **선형관계**라고 가정하면 주택 면적 x와 거래 가격 y의 관계는 그림과 같이 $y = \omega x + b$로 표현될 수 있다. 오른쪽에는 두 개의 직선이 있는데 이들은 각각 서로 다른 기울기와 절편을 가지고 있다. 일차 함수는 기울기 ω과 절편 b를 어떻게 정하는가에 따라 $f_1(x) = \omega_1 x + b_1$ 혹은 $f_2(x) = \omega_2 x + b_2$로 표현할 수 있다. 이때 데이터에 숨겨진 관계를 표현하고, 종속변수가 어떤 값을 가질지 예측하는 $f_1(x)$와 $f_2(x)$를 가설 hypothesis 혹은 모델 model 이라고 부른다. 그림에는 두 개의 가설이 나타나 있다. 어떤 가설이 더 좋은 것일까? 그것은 예측값과 실제값의 차이인 오차 error 가 작은 가설이다. 따라서, 그림의 $f_1(x)$가 $f_2(x)$보다 더 나은 가설이 된다.

이 회귀 문제에서 $y = f(x)$ 함수의 입력 x에 대응되는 실수 y들이 주어지고 추정한 함수 $f()$가 만들어내는 오차를 측정하여, 이 **오차를 줄이는 방향으로 함수의 계수 ω, b를 최적화하는 과정을 수행한다면** 이는 톰 미첼이 정의한 머신러닝으로 볼 수 있다. 이때 작업 T는 독립변수에 대응하는 종속변수를 추정하는 일이며, 주어진 데이터가 경험 E에 해당한다. 성능 척도 P는 예측한 값 $\hat{y}$과 데이터로 제공되는 목표값 y의 차이가 작을수록 높은 점수를 부여한다.

여기서 ω는 직선의 **기울기**이고 입력 변수 x에 곱해지는 계수 coefficient 이다. 그리고 x와 관계없이 y에 영향을 주는 값 b는 절편 intercept 이다. 절편은 $y = \omega x$라는 회귀선을 위 또는 아래로 얼마나 평행이동시킬지를 결정한다.

기본적으로 선형 회귀란 데이터를 설명하는 **선형적인 관계를 모델링**하는 것이다. 좀 더 구체적으로 이야기하자면 변수 사이의 관계를 설명하는 **일차방정식에서 가장 적절한 기울기와 절편값을 찾는 것**으로 볼 수 있다. 이때 x 변수는 데이터의 특성이므로 변경할 수 없다. 우리가 제어할 수 있는 값은 기울기와 절편이다. 기울기와 절편의 값에 따라 여러 개의 직선이 있을 수 있다. 기본적으로 선형 회귀 알고리즘은 데이터 요소에 여러 직선을 맞추어 본 후에 가장 적은 오류를 발생시키는 직선을 반환한다. 그림을 살펴보면 ①, ②, ③ 중에서 ②가 **가장 적은 오류**를 발생시키는 직선이라고 볼 수 있다.

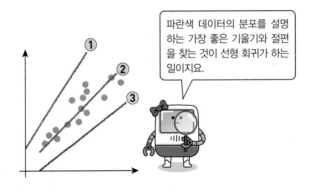

파란색 데이터의 분포를 설명하는 가장 좋은 기울기와 절편을 찾는 것이 선형 회귀가 하는 일이지요.

우리의 눈으로 보아 가장 좋은 직선으로 보이는 이 빨간색 직선의 기울기와 절편을 컴퓨터는 어떻게 찾아낼 수 있을까?

02 오차와 오차의 측정

데이터의 분포와 경향성

다음 그림은 데이터의 분포를 시각화하고 이를 선형적인 회귀 직선으로 나타낸 것이다. 이제는 주택의 면적과 거래 가격이 아닌 사람의 키와 몸무게라는 변수를 이용해 볼 것이다. 이 그래프의 가로축은 사람의 키를 나타내며 세로축은 사람의 몸무게를 나타낸다. 샘플의 분포를 시각화한다면 우리는 키가 큰 사람일수록 몸무게가 많이 나가는 경향성을 발견할 수 있을 것이다.

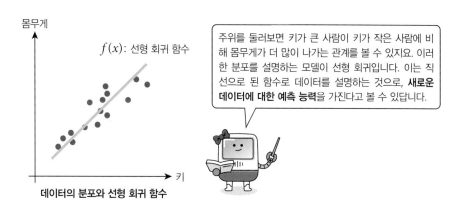

데이터의 분포와 선형 회귀 함수

주위를 둘러보면 키가 큰 사람이 키가 작은 사람에 비해 몸무게가 더 많이 나가는 관계를 볼 수 있지요. 이러한 분포를 설명하는 모델이 선형 회귀입니다. 이는 직선으로 된 함수로 데이터를 설명하는 것으로, **새로운 데이터에 대한 예측 능력**을 가진다고 볼 수 있답니다.

이와 같이 한쪽의 값이 커질 때 다른 쪽의 값도 커지는 경우를 양의 상관관계라고 이야기하며, 이 데이터의 분포를 설명하는 직선을 선형 회귀 직선이라고 한다. 그리고 이 직선의 함수 $f(x)$를 선형 회귀 함수라고 한다. 이 함수는 직선(直線)의 형태(形態)를 가지기 때문에 선형(線型, linear)이라는 이름이 붙게 되었다. 선형 회귀는 실제 데이터를 바탕으로 새로운 데이터가 입력되었을 경우의 **출력 결과를 예측**할 수 있다는 측면에서 의의가 크다고 할 수 있다.

데이터와 정답의 차이: 오차

문제를 좀 더 단순화시켜 원점을 지나는 직선의 기울기를 찾는 방법으로 만들고 이 문제를 풀어보자. 다음 그림 ①번과 같이 임의의 파라미터 m을 이용하여 직선을 그려보면 이 직선이 데이터의 분포를 제대로 잘 설명하지 못하는 것을 볼 수 있는데, "데이터의 분포를 잘 설명한다", "데이터의 분포를 잘 설명하지 못한다"와 같은 **주관적인 표현보다는 이를 정량화**를 하는 방법이 컴퓨터에는 더 적합한 방법이다. 그림을 살펴보면 빨간색 실선이 선형 회귀 직선이며 초록색 점들이 데이터이다. 그리고 e_i로 표기된 하늘색 직선이 선형 회귀 직선과 실제 데이터 i와의 거리임을 알 수 있다. 이 거리는 오차^{error}, 손실^{loss}, 잔차^{residual} 또는 경우에 따라 비용^{cost} 이라고도 부른다. 이와 같이 다양한 이름으로 불리는 이유는 이 차이에 대한 학문 분야별 해석이 다양하기 때문이다. 이 책에서는 오차라는 표현을 주로 사용하는데 i번째 데이터와의 오차를 표현하기 위하여 영문자 error의 앞 글자를 따서 e_i와 같이 표기한다.

i번째 실제 데이터의 값을 y_i라고 하고 예측값을 $\hat{y}$이라고 할 때 오차 e_i는 다음과 같이 두 값의 차이에 절대값을 취해야 한다.

$$e_i = |y_i - \hat{y}|$$

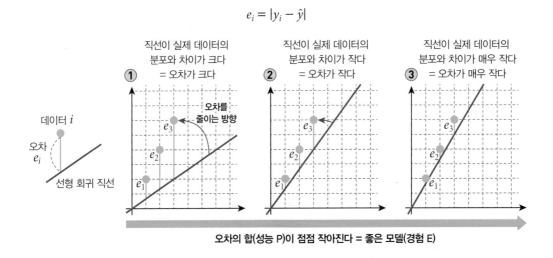

오차의 합(성능 P)이 점점 작아진다 = 좋은 모델(경험 E)

이 그림을 살펴보면 ①번 그림의 직선보다 ②번 그림의 직선이 실제 데이터(초록색 점)의 분포를 더 잘 설명하는 직선이며, ③번 그림의 직선은 ②번의 직선보다 더 나은 직선이다. 이 그림의 ①번 → ②번 → ③번과 같이 데이터를 바탕으로 직선이 오차를 줄이는 방향으로 스스로 고쳐나가도록 하는 것이 머신러닝이 하는 일이다. 이와 같이 오차를 줄여나가는 것을 **수학적으로 이야기하면 오차의 합이 점점 작아진다**고 할 수 있으며 이는 곧 좋은 모델이 된다는 의미이다.

2장에서 살펴본 바와 같이 우리는 주어진 데이터를 이용하여 **경험 E**에 따라서 측정하는 **성능 척도 P**가 개선되도록 하는 것이 머신러닝의 정의라는 사실을 알고 있다. 어떤 방법으로 오차의 합을 줄여나갈 수 있을지 비교적 단순한 수학 도구를 사용해 볼 것이다.

평균 절대값 오차와 평균 제곱오차

평균 절대값 오차

우선 **오차의 크기를 어떻게 컴퓨터가 측정할 수 있도록 정량화할 수 있을까** 생각해 보자. 다음 그림은 오차값들을 모두 더한 후 3으로 나누어 평균을 구하였다. 따라서 이 값은 $(e_1 + e_2 + e_3)/3$이된다. 이와 같이 **오차의 합을 구하고 그것을 데이터의 개수로 나누어 평균을 구하여 얻은 오차값**을 평균 절대값 오차 ^{Mean Absolute Error: MAE} 라고 한다. e_1, e_2와 같은 오차값은 실제값(y_i)과 예측값($\hat{y}$)의 차이이므로 양수 또는 음수가 될 수 있는데 이 값에 절대값을 취했기 때문에 결과는 항상 양수가 된다.

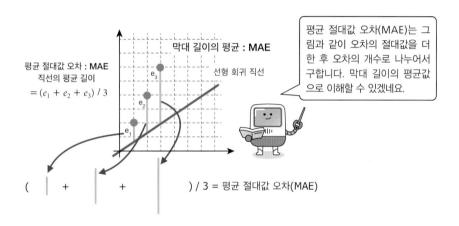

i번째 데이터의 실제값을 y_i로, 예측값을 $\hat{y}$으로, 데이터의 개수를 N으로 나타낼 때 평균 절대값 오차(MAE)는 다음과 같은 식으로 일반화할 수 있다.

$$\text{MAE} = \frac{1}{N}\sum_{i=1}^{N}|y_i - \hat{y}|$$

평균 절대값 오차는 직관적이고 계산이 편리한 반면 다음의 문제가 있다.

미분 불가능 지점의 발생

절대값의 사용으로 인해 오차 함수에서 미분이 불가능한 지점이 발생한다는 문제가 있다. 오차 함수에서 미분이 불가능한 구간이 존재할 경우, 점진적으로 최소의 오차값을 찾기 위한 경사하강법을 적용할 수 없게 된다.

넘파이를 통해서 실제값이 각각 (1, 2, 3, 4, 5)이고 추정값이 각각 (1.2, 2.4, 2.5, 4.6, 5.4)인 데이터의 평균 절대오차를 구해 보자. 이것은 다음 코드와 같이 구현할 수 있다. 넘파이로 구현한 코드에서 y 값을 실제값, y_hat 값을 추정값이라고 할 때, np.abs(y - y_hat)을 통해서 두 값의 차이 diff를 구할 수 있다. 이 차이값 벡터의 평균은 diff.sum() / len(diff)로 구할 수 있으며 np.average(diff)로도 구할 수 있다.

```python
import numpy as np

# 넘파이를 이용하여 구현한 평균 절대오차
y = np.array([1, 2, 3, 4, 5])                    # 실제 y값
y_hat = np.array([1.2, 2.4, 2.5, 4.6, 5.4])      # 추정한 y값
diff = np.abs(y - y_hat)                          # y_hat과 y 차이의 절대값
e_mae = diff.sum() / len(diff)
print('평균 절대오차 =', e_mae)
```

평균 절대오차 = 0.41999999999999993

```python
print('평균 절대오차 =', np.average(diff))
```

평균 절대오차 = 0.41999999999999993

```python
from sklearn.metrics import mean_absolute_error

# sklearn에서 제공하는 함수를 사용해 보자. 위의 결과와 동일하다.
print('평균 절대오차 =', mean_absolute_error(y, y_hat))
```

평균 절대오차 = 0.41999999999999993

사이킷런은 머신러닝을 위한 라이브러리로, 뒷장에서 상세하게 다룰 것이다. 이 사이킷런을 이용하기 위해서는 sklearn이라는 라이브러리를 import해야 하는데, 이 sklearn에는 metrics라는 서브 모듈과 mean_absolute_error()라는 함수가 제공된다. 이 함수를 통해서 두 값의 평균 절대오차를 살펴보아도 그 결과는 같다. 위의 세 코드는 모두 같은 일을 하는데 이를 통해서 평균 절대오차는 0.41999999999999993과 같이 나타나는 것을 볼 수 있다.

평균 제곱오차

반면 다음의 그림은 **오차 제곱값에 대한 평균**을 설명하고 있다. 이를 위하여 e_1이 아닌 이 오차의 제곱인 $e_1 * e_1$을 오차항으로 사용하였다. **오차의 제곱은 오차를 한 변으로 하는 정사각형의 면적과 같기 때문에** 그림과 같이 오차를 이용해서 만든 정사각형 면적의 평균값으로 이해해도 될 것이다.

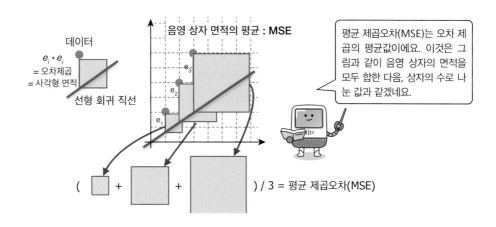

이와 같은 방식으로 계산한 오차값을 **평균 제곱오차**$^{\text{Mean Squared Error: MSE}}$ 라고 한다. 평균 제곱오차 MSE는 다음과 같이 일반화할 수 있다.

$$\text{MSE} = \frac{1}{N} \sum_{i=1}^{N} (y_i - \hat{y})^2$$

넘파이를 이용하여 앞서 다룬 오차 함수를 쉽게 구현할 수 있다. 우선 다음과 같이 [1, 2, 3, 4, 5]의 값을 가지는 데이터가 y에 저장되어 있고, 예측 모델이 추정한 y_hat이 [1.2, 2.4, 2.5, 4.6, 5.4]인 경우를 가정해 보자. 이 경우, 평균 제곱오차는 아래와 같이 구할 수 있다. 그리고 동일한 기능을 sklearn의 mean_squared_error() 함수를 호출하여 실행할 수 있다.

```python
import numpy as np

# 넘파이를 이용하여 구현한 평균 제곱오차
y = np.array([1, 2, 3, 4, 5])                 # 실제 y값
y_hat = np.array([1.2, 2.4, 2.5, 4.6, 5.4])   # 추정한 y값
diff = (y - y_hat) ** 2                         # y_hat과 y의 차이값의 제곱
e_mse = np.average(diff)
print('평균 제곱오차 =', e_mse)
```

평균 제곱오차 = 0.19399999999999995

```python
from sklearn.metrics import mean_squared_error

# sklearn에서 제공하는 함수를 사용해 보자. 위의 결과와 동일하다.
print('평균 제곱오차 =', mean_squared_error(y, y_hat))
```

평균 제곱오차 = 0.19399999999999995

위의 결과와 같이 각각의 코드는 동일한 평균 제곱오차값 0.19399999999999995를 출력한다.

평균 절대값 오차 방식의 계산이 더 간단한데 평균 제곱오차는 왜 필요할까? 평균 제곱오차는 오차에 제곱을 취하기 때문에 오차가 **매우 클 경우, 성능 측정 함수 P의 값이 급격하게 커진다.** 달리 말하면 선형 회귀 모델이 **예측한 직선이 실제 데이터와 차이가 많이 나면, 이 모델의 성능이 나쁘다는 것을 알리도록 모델을 만드는 것**이다.

회귀 모델의 오차는 일반적으로 평균 제곱오차를 널리 사용한다. 오차의 제곱은 오차 직선을 한 변으로 하는 정사각형의 면적과 같은데 이를 구하면 항상 양수가 되며, 선형 회귀 직선이 데이터의 분포를 가장 잘 설명하는 경우, MSE 값은 최소값이 된다. 이와 같이 데이터의 분포를 **가장 잘 설명하는 선형 회귀 직선을 구하는 과정**을 최적화^{optimization} 라고 한다. 그리고 이 최적화 과정이 곧 머신러닝의 학습과정이다.

도전 문제 4.2: 평균 절대오차와 평균 제곱오차 구하기　상 중 하

1. 정답값 벡터가 [2, 4, 6, 8, 10]일 때, 모델 A의 추정값이 [2.1, 4.3, 5.5, 7.9, 10.1]로 구해졌다. 이 모델 A와 정답 사이의 평균 절대오차와 평균 제곱오차를 넘파이를 이용하여 구한 다음, 다음과 같이 출력하여라.

   ```
   모델 A의 평균 절대오차 = 0.21999999999999983
   모델 A의 평균 제곱오차 = 0.07399999999999997
   ```

2. 위의 데이터에 대하여 평균 절대오차와 평균 제곱오차를 다시 구하여라. 이를 위하여 사이킷런의 함수 `mean_absolute_error()`와 `mean_squared_error()`를 사용하여라.

선형 회귀 직선 구하기 예시

다음으로 데이터를 바탕으로 선형 회귀 적선을 구하는 방법을 살펴보자. 우선 그림과 같이 (1, 2), (2, 4), (3, 6)의 3개 데이터가 2차원 공간에 분포하는 경우를 가정하자. 이 데이터를 2차원 평면에서 표현하기 위하여 1, 2, 3을 x 축에 배치하고 이에 대응하는 값을 y 축의 값으로 두었다. 이러한 분포를 가진 데이터를 설명하는 여러 가지의 선형방정식이 존재할 수 있을 것이다.

이 간단한 데이터의 분포를 설명하는 선형방정식 중에서 가장 좋은 선형방정식을 구하기 위해서 다음과 같은 그림을 살펴보자. 그림의 ❶, ❷, ❸은 각각 다음을 의미한다(이 데이터의 경우 선형 회귀 직선의 최적 기울기값은 2가 될 것이다).

❶: 직선의 기울기 m이 2보다 작은 경우

❷: 직선의 기울기 m이 2인 경우(최적 기울기)

❸: 직선의 기울기 m이 2보다 큰 경우

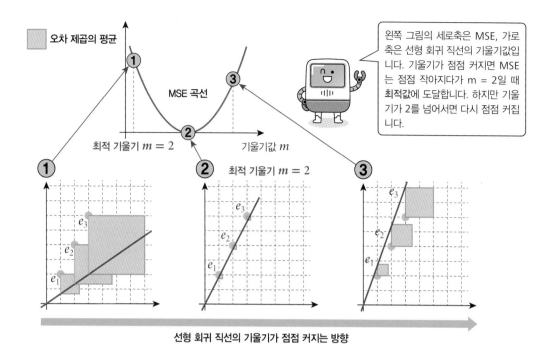

왼쪽 그림의 세로축은 MSE, 가로축은 선형 회귀 직선의 기울기값입니다. 기울기가 점점 커지면 MSE는 점점 작아지다가 m = 2일 때 **최적값**에 도달합니다. 하지만 기울기가 2를 넘어서면 다시 점점 커집니다.

선형 회귀 직선의 기울기가 점점 커지는 방향

그림 위쪽은 MSE 곡선인데 이 곡선이 위치한 2차원 공간의 가로축은 선형 회귀 직선의 기울기값 m이며 세로축은 MSE 값을 나타낸다. 이 그림에서 세로축은 전체 오차의 크기이므로 곡선에서 오차의 크기가 가장 작은 ②번 위치가 **모델의 성능이 가장 좋은 상태**이다. 이는 아래쪽 그래프의 최적 기울기를 가질 때(즉, $m = 2$일 때)와 동일하다.

다시 그림 ①, ②를 살펴보면 ①에서 ②로 갈수록 기울기 m이 점점 커지는 것을 볼 수 있다. 이와 같이 m이 점점 커질 경우 MSE 곡선은 아래쪽으로 향하는데, 이는 오차 제곱의 합이 점점 작아지기 때문이다. 이 MSE 곡선은 $m = 2$인 경우에 가장 작은 값이 되는데, MSE 곡선에서는 가장 아래쪽으로 내려간 구간이 된다. 이제 그림 ③처럼 기울기가 $m > 2$인 경우를 살펴보면 MSE 값은 ②에 비하여 점차 커지므로 위쪽으로 올라가는 모양이 된다. 위의 곡선을 쉽게 이해하는 방법으로 $m = 2$인 **경우, 사각형 면적의 합이 가장 작다**는 것을 생각하면 된다.

이 두 가지 방법 이외에도 오차를 구하는 다양한 방법이 있다. 딥러닝 분야에서는 평균 제곱오차와 평균 절대오차 중에서 평균 제곱오차를 주로 사용한다. 이렇게 오차를 제곱하는 데에는 더욱 중요한 이유가 있는데, 이것은 **오차 합 곡면의 기울기를 따라 내려가 최소 오차에 접근하기 위해서**이다. 양수 오차가 많으면 그 합이 무한히 커질 수도 있고, 음수 오차가 많으면 무한히 작은 값을 가질 수도 있다. 하지만, **오차를 제곱하면 가장 좋은 파라미터에서 최소값을 갖는 볼록한 그릇 모양의 곡면**을 만들 수 있다.

이전의 그림에서 위쪽에 나타난 곡선을 오차 곡선이라고 하는데, 다차원 공간일 경우 오차 곡면이 된다. 다음으로 모델의 오차를 계산하는 방법에 따른 오차 곡면의 모습을 살펴보고, 이 오차 곡면을 이용하여 최적의 모델을 찾는 방법에 대해 비교하여 살펴보도록 하자. 우리의 목표는 데이터 x와 y의 관계를 가장 잘 설명하는 모델 $y = mx$를 찾는 것이다. 이때 x는 입력, y는 정답 레이블, m은 모델의 파라미터이다. 모델의 파라미터 m이 정해지면, 우리는 입력에 대해 정답 예측값 $\hat{y} = mx$를 구할 수 있다. 이 모델이 좋은 모델이라면 예측과 정답의 차이, 즉 오차가 가장 작은 값을 가질 것이다.

이전의 데이터가 점이 3개인 간단한 경우에 대한 예시라면 다음과 같이 점이 10개인 경우는 어떻게 될까 살펴보자. 우선 그림의 왼쪽과 같은 데이터가 있을 때, 그림과 같이 $y = mx$는 m에 따라 여러 가지 모델이 될 수 있다. 여기서 가장 좋은 모델은 $m = 0.9$인 모델인 것 같다. 하지만 이것이 정말로 가장 좋은 모델인지 계산할 수 있는 방법은 무엇일까? 그림의 ①, ②, ③을 각각 살펴보면 m이 0.75에서 1.25까지 점점 커지는데, 이 값을 오른쪽 그림의 수평축에 대응시키고 각 상황에 대해 평균 제곱오차를 수직축에 대응시키도록 하자.

이 파라미터 공간을 살펴보면 평균 제곱오차값이 아래쪽으로 볼록한 모양을 하고 있으며 불연속 구간이 없는 매끄러운 곡선 모양을 하고 있다는 것도 알 수 있다. 이 곡선을 MSE 오차 곡선 또는 줄여서 오차 곡선이라고 한다. 그리고 이 파라미터 공간에서 최적해는 오차값이 가장 작은 $m = 0.9$ 근방에 있는 것도 볼 수 있다. 두 경우 모두 MSE 곡선은 아래쪽으로 볼록한 형태를 가지고 있다.

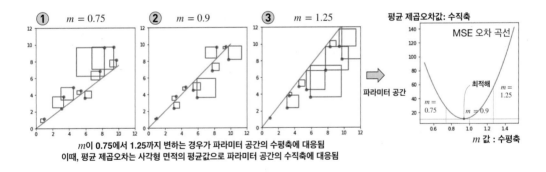

m이 0.75에서 1.25까지 변하는 경우가 파라미터 공간의 수평축에 대응됨
이때, 평균 제곱오차는 사각형 면적의 평균값으로 파라미터 공간의 수직축에 대응됨

만일 우리가 이 파라미터 공간의 m 값을 알고 있고 오차를 구하는 함수를 알고 있다면 이것으로 어떻게 최적해를 찾을 수 있을까? 우리는 이전에 익힌 미분이라는 도구를 사용할 것이며, 오차 곡선의 미분을 이용하여 곡선의 변화율을 구하고 이 변화율을 이용하여 최적해를 찾을 것이다. 우리는 그림과 같은 오차 곡선에서 최소값(혹은 최적해)을 구하기 위하여 오차 곡선 혹은 곡면의 기울기를 따라 내려가며 해를 구하는 경사하강법 gradient descent method 이라는 방법으로 해를 찾아볼 것이다.

오차 곡선의 최적값을 구하는 기울기와 미분

이제 여러분은 어떤 과정으로 오차 곡선의 최적값을 구할 수 있는지 궁금할 것이다. 다음 그림을 보면 오차 곡선의 가장 낮은 부분이 최적값이라고 표시되어 있다. 이 그림과 같이 처음에 시작할 때 임의의 기울기값을 사용했기 때문에, 파란색 점의 위치는 시작점의 하나가 될 수 있을 것이다. 우리가 해야 할 **작업 T**는 오차 곡선의 최적값 구하기이며 이것은 **성능 척도 P**로 측정할 수 있다. 이제 곡선에서 한 점의 기울기를 구할 수 있다면 우리는 이 기울기를 구한 후 곡선이 어느 정도 가파른지 혹은 양의 방향(+)의 기울기인지, 음의 방향(−)의 기울기인지도 알 수 있을 것이다. 이렇게 기울기와 부호를 구한 후 곡선의 아래쪽으로 향하도록 다음 값을 조정하여 다시 한번 오차를 구하고, 곡면의 기울기를 구하는 작업을 반복적으로 수행하면 된다. 이것이 **경험 E**에 해당한다.

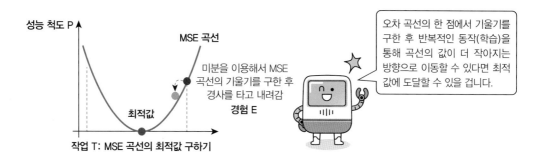

과학자들은 MSE 곡선의 최적해를 구하는 방법으로 미분과 경사하강법을 많이 사용한다. 이 방법은 **곡선의 한 점에서 접선의 기울기를 구한 후 이를 이용하여 경사를 타고 내려오는 방법**이다. 경사를 타고 오차값이 더 작은 쪽으로 내려오는 작업을 반복적으로 할 수 있다면 우리는 최적값에 도달하는 것도 가능할 것이다.

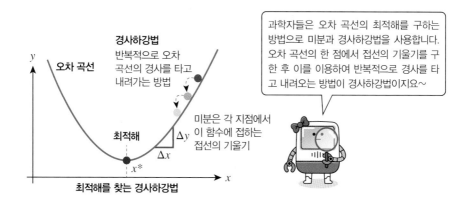

경사하강법의 핵심 원리는 다음 절의 실습을 통해서 상세하게 알아보자.

1. 다음과 같이 정답값, 모델 A의 예측값, 모델 B의 예측값이 있다. 모델 A와 모델 B의 평균 절대오차 (MAE), 평균 제곱오차(MSE)를 각각 구하여라.

정답값	모델 A	모델 B
1	0.9	0.4
2	1.3	1.9
3	3.3	3.4
4	3.8	4.2

2. 위의 오차를 구하는 기능을 넘파이를 이용하여 구현하여라.

3. 위의 오차를 구하는 기능을 사이킷런의 metric 서브 모듈에 있는 함수를 사용하여 구현하여라.

4. 위의 두 모델 중에서 어느 모델이 더 나은 모델이라고 주장할 수 있는가? 그 근거를 제시하여라.

03 경사하강법을 알아보는 실습

이 절에서는 인공지능을 위한 최적화 기법에 대하여 알아볼 것이다. 이 실습에서는 간단한 수식이 등장하는데, 이 수식의 최소값을 컴퓨터가 어떻게 찾아 나가는가에 대하여 알아볼 것이다.

이번 장에서 다룬 바와 같이 경사하강법은 대표적인 최적화 기법이다. 임의의 곡선이나 곡면이 있을 경우 이것의 극소값을 찾기 위해서는 어떻게 해야 할까? 곡선의 방정식을 풀어서 그 해를 구하는 방법도 있겠지만 이 방식은 컴퓨터에서는 적합하지 않다. 그 이유는 곡선이나 곡면의 함수들이 닫힌 형태가 아니거나 그 형태가 너무나 복잡해서 미분계수와 그 해를 구하는 것이 어려울 때가 많기 때문이다. 대신 **컴퓨터가 잘하는 반복적인 작업능력을 활용**하는 것이 어떨까? 경사하강법은 최적해를 얻기 위해서 반복적으로 파라미터를 조절하는 최적화 기법이다. 이 기법을 알아보기 위하여 다음의 웹사이트에 접속하도록 하자.

```
https://uclaacm.github.io/gradient-descent-visualiser/#playground
```

이 사이트는 경사하강법의 원리를 시각적으로 보여 주는 기능을 제공한다.

[실습하기]

실습은 다음의 절차를 따르도록 한다.

단계 1   위의 웹사이트에 접속한다. 다음과 같은 초기 화면이 나타날 것이다. 각 영역에 대한 설명이 다음 그림에 나타나 있다.

다음 화면의 왼쪽 위의 수식 x^2 + x는 $x^2 + x$ 함수이다. 이 함수는 제곱 부분을 ^ 기호를 사용하여 표기한 것으로 시각화 영역에 있는 함수를 말한다. 다음으로 **시작점(Starting Point)**은 이 함수의 최소값을 얻기 위하여 처음으로 구한 임의의 해가 있는 위치를 말한다. 그리고 **학습률(Learning Rate)은 해를 구하기 위한 이동 거리**로 볼 수 있다. 그림의 오른쪽은 시각화 영역으로, 미분값과 학습률에 따른 상태의 변화를 볼 수 있는 곳이다.

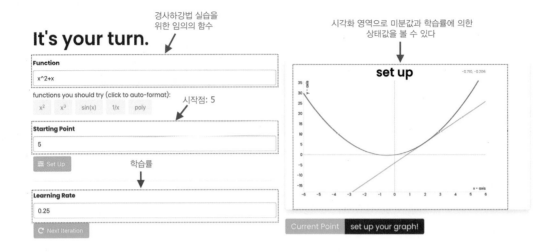

단계 2 시작점의 위치를 5로, 학습률을 0.2로 지정하도록 하자. 그런 다음 [Set Up 버튼]을 클릭하면 그림의 오른쪽과 같이 x의 시작 위치값이 5에 오게 되고 $y = x^2 + x$ 함수의 출력에 해당하는 y값은 30이 된다(y 값은 25 + 5 = 30으로 얻는다).

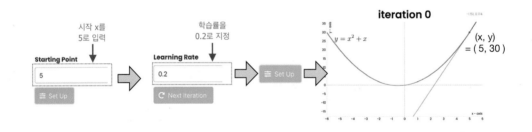

단계 3 다음으로 [Next Iteration] 버튼을 클릭해 보자.

버튼을 클릭하면 경사하강법을 통해서 새롭게 구한 x 값과 y 값을 보여준다. $f(x)$ 함수 $x^2 + x$의 1차 미분 함수 $f'(x)$는 $2x + 1$인데, 미분의 의미는 **임의의 구간에서의 순간적인 변화량**이라는 것을 되새기도록 하자. 이제 $x = 5$일 때의 미분값을 구해보면 2 * 5 + 1 = 11이 되는 것을 알 수 있다.

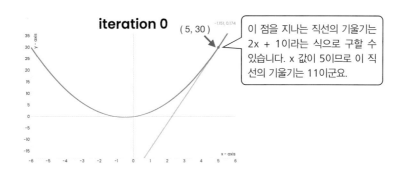

미분값의 부호가 양수가 된다는 것은 곧 기울기가 양의 값이 된다는 의미이며, 이 **곡선의 극소값이 5보다 작은 값이라는 의미**이다.

예를 들어 우리가 깜깜한 산길을 걷다가 길을 잃었다고 생각해 보자. 우리는 한시라도 빨리 산 아래쪽에 있는 마을(여기에서는 극소값)로 가야 한다. 이때, 우리가 향하고 있는 산길이 내리막 방향, 즉 기울기(미분값) 부호가 −인 경우라면 어떻게 해야 할까? 아마도 그림 ①과 같이 진행 방향(+ 방향)으로 계속해서 가야만 할 것이다. 반면 우리가 향하고 있는 산길이 오르막 방향, 즉 기울기(미분값) 부호가 +인 경우라면 어떤 선택을 해야 할까? 아마도 그림 ②와 같이 진행 방향의 반대 방향(− 방향)으로 가야만 할 것이다.

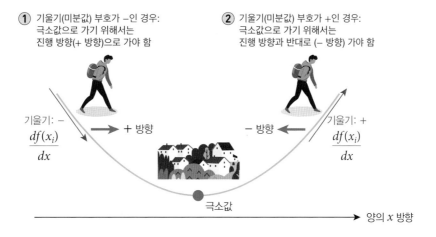

단계 4 다음 화면은 Next Iteration을 클릭한 결과이다. 새로운 위치값은 다음과 같은 수식으로 얻을 수 있다. 즉 x의 새로운 위치값 x_{i+1}은 이전 단계의 위치값 x_i로부터 구하는 식이다. 이 식에서 α는 학습률이며 이 식의 앞에 음의 부호(−)가 붙는 이유는 앞의 그림과 같이 미분의 부호가 +인 경우, 진행 방향의 반대 방향으로 가야하기 때문이다. 이 식의 $\dfrac{df(x_i)}{dx}$ 은 앞에서 구한 미분값이다.

$$x_{i+1} = x_i - \alpha \frac{df(x_i)}{dx}$$

α는 학습률로, 얼마만큼 이동 거리를 조절할 것인가에 대한 파라미터이고, 이 예제에서는 0.2를 사용하였다. 따라서 새로운 x_{i+1}은 다음과 같이 구할 수 있다. 만일 이 값이 0.2보다 더 커진다면 x의 이동 폭은 더 커질 수 있을 것이다. 이제 실제 값을 넣어서 식을 전개해 보자.

$$x_{i+1} = x_i - \alpha \frac{df(x_i)}{dx}$$
$$= 5 - 0.2 \times 11$$
$$= 2.8$$

위의 전개식에 의해서 경사를 타고 내려와서 새로운 위치에 도달했을 때의 x 값은 5에서 2.8로 변경되고 다음 그림과 같이 표시된다.

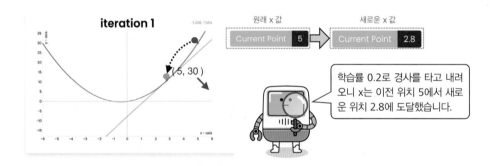

단계 5 x_{i+1}이 이제는 2.8이므로 x 값이 2.8일 때 직선의 기울기를 구할 수 있다. 이 기울기 $f'(x)$는 $2x + 1$에 의해 6.6이 된다. 따라서 다시 한번 Next Iteration을 클릭해서 x_{i+2}를 구해 보자. 다소 반복적이며 지루하기는 하지만 x_{i+2}를 다음 식으로 전개해서 풀어보면 1.48이 된다.

$$x_{i+2} = x_i - \alpha \frac{df(x_{i+1})}{dx}$$
$$= 2.8 - 0.2 \times 6.6$$
$$= 1.48$$

이 결과는 아래와 같이 시각적으로 표시된다. Current Point가 1.479999999998로 1.48의 근사값이 나오는데 이는 **실수 계산에서 발생하는 오차값**이다.

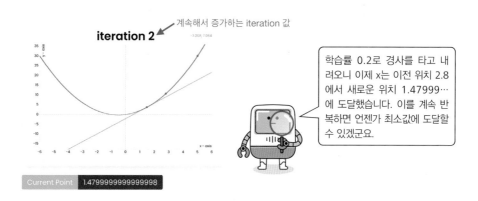

단계 6   앞의 과정을 반복하면 다음 그림과 같이 iteration 5 단계에서는 최소값에 매우 가깝게 도달한 것을 확인할 수 있다.

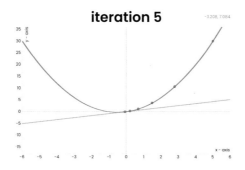

톰 미첼의 머신러닝 정의를 다시 한번 생각해 보면 이 **프로그램은 작업 T와 성능 척도 P에 대해 경험 E로부터 학습을 하여 최적값에 도달하므로 경사하강법은 머신러닝 기법의 일종으로** 간주할 수 있다.

[손으로 계산하기]

앞에서 진행한 최적화 과정은 다음과 같은 표를 만들어서 직접 손으로 계산할 수 있다. 여러분은 이 수치값을 얻기 위해 계산기를 사용하면 된다. 단계 4까지의 계산을 손으로 직접 적어보도록 하자. 물론 이러한 과정은 컴퓨터 프로그램을 통해서 간단하게 구현할 수도 있다. 제일 위 칸의 수식과 단계를 참고하여 빈칸을 모두 채워보도록 하자.

단계(i)	x	$f(x) = x^2 + x$	$\dfrac{df(x_i)}{dx} = 2x + 1$	α	$x_{next} = x - \alpha\dfrac{df(x_i)}{dx}$
0	5	30	11	0.2	5 − (0.2 * 11) = 2.8
1	2.8				
2					
3					

도전 문제 4.4: 학습률에 따른 최적화 과정   상 중 하

1. 이 웹사이트에서 시작 위치를 −5로, 학습률(α)을 0.2로 두고 위의 과정을 반복해 보자. 시작 위치가 −5일 경우 미분값의 부호는 무엇인가?

2. 학습을 5번 반복시켜 보자. 각 단계별 과정을 다음의 표에 있는 값을 채우면서 살펴보자.

단계(i)	x	$f(x) = x^2 + x$	$\dfrac{df(x)}{dx} = 2x + 1$	α	$x_{next} = x - \alpha\dfrac{df(x)}{dx}$
0	−5	20	−9	0.2	−5 − (0.2 * −9) = −3.2
1	−3.2				
2					
3					
4					

04 사이킷런을 이용한 선형 회귀

여러 가지 머신러닝 라이브러리들

이전 절에서 우리는 선형 회귀와 오류 측정을 위한 함수 그리고 경사하강법을 이용한 최적화 방법에 대하여 익혀 보았다. 이러한 선형 회귀 함수는 이미 만들어진 라이브러리를 잘 활용하면 쉽게 구현할 수 있는데, 이 절에서는 이에 대하여 상세하게 살펴볼 것이다.

파이썬에서 사용할 수 있는 머신러닝과 딥러닝 라이브러리들은 매우 많다. 이들 중에서 가장 유명한 라이브러리 중의 하나가 사이킷런 scikit-learn 이다. 이 라이브러리는 2007년도 구글 하계 코드 프로젝트 모임에 참여한 몇몇 개발자들이 중심이 되어 시작되었다. 현재, 이 프로젝트는 머신러닝을 위한 무료 라이브러리

배포라는 큰 목적을 위하여 scikit-learn.org라는 웹사이트를 통해서 오픈 소스 개발 방식으로 개발이 이루어지고 있다. 오픈 소스 방식으로 개발되고 있기는 하지만 마이크로소프트와 같은 유명한 기업의 재정적인 지원으로 지금도 꾸준히 발전하고 있는 프로젝트이다. 뿐만 아니라, 세계적인 신용평가사인 J.P.Morgan, 세계 최고의 음원 스트리밍 사이트인 스포티파이 spotify 를 비롯한 많은 기업과 기관에서도 이 라이브러리를 사용할 정도로 높은 신뢰를 얻고 있다.

머신러닝의 일반적인 단계는 ❶ 특성과 레이블(레이블은 지도학습에 대하여 필요함)로 이루어진 데이터의 준비, ❷ 데이터를 바탕으로 동작이 결정되는 모델의 결정, ❸ 모델을 위한 적절한 하이퍼파라미터 hyperparameter 설정하기, ❹ 데이터를 바탕으로 이루어지는 모델의 학습, ❺ 학습 결과에 대한 검증으로 나누어 볼 수 있다. 사이킷런은 지도학습, 비지도학습을 위한 다양한 데이터와 모델을 제공하며, 이 모델을 위한 시각화 도구, 교차 검증 도구들까지 매우 광범위한 기능을 제공한다. 단, 사이킷런에는 심층 신경망, 합성곱 신경망, 순환 신경망 등과 같은 딥러닝 deep learning 프레임워크는 제공하지 않으므로 이를 구현하기 위해서는 텐서플로 tensorflow , 파이토치 pytorch 와 같은 프레임워크를 사용하는 것이 더 낫다. 이 장에서는 사이킷런의 사용법을 간단하게 익혀 볼 것이다.

간단한 데이터로 선형 회귀를 수행해 보자

동민이네 모둠에 모두 6명의 학생이 있다고 가정하자. 우리는 이들 중 동민이를 제외한 5명의 학생들에 대해 키와 몸무게를 측정하고 이를 바탕으로 선형 회귀 모델을 만들고자 한다. 5명 학생들의 키는 163, 179, 166, 169, 170cm로 나타났으며, 이들의 몸무게는 각각 54, 63, 57, 56, 58kg으로 나타났다. 일반적으로 키와 몸무게는 상관관계가 있기 때문에 이 상관관계를 선형방정식으로 만들 수 있다. 이 선형방정식이 동민이네 모둠 학생들의 키-몸무게 데이터의 분포를 잘 설명하는 식이라고 한다면, 이 샘플에 포함되지 않은 동민이의 **키가 167cm일 경우에 몸무게를 유추**할 수 있을 것이다 (이하 cm, kg 단위는 생략한다).

이번 절에서는 사이킷런 라이브러리를 사용하여 회귀 함수를 구현하는 방법을 살펴볼 것이다. 사이킷런을 코드에 가져오기 위해서는 **sklearn**이라는 이름으로 가져와야 한다. 선형 회귀를 위해 가장 먼저 해야 할 작업은 사이킷런 라이브러리와 넘파이를 코드에 **import**시키는 일이다.

선형 회귀를 구현하기 위해 다음과 같이 선형 모델 **linear_model**을 import한 뒤에 **LinearRegression()** 생성자를 통해 선형 회귀 모델을 생성한다. 이 선형 회귀 모델을 참조하는 변수는 **regr**로 지정하도록 하자.

```
import numpy as np
from sklearn import linear_model  # scikit-learn 모듈을 가져온다

# 선형 회귀 모델을 생성한다
regr = linear_model.LinearRegression()
```

이제 선형 회귀를 위한 입력 데이터 집합 X를 만들도록 하자. 입력 데이터는 [[163], [179], [166], [169], [171]]과 같은 2차원 리스트로 만들도록 한다. 다음으로 정답에 해당하는 y 변수를 [54, 63, 57, 56, 58]과 같이 초기화하도록 하자. 이제 이 데이터를 이용하여 선형 회귀 학습

을 시작해 보자. regr.fit(X, y)와 같이 선형 회귀 모델에 입력과 출력을 지정하면 된다. fit() 메소드는 **주어진 데이터를 바탕으로 학습을 통해서 최적의 선형 회귀 함수를 찾는 기능**을 한다.

```
X = [[163], [179], [166], [169], [171]]
y = [54, 63, 57, 56, 58]
regr.fit(X, y)
```

여기서 주의할 점은 fit() 메소드에서 사용하는 학습 데이터가 **반드시 2차원 배열이어야 한다**는 점이다. 그 이유는 사이킷런의 LinearRegression() 모델은 **다중 회귀 분석을 실시하기 위해서 설계되었기** 때문이다. 이때문에 X의 각 항목을 스칼라값이 아닌, 다수의 독립변수를 포함하는 벡터로 간주한다. 따라서 입력의 차원이 1차원인 경우에도 163이 아닌 [163]과 같은 배열 형태로 만들어야 한다. 그러나 y 값은 목표값으로 1차원 배열형 자료를 사용한다.

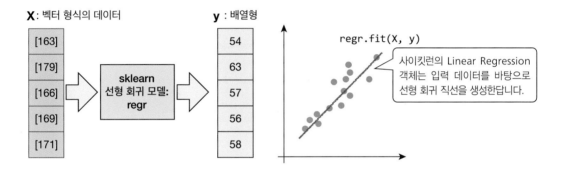

선형 회귀 분석을 적용하려면 fit() 함수에 X와 y를 전달한다. 사이킷런은 관례적으로 벡터 값을 대문자로 표기하고 스칼라 값은 소문자로 표기한다. 따라서 벡터 X는 대문자를 사용하고 y는 소문자를 사용하였다. 사이킷런의 LinearRegression 객체는 그림과 같이 가능한 직선들 가운데 데이터를 가장 잘 따르는 직선을 계산할 수 있다. 이제 이 직선의 식과 선형 회귀 직선이 실제 데이터를 얼마나 잘 설명하는 모델인지 구해보도록 하자.

```
coef = regr.coef_                  # 직선의 기울기
intercept = regr.intercept_        # 직선의 절편
score = regr.score(X, y)           # 학습된 직선이 데이터를 얼마나 잘 따르는가

print('y = {}* X + {:.2f}'.format(coef.round(2), intercept))
print('데이터와 선형 회귀 직선의 관계점수: {:.1%}'.format(score))
```

```
y = [0.53]* X + -32.50
데이터와 선형 회귀 직선의 관계점수: 91.9%
```

직선의 기울기는 regr 모델의 coef_ 속성값으로 얻을 수 있으며, 직선의 절편은 intercept_ 속성값으로 얻을 수 있다. 사이킷런에서는 모델 속성값의 가장 마지막에 언더스코어(_) 문자를 넣어 표기하는데 위의 결과와 같이 coef_ 속성은 배열 형태를 하고 있음을 볼 수 있다. 다음으로 score() 메소드를 통해 이 모델의 점수를 알아볼 수 있다. 사이킷런의 선형 회귀 모델이 주어진 데이터를 따르는 직선을 생성하며 이 모델의 점수는 91.9점이라는 것을 보여준다.

데이터를 시각화하고 차원을 증가시키자

앞 절의 데이터를 다음과 같은 방식으로 시각화한다면 보다 더 직관적으로 이해하기 좋을 것이다. 그림과 같이 파란색으로 표시된 X와 y 데이터의 분포는 일정한 상관관계를 가지며 선형 회귀 모델에 의해 계산된 직선이 빨간색 점선으로 표시되어 있다. 그리고 이 직선은 현재 데이터의 분포를 가장 잘 설명하는 직선이다.

```python
import matplotlib.pyplot as plt

# 학습 데이터와 y값을 산포도로 그린다
plt.scatter(X, y, color='blue', marker='D')
# 학습 데이터를 입력으로 하여 예측값을 계산한다
y_pred = regr.predict(X)
# 계산된 기울기와 y 절편을 가지는 점선을 그려 보자
plt.plot(X, y_pred, 'r:')
```

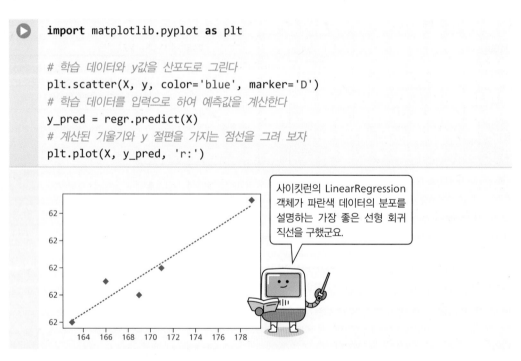

사이킷런의 LinearRegression 객체가 파란색 데이터의 분포를 설명하는 가장 좋은 선형 회귀 직선을 구했군요.

그림과 같이 우리의 데이터가 선형적인 형태로 일정한 상관관계를 가지며 분포하는 것을 볼 수 있으며 regr이라는 우리의 모델이 X값을 입력으로 받아서 예측한 $\hat{y}$ 값(y_pred)이 이 데이터의 분포를 잘 설명하는 좋은 모델이라는 것도 확인해 볼 수 있다. 이제 이 모델에 다음과 같이 키가 167인 동민이의 키를 넣어서 그 추정값을 출력해 보자(출력 데이터의 차원은 일단 무시하자). 이를 위하여 predict()라는 메소드를 사용하는 것을 볼 수 있다.

```
unseen = [[167]]
result = regr.predict(unseen)
print('동민이의 키가 {}cm이므로 몸무게는 {}kg으로 추정됨'.format( \
      unseen, result.round(1)))
```

동민이의 키가 [[167]]cm이므로 몸무게는 [56.2]kg으로 추정됨

일반적인 경우 여자와 남자의 체중을 살펴보면 같은 키의 남자가 여자에
비하여 몸무게가 더 많이 나가는 경우가 많은데, 이 모델은 여자, 남자를
하나의 선형방정식으로 표현하므로 부정확하다는 생각이 든다. 이제 여자,
남자의 체중 차이를 반영한 선형 회귀 모델을 생성해 보도록 하자.

이를 위하여 동민이네 반 학생들의 키와 몸무게를 다음과 같이 남학생 8명, 여학생 8명으로 나누어
서 측정한 데이터를 새로 만들고 선형 회귀 모델에 적용해 보도록 하자.

남학생							
키	168	166	173	165	177	163	178	172
몸무게	65	61	68	63	68	61	76	67

여학생							
키	163	162	171	162	164	162	158	173
몸무게	55	51	59	53	61	56	44	57

남학생과 여학생을 구분해야 하므로 남학생은 0, 여학생은 1의 구분 값을 입력값에 넣도록 하자. 따
라서, 입력 데이터의 차원을 2차원으로 증가시켜서 키가 167cm인 남학생은 [167, 0]으로, 여학생
은 [167, 1]이 되도록 데이터를 만들자.

```
regr = linear_model.LinearRegression()
X = [[168, 0], [166, 0], [173, 0], [165, 0], [177, 0], [163, 0], \
     [178, 0], [172, 0], [163, 1], [162, 1], [171, 1], [162, 1], \
     [164, 1], [162, 1], [158, 1], [173, 1]]    # 2차원 입력 데이터
y = [65, 61, 68, 63, 68, 61, 76, 67, 55, 51, 59, 53, 61, 56, 44, 57]
regr.fit(X, y)                                    # 학습시키기

print('계수 :', regr.coef_ )
print('절편 :', regr.intercept_)
print('점수 :', regr.score(X, y))
print('키 167cm 남학생 동민이의 추정 몸무게 :', regr.predict([[167, 0]]))
```

```
print('키 167cm 여학생 은지의 추정 몸무게 :', regr.predict([[167, 1]]))
```

```
계수 : [ 0.74803397 -7.23030041]
절편 : -61.22778389430634
점수 : 0.8425933302504423
키 167cm 남학생 동민이의 추정 몸무게 : [63.69388959]
키 167cm 여학생 은지의 추정 몸무게 : [56.46358918]
```

위의 결과를 통해서 선형 회귀 모델 **regr**이 키가 167cm인 남학생 동민이의 몸무게를 63.69kg으로 추정하고, 같은 키의 여학생인 은지의 몸무게를 56.46kg으로 추정한 것을 볼 수 있다.

오차 곡면을 알아보자

경사하강법을 구현하기 위해 직선의 기울기에 대하여 오차를 제곱하여 오차 곡선의 기울기를 따라 내려가는 과정은 이미 살펴보았다. 이 과정은 변수가 하나뿐이기 때문에 2차원 평면의 곡선으로 표현되었다. 이제 직선의 기울기 ω와 절편 b 각각에 대해 오차의 제곱을 구해 보도록 하자. 이전에는 직선의 기울기를 m으로 표기하였는데 앞으로는 가중치(weight)를 의미하는 ω로 표기할 것이다. 곡선이 한 개가 아닌 두 개이므로 오차 곡면은 그림과 같이 밥그릇 모양을 하게 될 것이다.

직선의 기울기 ω와 절편 b에 의해 결정되는 오차의 제곱 $E^2(\omega, b)$가 그림과 같은 밥그릇 모양의 곡면이라면, 최적의 ω와 b를 찾기 위한 오차 곡면의 기울기 방향은 다음과 같이 오차의 제곱값을 기울기 ω와 절편 b에 대해 각각 미분하여 생성된 벡터가 될 것이다. 따라서 다음과 같은 식이 성립한다.

$$\nabla E^2 = \left(\frac{\partial E^2}{\partial \omega}, \frac{\partial E^2}{\partial b} \right)$$

$$\frac{\partial E^2}{\partial \omega} = \frac{\partial (\omega x + b - y)^2}{\partial \omega} = 2(\omega x + b - y)x = 2Ex$$

$$\frac{\partial E^2}{\partial b} = \frac{\partial (\omega x + b - y)^2}{\partial b} = 2(\omega x + b - y) \cdot 1 = 2E$$

이제, (ω, b) 벡터를 $-(Ex, E)$ 방향으로 '조금' 옮겨주면 최적의 ω와 b에 가까워질 것이다. $(2Ex, 2E)$ 대신 $-(Ex, E)$를 사용한 이유는 두 벡터의 크기는 다르지만 방향이 같기 때문이며, 어차피 이 벡터에 학습률을 곱할 것이기 때문에 상수 2가 불필요하기 때문이다. 그리고 오차가 줄어드는 방향으로 이동해야 하므로 음수 부호가 필요하다.

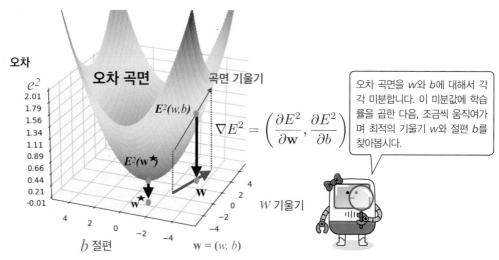

오차 곡면에서 최적의 기울기와 절편은 어디에 있나?

아래 코드는 '조금'의 정도를 학습률을 의미하는 `learning_rate`라는 파라미터로 제어하고 있다. 이와 같이 머신러닝과 딥러닝에서 **모델을 학습시키는데 필요한 파라미터**를 하이퍼파라미터라고 한다. 하이퍼파라미터에는 학습률, 훈련 반복 횟수, 가중치 초기화 값들이 될 수 있다. 여기서는 학습률 값을 0.005로 사용하였으며, 그리스 문자 η(에타)로 표기하였다. n개의 데이터 x_i에 대한 예측 오차가 E_i라고 할 때 다음과 같이 기울기 ω와 절편 b를 오차를 이용하여 수정할 수 있다.

$$\omega \leftarrow \omega - \eta \sum_{i=1}^{n} E_i x_i, \qquad b \leftarrow b - \eta \sum_{i=1}^{n} E_i$$

이때 데이터별로 발생하는 오차를 하나씩 이용하여 갱신하는 것이 아니라, 벡터화 연산을 사용하여 아래와 같이 직선의 기울기와 절편을 갱신할 수 있다. 이상의 내용을 조합하여 (1, 0), (4.5, 0.2), (9, 2.5), (10, 5.4), (13, 7.3)의 다섯 점들의 분포를 설명하는 선형 회귀 함수의 ω와 b를 찾아보도록 하자. 하이퍼파라미터인 ω와 b의 초기값은 0으로, 학습 횟수는 1,000으로 설정하였다. 학습을 위해서는 **전체 데이터를 모두 넣어서 에러를 구하는데, 이렇게 전체 데이터를 한 번 사용하는 것**을 1 에폭 ^{epoch} 이라고 한다.

```
X = np.array([1, 4.5, 9, 10, 13])
y = np.array([0, 0.2, 2.5, 5.4, 7.3])

w, b = 0, 0                          # w, b의 초기값을 0으로 두자
learning_rate, epoch = 0.005, 1000   # 학습률과 학습 횟수(에폭)
n = len(X)                           # 입력 데이터 수
```

```
for i in range(epoch):            # 학습 루프
    y_pred = w*X + b              # 현재 w, b를 이용한 작업 T
    error = y_pred - y            # 성능 척도 P
    w = w - learning_rate * (error * X).sum()     # 경험 E로 개선
    b = b - learning_rate * error.sum()

print('w =', w.round(2), ', b =', b.round(2))
```

```
w = 0.63 , b = -1.65
```

이와 같이 경사하강법을 사용하여 구한 w와 b가 각각 0.63, −1.65임을 확인할 수 있다.

경사하강법과 학습률

이전 절에서 수행한 과정은 모두 사이킷런의 LinearRegression 클래스에 구현되어 있는데 이를 다음과 같은 코드로 확인해 보도록 하자. 이전 절에서 경사하강법으로 구한 w와 b와 같은 값이 출력되는 것을 볼 수 있다. 이처럼 사이킷런은 고차원의 복잡한 데이터에 대한 최적의 선형 회귀 함수를 손쉽게 만들어 준다.

```
from sklearn import linear_model
import numpy as np

X = np.array([1, 4.5, 9, 10, 13])
y = np.array([0, 0.2, 2.5, 5.4, 7.3])
regr = linear_model.LinearRegression() # 절편값 b는 0으로 둔다
X = X[:, np.newaxis]
regr.fit(X, y)                          # 학습

print('w =', regr.coef_.round(2), \
        ', b =', regr.intercept_.round(2))
```

```
w = [0.63] , b = -1.65
```

이제 다시 한번 우리가 구한 가설 함수의 w와 b가 데이터의 분포를 제대로 설명하는지 시각화하는 코드를 만들어 보자.

```
import matplotlib.pyplot as plt
import numpy as np

X = np.array([1, 4.5, 9, 10, 13])
y = np.array([0, 0.2, 2.5, 5.4, 7.3])
```

```
plt.scatter(X, y, color='blue', marker='D')

# 계산으로 구한 w, b를 이용하여 선형 회귀 직선을 그리자
y_pred = 0.63 * X - 1.65
plt.plot(X, y_pred, 'r:')
```

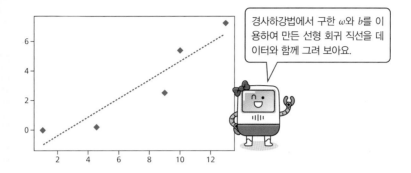

경사하강법에서 구한 w와 b를 이용하여 만든 선형 회귀 직선을 데이터와 함께 그려 보아요.

만일 학습의 하이퍼파라미터 중 하나인 학습률을 매우 작은 0.00001로 둔다면 어떤 결과가 나타날까?

```
# 학습률이 너무 작은 경우
X = np.array([1, 4.5, 9, 10, 13])
y = np.array([0, 0.2, 2.5, 5.4, 7.3])

w, b = 0, 0                                    # w, b의 초기값을 0으로 두자
learning_rate, epoch = 0.00001, 1000           # 학습률과 학습 횟수(에폭)
n = len(X)                                      # 입력 데이터 수

for i in range(epoch):                          # 학습 루프
    y_pred = w*X + b                            # 현재 w, b를 이용한 작업 T
    error = y_pred - y                          # 성능 척도 P
    w = w - learning_rate * (error * X).sum()   # 경험 E로 개선
    b = b - learning_rate * error.sum()

print('w =', w.round(2), ', b =', b.round(2))
```
```
w = 0.45 , b = 0.03
```

이 경우, 출력 결과와 같이 1,000회의 학습을 수행하였음에도 불구하고 한 w와 b가 각각 0.45, 0.03
으로 이전에 구한 0.63, −1.65와 차이가 발생하는 것을 볼 수 있다. 이것은 매 단계에서 사용해야 할
학습률이 너무 작아서 발생한 문제로, 경사를 타고 내려오는 간격이 너무나 작아서 안타깝게도 정
답에 제대로 수렴하지 못하는 것을 볼 수 있다. 물론 학습 횟수를 1,000,000번 정도로 충분히 많이
준다면 언젠가는 정답에 수렴할 수도 있겠지만 이는 **학습에 너무 많은 시간**이 걸릴 것이다.

반대로 학습률을 1.0으로 둔다면 어떤 결과가 나올까?

```python
# 학습률이 너무 큰 경우
X = np.array([1, 4.5, 9, 10, 13])
y = np.array([0, 0.2, 2.5, 5.4, 7.3])

w, b = 0, 0                              # w, b의 초기값을 0으로 두자
learning_rate, epoch = 1.0, 1000         # 학습률과 학습 횟수(에폭)
n = len(X)                               # 입력 데이터 수

for i in range(epoch):                   # 학습 루프
    y_pred = w*X + b                     # 현재 w, b를 이용한 작업 T
    error = y_pred - y                   # 성능 척도 P
    w = w - learning_rate * (error * X).sum() # 경험 E로 개선
    b = b - learning_rate * error.sum()

print('w =', w.round(2), ', b =', b.round(2))
```

```
w = nan , b = nan
<ipython-input-14-d045e867d86c>:12: RuntimeWarning: invalid value
 encountered in double_scalars
  w = w - learning_rate * (error * X).sum() # 경험 E로 개선
```

이 경우에는 경사를 따라 이동하는 간격이 너무 커서 발산을 하게 되어 ω와 b를 제대로 얻지 못한다. 이로 인하여 ω와 b가 모두 Not a Number를 의미하는 nan 값을 출력한다.

이러한 현상은 다음 그림과 같이 나타낼 수 있는데 그림 ①은 오차 곡선을 타고 내려오는 경사하강법의 학습률이 너무 작은 경우이다. 이 경우, 최적값에 도달하는데 너무나 많은 시간이 걸린다는 문제가 있다. 그림 ②는 그 반대의 경우로, 학습률이 너무 큰 경우이다. 이는 이동간격이 너무 커서 발산의 우려가 있다. 발산이 일어나게 되는 경우에도 학습이 제대로 이루어지지 않을 것이다.

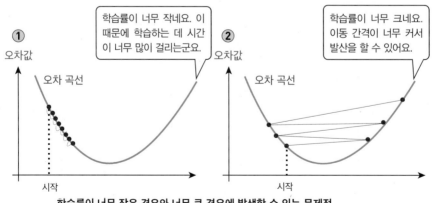

학습이 너무 작은 경우와 너무 큰 경우에 발생할 수 있는 문제점

정규화와 표준화

우리는 딥러닝의 성능을 높이기 위한 초기화 방법과 활성화 함수, 개선된 경사하강법 그리고 보다 나은 오차계산 방법에 대하여 알아보았다. 이러한 방법과 함께 입력 속성값의 범위를 비슷하게 만들어 주는 **정규화**와 **표준화** 방법에 대하여 다루어 볼 것이다. 머신러닝과 딥러닝에서 사용되는 데이터 값 중에서 균일하지 않은 축적 ^{scale} 을 가지는 데이터를 우리 주변에서 많이 볼 수 있다. 예를 들면, 대부분 1에서 80 사이에 분포하는 성질인 사람의 나이 ^{age} 와 마이너스 수십억 원(부채가 있는 경우)에서 수백억 원까지의 값을 가지는 개인 자산 ^{personal assets} 등이 그 좋은 예가 될 것이다.

다음 표와 같이 집값에 영향을 미치는 속성값으로 건축 연도와 방의 수가 있다고 가정하자. 우리는 다음과 같은 표를 통해 데이터를 표시할 수 있을 것이다. 편의상 가격의 단위는 억 원이라고 하자.

건축 연도	15	30	23	5	9	43	33	29	3	56
방의 수	2	4	3	4	4	3	3	1	1	2
가격	3.2	3.4	5	3.4	3.7	1.1	1.5	3.9	5.3	3.0

이 데이터를 살펴보면 주택의 건축 연도는 3년에서 56년으로 범위가 큰 반면, 방의 수는 한 개에서 네 개까지로 그다지 큰 범위를 나타내지 않는다. 위의 경우를 그래프로 그려보면 왼쪽과 같이 나타날 것이다. 이 경우 딥러닝 알고리즘이 예측을 할 때 방의 개수보다는 더 큰 스케일을 가지는 건축 연도에 의하여 예측값이 좌지우지될 가능성이 크다. 따라서 이 두 개의 성질을 모두 오른쪽 그림과 같이 0에서 1 혹은 −1에서 1 사이의 값으로 변환시켜주는 것이 바람직할 것이다.

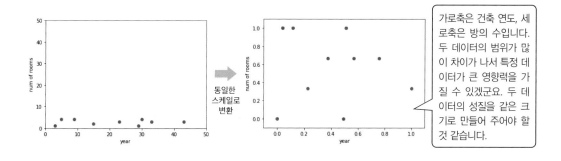

그림의 왼쪽은 스케일러를 사용하지 않은 상태이며, 오른쪽은 사이킷런의 preprocessing 하위 모듈에 있는 min_max_scaler()를 사용하여 방의 수와 연도를 0에서 1 사이의 값으로 스케일링하고 시각화한 것이다.

다음 코드를 살펴보면 yr이라는 리스트와 n_rooms라는 리스트가 있다. 이 리스트에는 각각 주택의 건축 연도와 방의 수가 정수값으로 기록되어 있다. 이 데이터를 각각 0에서 50까지의 범위를 가진 수직축과 수평축에 대해 그려 보자.

```python
import matplotlib.pyplot as plt

yr = [15, 30, 23, 5, 9, 43, 33, 29, 3, 56]
n_rooms = [2, 4, 3, 4, 4, 3, 3, 1, 1, 2]

plt.scatter(yr, n_rooms, c='red')
plt.xlim(0, 50)
plt.ylim(0, 50)
plt.xlabel('year')
plt.ylabel('num of rooms')
```

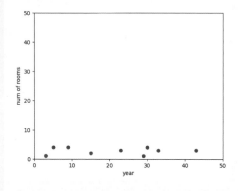

위 결과와 같이 대부분의 데이터가 바닥에 깔려 있는 형태로 존재한다. 이와 같이 특성값의 범위가 다른 데이터는 경사하강법이나 딥러닝의 입력으로 바람직하지 못하다. 그 이유는 다음과 같이 정리할 수 있다.

- **특성 스케일링**: 데이터의 각 특성이 갖는 값의 범위가 다르면, 머신러닝 알고리즘은 스케일이 큰 특성에 더 큰 가중치를 두게 되는 경우가 많다. 이는 모델의 성능을 저하시킬 수 있다. 정규화를 통해 모든 특성의 스케일을 동일하게 만들어, 이러한 문제를 해결할 수 있다.
- **수렴 속도 개선**: 경사하강법 같은 최적화 알고리즘은 스케일이 비슷한 특성에서 더 빠르고 효과적으로 학습할 수 있다. 정규화를 통해 이러한 최적화 알고리즘의 수렴 속도를 개선할 수 있다.
- **수치 안정성 향상**: 정규화를 통해 모델의 수치 안정성이 향상되며, 이는 학습 과정에서 발생할 수 있는 수치 오류를 줄여준다.
- **모델 복잡도 감소**: 정규화는 모델이 복잡해지는 것을 방지하고, 오버피팅을 줄이는 데 도움이 된다. 이는 모델의 일반화 성능을 향상시키는 데 중요한 역할을 한다.

이제 이 데이터를 사이킷런의 MinMaxScaler를 이용하여 정규화하여 그려 보자. 이를 위하여 다음과 같이 입력 데이터를 넘파이 다차원 배열로 바꾸고 min_max_scaler의 fit_transform()이라는 메소드를 사용한다. min_max_scaler.fit_transform() 메소드의 입력으로 yr[:, np.ne-waxis])를 사용하는 이유는 이 메소드가 1차원 배열을 입력으로 받지 않기 때문이다. 따라서 fit_transform(yr)로 호출하면 오류가 발생한다.

```python
import numpy as np
import matplotlib.pyplot as plt
from sklearn.preprocessing import MinMaxScaler

yr = np.array([15, 30, 23, 5, 9, 43, 33, 29, 3, 56])
n_rooms = np.array([2, 4, 3, 4, 4, 3, 3, 1, 1, 2])

min_max_scaler = MinMaxScaler()
yr_norm = min_max_scaler.fit_transform(yr[:, np.newaxis])
n_rooms_norm = min_max_scaler.fit_transform(n_rooms[:, np.newaxis])

plt.scatter(yr_norm, n_rooms_norm, c='red')
plt.xlim(-0.1, 1.1)
plt.ylim(-0.1, 1.1)
plt.xlabel('year')
plt.ylabel('num of rooms')
```

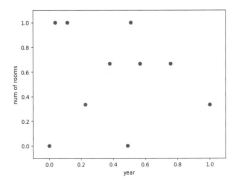

다음과 같이 동작하는 최소 최대 스케일러 ^{min max scaler} 는 입력 x를 $x_{\min}$에서 $x_{\max}$ 구간의 값을 가지도록 데이터를 처리하는데, 다음과 같이 데이터의 값을 0에서 1 사이의 값으로 조정하는 것이 일반적이다. 이와 같은 작업을 정규화 ^{normalization} 라고 한다.

$$\tilde{x} = \frac{x - x_{\min}}{x_{\max} - x_{\min}}$$

사이킷런에서 제공하는 `MinMaxScaler()`는 다음과 같은 파이썬 코드로 구현할 수 있다. 이 코드는 위의 식을 넘파이 함수 호출을 통해서 구현한 코드이다.

```python
import numpy as np

yr = np.array([15, 30, 23, 5, 9, 43, 33, 29, 3, 56])
n_rooms = np.array([2, 4, 3, 4, 4, 3, 3, 1, 1, 2])

print(f'정규화 이전의 yr: {yr}')
sz = np.max(yr) - np.min(yr)
np.set_printoptions(precision=2) # 출력의 정밀도 설정
print(f'정규화 이후의 yr: {((yr - np.min(yr))/sz)}')

print(f'정규화 이전의 n_rooms: {n_rooms}')
sz = np.max(n_rooms) - np.min(n_rooms)
print(f'정규화 이후의 n_rooms: {((n_rooms - np.min(n_rooms))/sz)}')
```

```
정규화 이전의 yr: [15 30 23  5  9 43 33 29  3 56]
정규화 이후의 yr: [0.23 0.51 0.38 0.04 0.11 0.75 0.57 0.49 0.   1.  ]
정규화 이전의 n_rooms: [2 4 3 4 4 3 3 1 1 2]
정규화 이후의 n_rooms: [0.33 1.   0.67 1.   1.   0.67 0.67 0.   0.   0.33]
```

반면 표준 스케일러 $^{\text{standard scaler}}$ 는 데이터의 평균이 μ_x이고 표준편차가 σ_x일 때 다음과 같은 변환을 통해 **평균이 0이고 표준편차가 1인 정규분포를 가지도록 데이터를 조정**한다. 이러한 변환을 표준화 ^{standardization} 라고 한다.

$$x' = \frac{x - \mu_x}{\sigma_x}$$

다음의 그림도 유사한 사례이다. 이 데이터를 보면 왼쪽 그림이 실데이터의 분포이며, 오른쪽 그림은 정규화된 데이터의 분포이다. 이 그림의 x 축 값과 y 축 값의 범위를 0~1000 사이로 만들어 데이터의 분포를 살펴보니 y 축 방향으로는 넓게, x 축 방향으로는 좁게 분포되어 있다. 이를 바탕으로 가까이 있는 데이터의 그룹을 만들면 그림과 같이 세로 방향으로 네 개의 그룹이 나타난다. 이 데이터에 정규화 기법을 적용하여 표준 크기로 변환시킬 경우, 오른쪽 그림과 같은 분포가 나타난다. 이 그림을 살펴보면 특정 특성값에 지나치게 의존하는 것이 아닌 데이터의 자체의 성질을 바탕으로 네 개의 그룹이 만들어지는 것을 볼 수 있다. 이와 같이 정규화는 클러스터링과 같은 머신러닝 기법, 딥러닝 기법의 전처리로 필수적이다.

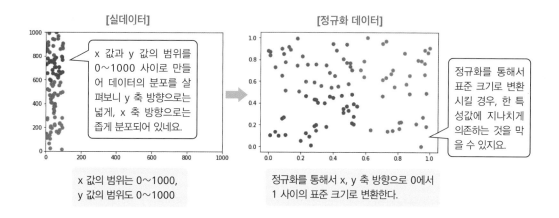

[실데이터]

x 값과 y 값의 범위를 0~1000 사이로 만들어 데이터의 분포를 살펴보니 y 축 방향으로는 넓게, x 축 방향으로는 좁게 분포되어 있네요.

x 값의 범위는 0~1000,
y 값의 범위도 0~1000

[정규화 데이터]

정규화를 통해서 표준 크기로 변환시킬 경우, 한 특성값에 지나치게 의존하는 것을 막을 수 있지요.

정규화를 통해서 x, y 축 방향으로 0에서 1 사이의 표준 크기로 변환한다.

이러한 표준화 변환을 사이킷런의 StandardScaler를 통해서 구현하고 그 값을 살펴보자.

```
from sklearn.preprocessing import StandardScaler

scaler = StandardScaler()
# 표준화 데이터를 생성함
yr_scaled_d = scaler.fit_transform(yr[:, np.newaxis])
print(f'표준화 이전의 yr: {yr}')
np.set_printoptions(precision=2)
print(f'표준화 이후의 yr: {yr_scaled_d}')
```

```
표준화 이전의 yr: [15 30 23  5  9 43 33 29  3 56]
표준화 이후의 yr: [[-0.59]
 [ 0.33]
 [-0.1 ]
 [-1.21]
 [-0.96]
 [ 1.13]
 [ 0.52]
 [ 0.27]
 [-1.33]
 [ 1.94]]
```

이와 같이 표준화된 출력은 flatten()을 사용하여 1차원 배열로 만들어서 출력하면 결과를 더 쉽게 이해할 수 있다.

```
print(f'표준화 이후의 yr: {yr_scaled_d.flatten()}')
```

```
표준화 이후의 yr: [-0.59 0.33 -0.1 -1.21 -0.96 1.13 0.52 0.27 -1.33 1.94]
```

01 **회귀 분석**은 대표적인 지도학습 알고리즘으로, 관측된 데이터를 통해 독립변수와 종속변수 사이의 숨어 있는 관계를 추정하는 것이다.

02 **독립변수**는 가설의 원인이 되는 변수이며, 종속변수에 영향을 미치는 선행조건을 뜻한다. **종속변수**는 가설의 결과가 되는 변수이며, 관측이나 측정이 가능한 변수이다.

03 특성이란 **관찰되는 현상에서 측정할 수 있는 개별적인 속성**을 의미한다. 머신러닝과 딥러닝에서는 **학습의 결과를 결정하는 데에 영향을 미치는 입력 데이터**를 말한다.

04 선형 회귀란 데이터를 설명하는 **선형적인 관계를 모델링**하는 것으로 변수 사이의 관계를 설명하는 **일차방정식에서 가장 적절한 기울기와 절편값을 찾는 것**이다.

05 머신러닝에서 말하는 좋은 모델이란 여러 모델들 중에서 이들의 예측값과 실제값의 차이인 오차가 가장 작은 모델이다.

06 **오차의 합을 구하고 그것을 데이터의 개수로 나누어 평균을 구하여 얻은 오차값**을 평균 절대값 오차라고 하고, **오차 제곱값의 평균으로 오차를 측정하여 얻은 오차값**을 평균 제곱오차라고 한다. **회귀 모델의 오차**는 일반적으로 **평균 제곱오차**를 널리 사용한다.

07 데이터의 분포를 **가장 잘 설명하는 선형 회귀 직선을 구하는 과정**을 최적화라고 한다. 가장 널리 알려진 최적화 알고리즘 중의 하나가 경사하강법이다.

08 머신러닝 라이브러리인 **사이킷런**은 지도학습, 비지도학습을 위한 **다양한 모델을 제공**하며, 이 모델을 위한 **시각화 도구, 교차 검증 도구들**까지 매우 광범위한 기능을 제공한다.

09 훈련 모델을 구현하기 위하여 모델에 설정되는 학습에 사용되는 파라미터를 하이퍼파라미터라고 한다. **하이퍼파라미터**에는 **학습률, 훈련 반복 횟수, 가중치 초기화 값들**이 될 수 있다.

10 경사하강법에서 학습을 위하여 사용하는 학습률이 너무 작은 경우, 최적값에 도달하는데 너무나 많은 시간이 걸린다. 반대로 학습률이 너무 큰 경우, 이동 간격이 너무 커서 발산의 우려가 있다.

단답형 문제

다음 괄호 안에 들어갈 알맞은 단어를 적으시오.

01 통계학에서 문제를 해결하기 위한 구체적인 절차는 문제를 구조화하고 구조화한 데이터에 대한 이해를 바탕으로 데이터를 (   )하고 준비하며, (   )(을)를 평가하고, (   )하는 절차가 필요하며, 이러한 절차는 머신러닝과 유사하다.

02 가설의 원인이 되는 변수를 (   ), 가설의 결과가 되는 변수를 (   )(이)라고 한다.

03 (   )(이)란 다차원 공간에 존재하는 데이터를 가장 잘 설명하는 수학 함수를 찾는 것이다.

04 기본적으로 (   ) 알고리즘은 데이터 요소에 여러 직선을 맞추어 본 후에 가장 적은 오류를 발생시키는 직선을 반환한다.

05 (   )(은)는 직관적인 계산이 편리한 반면 데이터의 축적을 고려하지 않을 경우나 미분 불가능 지점이 발생할 수 있는 문제가 생긴다.

06 (   )(은)는 오차가 매우 클 경우, 성능 측정 함수 P의 값이 급격하게 커진다. 이는 선형 회귀 모델이 예측한 직선이 실제 데이터와 차이가 많이 나면, 이 모델의 성능이 나쁘다는 것을 알리도록 모델을 만드는 것이다.

07 오차 곡선의 (   )(을)를 이용하여 곡선의 변화율을 구하고 이 변화율을 이용하여 최적해를 찾는 방법을 (   )(이)라고 한다.

08 (   )(은)는 대표적인 머신러닝 라이브러리 중 하나로, 지도학습, 비지도학습을 위한 다양한 모델과 모델을 위한 시각화 도구, 교차 검증 도구들을 제공한다.

09 훈련 모델을 구현하기 위하여 모델에 설정되는 학습에 사용되는 파라미터를 (   )(이)라고 하며, 학습을 위해서 전체 데이터를 한번 사용하는 것을 (   )(이)라고 한다.

10 경사하강법에서 학습을 위하여 사용하는 학습률이 너무 작은 경우, 최적값에 도달하는데 너무나 많은 시간이 걸린다. 반대로 학습률이 너무 큰 경우, 이동 간격이 너무 커서 (   )의 우려가 있다.

객관식 문제

다음 질문에 대하여 가장 알맞은 답을 구하여라.

01 다음 속성들 중에서 사람의 키에 영향을 주는 특성으로 간주하기에 가장 거리가 먼 특성을 하나 고르시오.

❶ 몸무게 ❷ MBTI

❸ 나이 ❹ 성별

02 다음 기능들 중에서 머신러닝 라이브러리인 사이킷런에서 제공되는 기능으로 올바르지 않은 것을 고르시오.

❶ 순환 신경망 ❷ 시각화 도구

❸ 지도학습 ❹ 비지도학습

03 다음 중 사이킷런에서 선형 회귀를 수행하기 위하여 사용하는 모델은 무엇인지 고르시오.

❶ Ridge() ❷ LinearRegression()

❸ LogisticRegression() ❹ KNeighborsRegressor()

짝짓기 문제

01 다음은 사이킷런에서 선형 회귀 분석을 적용하기 위한 LinearRegression 클래스의 메소드와 속성 그리고 이에 대한 설명이다. 이들을 올바르게 짝짓기 하여라.

fit(X, y) •   • 선형 회귀 직선의 기울기

score(X, y) •   • 선형 회귀 직선의 절편

predict(X) •   • 모델을 훈련함

coef_ •   • 학습된 모델을 사용하여 예측을 수행함

intercept_ •   • 모델의 정확도나 성능 지표를 계산함

02 다음은 경사하강법의 하이퍼파라미터 중 하나인 학습률과 그에 대한 설명이다. 학습률이 너무 작거나 큰 경우 그리고 적절한 경우에 대한 설명을 올바르게 짝짓기 하여라.

학습률이 너무 작은 경우 •　　• 경사하강법이 매우 느리게 수렴하며 학습에 많은 시간이 걸림

학습률이 너무 큰 경우 •　　• 경사하강법이 빠르게 최적의 파라미터로 수렴함

학습률이 적절한 경우 •　　• 경사하강법이 발산하여 원하는 값을 얻을 수 없음

03 다음은 머신러닝을 위한 일반적인 단계와 그에 대한 설명이다. 이들을 올바르게 짝짓기 하여라.

단계 1 •　　• 모델을 위한 적절한 하이퍼파라미터 설정

단계 2 •　　• 특성과 레이블(레이블은 지도학습에 대하여 필요함)로 이루어진 데이터의 준비

단계 3 •　　• 데이터를 바탕으로 동작이 결정되는 모델의 결정

단계 4 •　　• 학습 결과에 대한 검증

단계 5 •　　• 데이터를 바탕으로 이루어지는 모델의 학습

01 일반적으로 주택의 실면적이 크고 대중 교통과의 접근성이 좋을 경우, 거래 가격이 높은 편이다. 다음 과 같이 특정한 지역에 대하여 10개 주택 샘플이 주어졌을 때, 주택 거래 가격을 예측하는 선형 회귀 모델을 만들어보자. 머신러닝 라이브러리는 사이킷런 라이브러리를 이용하도록 하자. 주택의 면적은 제곱미터(m^2) 단위이며, 버스나 지하철과 같은 대중교통과의 접근성은 1에서 10까지로 표시하였다. 이때 숫자가 높을수록 접근성이 더 좋은 편이다. 그리고 주택의 거래 가격 단위는 억 단위이다.

	주택1	주택2	주택3	주택4	주택5	주택6	주택7	주택8	주택9	주택10
실면적	49	76	85	43	57	90	78	96	43	76
접근성	4	5	6	3	4	5	7	6	4	6
거래 가격	3.1	7.7	8.7	1.8	6.7	9.5	8.4	13.2	2.2	8.3

❶ 이제 이 데이터를 바탕으로 선형 회귀 모델을 생성하여라. 이 선형 회귀 모델의 coef_와 intercept_ 값은 각각 얼마인가? 또한 이 모델의 score 값은 얼마인가? 다음과 같은 출력 이 나오는 코드를 작성하여라.

실행 결과
```
계수 : [0.17331817 0.06066904]
절편 : -5.324294062619098
점수 : 0.9234209280334645
```

❷ 실면적이 66m^2이고 접근성 점수가 6인 주택의 예상 거래 가격을 선형 회귀를 사용하여 추 정하여라.

실행 결과
```
실면적 66m^2, 접근성 점수 6인 주택의 예상가격 : 6.48억 원
```

❸ 실면적이 84m^2이고 접근성 점수가 6인 주택의 예상 거래 가격을 선형 회귀를 사용하여 추 정하여라.

실행 결과
```
실면적 84m^2, 접근성 점수 6인 주택의 예상가격 : 9.60억 원
```

❹ 실면적이 94m²이고 접근성 점수가 7인 주택의 예상 거래 가격을 선형 회귀를 사용하여 추정하여라.

실행 결과

```
실면적 96m^2, 접근성 점수 7인 주택의 예상가격 : 11.74억 원
```

❺ 실면적과 접근성 점수를 다음과 같이 0에서 1 사이의 값으로 정규화하여 출력하여라.

실행 결과

```
실면적 값 : [49 76 85 43 57 90 78 96 43 76]
접근성 값 : [4 5 6 3 4 5 7 6 4 6]

정규화 이전의 실면적:
[49 76 85 43 57 90 78 96 43 76]
정규화 이후의 실면적:
[0.11 0.62 0.79 0.   0.26 0.89 0.66 1.   0.   0.62]

정규화 이전의 접근성:
[4 5 6 3 4 5 7 6 4 6]
정규화 이후의 접근성:
[0.25 0.5  0.75 0.   0.25 0.5  1.   0.75 0.25 0.75]
```

❻ 실면적과 접근성 점수를 다음과 같이 평균이 0, 표준편차가 1이 되도록 표준화하여 출력하여라.

실행 결과

```
실면적 값 : [49 76 85 43 57 90 78 96 43 76]
접근성 값 : [4 5 6 3 4 5 7 6 4 6]

정규화 이전의 실면적:
[49 76 85 43 57 90 78 96 43 76]
정규화 이후의 실면적:
[-1.09  0.36  0.84 -1.41 -0.66  1.11  0.47  1.43 -1.41  0.36]

정규화 이전의 접근성:
[4 5 6 3 4 5 7 6 4 6]
정규화 이후의 접근성:
[-0.85  0.    0.85 -1.69 -0.85  0.    1.69  0.85 -0.85  0.85]
```

02 다음은 H 자동차 회사에서 생산되는 차종 A부터 G까지와 이 차들의 마력 그리고 평균 연비(단위: km/l)를 나타내는 표이다.

※주의: 아래 데이터는 선형 회귀에 대한 이해를 돕기 위한 것으로 실제 데이터가 아님.

	A	B	C	D	E	F	G
마력	130	250	190	300	210	220	170
연비	16.3	10.2	11.1	7.1	12.1	13.2	14.2

❶ H 자동차 회사의 마력과 연비 사이에는 어떤 상관관계가 있을까? 선형 회귀 분석을 통해서 선형 회귀 모델의 절편과 계수를 구하여라. 마지막으로 이 선형 회귀 모델이 입력 마력 값에 대해 연비를 예측하는 데 얼마나 적합한지 예측 점수를 출력해 보자.

실행 결과

```
자동차의 마력과 연비의 관계에 대한 선형 회귀 모델
-----------------------------------------
계수 : [-0.05027473]
절편 : 22.58626373626374
점수 : 0.8706727649378526
```

❷ 위의 선형 회귀 모델을 바탕으로 270마력의 신형 엔진을 가진 자동차를 개발하려 한다. 이 자동차의 연비를 선형 회귀 모델에 적용하여 다음과 같이 구해 보자. 출력은 다음과 같이 소수점 둘째 자리까지 출력해 보자.

실행 결과

```
270마력인 자동차의 예상연비 : 9.01 km/l
```

❸ 위의 선형 회귀 모델을 바탕으로 340마력의 신형 엔진을 가진 자동차를 개발하려 한다. 이 자동차의 연비를 선형 회귀 모델에 적용하여 다음과 같이 구해 보자. 출력은 다음과 같이 소수점 둘째 자리까지 출력해 보자.

실행 결과

```
340마력인 자동차의 예상연비 : 5.49 km/l
```

❹ 마력을 x축 값으로, 연비를 y축 값으로 두고 그림과 같이 입력된 데이터를 산포도 그래프로 그려 보도록 하자. 다음으로 선형 회귀 모델에서 구한 계수와 절편을 이용하여 그림과 같이 빨간색의 점선으로 선형 회귀 직선을 나타내 보자.

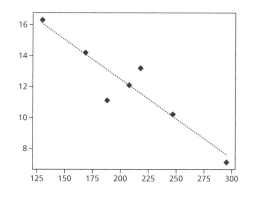

03 자동차의 연비에 영향을 미치는 요소는 마력뿐만 아니라 총중량도 중요한 요소가 될 것이다. 다음은 H 자동차 회사의 차종과 마력, 자동차의 총중량(단위: kg)을 추가한 표이다.

	A	B	C	D	E	F	G
마력	130	250	190	300	210	220	170
총중량	1200	1900	1700	2200	1700	1790	1300
연비	16.3	10.2	11.1	7.1	12.1	13.2	14.2

❶ 위의 자료를 바탕으로 적절한 선형 회귀 모델을 구현하여라. 이 모델의 계수와 절편, 예측 모델의 점수를 출력하여라.

실행 결과

```
자동차의 마력과 연비의 관계에 대한 선형 회귀 모델
-----------------------------------------
계수 : [-0.02150325 -0.0047647 ]
절편 : 24.569374638472915
점수 : 0.8890396692127656
```

❷ 위의 선형 회귀 모델을 바탕으로 270마력의 신형 엔진을 가진 총중량 2,000kg의 자동차를 개발하려고 한다. 이 자동차의 연비를 선형 회귀 모델에 적용하여 다음과 같이 구해 보자.

실행 결과

```
270마력, 2000kg 자동차의 예상연비 : 9.23 km/l
```

❸ 위의 선형 회귀 모델을 바탕으로 340마력의 신형 엔진을 가진 총중량 2,500kg의 자동차를 개발하려고 한다. 이 자동차의 연비를 선형 회귀 모델에 적용하여 다음과 같이 구해 보자.

실행 결과

```
340마력, 2500kg 자동차의 예상연비 : 5.35 km/l
```

05

신경세포와 퍼셉트론

학습목표

- 인간과 동물의 신경세포가 가지는 특징을 이해하고 이를 흉내 낸 퍼셉트론의 구조를 살펴본다.

- 퍼셉트론을 이루는 입력값, 가중치, 신호 합산, 활성화 함수의 기능을 이해한다.

- 행렬을 이용하여 퍼셉트론의 구조를 간략화하는 방법을 알아본다.

- OR, AND 논리회로를 단층 퍼셉트론으로 구현하는 방법과 XOR 논리 회로의 특징을 이해한다.

- 다층 퍼셉트론을 이해하고 퍼셉트론을 학습시키는 방법을 이해한다.

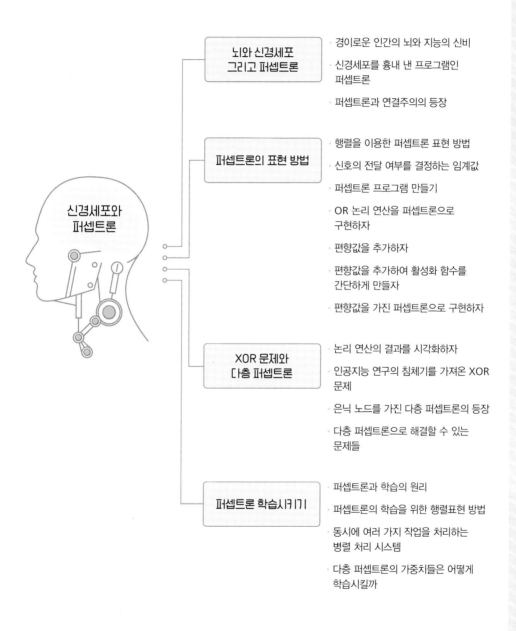

뇌와 신경세포 그리고 퍼셉트론

경이로운 인간의 뇌와 지능의 신비

인간은 어떻게 높은 지능을 가지고 고등한 사고를 하게 되었을까? 동물들은 왜 인간과 같은 창의적인 일을 할 수 없는 것일까? 인간의 뇌는 동물의 뇌와 어떤 점에서 다를까? 현재까지 이루어진 많은 연구에도 불구하고 인간의 지능에 대해서는 아직도 풀리지 않은 수수께끼 같은 면이 있다. 이제 인간의 지능을 담당하는 신체기관인 뇌의 구조와 뇌세포에 대하여 간략하게 살펴보자.

인간과 동물의 사고를 담당하는 신체 기관은 뇌 brain 이다. 인간의 뇌(腦)는 약 1.5kg 정도에 불과한 근육도 뼈도 없는 거대한 단백질 덩어리이지만, **감각을 느끼며, 말을 하고, 생각하고, 행동하는 모든 과정을 통제하고 지휘하며 조정**하는 곳이다.

뇌의 구조

인간의 뇌는 말하고 행동하는 모든 과정을 통제하고 지휘하는 기관입니다. 하지만 아직도 그 작동 원리를 정확하게는 모르지요.

뇌는 크게 대뇌, 중뇌, 소뇌, 간뇌, 연수 등으로 구분되며 총괄적인 지휘를 하는 부분은 대뇌로, 기억과 감각을 관리하는 곳이다. 인간의 뇌가 동물의 뇌와 크게 차이가 나는 부분은 대뇌 피질인데, 이 부분은 다른 동물과 달리 매우 발달되어 있으며 많은 주름을 가지고 있다. 뇌의 대부분은 신경세포 덩어리이며 신경세포가 밀집되어 연결된 구조를 가지고 있다. 하나의 신경세포는 **세포핵, 수상돌기, 축삭, 축삭 말단**과 같은 구조를 가진다.

인간의 지능과 사고의 원리는 아직 완벽하게 밝혀지지 않았으나 생물학자들의 연구에 의하여 뇌가 가지는 구조의 개략적인 특징은 알려져 있다. 그것은 바로 뉴런 neuron 이라는 신경세포가 다른 신경

세포와 연결되어 있고, 나트륨, 칼륨 등의 물질을 이용하여 화학적 신호를 주고받는다는 사실이다. 이러한 신경전달 물질에 의하여 그림과 같이 한 뉴런은 외부 자극을 인접한 뉴런에 전달하게 된다.

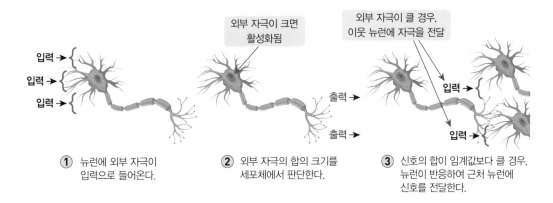

① 뉴런에 외부 자극이 입력으로 들어온다.

② 외부 자극의 합의 크기를 세포체에서 판단한다.

③ 신호의 합이 임계값보다 클 경우, 뉴런이 반응하여 근처 뉴런에 신호를 전달한다.

이를 조금 상세하게 알아보면, 방대한 연결 구조를 가지는 신경세포에서 수상돌기는 그림 ①과 같이 다른 신경세포로부터 신호를 전달받아서(외부의 자극이 입력 신호에 해당한다), 이 외부 자극의 합의 크기를 세포체에서 판단한다(그림 ②). 다음으로 이 신호의 합이 임계값보다 클 경우, 뉴런이 반응하여 축삭 말단을 통해서 다른 신경세포로 신호를 전달한다(그림 ③).

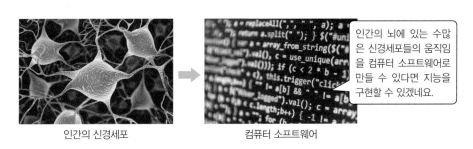

인간의 신경세포

컴퓨터 소프트웨어

인간의 뇌에 있는 수많은 신경세포들의 움직임을 컴퓨터 소프트웨어로 만들 수 있다면 지능을 구현할 수 있겠네요.

다음의 그림은 딥러닝의 기본 단위인 퍼셉트론의 동작을 설명하는 그림이다. 이 그림 역시 이전의 그림과 같이 외부 신호가 퍼셉트론으로 들어오면(그림 ①), 이 외부 신호와 가중치를 곱한 합의 크기인 신호 합산 값을 구한다(그림 ②). 다음으로 이 신호 합산 값이 임계값보다 클 경우, 퍼셉트론이 이 값을 인접 퍼셉트론으로 전달한다(그림 ③). 이와 같은 퍼셉트론의 연결을 통해서 인공적으로 뉴런을 흉내 낸다.

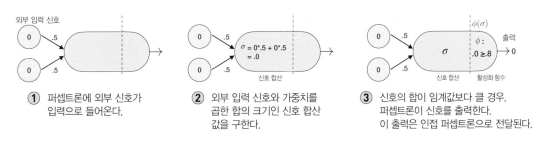

① 퍼셉트론에 외부 신호가 입력으로 들어온다.

② 외부 입력 신호와 가중치를 곱한 합의 크기인 신호 합산 값을 구한다.

③ 신호의 합이 임계값보다 클 경우, 퍼셉트론이 신호를 출력한다. 이 출력은 인접 퍼셉트론으로 전달된다.

신경세포를 흉내 낸 프로그램인 퍼셉트론

실험실 단계에서 인간의 뇌를 모방한 소재가 개발되기는 하였지만 현재까지의 기술로는 엄청난 수의 뉴런과 이것들의 연결 구조로 이루어진 인간의 뇌를 완벽하게 구현하기는 어려운 실정이다. 하지만 뉴런을 대신하는 인위적인 함수와 신경전달 물질을 대신하는 숫자값을 다른 함수의 입력으로 넘겨주는 프로그램은 충분히 구현할 수 있다. 이와 같이 하나의 **신경세포** 구조를 **흉내 내는 프로그램**을 컴퓨터 과학자들은 인공 신경세포 artificial neuron 혹은 퍼셉트론 perceptron 이라고 한다. 퍼셉트론은 1장에서 간단히 설명한 바 있으며, 다음 표와 같은 구조를 가지고 있다.

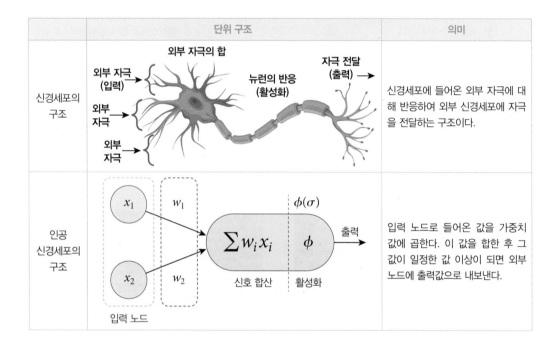

	단위 구조	의미
신경세포의 구조		신경세포에 들어온 외부 자극에 대해 반응하여 외부 신경세포에 자극을 전달하는 구조이다.
인공 신경세포의 구조		입력 노드로 들어온 값을 가중치 값에 곱한다. 이 값을 합한 후 그 값이 일정한 값 이상이 되면 외부 노드에 출력값으로 내보낸다.

퍼셉트론은 표의 내부에 있는 그림과 같이 외부로부터 입력된 자극을 x_1, x_2와 같은 수치값으로 할당한 후, 이 수치값을 ω_1, ω_2의 가중치에 곱한 다음 이 신호의 합을 구한다. x_1, x_2 값을 가지는 원은 외부의 자극 값으로 노드 node 라고도 한다. 이 외부 자극에 곱해지는 값은 파라미터 혹은 가중치로 불리는데, 가중치의 영어인 weight의 앞문자 w에 아래 첨자를 이용하여 ω_i와 같이 표기한다.

그림과 같은 입력과 가중치를 가지는 퍼셉트론의 예를 통해서 그 구조를 자세히 살펴보자. 그림에서 첫 번째 노드의 값은 1이고, 이 노드와 연결된 노드의 가중치는 .5이다. 따라서 1*.5가 $x_1\omega_1$이다. 한편 두 번째 노드의 값은 0이고, 이 노드와 연결된 가중치는 .5이다. 따라서 0*.5가 $x_2\omega_2$이다. 첫 번째 노드와 가중치, 두 번째 노드와 가중치의 곱의 합은 $\omega_1 x_1 + \omega_2 x_2$로 나타낼 수 있는데, 신호가 두 개만이 아닌 여러 개일 수 있으므로 그림에서는 $\sum \omega_i x_i$로 표기하였다. 이를 **신호 합산 값**이라고 한다. 이 신호 합산 값 $\sum \omega_i x_i$는 간단하게 σ로도 표기할 수 있다.

다음 그림을 살펴보면 $x_1 = 1$, $x_2 = 0$의 입력값이 있으며, 가중치는 각각 $\omega_1 = 0.5$, $\omega_2 = 0.5$이다. 이 값은 편의상 .5, .5로 표기하도록 하자. 이제 신호와 가중치의 곱의 합을 구하면 $\omega_1 x_1 + \omega_2 x_2 = .5 \times 1 + .5 \times 0 = .5$임을 알 수 있다. 아래의 경우 입력 노드가 먼저 나타나기 때문에 신호 합산 σ를 1*.5 + 0 *.5로 나타내었다.

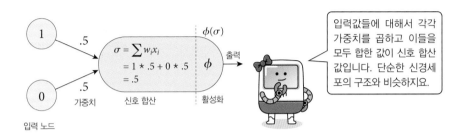

그림의 신호 합산 값 σ는 특정한 활성화 함수 $\phi()$의 입력으로 들어가서 이 값이 **임계치를 넘을 경우 출력값을 내보낸다**. 그리고 이 출력값은 다시 인접 퍼셉트론의 입력으로 전달되는 구조를 가지고 있다. 이 구조는 입력 수치값과 가중치의 곱, 이들의 합 그리고 활성화 함수의 호출로 이루어지므로 컴퓨터 프로그래밍을 통해서 쉽게 구현할 수 있다.

도전 문제 5.1: 입력 노드의 값과 가중치를 가진 퍼셉트론

1. 입력 노드의 값이 (1, 1)이고 가중치가 (.5, .5)인 퍼셉트론이 있다. 이 값들의 신호 합산 값은 얼마인가?

2. 입력 노드의 값이 (2.2, 1.3)이고 가중치가 (.5, −.5)인 퍼셉트론이 있다. 이 값들의 신호 합산 값은 얼마인가?

3. 입력 노드의 값이 (1.2, 2.1, 1.3)이고 가중치가 (1.0, .5, −.2)인 퍼셉트론이 있다. 이 값들의 신호 합산 값은 얼마인가?

퍼셉트론과 연결주의의 등장

인간의 신경세포와 유사한 구조의 기계를 만들고 나서 정답과 기계가 추정하는 값의 차이인 **오차를 이용하여 학습이 가능한 획기적인 퍼셉트론**은 1958년에 미국 해군 연구실의 **프랭크 로젠블랫**[Frank Rosenblatt]에 의해 최초로 공개되었다. 이 기술은 당시 인공지능의 새로운 장을 연 기술로 각광을 받았다. 생각하는 기계를 만드는 일에 인공신경망을 이용한 기술이 전면에 등장한 것이다. 인간과 유사하게 **신경세포의 구조를 인위적으로 만들어서 지능을 구현하려는 연구** 방향을 연결주의라고 하는데, 이 사건을 계기로 연결주의가 전면에 등장하게 되었다.

새로운 해군 장치는 경험을 통해 배운다

읽을 수 있고 똑똑해지도록 설계된 컴퓨터의 배아를 심리학자가 보여 주었다.

워싱턴, 7월 7일 (UPI) - 해군이 오늘 **걷고, 말하고, 보고, 쓰고, 번식하고, 스스로의 존재를 의식할 수 있는 전자 컴퓨터의 배아를 공개**했다. 해군이 기자들에게 보인 시연에서 기상 부서의 2백만 달러짜리 컴퓨터 '704'는 50회의 시도 끝에 오른쪽과 왼쪽을 구분하는 법을 익혔다. 해당 부서는 이 방식을 적용하여 읽고 쓰며 생각하는 퍼셉트론 기계를 만들 것이라고 밝혔다. 1년 정도의 기간으로 10만 달러의 비용을 들여 완성할 것으로 예상된다. 퍼셉트론의 설계자인 **프랭크 로젠블랫** 박사가 시연을 했다. 그는 이 기계가 처음으로 인간의 뇌와 같이 사고할 수 있는 장치가 될 것이라고 말했다. 그리고 인간처럼 퍼셉트론도 처음에는 실수를 하겠지만, 경험이 늘수록 더 똑똑해질 것이라고도 했다. 로젠블랫 박사는 버팔로에 있는 코넬 항공 연구소의 심리학 연구자이며, 퍼셉트론을 다른 행성에 발사하여 기계로 된 우주 탐사자로 쓸 수 있다고 했다.

해군은 퍼셉트론이 인간의 훈련과 통제 없이도 주변 환경을 파악하고 인식하며 분별할 수 있는 **최초의 무생물 메커니즘**이 될 것이라고 말했다.

... <중간 생략> ...

현재 인공지능 연구의 주류인 딥러닝은 퍼셉트론에 기반하고 있으므로 연결주의적 모델이 주인공이지만, 인공지능 초창기 연구자들의 연구 방향을 살펴본다면 이 연결주의 모델이 처음부터 주인공이 아니었음을 알 수 있다. 우리가 사용하는 '인공지능'이라는 용어는 마빈 민스키를 비롯한 기호주의자들이 중심이 되어 다트머스 회의에서 만들어낸 용어이다. 연결주의 이전의 인공지능 연구의 주류였던 기호주의자들은 로젠블랫이 과학적 기준을 따르지 않고, 언론을 활용해 **'과장된 주장'**을 한다고 보았다. 그리고 이에 대한 비판의 최전선에 **마빈 민스키**가 나섰던 것이다.

인공지능 연구에는 두 가지의 큰 흐름이 있는데 하나는 기호주의이고 다른 하나는 연결주의이다. 이들은 다음과 같은 특징을 가지고 있다.

- **기호주의**: 컴퓨터가 작동하는 방식인 기호와 규칙을 사용하여, 인간 사고와 최대한 유사한 규칙을 만들어서 인간의 지능을 흉내 내고자 하는 연구방식이다. 전문가 시스템, 수학적 정리 증명, 게임, 자연어 처리 등의 분야에서 응용된다.

- **연결주의**: 입력값과 가중치 그리고 이들의 가중합을 출력하여 인접한 신경망의 입력으로 하는 방식인데, 인공지능의 구현을 최대한 인간의 신경세포의 연결 구조와 유사하게 구현하는 방식을 말한다. 최근 인공지능의 주류를 이루며 좋은 성과를 내는 딥러닝은 이 연결주의 방식의 인공지능이다.

02 퍼셉트론의 표현 방법

행렬을 이용한 퍼셉트론 표현 방법

입력값 (1, 0)이 있고 이에 대한 가중치 (.5, .5)가 있을 경우 이를 곱한 후, 가중치의 가중합 또는 신호 합산을 구하는 방법을 표현하기 위해서 여러 가지 방법이 사용될 수 있다. 이 절에서는 간단한 행렬 표현법과 넘파이를 이용해서 신경망의 구조를 간단하게 나타낼 수 있음을 알아보자.

우선 다음과 같은 입력 벡터 X와 가중치 W가 있을 경우, 두 벡터의 곱과 이 벡터곱의 합은 다음과 같이 넘파이 연산으로 구할 수 있다. 넘파이의 * 연산은 넘파이 배열의 성분들끼리 곱하기 때문에 아래 코드에서는 `1 * 0.5, 0 * 0.5` 성분이 X와 W의 곱이 된다. 그리고 `sum()` 함수를 통해서 이 두 성분의 합 `0.5 + 0.0`을 구할 수 있다. 이상의 내용은 이미 3장에서 다룬 바 있는데, `np.sum(X * W)` 연산은 `np.dot(X, W)`와 동일하다. `np.dot(X, W)`는 두 벡터의 내적 연산을 수행하기 때문에 성분의 곱을 구한 다음, 합을 구한다.

```
import numpy as np

X = np.array([1, 0])        # 입력 벡터 X
W = np.array([0.5, 0.5])    # 가중치 벡터 W
X * W                       # X와 W의 각 성분끼리 곱함: [1*.5, 0*.5]
```
```
array([0.5, 0. ])
```
```
np.sum(X * W)    # 넘파이 sum 함수를 사용하여 성분의 합 구하기
```
```
0.5
```
```
np.dot(X, W)    # 넘파이 dot 함수를 사용하여 합 구하기(위와 동일한 결과)
```
```
0.5
```

1. 입력 노드의 값이 (1, 1)이고 가중치가 (.5, .5)인 퍼셉트론이 있다. 이 값들의 신호 합산 값은 얼마인가? 넘파이의 sum()과 dot() 함수를 이용하여 이 값을 각각 계산하여라.

2. 입력 노드의 값이 (1, 1)이고 가중치가 (.3, .8)인 퍼셉트론이 있다. 이 값들의 신호 합산 값은 얼마인가? 넘파이의 sum()과 dot() 함수를 이용하여 이 값을 각각 계산하여라.

3. 입력 노드의 값이 (1.2, 2.1, 1.3)이고 가중치가 (1.0, .5, −.2)인 퍼셉트론이 있다. 이 값들의 신호 합산 값은 얼마인가? 넘파이의 sum()과 dot() 함수를 이용하여 이 값을 각각 계산하여라.

신호의 전달 여부를 결정하는 임계값

활성화 함수 activation function 는 인공신경망에서 각 퍼셉트론의 출력 값을 결정하는 역할을 한다. 이 함수는 입력 신호의 총합이 활성화를 일으키는지에 대한 여부, 즉 한 퍼셉트론이 다음 퍼셉트론에 신호를 전달할 것인지를 결정한다. 활성화 함수의 주요한 목적 중 하나는 비선형성을 신경망에 도입하는 것이다. 선형 함수만 사용한다면, 신경망의 계층 수를 늘리는 것이 의미가 없어지기 때문이다. 활성화 함수가 비선형일 때만 여러 계층을 갖는 신경망이 복잡한 패턴을 학습할 수 있다. 딥러닝을 위한 다양한 활성화 함수들이 존재하며, 각각은 특정 문제나 네트워크 구조에 더 적합할 수 있다. 예를 들어, 시그모이드 함수 sigmoid function , **ReLU**(Rectified Linear Unit), Tanh, Leaky ReLU 등이 널리 사용된다. 이들은 각각 서로 다른 수학적 특성과 장단점을 가지고 있다. 이 함수는 앞으로 $\phi()$로 표기할 것이다.

이 장에서는 입력된 신호 합산 값을 다음 퍼셉트론에 전달할지 말지를 결정하기 위해 임계값 threshold 혹은 문턱값이라고 하는 상수를 사용하는 아주 간단한 계단 함수를 사용할 것이다. 계단 함수에서 사용되는 이 값은 퍼셉트론에 전달된 신호의 누적 합이 특정한 자극치를 넘어야만 이 신호를 이웃 퍼셉트론으로 전달하는 역할을 담당한다.

다음 그림의 왼쪽을 살펴보면 σ 값이 .8보다 작으면 0의 값, .8 이상이면 1의 값을 내보내는 계단 형태의 함수가 있다. 이 계단 함수는 그림의 오른쪽과 같이 점프 높이가 일정 값을 넘으면 통과(1), 그렇지 않으면 탈락(0)이라는 상태를 가지는 높이 뛰기에 비유할 수 있다.

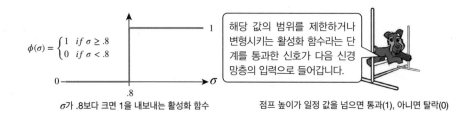

$$\phi(\sigma) = \begin{cases} 1 & if\ \sigma \geq .8 \\ 0 & if\ \sigma < .8 \end{cases}$$

해당 값의 범위를 제한하거나 변형시키는 활성화 함수라는 단계를 통과한 신호가 다음 신경망층의 입력으로 들어갑니다.

σ가 .8보다 크면 1을 내보내는 활성화 함수

점프 높이가 일정 값을 넘으면 통과(1), 아니면 탈락(0)

이제 x_1, x_2가 아래 표와 같이 0 또는 1을 가지는 경우를 상상해 보자. 이 표에서 가중치 ω_1, ω_2는 각각 .5, .5로 가정하였고, 입력값 x_1, x_2과 가중치의 **누적합이 .8 이상인 경우 1을 출력**하고, 그렇지 않을 경우 **0을 출력**하는 활성화 함수 $\phi()$를 가진다고 하자. 이 함수의 출력에서 **1은 이웃 신경세포에 신호를 전달하고 0은 신호를 전달하지 않는다**고 가정하자.

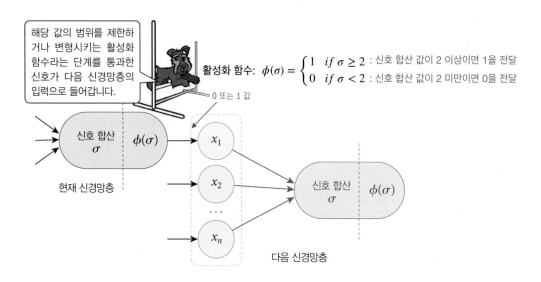

이 활성화 함수를 이용하여 간단하지만 널리 사용되는 논리 연산인 **AND 연산**을 만들어 보자. 이 연산은 다음 표와 같이 입력으로 0 또는 1을 가질 수 있다. 이 표를 살펴보면 입력 x_1, x_2에 대해서 신호의 합 $\sum \omega_i x_i$를 구한 후 이 값 σ가 .8보다 크면 1, .8 미만이면 0을 출력하도록 $\phi()$ 함수를 만들었다.

• 가중치 ω_1, ω_2는 각각 .5, .5로, 임계값은 .8로 가정함

입력 x_1	입력 x_2	$\sum \omega_i x_i$: 신호의 합 σ	$\phi()$ 함수 : $\sigma \geq .8$	출력
0	0	0×.5 + 0×.5 = .0	거짓(.0 ≥ .8)	0
0	1	0×.5 + 1×.5 = .5	거짓(.5 ≥ .8)	0
1	0	1×.5 + 0×.5 = .5	거짓(.5 ≥ .8)	0
1	1	1×.5 + 1×.5 = 1.0	참(1.0 ≥ .8)	1

즉, 입력값과 가중치 그리고 가중치의 합, $\phi()$ 함수를 잘 결합시키면 이전 표와 같은 출력값 0, 0, 0, 1을 가지는 AND 연산을 만들 수 있는 것이다. 이 표의 결과는 그림 ①~④를 통해서 보다 더 쉽게 이해할 수 있을 것이다. 그림을 살펴보면 ④번처럼 입력값이 1, 1인 경우에 σ가 1.0이 되어 .8보다 크다. 따라서 이 경우의 출력값은 1이 되고 그 외의 경우는 출력값이 0이 된다.

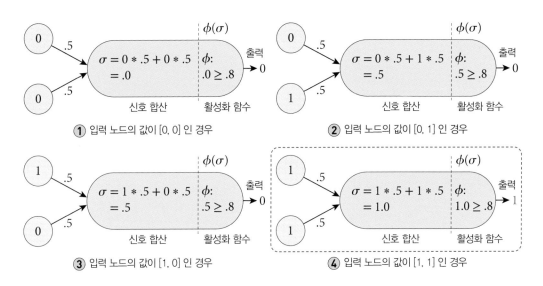

① 입력 노드의 값이 [0, 0] 인 경우

② 입력 노드의 값이 [0, 1] 인 경우

③ 입력 노드의 값이 [1, 0] 인 경우

④ 입력 노드의 값이 [1, 1] 인 경우

입력에 대해서 위의 그림과 같은 출력을 내보내는 구조는 컴퓨터를 이루는 중요한 논리 연산 중에서 **AND 논리 연산이 하는 일**이다.

퍼셉트론 프로그램 만들기

이제 이 기능을 수행할 수 있는 퍼셉트론을 파이썬 언어로 구현해 보자. 이 프로그램은 입력으로 np.array([[0, 0], [0, 1], ..])의 원소를 하나씩 받아서, np.sum()을 이용하여 벡터의 가중합 sigma를 계산하고, 이 sigma를 threshold와 비교하여 0과 1을 반환하는 간단한 기능이다. 이 코드에서 가중치 값 W는 np.array([.5, .5])를 가진다.

```python
import numpy as np

# 가중치와 임계값을 이용한 AND 연산의 구현
def AND_gate(X):
    W = np.array([.5, .5])  # 가중치 값으로 [.5, .5]
    threshold = .8          # 임계값
    sigma = np.sum(X * W)
    if sigma >= threshold:  # 반환값 0, 1을 결정
        return 1            # 임계값 이상이면 1(참)을 반환
```

```
        else:
            return 0    # 임계값보다 작으면 0(거짓)을 반환

print('AND 논리 연산')
inputs = np.array([[0, 0], [0, 1], [1, 0], [1, 1]])
for t in inputs:
    print(t, ':', AND_gate(t))
```
```
AND 논리 연산
[0 0] : 0
[0 1] : 0
[1 0] : 0
[1 1] : 1
```

print() 함수를 이용하여 입력값 t와 그 결과를 살펴보니 논리 연산의 결과가 0, 0, 0, 1로 나타나며 이것으로 AND 논리 연산의 기능이 제대로 동작하는 것을 볼 수 있다.

OR 논리 연산을 퍼셉트론으로 구현하자

다음으로 컴퓨터를 이루는 중요한 연산인 논리 연산에 대하여 알아보도록 하자. 다음은 AND 논리 연산과 OR 논리 연산의 결과를 보여주는 표이다.

x_1	x_2	x_1 AND x_2
0	0	0
0	1	0
1	0	0
1	1	1

AND 논리 연산과 결과

x_1	x_2	x_1 OR x_2
0	0	0
0	1	1
1	0	1
1	1	1

OR 논리 연산과 결과

AND 논리 연산은 입력 x_1과 x_2가 모두 1인 경우에만 1을 반환하며, OR 논리 연산은 입력 x_1과 x_2가 모두 0인 경우에만 0을 반환하는 특징이 있다.

OR 논리 연산은 이전의 코드를 조금만 손보면 된다. 이 연산을 위해서 **수정할 부분은 임계값을 .8이 아닌 .3과 같은 값으로 고치는 것이다.** 다음의 코드를 만들고 결과를 확인해 보자.

```python
import numpy as np

# 가중치와 임계값을 이용한 OR 연산의 구현
def OR(X):
    W = np.array([.5, .5])      # 가중치 값으로 [.5, .5]
    threshold = .3              # 임계값을 .3으로 수정
    sigma = np.sum(X * W)
    if sigma >= threshold:      # 반환값 0, 1을 결정
        return 1
    else:
        return 0

print('OR 논리 연산')
inputs = np.array([[0, 0], [0, 1], [1, 0], [1, 1]])
for t in inputs:
    print(t, ':', OR(t))
```

```
OR 논리 연산
[0 0] : 0
[0 1] : 1
[1 0] : 1
[1 1] : 1
```

이 코드의 실행 결과를 보면 입력 t가 [0, 0]인 경우에만 출력이 0이 되고, 나머지 입력 [0, 1], [1, 0], [1, 1]은 출력이 모두 1이 되는 것을 알 수 있다. 이 코드에서 사용한 임계값은 .3이지만 .2, .4와 같은 다른 값으로도 대체할 수 있다. 이 코드의 실행 결과는 다음 표와 같다. 이 코드에서는 실제로 $\phi()$ 함수를 구현하지 않았는데, 이 함수는 뒤에 `activation()`이라는 이름의 함수로 만들어 볼 것이다.

• 가중치 ω_1, ω_2는 각각 .5, .5로, 임계값은 .3으로 가정함

입력 x_1	입력 x_2	$\sum \omega_i x_i$: 신호의 합 σ	$\phi()$ 함수 : $\sigma \geq .3$	출력
0	0	0×.5 + 0×.5 = .0	거짓(.0 ≥ .3)	0
0	1	0×.5 + 1×.5 = .5	참(.5 ≥ .3)	1
1	0	1×.5 + 0×.5 = .5	참(.5 ≥ .3)	1
1	1	1×.5 + 1×2 = 1.0	참(1.0 ≥ .3)	1

1. NAND 논리 연산은 AND 논리 연산의 결과에 NOT을 취한 것이다. 따라서 다음과 같은 결과를 출력한다. 적절한 가중치와 임계값을 설정하여 NAND 논리 연산을 구현해 보자.

x_1	x_2	x_1 NAND x_2
0	0	1
0	1	1
1	0	1
1	1	0

NAND 논리 연산과 결과

2. NOR 논리 연산은 OR 논리 연산의 결과에 NOT을 취한 것이다. 따라서 다음과 같은 결과를 출력한다. 적절한 가중치와 임계값을 설정하여 NOR 논리 연산을 구현해 보자.

x_1	x_2	x_1 NOR x_2
0	0	1
0	1	0
1	0	0
1	1	0

NOR 논리 연산과 결과

편향값을 추가하자

위의 두 코드에서 나타난 함수 AND()와 OR()은 임계값 threshold가 .8, .3이라는 점을 제외하면 모든 부분이 동일하다. 따라서 이 두 가지 논리 연산의 차이점은 오직 임계값만 다르다는 점일 것이다. 이러한 이유로 다음과 같이 좀 더 범용적인 함수인 gate()를 만들 수 있을 것이다.

```python
import numpy as np

# 가중치와 임계값을 이용한 범용 논리 연산의 구현
def gate(X, threshold):          # threshold를 매개변수로 받는 함수
    W = np.array([.5, .5])        # 가중치 값으로 [.5, .5]
    sigma = np.sum(X * W)
    if sigma >= threshold:        # 반환값 0, 1을 결정
        return 1
    else:
        return 0

inputs = np.array([[0, 0], [0, 1], [1, 0], [1, 1]])
print('AND 논리 연산')
for t in inputs:
    print(t, ':', gate(t, .8)) # 임계값을 인자 .8로 넘겨줌
```

```
print('OR 논리 연산')
for t in inputs:
    print(t, ':', gate(t, .3)) # 임계값을 인자 .3으로 넘겨줌
```

```
AND 논리 연산
[0 0] : 0
[0 1] : 0
[1 0] : 0
[1 1] : 1
OR 논리 연산
[0 0] : 0
[0 1] : 1
[1 0] : 1
[1 1] : 1
```

편향값을 추가하여 활성화 함수를 간단하게 만들자

이제 활성화 함수를 살짝 수정해 보자. 위의 식에서 AND 논리 연산을 구현하는데 사용된 수식 $\sum \omega_i x_i \geq .8$은 $\sum \omega_i x_i - .8 \geq 0$으로, OR 논리 연산을 구현하는데 사용된 수식 $\sum \omega_i x_i \geq .3$은 $\sum \omega_i x_i - .3 \geq 0$으로 각각 치환할 수 있다.

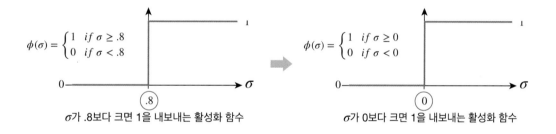

$\phi(\sigma) = \begin{cases} 1 & if\ \sigma \geq .8 \\ 0 & if\ \sigma < .8 \end{cases}$

σ가 .8보다 크면 1을 내보내는 활성화 함수

$\phi(\sigma) = \begin{cases} 1 & if\ \sigma \geq 0 \\ 0 & if\ \sigma < 0 \end{cases}$

σ가 0보다 크면 1을 내보내는 활성화 함수

위 그림처럼 왼쪽 변의 식은 0보다 큰지 작은지를 기준으로 삼아 참, 거짓으로 판별식을 만들 수 있다. 두 가지 방법은 내용이 동일하지만 표현식이 조금 다른데, 이와 같이 ≥ 0으로 표현할 경우 다음과 같은 장점이 있다.

1. 활성화 함수가 간단해진다.
2. 신호의 합을 구하는 코드가 간단해진다.

이 코드에서 사용된 $-.8$이나 $-.3$과 같은 값을 앞으로 편향값 [bias] 이라고 부를 것이다. 이 값은 입력값이 1인 노드에 대한 가중치로 해석해도 되는데, 편향값이 추가될 경우 활성화 함수는 다음 식과

같이 간단해진다.

$$\phi(\sigma) = \begin{cases} 1 & if\ \sigma \geq 0 \\ 1 & if\ \sigma < 0 \end{cases}$$

다음의 두 퍼셉트론을 살펴보자. 그림 ①은 입력 노드의 값이 [1, 0], 가중치가 [.5, .5]인 퍼셉트론이다. 한편, 그림 ②는 입력 노드의 값이 [1, 0, 1], 가중치가 [.5, .5, −.8]인 퍼셉트론이다. 그림 ②는 새로운 입력 노드 1에 대하여 편향값 −.8이 추가되었으며 이 때문에 활성화 함수의 비교식이 ≥.8에서 ≥0으로 변경되었다. 하지만 두 그림의 결과는 0으로 모두 동일하다.

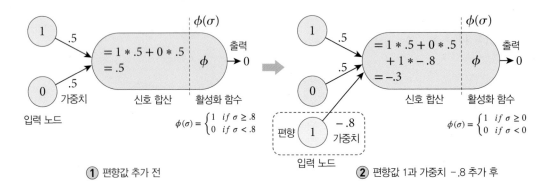

① 편향값 추가 전   ② 편향값 1과 가중치 − .8 추가 후

이제 이 기능을 다음과 같은 파이썬 코드로 구현해 보자. 결과는 위에서 살펴본 AND 논리 연산의 출력값과 같을 것이다.

편향값을 가진 퍼셉트론으로 구현하자

다음으로 1행 2열 크기의 [0, 0] 다차원 배열에 1을 추가해서 1행 3열 크기의 [0, 0, 1] 다차원 배열을 만드는 방법을 알아보자. 이를 위해서 원래 다차원 배열원소 t[0]과 t[1]에 새로운 입력값 1을 추가한 배열 x를 만들도록 하자.

```
inputs = np.array([[0, 0], [0, 1], [1, 0], [1, 1]])

for t in inputs:
    x = np.array([t[0], t[1], 1]) # 노드 1을 추가한 다차원 배열
    print('x =', x)
```
```
x = [0 0 1]
x = [0 1 1]
x = [1 0 1]
x = [1 1 1]
```

다음으로 activation(s)라는 함수를 만들도록 하자. 이 함수는 입력이 0 이상이면 1을 반환하며, 0보다 작으면 0을 반환한다. 이 함수에 −.3을 입력으로 넣을 경우, 아래와 같이 0을 출력하는 것을 볼 수 있다.

```python
import numpy as np

def activation(s):          # s가 0 이상이면 1을 반환, 그렇지 않으면 0을 반환
    return 1 if s >= 0 else 0

print(activation(-.3))      # s가 0 이하의 값
print(activation(.3))       # s가 0 이상의 값
```

```
0
1
```

이제 위의 gate() 함수를 수정해 보자. 이를 위하여 임계값 -.8을 편향값 항목으로 추가하여 1행 3열(1×3 형태) 크기의 행렬로 만들어서 가중치 [.5, .5, -.8]과 곱하고, 그 합을 구하자.

이상의 내용을 바탕으로 다음과 같이 수정된 입력을 가지는 퍼셉트론 함수 perceptron()을 구현하자. perceptron() 함수는 입력값 X, 가중치 W를 매개변수로 받아서 그 가중합 sigma를 활성화 함수 activation()에 넘겨주는 간단한 일을 한다. AND() 함수가 하는 일은 X 값을 만들기 위해 x[0], x[1] 벡터에 새로운 값 1을 추가하고, AND 연산을 위한 가중치 W 값을 만들어서 percep-tron() 함수에 넘겨주는 일이 되었다.

```python
# 가중치 값에 따라 다른 값을 반환하는 범용 논리 연산
def perceptron(X, W):
    sigma = np.sum(X * W)
    return activation(sigma)        # 활성화 함수에 sigma 값을 넘겨주자

def AND(x):
    X = np.array([x[0], x[1], 1])   # x에 노드 1을 새로 추가
    W = np.array([.5, .5, -.8])     # 가중치 값 설정하기
    return perceptron(X, W)

inputs = np.array([[0, 0], [0, 1], [1, 0], [1, 1]])
print('AND 논리 연산')
for t in inputs:
    print(t, ':', AND(t))           # 입력값을 넘겨줌
```

```
AND 논리 연산
[0 0] : 0
[0 1] : 0
[1 0] : 0
[1 1] : 1
```

이제 이 함수에 (0, 0), (0, 1), (1, 0), (1, 1)을 입력으로 주고 이 함수가 반환한 값을 출력해 보자. 결과는 위와 같이 0, 0, 0, 1이 출력될 것이다.

다음으로 OR 논리 연산과 NAND를 구현해 보자. OR 논리 연산은 다음 코드와 같이 편향값으로 −.3을 넘겨주기만 하면 된다. 그리고 NAND 논리 연산은 AND 논리의 가중치 W의 부호를 -W와 같이 음수로 반전시키면 구현할 수 있다. 따라서 perceptron() 함수에 실제로 넘겨지는 값은 [-.5, -.5, .8]이 된다.

```python
def OR(x):
    X = np.array([x[0], x[1], 1]) # X에 1 노드를 추가
    W = np.array([.5, .5, -.3])    # 가중치 값 설정하기
    return perceptron(X, W)

def NAND(x):
    X = np.array([x[0], x[1], 1]) # X에 1 노드를 추가
    W = np.array([.5, .5, -.8])    # 가중치 값 설정하기
    return perceptron(X, -W)       # 가중치 W의 부호를 음수로 고침

inputs = np.array([[0, 0], [0, 1], [1, 0], [1, 1]])
print('OR 논리 연산')
for t in inputs:
    print(t, ':', OR(t))      # 입력값과 가중치를 넘겨줌

print('NAND 논리 연산')
for t in inputs:
    print(t, ':', NAND(t))    # 입력값과 가중치를 넘겨줌
```

```
OR 논리 연산
[0 0] : 0
[0 1] : 1
[1 0] : 1
[1 1] : 1
NAND 논리 연산
[0 0] : 1
[0 1] : 1
[1 0] : 1
[1 1] : 0
```

1. NOR 논리 연산은 OR 논리 연산의 결과에 NOT을 취한 것이다. 위의 코드를 수정하여 NOR 논리 연산
   으로 구현해 보도록 하자. 출력은 다음과 같이 나타나도록 한다.

   힌트 OR 논리 연산의 가중치 W의 부호를 −W와 같이 음수로 반전시켜 보자.

   NOR 논리 연산
   [0 0] : 1
   [0 1] : 0
   [1 0] : 0
   [1 1] : 0

03 XOR 문제와 다층 퍼셉트론

논리 연산의 결과를 시각화하자

앞 절에서 다룬 논리 연산의 결과를 평면 공간에서 확인하는 방법을 알아보자. 우선 AND 연산의 입력 x_1과 x_2를 그림과 같이 직교하는 직선으로 두고 평면 공간에 배치시키자.

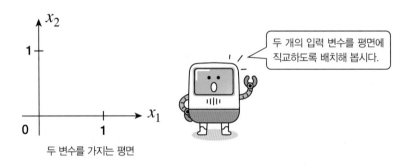

두 개의 입력 변수를 평면에 직교하도록 배치해 봅시다.

두 변수를 가지는 평면

입력값 x_1은 수평축에 두고, x_2는 수직축에 두었다. 이 그림에서는 $\phi()$ 함수 대신에 y라는 이름의 변수를 만들어서 이 변수가 0이 되는 곳은 흰색(거짓 값을 가지는 경우), 1이 되는 곳은 연한 노란색(참 값을 가지는 경우) 영역으로 표시하려고 한다. 우리가 살펴본 AND 논리 연산의 가중치 매개변수는 (.5, .5, −.8)이므로 이 가중치를 이용하여 $.5x_1 + .5x_2 − .8 \geq 0$과 같은 식을 만들 수 있다. 이 식을 전개하면 $x_2 \geq -x_1 + \frac{8}{5}$이라는 식을 만들 수 있는데, 이 식이 참이 되는 조건은 기울기가 −1이고 x_2 절편이 $\frac{8}{5}$인 직선에서 직선의 위쪽에 있는 모든 점들의 모임이다. 그림 ①에 표시된 네 개의 점은 x_1과 x_2 값이 0과 0이 되는 경우, 0과 1이 되는 경우, 1과 0이 되는 경우, 1과 1인 경우이다. 이 점들 중에서 x_1과 x_2 값이 0과 0이 되는 경우 출력은 0이 되며, 이는 빨간색 점으로 표시되어 있다. 반면 x_1과 x_2 값이 1과 1이 되는 경우에는 출력이 1이 되는데 이 점은 파란색 점으로 표시되어 있다. 이 평면을 나누는 경계 직선은 빨간색 점선으로 나타나 있다.

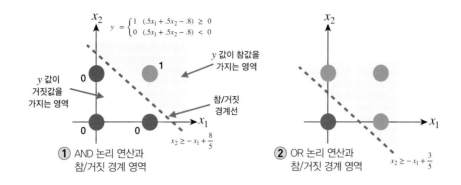

$$y = \begin{cases} 1 & (.5x_1 + .5x_2 - .8) \geq 0 \\ 0 & (.5x_1 + .5x_2 - .8) < 0 \end{cases}$$

y 값이 참값을 가지는 영역

y 값이 거짓값을 가지는 영역

참/거짓 경계선

$x_2 \geq -x_1 + \frac{8}{5}$

① AND 논리 연산과 참/거짓 경계 영역

$x_2 \geq -x_1 + \frac{3}{5}$

② OR 논리 연산과 참/거짓 경계 영역

OR 논리 연산과 참/거짓 경계 영역의 의미를 설명하는 것은 그림 ②인데 경계선의 식이 $x_2 \geq -x_1 + \frac{3}{5}$이므로 y 값이 참이 되는 점은 x_1과 x_2 값이 0과 1이 되는 경우, 1과 0이 되는 경우, 1과 1인 경우이다. 결국 우리가 만든 가중치와 변수의 곱 그리고 **활성화 함수는 공간을 나누는 직선을 어떻게 설정하는가의 문제**로 치환할 수 있다.

도전 문제 5.5: OR 논리 연산의 시각화

1. 가중치가 (.5, .5, −.2)인 OR 논리 연산을 시각화하자.

2. 가중치가 (−.5, −.5, .8)인 NAND 논리 연산이 분할하는 공간을 시각화하자.

인공지능 연구의 침체기를 가져온 XOR 문제

이제 조금 복잡한 논리 연산을 수행하는 퍼셉트론을 어떻게 구현할 수 있을지 살펴보자. XOR 논리 연산은 두 개의 입력에 대하여 입력값이 서로 다른 경우에만 1을 출력하는 연산이다. 따라서 그림과 같이 0, 1 또는 1, 0으로 서로 다른 경우에만 1이 출력되고 나머지 입력에 대해서는 0을 출력한다. 이러한 특징을 가지는 XOR 논리 연산을 배타적 논리합 연산이라고 한다.

x_1	x_2	x_1 XOR x_2
0	0	0
0	1	1
1	0	1
1	1	0

XOR 논리 연산과 결과

이 논리 연산은 두 개의 입력 x_1, x_2가 서로 다른 경우에만 1을 출력하는 연산입니다. 배타적 논리합 연산이라고도 하지요.

이 배타적 논리합 연산은 어떤 방법으로 구현할 수 있을까? 다음의 그림을 살펴보면 평면에 0과 1의 값을 가지는 네 개의 점이 있는데 이들은 어떻게 직선을 긋더라도 한 번에 분리가 불가능하다. 즉, 앞서 살펴본 퍼셉트론과 같은 **선형 함수로는 고차원의 복잡한 논리 연산의 구현이 불가능하다.**

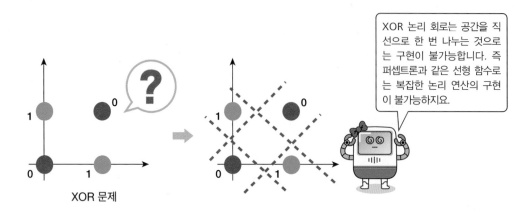

XOR 논리 회로는 공간을 직선으로 한 번 나누는 것으로는 구현이 불가능합니다. 즉 퍼셉트론과 같은 선형 함수로는 복잡한 논리 연산의 구현이 불가능하지요.

XOR 문제

이 문제를 지적한 사람은 **마빈 민스키**[Marvin Lee Minsky]라는 학자로 1969년에 집필한 《퍼셉트론》이라는 저서를 통해서 퍼셉트론이 XOR 연산을 구현하지 못한다는 것을 주장하였다. 마빈 민스키는 MIT 인공지능 연구소의 공동 설립자이며 1970년에 튜링상을 받은 인공지능의 권위자이다. 그는 퍼셉트론 연구에 매우 회의적이었으며 "XOR 연산조차 해내지 못하는 기계가 어떻게 지능을 구현할 수 있을까"라는 의구심을 가지고 있었다. 그의 저서는 퍼셉트론 연구에 매우 부정적인 영향을 가져왔고 인공지능 연구비 축소와 연구자의 이탈이라는 결과를 낳게 되었다. 결국 이는 신경망 분야의 긴 침체를 가져올 수밖에 없었다. 이 침체기를 1차 인공지능의 겨울이라고 부른다.

XOR?

인공지능의겨울

퍼셉트론의 출력이 XOR을 구현하지 못하는 까닭은 두 개의 입력에 가중치를 곱하여 얻는 값이 선형 함수일 수밖에 없기 때문이다. 이전 절에서 살펴본 논리곱을 찾는 AND 문제, 논리합인 OR 문제와 달리 XOR 문제의 해가 되는 선형 분리 함수는 존재하지 않는다. 마빈 민스키의 지적으로 인한 퍼셉트론 기반 인공지능 연구는 큰 타격을 받았지만, 한편으로는 이 문제를 해결하기 위해서 많은 학자들이 노력을 기울이는 계기가 되었다.

NOTE: 선형 함수 vs 비선형 함수

선형 함수는 그래프를 그렸을 때 직선의 형태로 나타나는 함수를 말한다. 이 함수는 어떤 입력에 대해서도 결과가 항상 일정 비율로 증가하거나 감소한다는 것을 의미한다. 예를 들어, $y = 2x$라는 함수는 선형 함수이다. 이 함수의 입력 x가 1일 때 y는 2, x가 2일 때 y는 4로, x가 증가하면 y도 일정 비율로 증가한다.

비선형 함수는 그래프를 그렸을 때 직선의 형태로 나타나지 않는 함수이다. 이것은 어떤 입력에 대해서도 결과가 일정한 비율로 증가하거나 감소하지 않는다는 것을 의미한다. 예를 들어, $y = x^2$이라는 함수는 비선형 함수이다. 이 함수에서 x가 1일 때 y는 1, x가 2일 때 y는 4로, x가 일정한 비율로 증가하더라도 y는 동일한 비율로 증가하지 않는다.

이처럼 선형 함수는 일정한 비율로 변화하는 반면, 비선형 함수는 변화가 일정하지 않으며 여러 방향으로 복잡하게 변화할 수 있다. 따라서 비선형 함수를 사용하면 복잡한 문제를 더 잘 해결할 수 있다.

은닉 노드를 가진 다층 퍼셉트론의 등장

퍼셉트론의 문제점을 한마디로 이야기하면 선형 분리 불가능 문제라고 할 수 있다. 그림 **①**을 살펴보면 XOR 연산의 결과값들이 나타나 있는데 이 결과를 만들어내는 선형 함수는 존재하지 않기 때문에 그림 **②**와 같은 비선형 함수가 필요하다.

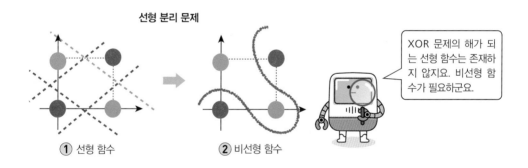

선형 분리 문제

① 선형 함수   **②** 비선형 함수

XOR 문제의 해가 되는 선형 함수는 존재하지 않지요. 비선형 함수가 필요하군요.

비선형 함수를 만드는 방법 중의 하나로 입력층과 출력 사이에 신호를 중계하는 노드를 두는 방법이 있다. 입력과 출력 사이에 존재하는 이런 중간 노드들을 은닉 노드 $^{hidden\ node}$ 라고 하며 이들의 계층을 은닉층 $^{hidden\ layer}$ 이라고 부른다.

다층 퍼셉트론으로 XOR을 구할 수 있는 방법은 여러 가지가 있지만 다음 표와 같이 OR 연산과 NAND 연산 그리고 AND 연산을 조합하여 만들 수 있다. 이 진리표를 살펴보면 x_1 OR x_2의 결과가 0, 1, 1, 1이며 x_1 NAND x_2 의 결과가 1, 1, 1, 0임을 볼 수 있다. 이 두 출력을 Ⓐ, Ⓑ라 할 때 Ⓐ AND Ⓑ가 0, 1, 1, 0으로 이것이 바로 XOR임을 알 수 있다.

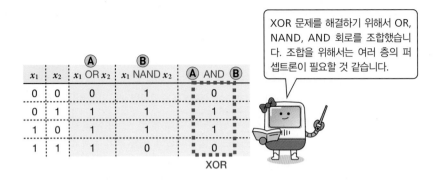

x_1	x_2	Ⓐ x_1 OR x_2	Ⓑ x_1 NAND x_2	Ⓐ AND Ⓑ
0	0	0	1	0
0	1	1	1	1
1	0	1	1	1
1	1	1	0	0

XOR

> XOR 문제를 해결하기 위해서 OR, NAND, AND 회로를 조합했습니다. 조합을 위해서는 여러 층의 퍼셉트론이 필요할 것 같습니다.

이 연산은 퍼셉트론으로 쉽게 구현할 수 있는데, 이때 다음 코드와 같은 노드와 편향값을 사용하면 된다.

```python
import numpy as np

def activation(s):
    return 1 if s >= 0 else 0

# 가중치 값에 따라 다른 값을 반환하는 범용 논리 연산
def perceptron(X, W):
    sigma = np.sum(X * W)
    return activation(sigma)          # 활성화 함수에 sigma 값을 넘겨 주자

def AND(x):
    X = np.array([x[0], x[1], 1])     # x에 1 노드를 추가
    W = np.array([.5, .5, -.8])       # 가중치 값 설정하기
    return perceptron(X, W)

def OR(x):
    X = np.array([x[0], x[1], 1])     # X에 1 노드를 추가
    W = np.array([.5, .5, -.3])       # 가중치 값 설정하기
    return perceptron(X, W)

def NAND(x):
    X = np.array([x[0], x[1], 1])     # X에 1 노드를 추가
    W = np.array([.5, .5, -.8])       # 가중치 값 설정하기
    return perceptron(X, -W)          # 가중치 W의 부호를 음수로

def XOR(x):                    # 여러 게이트의 조합으로 구현된 XOR 게이트
    return AND([OR(x), NAND(x)])
```

```
print('--- 다층 퍼셉트론으로 구현한 XOR 논리 연산 ---')
inputs = np.array([[0, 0], [0, 1], [1, 0], [1, 1]])
for x in inputs:
    y = XOR(x)
    print(x, ':', y)
```

```
--- 다층 퍼셉트론으로 구현한 XOR 논리 연산 ---
[0 0] : 0
[0 1] : 1
[1 0] : 1
[1 1] : 0
```

이 퍼셉트론의 구조는 다음 그림과 같이 입력 노드, 은닉 노드, 출력 노드를 가진 그래프 형태로 그려 볼 수도 있다. 왼쪽 그림은 OR, NAND, AND 논리 연산을 조합하여 구현한 XOR 연산이며 오른쪽 그림은 다층 퍼셉트론으로 구현한 XOR 논리 연산이다. 위의 코드는 다음의 논리 연산을 퍼셉트론을 이용하여 만든 것이다. 그림을 살펴보면 입력 노드와 출력 노드 사이에 OR, NAND 연산을 수행하는 퍼셉트론이 있는데, 이 퍼셉트론은 외부에서는 드러나지 않기 때문에 은닉 노드 hidden node 라고 부른다.

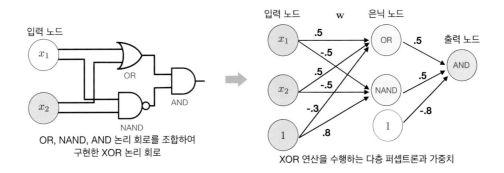

OR, NAND, AND 논리 회로를 조합하여
구현한 XOR 논리 회로

XOR 연산을 수행하는 다층 퍼셉트론과 가중치

다소 복잡하기는 하지만 이런 구조의 퍼셉트론은 XOR 문제를 해결하였으며, **더 많은 수의 연결이 더 많은 단계로 연결**되는 다층 퍼셉트론은 XOR 문제보다 더 어려운 문제도 해결할 수 있을 것이다. 입력층과 출력층 사이에 많은 노드를 가진 은닉층을 두고 적절한 가중치 값을 조절해 준다면 매우 어려운 문제도 풀 수 있지 않을까? 하지만 어떻게 **적절한 가중치 값을 학습시킬 것인가**에 대해서는 여전히 큰 문제로 남아있다.

다층 퍼셉트론으로 해결할 수 있는 문제들

퍼셉트론의 층이 증가하면 할수록 모델이 자유롭게 움직일 수 있는 가능성이 증가한다. 이와 같이 모델이 자유롭게 움직이는 현상을 자유도라고 한다. 다음 그림을 살펴보면 층이 증가하면 할수록 오른쪽 그룹에 대한 분류가 더 세분화되는 것을 볼 수 있다.

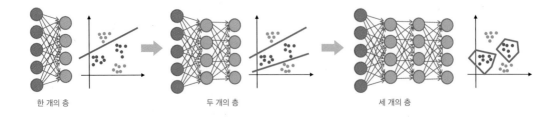

다층 퍼셉트론을 이용하여 두 개의 그룹을 나누는 예시의 그림은 직선만을 사용하여 그룹을 나누지만 실제로는 비선형 활성화 함수 $^{\text{nonlinear activation function}}$ 를 사용하기 때문에 다음 그림과 같이 곡선 형태의 모양까지 만들 수 있다. 깊은 층을 가진 퍼셉트론 모델은 다차원의 복잡한 모델이기 때문에 곡선이 아닌 초평면 ^{hyperplane} 이 될 수 있다. 초평면이란 단어는 고차원의 공간에서 사용되는 용어로, **2차원의 직선과 3차원의 평면을 더 높은 차원으로 확장시킨 평면**이다.

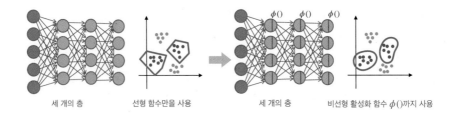

도전 문제 5.6: 많은 층을 가진 퍼셉트론   상 중 하

1. 퍼셉트론이 많은 층을 가질수록 얻게 되는 장점들과 단점들을 나열해 보자.

2. 활성화 함수로 비선형 함수를 사용하는 이유를 기술해 보자.

04 퍼셉트론 학습시키기

퍼셉트론과 학습의 원리

이전 절에서는 적절한 가중치와 편향값을 사용하여 AND와 OR 논리 연산을 수행하는 퍼셉트론을 만들 수 있다는 것을 알아보았다. 이때 **사용한 가중치와 편향은 모두 작업자가 지정한 값**으로 이루어져 있다. OR 연산은 (0, 0)이 입력일 경우 출력이 0, (0, 1)이 입력일 경우 출력이 1, (1, 0)이 입력일 경우 출력이 1, (1, 1)이 입력일 경우 출력이 1이 된다. 반면 AND 논리 연산은 (0, 0)이 입력일 경우 출력이 0, (0, 1)이 입력일 경우 출력이 0, (1, 0)이 입력일 경우 출력이 0, (1, 1)이 입력일 경우 출력이 1이 된다. 이러한 결과를 이용하여 학습을 통해서 가중치를 조정하는 기능을 구현하는 방법을 알아보자.

다음으로 퍼셉트론을 이해하기 위한 헵의 학습 법칙 ^{Hebbian learning rule} 에 대해서 살펴보자. 인간과 동물의 뇌 신경세포는 학습을 하거나 자극을 받을 때 일정한 물리적, 구조적 변화가 일어난다. 즉, 새로운 사실을 배울 때마다 뇌는 그 구조가 조금씩 변하고 경험과 학습을 통해 수리로 변화를 겪는 특징이 있다. 캐나다의 신경 심리학자인 **도널드 헵**^{Donald Hebb}은 "신경세포 A의 축삭돌기가 다른 신경세포 B를 자극하기에 충분할 정도로 가까이 있으면서 이 세포를 활성화하는 일에 반복적이거나 지속적으로 참여한다면, 두 세포 가운데 하나나 둘 모두에서 성장이나 대사 변화가 발생하여 B를 활성화하는 세포로서 A가 가진 효능이 증가한다"라고 하였다. 이것을 압축한 것이 바로 그 유명한 **"함께 활성화되는 세포는 함께 연결된다"**라는 표현이다. 이것을 그림으로 나타내면 다음과 같다. 그림의 **①**은 신경세포 A와 인접한 신경세포 B의 기본 상태이다. 신경세포 A로부터 전달되는 자극은 다양한 신경전달 물질의 형태로 신경세포 B에 전달된다. 이제 그림 **②**와 같이 이웃 신경세포로부터 전달되는 자극이 증가하면 발화율도 증가한다. 이러한 상태가 지속되면 함께 활성화되는 세포는 함께 연결된다고 볼 수 있는 것이다. 반면 그림 **③**과 같이 전달되는 자극이 지속적으로 감소하면 발화율도 감소하며 연결이 없는 것으로 간주된다.

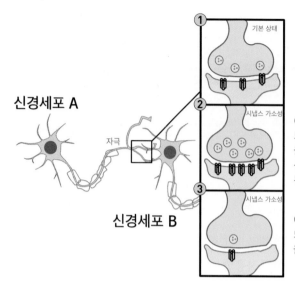

신경세포 A

신경세포 B

자극

① 기본 상태

② 시냅스 가소성

이웃 신경세포로부터 전달되는 자극이 증가하면 발화율도 증가한다. 즉, 함께 활성화되는 세포는 함께 연결된다고 볼 수 있다.

③ 시냅스 가소성

이웃 신경세포로부터 전달되는 자극이 감소하면 발화율도 감소한다.

신경세포에 가해지는 입력과 출력에 따라 이 **세포들끼리의 효능이 증가하는 기능**을 퍼셉트론을 이용하여 구현하려면 어떻게 해야 할까? 이 기능은 다음과 같이 신경세포의 연결을 위한 가중치를 변경하여 구현이 가능할 것이다.

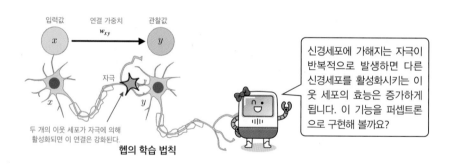

입력값   연결 가중치   관찰값

x w_{xy} y

자극

x y

두 개의 이웃 세포가 자극에 의해 활성화되면 이 연결은 강화된다.

헵의 학습 법칙

신경세포에 가해지는 자극이 반복적으로 발생하면 다른 신경세포를 활성화시키는 이웃 세포의 효능은 증가하게 됩니다. 이 기능을 퍼셉트론으로 구현해 볼까요?

위의 그림에서 나타난 식의 x는 입력값을, y는 추정값 또는 출력값을 각각 의미하며 ω는 연결 가중치를 의미한다. 그리고 x^k, y^k, ω^k는 k 시점의 x, y, ω 값이며, ω_{xy}는 x, y 사이의 연결 가중치를 의미한다. 즉, k 시점 연결 가중치(ω_k)를 동일한 시점의 x, y 값을 바탕으로 갱신하여 새로운 연결 가중치를 구하는 것이 곧 학습이라고 할 수 있을 것이다.

이 책에서 앞으로 설명할 퍼셉트론의 학습은 헵의 학습 법칙에 근거를 두고 있지만 해당 법칙과 다소 차이가 난다. 차이가 나는 이유는 이웃한 두 신경세포의 활성화가 아니라, **신경세포가 달성해야 할 목표치를 제시하고 연결 가중치가 목표치를 만족시키도록 만들어가는 것**이 딥러닝의 학습과정이기 때문이다. 다음 그림을 살펴보면 간단한 퍼셉트론이 나타나 있다. 입력값에 가중치를 곱하여 출력값을 생성하는 과정이 그림 ①과 같이 주어져야 한다. 그림 ①과 같이 입력값에 대하여 가중치를 곱하여 추정값(출력값)을 얻는 과정을 순전파라고 하며, 이 흐름을 순방향 패스라고 한다. 이 과정을 통해서 최종적으로 이 다층 신경망의 출력값 $\hat{y}$이 나타나게 되는데, 출력값은 목표로 하는 값 t와 일치하는지 확인하는 과정을 거치게 된다. 다음 단계인 ②에서는 추정값과 목표값의 차이인 오차(E)를 계산하는 단계이다. 이러한 오차를 바탕으로 연결 가중치를 갱신하는 것은 그림 ①에서의 추정값을 구하는 과정과 반대 반향으로 진행된다. 이 과정을 역방향 패스라고 한다. 이상의 전체적 과정이 바로 **신경망의 학습**이다. 역방향 패스로 오차를 갱신하는 것을 역전파 backpropagation 라고 한다. 다층 퍼셉트론의 역전파에 대해서는 다음 장에서 상세하게 설명할 것이다.

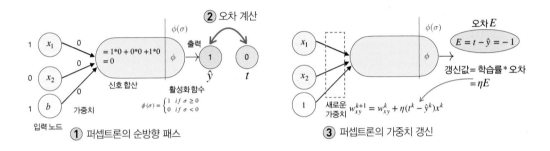

① 퍼셉트론의 순방향 패스   **③** 퍼셉트론의 가중치 갱신

그림의 과정은 한 번에 이루어지지 않는데, 이 신경망의 학습은 시간의 흐름에 따라 가중치가 갱신되는 구조를 가진다. 이때 k 시점의 다음 시점인 $k + 1$ 시점 가중치의 갱신은 학습률 learning rate 을 통해 조금씩 이루어지게 만든다. k 시점의 목표값 t^k와 출력값(또는 추정값) $\hat{y}$의 차이 $t^k - \hat{y}^k$가 오차이다. 일반적으로 목표값 t^k와 t는 동일하다. 그리고 학습률은 종종 그리스 문자 η(에타)를 사용하여 표기한다. 이제 퍼셉트론의 학습은 다음과 같은 식으로 표현될 수 있다.

$$\omega_{xy}^{k+1} = \omega_{xy}^k + \eta(t^k - \hat{y}^k)x^k$$

이 재귀적 수식의 특징은 다음과 같이 정리할 수 있다.

1. 가중치 ω_{xy}^{k+1}은 이전 가중치 ω_{xy}^k를 바탕으로 갱신된다.
2. 가중치가 갱신되는 정도는 $t^k - \hat{y}^k$로 표현되는 오차에 학습률(η)을 곱한다.
3. 오차와 학습률 그리고 입력 x의 곱과 ω_{xy}^k의 합이 최종적으로 갱신되는 새로운 가중치 값이다.

퍼셉트론의 학습을 위한 행렬 표현 방법

이전 장에서 다루었지만 딥러닝은 많은 수의 퍼셉트론을 한꺼번에 학습시켜야만 하는 어려운 일을
해야 한다. 이러한 일은 행렬을 이용하면 매우 효율적으로 할 수 있다. 예를 들어 다음과 같이 두 개
의 입력 x_1, x_2를 하나의 단위로 보고 처리한다면 수식이 더욱 간단해진다. 이제 입력이 2개일 경우
를 가정하고 다음과 같은 X를 도입하자.

$$\mathbf{X} = \begin{bmatrix} x_1 & x_2 \end{bmatrix} = \begin{bmatrix} 1 & 2 \end{bmatrix}$$

가중치 W 역시 다음과 같이 정의하도록 하자. 여기서, ω_{21}은 두 번째 층의 두 번째 노드와 첫 번째
층의 첫 번째 노드를 연결하는 가중치이다.

$$\mathbf{W} = \begin{bmatrix} \omega_{11} & \omega_{21} & \omega_{31} \\ \omega_{12} & \omega_{22} & \omega_{32} \end{bmatrix} = \begin{bmatrix} 1 & 2 & 3 \\ 4 & 5 & 6 \end{bmatrix}$$

X 행렬의 크기가 1×2 이고, W 행렬의 크기가 2×3이므로 이 두 행렬의 곱은 1행 3열(1×3 형태) 크
기의 행렬이 된다. 따라서 그림의 복잡한 신경망은 다음과 같은 간단한 하나의 식으로 표현이 가능
하다.

$$\mathbf{A} = \mathbf{XW} = \begin{bmatrix} 9 & 12 & 15 \end{bmatrix}$$

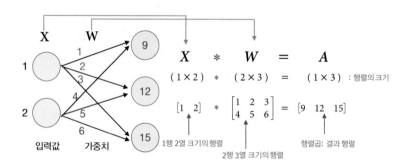

이 수식은 다음과 같이 넘파이의 dot() 함수를 사용해서 간결하게 구현할 수 있다. 계산의 결과를
보면 그림과 같이 [9, 12, 15]가 출력되는 것을 볼 수 있을 것이다.

```
X = np.array([1, 2])              # 넘파이 ndarray 객체 X 생성
W = np.array([[1, 2, 3], [4, 5, 6]]) # 2x3 크기의 ndarray 객체 W 생성
A = np.dot(X, W)
print('A =', A)
```
```
A = [ 9 12 15]
```

물론 이 수식에 가중치 행렬 **B**까지 추가된다면 다음과 같이 표현할 수 있다.

$$A = XW + B$$

이 간단한 식은 딥러닝의 원리를 설명하는 기본적이면서도 중요한 식이다. 이 식의 출력에 해당하는 **A** 행렬은 다음 층의 입력 **X**가 되며, 이러한 구조의 반복으로 깊은 층의 신경망을 구현할 수 있다. 입력 값이 100개를 넘어 1,000개, 10,000개인 경우도 가정할 수 있는데 이렇게 방대한 연산을 하기 위해서는 빠른 병렬 처리 기능이 요구된다. 그리고 이를 잘 수행하는 것이 바로 병렬 처리 시스템이다.

동시에 여러 가지 작업을 처리하는 병렬 처리 시스템

다음 그림을 살펴보면 왼쪽의 순차 처리 시스템이 한번에 하나의 작업을 처리하는 반면, 오른쪽의 병렬 처리 시스템은 여러 개의 코어가 동시에 여러 가지 작업을 처리하는 것을 볼 수 있다.

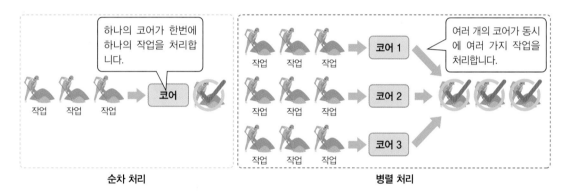

성능이 뛰어난 그래픽 카드를 잘 만드는 것으로 유명한 엔비디아^{NVIDIA} 사의 최신 그래픽 카드는 수천 개에서 만 개 이상의 그리픽 병렬 처리 코어를 가진 그래픽 카드를 매년 출시하여 병렬 처리 작업을 빠르게 하도록 도와준다.

다음 표는 컴퓨터의 두뇌에 해당하는 CPU와 GPU를 비교하는 표로, 두 처리 장치의 특징을 정리한 것이다. 표와 같이 CPU의 주된 목적은 컴퓨터의 연산과 제어이므로, 한 개에서 여덟 개 사이의 적은 코어를 이용하여 한 번에 하나의 작업 처리를 주로 담당하고 있음을 알 수 있다. 반면 GPU는 원래 컴퓨터의 그래픽 처리와 같은 제한된 일을 담당하다가 최근 인공지능 기술이 발전하면서 병렬 처리를 주로 하고 있음을 알 수 있다. GPU의 눈부신 성장과 발전에도 불구하고 이 장치는 병렬 연산 이외의 매우 복잡한 기능을 담당하기에는 다소 제한이 있다.

	CPU	GPU
주된 목적	컴퓨터의 연산과 제어를 담당하는 핵심 부품	컴퓨터의 그래픽 처리를 담당하는 목적으로 시작되었으며, 최근 인공지능을 위한 병렬 처리까지 효율적으로 수행함
코어의 수	1~8개가량의 적은 코어	수백~수천 개가량의 많은 코어
코어별 속도	빠름	느림
주된 연산 처리 방식	직렬 처리 방식으로 복잡한 처리가 가능함	많은 코어를 활용한 병렬 처리 방식
단점	빠른 병렬 연산이 어려움	병렬 연산 이외의 복잡한 처리가 어려움

엔비디아사는 본래 비디오 게임에서 요구되는 대량의 복잡한 계산을 수행하거나 현실감 넘치는 가상현실 게임, 화려한 그래픽의 할리우드 영화 등 인간의 상상력을 그래픽으로 구현하는 데 핵심적인 역할을 해왔다. 최근에는 빠른 딥러닝 연산 처리를 장점으로 하는 GPU의 기능을 확장하여 인공지능 하드웨어 칩을 개발하였으며 테슬라의 자율주행 기능을 담당하는 하드웨어를 개발하였다.

> 자율주행을 위해서는 도로에 있는 차선, 차량, 오토바이, 보행자, 신호등, 표지판과 같은 많은 사물을 빠르게 인식하는 인공지능 시스템이 필요합니다. 엔비디아사는 GPU의 높은 처리 성능을 이용하여 자율주행 자동차를 위한 하드웨어를 출시하였답니다.

2016년 엔비디아사는 레벨 4, 레벨 5 수준의 자율주행 자동차에 최적화된 슈퍼컴퓨터인 '드라이브 PX2'라는 제품을 출시했다. 자동차 주행 시에는 주변 사물 인식이 특히 중요한데, 이러한 작업을 수행하기 위한 빠른 연산에 최적화된 하드웨어가 지속적으로 개발되어 많은 자동차 회사에서 이 기술을 채용하고 있다.

다층 퍼셉트론의 가중치들은 어떻게 학습시킬까

퍼셉트론을 그림과 같이 하나의 원으로 표현해 보도록 하자. 이 그림의 원 하나가 **하나의 신경세포를 흉내 내는 것**이라면 인간의 뇌와 유사하게 많은 입력 신호를 받아서 이를 내부의 노드를 통과시킨 다음 내보내면 어떻게 될까?

단순 신경망은 입력 신호를 바로 출력으로 바꾸지 않고 그림 ❶처럼 입력 신호를 받아 숨겨진 층을 거친 뒤에 출력 신호를 내놓는 신경망이다. 이것을 더욱 복잡하게 만들면 그림 ❷와 같이 많은 층을 거쳐 가는 깊은 신경망이 될 것이다. 이렇게 복잡한 구조를 가지면 더 복잡한 일을 할 수 있지 않을까? 그것이 딥러닝 ^{deep learning} 개념의 시작이다.

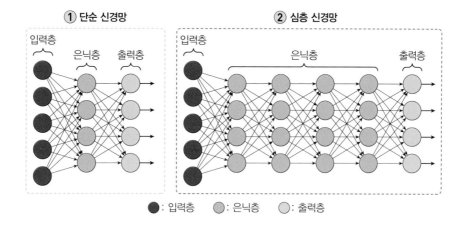

다음 그림과 같이 픽셀 이미지로 제공되는 동물 이미지에 대하여 고양이와 개로 구분하는 심층 신경망을 생각해 보자. 이 신경망은 입력으로 픽셀 이미지가 주어지고, 이미지의 개별적인 픽셀이 가진 밝기 값들이 신경망의 입력으로 들어갈 것이다.

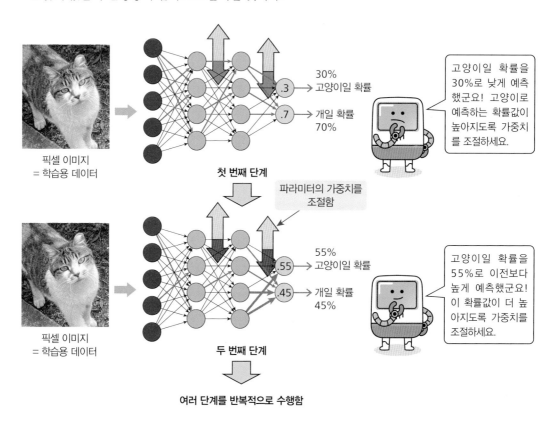

첫 번째 단계에서 이 픽셀 값들이 여러 층의 노드를 통과하면서 가중치들과 곱해지고 최종적으로 고양이일 확률이 30%(.3으로 표시), 개일 확률이 70%(.7로 표시)라는 결과를 출력하였다고 가정하자. 그렇게 되면 다음 단계에서 고양이로 예측하는 확률값이 더 높아지도록 알고리즘이 수행될 것이고, 두 번째 단계에서는 고양이일 확률이 55%, 개일 확률이 45%라는 결과를 출력하게 될 것이다. 이러한 단계가 여러 번 반복된다면 결국 이 신경망은 개와 고양이 이미지를 잘 구분하는 신경망이 될 것이다.

문제는 이렇게 여러 개의 층을 가진 복잡한 퍼셉트론들을 하나하나 학습시키는 것이 쉬운 일이 아니라는 점이다. 앞의 그림에서는 연결 강도의 가중치 ω를 조절하는 것이 학습의 과정이라고 나타나 있지만 어떻게 이를 조절할지는 매우 어려운 문제이다. 이 어려운 문제가 해결되지 않았던 오랜 기간 동안 인공지능 연구는 침체기를 맞이하였는데, 이 문제의 획기적인 돌파구가 된 것이 바로 오차 역전파 알고리즘이다.

01 인간과 동물이 가진 **뉴런이라는 신경세포는** 다른 신경세포와 **연결되어 있고,** 나트륨, 칼륨 등의 물질을 이용하여 화학적 신호를 주고받으며 정보를 전달한다.

02 하나의 **신경세포** 구조를 **흉내 내는 컴퓨터 프로그램**을 컴퓨터 과학자들은 인공 신경세포 혹은 퍼셉트론이라고 한다.

03 퍼셉트론 구조에서 외부 자극에 곱해지는 값은 파라미터 혹은 가중치로 부르는데 이것은 신경망 학습의 핵심이 된다.

04 활성화 함수에 입력된 신호 합산 값을 다음 퍼셉트론에 전달할지 말지를 결정하기 위해 임계값 혹은 문턱값이라고 하는 상수를 사용하며, 이 값은 신경세포에 전달된 신호의 누적 합이 특정한 자극치를 넘어야만 이웃 신경세포로 전달하는 역할을 담당한다.

05 **비선형 함수를 만드는 방법** 중의 하나로 입력층과 출력 사이에 신호를 중계하는 노드를 두는데 이러한 노드를 은닉 노드라고 하며 이들의 계층을 은닉층이라고 부른다.

06 헵의 학습 법칙이란 두 개의 이웃 세포가 자극에 의해 활성화되면 이 연결은 **강화**된다는 법칙이다.

07 퍼셉트론의 학습은 **헵의 학습 법칙**에 근거를 두고 있으나, 두 신경세포의 활성화가 아니라, **신경세포가 달성해야 할 목표치를 제시하고 가중치가 목표치를 만족시키도록 만들어 간다는 점에서 차이**가 있다.

08 **다층 퍼셉트론의 출력값**을 구하는 방향과 반대 방향으로 전파되어 **가중치를 계산하는 과정**을 역전파 과정이라고 한다.

09 **다층 신경망은 단층 신경망과는** 달리 입력 신호를 바로 출력층으로 내보내지 않고 **입력 신호를 받아 숨겨진 층을 거친 뒤에 출력층으로 보내는 신경망**이다. 이것을 더욱 복잡하게 만들면 많**은 층을 거쳐 가는 깊은 신경망**이 될 것이고, 이는 **딥러닝** 개념의 시작이라고 할 수 있다.

단답형 문제

다음 괄호 안에 들어갈 알맞은 단어를 적으시오.

01 인간과 동물의 신경세포인 (   )(은)는 다른 신경세포와 연결되어 있고, 나트륨, 칼륨 등의 물질을 이용하여 화학적 신호를 주고받으며 정보를 전달한다. 이러한 하나의 신경세포 구조를 흉내 내는 컴퓨터 프로그램을 인공 신경세포 혹은 (   )(이)라고 한다.

02 퍼셉트론에서 (   ) 혹은 문턱값이라는 상수는 신경세포에 전달된 신호의 누적 합이 특정한 자극치를 넘어야만 이웃 퍼셉트론에 값을 전달한다.

03 (   ) 논리 연산은 입력값 x_1과 x_2가 모두 1인 경우에만 1을 반환하고, (   ) 논리 연산은 x_1과 x_2가 모두 0인 경우에만 0을 반환한다. 반면, (   ) 논리 연산은 x_1과 x_2가 1인 경우에만 0을 반환하고, (   ) 논리 연산은 x_1과 x_2가 0인 경우에만 1을 반환한다.

04 퍼셉트론에서 (   )(을)를 사용하면 활성화 함수가 간단해지며, 신호의 합을 구하는 코드가 간단해진다.

05 (   ) 논리 연산은 배타적 논리합 연산이라고 하며, 두 개의 입력에 대하여 입력값이 0, 1 또는 1, 0으로 서로 다른 경우에만 1을 출력하는 특징을 가진다. 1960년대에 마빈 민스키는 다른 퍼셉트론과는 다르게 (   )(으)로는 이와 같은 복잡한 논리 연산의 구현이 불가능하다고 지적했다.

06 마빈 민스키의 주장 이후 여러 개의 은닉 노드를 가진 퍼셉트론인 (   )에 대한 관심이 증가하였으며 이를 학습시키기 위한 연구가 이루어졌다.

07 노드와 출력 노드 사이에 논리 연산을 수행하는 퍼셉트론이 있을 때, 이 퍼셉트론은 외부에서 드러나지 않을 경우 (   )(이)라고 할 수 있다.

08 다층 퍼셉트론의 순방향 패스가 이루어진 후, 출력값과 목표값이 차이가 나지 않도록 역방향으로 가중치를 갱신하는 과정을 거쳐야 학습이 이루어질 수 있는데, 이 과정을 (   ) 과정이라고 한다.

09 컴퓨터의 중요한 부품 중 하나인 (   )(은)는 컴퓨터의 연산과 제어를 담당하며, 직렬 처리 방식이 주된 작업 처리 방식이다. 한편 (   )(은)는 컴퓨터의 그래픽 처리를 담당하며, 병렬 처리 방식이

주된 작업 처리 방식이다. 최근 엔비디아사는 다수의 코어를 사용하여 빠른 병렬 처리를 수행할 수 있는 (   )(을)를 출시하여 딥러닝 발전을 가속화시키고 있다.

10 여러 개의 층을 가진 복잡한 퍼셉트론들의 가중치를 어떻게 조절할 지에 대한 문제 해결책으로 나온 대표적인 알고리즘이 (   )(이)다. 이 알고리즘은 딥러닝 기술의 핵심을 이루고 있다.

객관식 문제

다음 질문에 대하여 가장 알맞은 답을 구하여라.

01 다음 중 x_1의 값이 1, x_2의 값이 0일 때 0을 출력하는 논리 연산을 고르시오.

❶ OR   ❷ XOR

❸ AND   ❹ NAND

02 다음 중 CPU의 설명으로 올바르지 않은 것을 고르시오.

❶ 컴퓨터의 연산과 제어를 담당한다.

❷ GPU에 비해 코어별 속도가 느리다.

❸ GPU에 비해 연산 코어의 수가 작다.

❹ 복잡한 계산을 대부분 직렬로 처리하므로 GPU에 비해 대규모 연산이 느리다.

짝짓기 문제

01 다음은 신경세포의 구조와 퍼셉트론의 구조를 표현하는 용어이다. 유사한 기능을 하는 구조끼리 올바르게 짝짓기 하여라.

외부 자극 •   • 외부 노드로 출력을 보냄

외부 자극의 합 •   • 활성화 함수

뉴런의 반응 •   • 신호 합산

외부 신경세포로 전달 •   • 입력 노드

02 다음과 같이 입력값(X)과 가중치(W)가 넘파이 다차원 배열로 주어졌을 때, 이들의 곱 $X*W$에 대한 올바른 출력을 짝짓기 하여라.

X: [1, 2], W: [[1, 2], [1, 2]] •   • [64, 56]

X: [8], W: [[8, 7]] •   • [[1, 4], [1, 4]]

X: [2, 3], W: [[5, 2], [2, 4]] •   • [[10, 6], [4, 12]]

X: [4], W: [[30, 2]] •   • [[120, 8]]

01 다음과 같이 주어진 넘파이의 다차원 배열 X와 가중치 벡터 W가 있다. 이들의 곱 $X*W$와 $X*W$의 성분합을 구하여 다음과 같이 출력하여라.

❶ X: [1, 0], W: [[1, 2], [1, 2]]

실행 결과

```
X * W :
[[1 0]
 [1 0]]

X * W의 성분합 : 2
```

❷ X: [8], W: [[8, 7]]

실행 결과

```
X * W :
[[64]
 [56]]

X * W의 성분합 : 120
```

❸ X: [2, 3], W: [[5, 2], [2, 4]]

실행 결과

```
X * W :
[[10  6]
 [ 4 12]]

X * W의 성분합 : 32
```

❹ X: [2.2, 3.0, 1.5], W: [1.0, −.5, −.4]

실행 결과

```
X * W :
[ 2.2 -1.5 -0.6]

X * W의 성분합 : 0.10000000000000009
```

02 다음 표와 같이 입력 x_1, x_2가 주어질 때, 0 또는 1의 출력을 내보내는 단층 퍼셉트론을 구현하여 그 값을 출력하여라.

❶ 이 퍼셉트론의 가중치 ω_1, ω_2는 각각 .4, .4로, 임계값은 .6으로 가정하여라.

입력 x_1	입력 x_2	$\sum \omega_i x_i$: 신호의 합 σ	$\phi()$ 함수 :	출력
0	0	0×.4 + 0×.4 = .0	거짓(.0 ≥ .6)	0
0	1	0×.4 + 1×.4 = .4	거짓(.4 ≥ .6)	0
1	0	1×.4 + 0×.4 = .4	거짓(.4 ≥ .6)	0
1	1	1×.4 + 1×.4 = .8	참(.8 ≥ .6)	1

실행 결과

```
논리 연산
입력 : [0 0], sigma = 0.0,  출력 : 0
입력 : [0 1], sigma = 0.4,  출력 : 0
입력 : [1 0], sigma = 0.4,  출력 : 0
입력 : [1 1], sigma = 0.8,  출력 : 1
```

❷ 이 퍼셉트론의 가중치 ω_1, ω_2는 각각 .4, .4로, 임계값은 .2로 두고, 위의 표를 다시 만들도록 하여라. 또한 다음과 같은 출력이 나오도록 프로그램을 수정하여라.

실행 결과

```
논리 연산
입력 : [0 0], sigma = 0.0,  출력 : 0
입력 : [0 1], sigma = 0.4,  출력 : 1
입력 : [1 0], sigma = 0.4,  출력 : 1
입력 : [1 1], sigma = 0.8,  출력 : 1
```

06

오차 역전파

학습목표

- 경사하강법으로 다층 퍼셉트론의 최적값을 구하는 방법을 알아본다.

- 다층 신경망의 가중치를 갱신하기 위하여 오차 역전파를 사용하는 이유를 이해한다.

- 다층 신경망의 각 계산 노드에서 지역 기울기를 사용하는 이유를 이해한다.

- 오차 역전파를 통해서 신경망의 가중치를 효율적으로 학습할 수 있음을 이해한다.

- 신경망의 활성화 함수로 시그모이드 함수보다 ReLU 함수가 더 나은 결과를 만드는 이유를 이해한다.

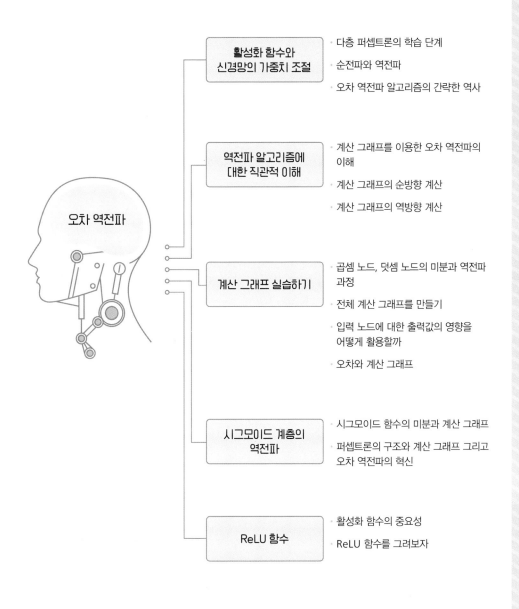

오차 역전파

활성화 함수와
신경망의 가중치 조절
- 다층 퍼셉트론의 학습 단계
- 순전파와 역전파
- 오차 역전파 알고리즘의 간략한 역사

역전파 알고리즘에
대한 직관적 이해
- 계산 그래프를 이용한 오차 역전파의 이해
- 계산 그래프의 순방향 계산
- 계산 그래프의 역방향 계산

계산 그래프 실습하기
- 곱셈 노드, 덧셈 노드의 미분과 역전파 과정
- 전체 계산 그래프를 만들기
- 입력 노드에 대한 출력값의 영향을 어떻게 활용할까
- 오차와 계산 그래프

시그모이드 계층의
역전파
- 시그모이드 함수의 미분과 계산 그래프
- 퍼셉트론의 구조와 계산 그래프 그리고 오차 역전파의 혁신

ReLU 함수
- 활성화 함수의 중요성
- ReLU 함수를 그려보자

01 활성화 함수와 신경망의 가중치 조절

다층 퍼셉트론의 학습 단계

이전 장에서 우리는 인공신경망의 가중치를 조정하고 오차를 줄이는 방법에 대하여 알아보았다. 이 것은 오차 곡면의 기울기를 가중치에 대해 구한 뒤에 이 기울기를 따라 내려가는 **경사하강법** ^{gradient} ^{descent} 을 사용하여 구현할 수 있다. 경사하강법과 이를 이용한 다층 퍼셉트론의 학습 과정은 다음과 같은 단계로 나누어 볼 수 있을 것이다.

단계 1: 임의의 초기 가중치를 가진 퍼셉트론에 입력 데이터를 넣어 준다.
단계 2: 입력값과 가중치를 이용하여 퍼셉트론의 노드 각각에 대한 가중합을 계산한다.
단계 3: 노드 각각의 가중합을 구하고 이를 활성화 함수의 입력으로 넣어 준다.
단계 4: 단계 2와 단계 3의 과정을 출력 노드까지 반복한다.
단계 5: 출력 노드의 값과 목표값의 차이를 구한다.
단계 6: 출력 노드의 값과 목표값의 차이를 이전 퍼셉트론에 전달하여 가중치 값을 수정한다.
단계 7: 수정된 가중치 값을 이용하여 단계 2에서 단계 6까지를 반복한다.
단계 8: 더 이상 학습이 이루어지지 않을 때까지 위의 과정을 반복한다.

딥러닝 알고리즘은 여러 퍼셉트론 층을 만든 후 경사하강법의 기울기를 이용하여 각 퍼셉트론 층의 가중치를 점진적으로 수정해야 한다. 이를 위하여 각 층별 미분값과 활성화 함수 $\phi()$의 미분을 구하는 것이 필요하다. 이때 가중치 학습의 근거가 되는 것은 모델의 추정치와 정답값(또는 목표값 t)과의 차이인 오차 E이다. 출력값 또는 추정값은 보통 $\hat{y}$으로 나타내는데 이 장에서는 표기의 편의를 위하여 y로 나타낼 것이다. 정답값과 추정값의 차이인 오차를 이용하여 많은 층을 가진 퍼셉트론의 가중치를 수정하는 방법은 앞으로 다양한 수학 기호를 사용하여 표기하고자 한다. 수학에서는 많은 기호를 사용하여 표기하는데, 이렇게 기호를 사용하는 이유는 다음과 같은 장점이 있기 때문이다.

1. **명확성**: 수학 표현에서 기호는 특정한 의미를 가지며, 이로 인해 수학적 개념이나 작업을 명확하고 정확하게 표현할 수 있다.
2. **간결성**: 기호를 사용하면 복잡한 개념이나 공식을 간결하게 표현할 수 있다. 예를 들어, 연속적인 덧셈을 나타내는 시그마 기호($\sum$)나 무한대(∞)와 같은 기호를 사용하면 복잡한 개념을 간단하게 표현할 수 있다.
3. **일반화**: 기호는 특정한 수나 객체 대신 일반적인 개념을 표현하는 데 사용될 수 있다. 이는 공식이나 정리를 일반적인 상황에 적용할 수 있게 해준다.
4. **추상화**: 기호를 사용하면 구체적인 개체나 수치에 얽매이지 않고 더 높은 수준의 추상적인 사고를 가능하게 한다. 이는 복잡한 문제를 해결하는 데 도움이 된다.
5. **의사소통**: 기호는 수학자들 사이의 의사소통을 용이하게 한다. 특정 기호는 전 세계의 수학자들에게 동일한 의미를 가지므로, 이를 통해 수학적 아이디어와 결과를 효과적으로 공유할 수 있다.

이제 심층 신경망의 오차 E에 대해서 가중치 ω를 갱신하는 미분에 대해서 살펴보자. ∂ 기호는 그리스 문자 δ(델타)의 변형이며, $\frac{\partial E}{\partial \omega}$을 '$\omega$에 대한 E의 편미분'이라고 읽는다. 경사하강법을 나타내는 식에서 $(y - t)$는 출력값 y와 정답값 t의 차이이며, 이 차이가 줄어들 수 있도록 경사하강법을 사용해서 목표값에 다가가야 하는 것이 딥러닝 알고리즘이 하는 일이다.

이 장에서 사용할 표기법과 그 의미는 다음 표와 같다.

표기법	의미
E	출력값과 정답값과의 차이인 $(y - t)$로 오차를 의미함
ω	오차가 최소가 되도록 갱신되어야 하는 가중치
$\frac{\partial E}{\partial \omega}$	가중치에 대한 오차의 변화율
ϕ	활성화 함수
η	가중치를 갱신하기 위한 학습률

우리는 신경망의 출력값과 목표값을 알면 출력의 오차를 줄이는 가중치 변경을 아래의 수식을 사용하여 수행할 수 있다. 가중치 ω를 갱신하는 식은 원래 값에서 η로 나타낸 학습률과 ω에 대한 E의 편미분 $\frac{\partial E}{\partial \omega}$를 곱하는 방법으로 구할 수 있다.

$$\omega \leftarrow \omega - \eta \cdot \frac{\partial E}{\partial \omega}$$

위의 식을 다시 한번 살펴보자. 이 식은 우리가 모델의 출력값 y와 목표값 t를 알 때, 오차 E에 대해서 가중치 ω를 η만큼 조금씩 갱신하여 새로운 가중치를 얻고 이를 반복하는 신경망의 학습 알고리즘을 간단한 식으로 나타내고 있다.

이 방법을 신경망의 각 가중치에 적용하여 오차를 줄일 수 있다면, 복잡한 신경망도 학습이 가능할 것이다. 이제 그 방법을 생각해 보자.

순전파와 역전파

복잡한 문제를 해결하기 위해서는 일반적으로 신경망 연결을 여러 층으로 만들어야 한다. 이는 그림에서 ① 단계에 해당하며 같은 신경망이 연결된 구조에서 신호가 x를 거쳐 y로 전달된다. 이 방향으로 입력값과 가중치 값이 곱해져서 다음 단계로 전달되는 것을 순전파 forward propagation 라고 한다. 앞 절에서 오차를 줄이는 방향으로 가중치를 변경하는 방법을 살펴보았다. 그림에서 보면 출력 부분에서 확인할 수 있는 목표 t와 출력 $\hat{y}$의 차이가 바로 오차이다(② 의 과정). 마지막 단계로 오차에 대한 미분을 이용하여 연결망을 **거꾸로 타고 전달**시켜 가중치를 조정하는 단계가 필요하다. 이것이 그림 ③의 과정이다.

이전 장의 내용은 그림과 같이 요약할 수 있는데 그림 ①, ②, ③의 과정을 오차가 최소가 될 때까지 반복하는 것이 신경망의 학습 과정이다.

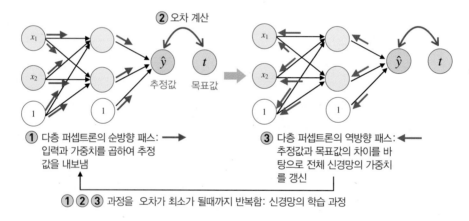

① 다층 퍼셉트론의 순방향 패스: ⟶
  입력과 가중치를 곱하여 추정
  값을 내보냄

③ 다층 퍼셉트론의 역방향 패스: ⟵
  추정값과 목표값의 차이를 바
  탕으로 전체 신경망의 가중치
  를 갱신

① ② ③ 과정을 오차가 최소가 될때까지 반복함: 신경망의 학습 과정

이 과정이 하나의 층에서 수행될 때에는 그림과 같이 입력 노드와 가중치, 이들 신호의 합산과 활성화 함수 그리고 추정값과 정답으로 단순화할 수 있다.

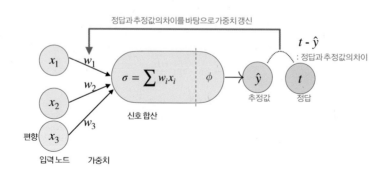

이 단계는 매우 깊은 층을 가지는 모델에 대해서도 효과적으로 잘 수행되어야 하는데, 지난 수십 년 동안 그림과 같이 깊은 층의 신경망이 가지는 많은 가중치를 갱신하는 것은 어려운 일이었다.

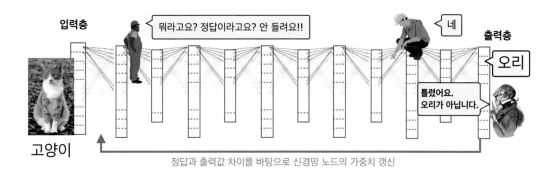

정답과 출력값 차이를 바탕으로 신경망 노드의 가중치 갱신

오차 역전파 알고리즘의 간략한 역사

오차 역전파 알고리즘은 신경망 학습에 사용되는 핵심적인 알고리즘이다. 이 알고리즘의 역사는 꽤 길게 이어지며, 그 발전은 딥러닝의 중요한 성공 요인 중 하나이다.

1. **1950년대 말**: 오차 역전파의 초기 아이디어는 1950년대 말 프랭크 로젠블랫에 의해 등장했다. 이 방법은 시스템의 출력이 기대하는 결과와 실제 값 사이의 차이를 통해서 입력을 조절하는 방법에 대한 아이디어를 제시했다.

2. **1970년대**: 1970년대에는 연구자들이 다층 퍼셉트론을 학습시키는 방법에 대해 고민하게 된다. 이에 대한 해답으로, 오차 역전파 알고리즘이 제안되었으나 이때에는 큰 주목을 받지 못했다.

3. **1986년**: 오차 역전파 알고리즘은 1986년에 데이비드 럼멜하트, 제프리 힌턴 등이 발표한 논문인 **역방향 오차를 통한 학습 표현**(Learning representations by back-propagating errors)에서 재발견되고 널리 알려지게 되었다. 이 논문에서 제시된 오차 역전파 알고리즘은 다층 퍼셉트론의 학습에 이용되어 실질적으로 신경망 학습이 가능하게 되었다. 그러나 이 알고리즘은 여러 가지 기술적인 문제점을 완전히 극복하지는 못했다.

4. **2006년 이후**: 하지만 2006년에 **제프리 힌턴** 교수의 논문 제목에 등장하는 **심층 신뢰 네트워크** Deep Belief Networks 의 개념과 함께 신경망에 대한 관심이 다시 부상하게 되었다. 이후, 오차 역전파 알고리즘은 빅데이터와 GPU의 발전 그리고 기존의 문제점을 극복한 새로운 신경망 구조의 발명과 함께 현재의 딥러닝 붐의 중심에 서게 되었다.

## 02

역전파 알고리즘에 대한 직관적 이해

계산 그래프를 이용한 오차 역전파의 이해

오차 역전파를 제대로 이해하기 위해서는 수치 미분, 편미분, 선형대수에 대한 지식이 필요하다. 하지만 이러한 수식 중심의 방법은 많은 수식과 연산이 나오기 때문에 오차 역전파의 본질을 놓칠 수 있다. 따라서 이 책에서는 오차 역전파를 이해하기 위한 방법으로 **계산 그래프**를 사용할 것이다. 계산 그래프에 관한 강의 중에서 세계적으로 가장 널리 알려진 것은 스탠퍼드 대학의 CS231n 교과의 강의로 이 책은 해당 내용을 중심으로 설명할 것이다. 오차 역전파에 대한 상세한 수식 중심의 방법과 상세한 코드는 저자의 또 다른 책을 참고하기 바란다.

오차 역전파 문제의 핵심은 다음과 같이 정리할 수 있다.

> - **오차 역전파 문제의 핵심:** 오차 역전파 알고리즘은 **신경망의 출력 오차를 거꾸로 전파시켜 각 퍼셉트론의 가중치를 조정하는 방식으로 신경망의 성능을 최적화하는 방법**이다. 이 방법은 딥러닝의 핵심이 되는 알고리즘이다.

이상의 핵심을 바탕으로 오차 역전파 문제를 계산 그래프로 이해해 보자. 계산 그래프란, 계산의 과정을 노드와 간선을 가지는 그래프로 나타내는 표현 방법이다. 이 계산 그래프 computational graph 는 다음과 같은 이유로 오차 역전파 알고리즘을 이해하는 데 유용한 도구이다.

- **시각화:** 계산 그래프는 복잡한 계산 과정을 시각적으로 표현하며, 그래프의 각 노드는 연산을, 간선은 데이터를 나타낸다. 이렇게 하면 연산의 흐름을 쉽게 파악하고, 미분을 적용할 때 어떤 식으로 진행되는지 이해하는 데 도움이 된다.
- **연쇄 법칙의 적용:** 여러 계산 단계의 그래프상에서 미분 계산을 할 때 연쇄 법칙을 이용하는데, 계산 그래프는 이 연쇄 법칙이 어떻게 적용되는지 직관적으로 이해하는 데 도움이 된다. 또한 그 과정을 시각적으로 나타내어 주므로 유용하다. 오차 역전파 계산 과정에서는 각 노드에서의 지역 기울기값을 미리 계산한 후, 이들을 역방향으로 곱하여 최종 미분값을 얻는데, 계산 그래프는 이 과정을 명확하게 보여준다.

- **효율성:** 계산 그래프를 사용하면, 순방향 계산과 역방향 계산을 모두 수행할 수 있다. 이는 중간 계산 결과를 재사용하므로, 계산량을 줄이고 효율성을 높이는 데 도움이 된다.

계산 그래프의 순방향 계산

계산 그래프를 이해하기 위하여 간단한 예시 함수를 들어보자. 이 함수는 $f(x, y, z)$로 표기할 것인데, x, y, z를 변수로 가지며 다음과 같은 형태로 되어 있다.

$$f(x, y, z) = (x + y)z$$

만일 이 함수에 x, y, z 값으로 100과 200, 0.5를 준다면 어떻게 될까? 그 결과는 그림과 같이 100 + 200의 결과 300에 .5가 곱해져서 150이라는 결과가 나오게 될 것이다. 이러한 최종 결과를 만드는 순방향 패스와 계산 과정은 그림에서 녹색으로 표시되어 있다.

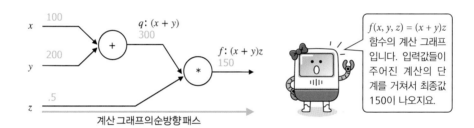

계산 그래프의순방향패스

이와 같은 계산 과정은 그림과 같이 입력과 출력 그리고 각각의 연산을 의미하는 노드 ^{node} 와 그 다음 단계의 이동을 의미하는 간선 ^{edge} 형태로 나타낼 수 있다. 이 계산 그래프에서 입력이 x, y, z이고 출력이 f인 경우, 그림과 같은 계산 단계를 거쳐서 최종값이 나오게 된다.

이를 코드로 구현하면 다음과 같다. 이 코드에서 사용된 q는 $(x + y)$와 같으며 계산 그래프 내부에서 사용되는 임시 변수이다.

```python
# x, y, z 입력값 지정하기
x, y, z = 100, 200, 0.5
print('x =', x, 'y =', y, 'z =', z)

# 순방향 패스를 계산하자
q = x + y      # 임시 변수 q는 300을 가짐
f = q * z      # f는 150
print('순방향 패스의 결과 : q =', q, 'f =', f)
```

```
x = 100 y = 200 z = 0.5
순방향 패스의 결과 : q = 300 f = 150.0
```

이 순방향 패스를 구하는 코드를 통해서 계산의 최종 결과가 150.0이 되는 것을 볼 수 있다.

위의 식에서 $q = (x + y)$이고 $f = qz$이므로 이러한 단계를 밟아서 최종적으로 f 값이 계산되어있는데, 역전파 단계는 이 과정을 거꾸로 올라가는 방식을 사용하게 된다. 역전파를 사용하는 이유는 그림과 같이 입력값 x, y, z가 최종 결과 f에 미치는 영향력을 알아보고 이 영향력만큼 가중치를 조정하여 최종 출력 오차를 줄이기 위해서이다.

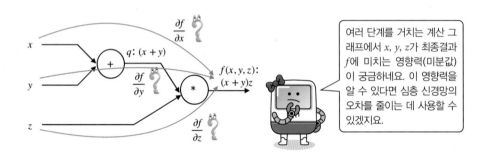

입력 x, y, z가 최종 결과 f에 미치는 영향력을 미분 표현식으로 나타내면 $\dfrac{\partial f}{\partial x}, \dfrac{\partial f}{\partial y}, \dfrac{\partial f}{\partial z}$로 나타낼 수 있다.

하지만 위의 계산 그래프에 나타난 바와 같이 x에 대한 f의 편미분 $\dfrac{\partial f}{\partial x}$는 직접적으로 구할 수는 없다. 대신 다음과 같은 연쇄 법칙을 사용한다면 이를 구하는 것이 가능하다.

$$\frac{\partial f}{\partial x} = \frac{\partial f}{\partial q}\frac{\partial q}{\partial z}$$

이를 위하여 q에 대한 f의 변화량 $\dfrac{\partial f}{\partial q}$와 x에 대한 q의 변화량 $\dfrac{\partial q}{\partial z}$를 구한 다음, 이를 이용하여 x에 대한 f의 변화량을 구할 수 있다.

그리고 y에 대한 f의 편미분 $\dfrac{\partial f}{\partial y}$ 역시 위의 방식과 같이 구할 수 있을 것이다. 이 편미분값은 계산 그래프의 중간 노드가 입력된 함수에 대한 미분값을 미리 계산해서 저장하면 역전파 단계에서 사용할 수 있다. 이와 같이 중간 노드가 가진 중간 단계의 미분 값을 국소적 미분값 또는 지역 기울기라고 한다.

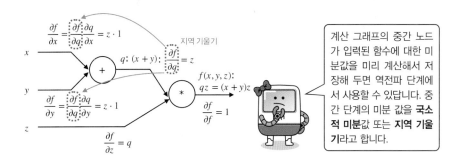

우리는 f를 구하기 위하여 $q = (x + y)$와 $f = qz$라는 두 개의 표현식을 사용했는데, 이 중 $q = (x + y)$로부터 다음과 같은 편미분값을 얻을 수 있다.

$$\frac{\partial q}{\partial x} = 1, \quad \frac{\partial q}{\partial y} = 1$$

다음으로 $f = qz$식으로부터 다음과 같은 편미분값을 얻을 수 있다.

$$\frac{\partial f}{\partial q} = z, \quad \frac{\partial f}{\partial z} = q$$

이 결과를 이용하여 위의 식을 풀어보면 다음과 같은 결과를 쉽게 얻을 수 있다.

$$\frac{\partial f}{\partial z} = \frac{\partial f}{\partial q}\frac{\partial q}{\partial x} = z \cdot 1 = z, \quad \frac{\partial f}{\partial y} = \frac{\partial f}{\partial q}\frac{\partial q}{\partial y} = z \cdot 1 = z$$

이러한 전개를 통해서 우리는 x에 대한 f의 기울기, y에 대한 f의 기울기 그리고 z에 대한 f의 기울기 $\frac{\partial f}{\partial x}, \frac{\partial f}{\partial y}, \frac{\partial f}{\partial z}$를 각각 구했다.

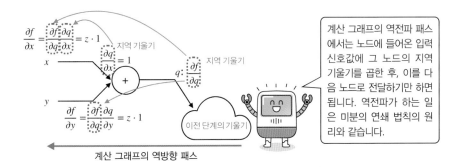

계산 그래프의 역방향 계산

이제 순전파와 반대로 계산 그래프를 역방향으로 따라가 보자. 역방향 패스는 그림에서 파란색으로 표시되어 있다. 이 방법은 순방향 패스와 달리 출력 노드에서 시작해서 연쇄 법칙을 적용하여 입력 노드까지 경사값을 재귀적으로 구하게 된다. 역방향 단계에서 가장 먼저 계산하는 것은 $\frac{\partial f}{\partial f}$인데 이 값은 자명하게 1이 된다. 다음으로 $\frac{\partial f}{\partial q}$를 계산하면 이 값은 위에서 구한 것과 같이 z가 된다. 따라서 실제 값은 .5가 된다. 그 다음으로 $\frac{\partial f}{\partial z}$를 구하면 이 값은 q와 같기 때문에 그림처럼 300이 된다. 마지막 단계로 $\frac{\partial f}{\partial x}, \frac{\partial f}{\partial y}$를 구하면 모두 z가 됨을 알 수 있다. 따라서 이 값은 .5가 된다.

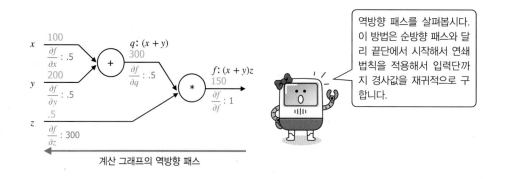

계산 그래프의 역방향 패스

역방향 패스를 살펴봅시다. 이 방법은 순방향 패스와 달리 끝단에서 시작해서 연쇄 법칙을 적용해서 입력단까지 경사값을 재귀적으로 구합니다.

이 과정을 코드로 구현하면 다음과 같은 코드를 얻을 수 있을 것이다.

```
# 역방향 패스를 역순으로 수행하자
# 최초 역전파는 f = q * z부터 시작함
dfdz = q          # df/dz = q, 따라서 z의 기울기는 300
dfdq = z          # df/dq = z, 따라서 q의 기울기는 .5
dqdx = 1.0
dqdy = 1.0
# q = x + y를 역전파시켜보자
dfdx = dfdq * dqdx  # 연쇄 법칙에 의한 값
dfdy = dfdq * dqdy

print('df/dx = ', dfdx)
print('df/dy = ', dfdy)
print('df/dz = ', dfdz)
```
```
df/dx =  0.5
df/dy =  0.5
df/dz =  300
```

이와 같은 계산 그래프에서 출력 f에 대한 입력 x, y의 영향력을 구하기 위해서는 계산 과정에 필요한 $\frac{\partial q}{\partial x}$와 $\frac{\partial q}{\partial y}$가 미리 계산되어 있어야만 한다. 이 변화량 또는 기울기는 입력값이 출력에 미치는 영향력인 전역 기울기와는 달리 지역적인 영향력이라는 의미에서 지역 기울기라고 한다.

NOTE: 오차 역전파에 대한 직관적인 이해

딥러닝의 가장 핵심적인 학습 원리인 역전파는 사실 매우 **국소적인 과정**이다. 계산 그래프의 모든 노드는 이웃 노드로부터 입력을 받아서 두 가지의 일을 한다. 하나는 순방향 전파를 위한 출력값을 계산하는 것이며, 다른 하나는 입력에 대한 출력의 지역 기울기를 구하는 것이다. 이때 **지역 노드는 전체 계산 그래프의 세부적인 정보를 모두 다 인식하지 않더라도 완전히 독립적으로 이 작업을 수행할 수 있다.**

일단 순방향 패스가 종료되고 나서 이루어지는 오차 역전파 과정에서 계산 그래프의 각 노드는 전체 그래프의 최종 출력에 대한 영향력을 얻기 위하여 순전파 단계에서 구한 지역 기울기를 이용한다. 미분의 중요한 개념인 연쇄 법칙을 잘 이용하면, 각 노드는 지역 기울기를 사용하여 모든 입력값이 출력에 미치는 영향력을 알 수 있다.

도전 문제 6.1: 계산 그래프 만들기

1. 다음과 같은 형태의 수식 $f(x)$가 있다. 이 수식을 계산 그래프로 나타내어라.

$$f(x) = x(y + z)$$

2. 동윤이는 동네 편의점에서 김밥을 두 개, 보리음료를 네 개 구입했다. 김밥은 3,000원, 보리음료는 1,200원이다. 이 물건들은 모두 원래 가격에 10%의 부가가치세를 내고 구입해야만 한다. 동윤이가 구입한 물건들과 개수를 이용하여 동윤이가 최종적으로 지불한 돈을 계산 그래프로 나타내고 계산하여라.

03 계산 그래프 실습하기

앞서 살펴본 도전 문제 6.1의 두 번째 문제를 다시 한번 살펴보자. 이 문제는 다음과 같이 수정할 수 있다.

> 동윤이는 동네 편의점에서 바나나를 세 개, 음료수를 두 개 구입했다. 바나나는 1,000원, 음료수는 2,000원이다. 이 물건들은 모두 원래 가격에 10%의 부가가치세를 내고 구입해야만 한다. 동윤이가 구입한 물건들과 개수를 이용하여, 동윤이가 최종적으로 지불한 돈을 계산 그래프로 나타내고 그 결과를 계산하여라. 계산 그래프에서 최종적으로 지불한 돈에 대한 순방향 패스값을 구하여라.

이 문제의 주인공 동윤이가 지불한 돈을 계산 그래프로 구해보도록 하자. 동윤이는 바나나 세 개와 음료수 두 개를 구입했고 각각의 가격이 1,000원, 2,000원이므로 다음과 같이 계산 그래프로 표현할 수 있다. 수학적인 표기를 쉽게 하기 위하여 이 계산 그래프에서 바나나의 가격은 ω_0, 바나나의 개수는 x_0, 음료수의 가격은 ω_1, 음료수의 개수는 x_1 그리고 부가가치세는 ω_2라는 변수로 각각 표기하였다.

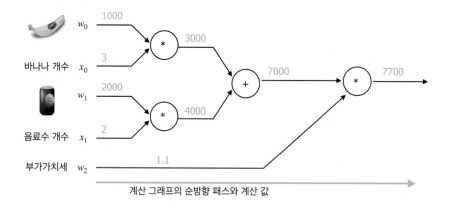

계산 그래프의 순방향 패스와 계산 값

이 계산 그래프의 순방향 패스에서 계산이 이루어지는 과정은 다음 단계와 같다.

- 바나나 한 개 가격: 1,000원, 개수: 세 개로 전체 금액은 3,000원
- 음료수 한 개 가격: 2,000원, 개수: 두 개로 전체 금액은 4,000원
- 바나나 세 개, 음료수 두 개의 전체 가격은 3,000원 + 4,000원 = 7,000원
- 7,000원에 대한 부가세 10%: 700원
- 최종적으로 지불한 돈 7,700원

이제 위의 계산 그래프를 $f(x, \omega)$라는 이름의 함수로 표현해 보자. 이 함수의 변수는 ω_0, x_0, ω_1, x_1, ω_2이므로 간략하게 $f(x, \omega)$로 표기하였다. 이 함수는 다음과 같이 표기할 수 있으며, 이 함수에 값을 넣어 계산하면 이전에 구한 결과값 7700이 나타나는 것을 알 수 있다.

$$f(x, \omega) = (\omega_0 x_0 + \omega_1 x_1)\omega_2$$
$$= (1000 \times 3 + 2000 \times 2) \times 1.1$$
$$= 7700$$

이제 이 과정을 역방향으로 따라가며 계산 그래프의 미분값을 구해보도록 하자. 계산 그래프의 특징을 자세히 살펴보면 계산 과정에서 사용된 연산 노드는 곱셈 노드와 덧셈 노드만 있다는 것을 알 수 있다. 이제 곱셈 노드와 덧셈 노드가 역전파 단계에서 어떤 일을 하는지 먼저 살펴보도록 하자.

곱셈 노드, 덧셈 노드의 미분과 역전파 과정

곱셈 노드의 미분과 역전파 과정

곱셈 노드의 계산 그래프를 구하기 위해서 다음과 같이 p_1, p_2, q라는 임시 변수를 정의하도록 하자.

$$p_0 = \omega_0 x_0$$
$$p_1 = \omega_1 x_1$$
$$q = p_0 + p_1$$

이 임시변수에 의하여 출력 함수 f는 다음과 같이 정의된다.

$$f = q\omega_2$$

이 함수 f를 q와 ω_2에 대하여 각각 편미분을 하면 어떻게 될까? 계산 그래프의 함수 f가 두 변수의 곱으로만 이루어진 경우 그리고 이 변수들이 모두 차수가 1인 변수인 경우에 대해서만 고려해 보자. 이 경우, 각 변수에 대하여 함수 f를 편미분하면 그 결과는 차수가 1인 변수가 사라지고 다른 변

수만 남게 된다. 따라서 우리는 다음 결과를 얻을 수 있다.

$$\frac{\partial f}{\partial q} = \omega_2, \quad \frac{\partial f}{\partial \omega_2} = q$$

이 결과는 매우 단순하기 때문에 우리는 계산 그래프의 순방향 계산 과정에서 이 결과값을 미리 계산해 둘 수 있을 것이다.

이 결과에서 우리는 함수 f에 대한 미분만을 구했지만 p_0와 p_1에 대해서도 다음과 같은 편미분 결과를 얻을 수 있다.

$$\frac{\partial p_0}{\partial \omega_0} = x_0, \quad \frac{\partial p_0}{\partial x_0} = \omega_0$$

$$\frac{\partial p_1}{\partial \omega_1} = x_1, \quad \frac{\partial p_1}{\partial x_1} = \omega_1$$

이 결과를 통해 우리는 다음과 같은 특징을 살펴볼 수 있다.

> 두 변수의 단순 곱셈으로 이루어진 함수 $f(x, y) = xy$가 있을 경우, 이 함수의 x에 대한 편미분 $\frac{\partial f}{\partial x}$는 y이며,
>
> $\frac{\partial f}{\partial y}$는 x이다.

이러한 특징에 대한 관찰을 바탕으로 우리는 계산 그래프의 순방향 전파 단계에서 다음 그림과 같이 지역 기울기를 구할 수 있다. 즉, 단순 곱셈 노드에서 지역 기울기는 다른 노드에서 입력된 변수 값을 그대로 사용하면 되는 것이다.

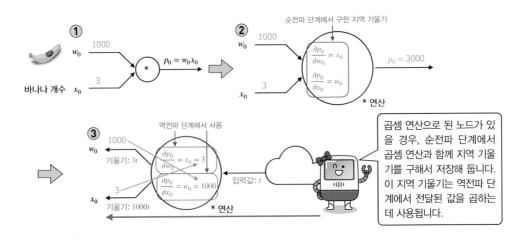

이 그림을 살펴보면 그림 ❶과 같이 바나나의 가격 ω_0와 개수 x_0가 각각 1000, 3이므로 순전파 단계에서 이들의 곱 $\omega_0 x_0$의 계산 결과인 3000이 저장된다. 그와 동시에 $\dfrac{\partial p_0}{\partial \omega_0} = x_0$와 $\dfrac{\partial p_0}{\partial x_0} = \omega_0$가 계산되어 그림 ❷와 같이 지역 기울기로 저장된다. 한편 그림 ❸은 순전파 단계가 아닌 역전파 단계의 계산 과정을 나타낸다. 계산 그래프에서 많은 단계를 거쳐서 전달된 미분 입력값을 구름 모양의 기호 앞에 있는 t라고 가정하였다. 이제 입력값에 대한 ω_0 방향의 기울기는 $\dfrac{\partial p_0}{\partial \omega_0}\, t = x_0 t = 3t$가 되며, x_0 방향의 기울기는 $\dfrac{\partial p_0}{\partial x_0}\, t = \omega_0 t = 1000t$가 될 것이다.

도전 문제 6.2: 역전파 단계의 입력과 기울기   상 중 하

다음은 2,000원짜리 음료수와 이 음료수를 두 개 구입한 상황의 계산 그래프이다. 이 계산 그래프에서 빨간색 사각형 영역에 들어갈 알맞은 수식을 넣어 보도록 하자. 그림의 ❶, ❷, ❸은 모두 이 절에서 설명한 내용과 같이 순전파와 역전파 단계를 나타낸다.

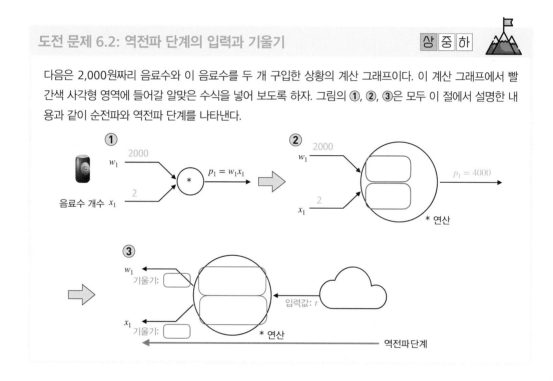

덧셈 노드의 미분과 역전파 과정

이제는 덧셈 연산의 미분과 계산 그래프 그리고 역전파 과정에 대하여 살펴보자. 다음과 같이 q라는 변수가 두 변수 p_0와 p_1의 단순합으로 된 경우를 살펴보자.

$$q = p_0 + p_1$$

이제 q를 p_0와 p_1각각에 대하여 편미분을 해 보자.

$$\frac{\partial q}{\partial p_0} = 1, \quad \frac{\partial q}{\partial p_1} = 1$$

편미분 결과는 위와 같이 1이므로 계산 그래프는 이 값을 지역 기울기값으로 저장하면 된다. 두 변수의 단순한 곱으로 된 함수의 편미분과는 달리 덧셈 연산의 편미분은 다음과 같은 특징을 가진다.

> 두 변수의 단순 덧셈으로 이루어진 함수 $f(x, y) = x + y$가 있을 경우 이 함수의 x에 대한 편미분 $\frac{\partial f}{\partial x}$는 1이며,
>
> $\frac{\partial f}{\partial y}$도 역시 1이다.

이와 같이 차수가 1인 변수들의 단순 덧셈 연산은 변수의 수에 관계없이 편미분값은 1이 될 것이다. 편미분의 결과로 나타난 1 값은 순전파 단계에서 미리 계산되어 저장된다(그림 ①, ②). 그리고 이 값은 그림 ③과 같이 역전파 단계에서 사용된다. 앞서 살펴본 곱셈 노드와 마찬가지로 여러 단계를 거친 t라는 입력에 대해서 역전파 단계인 ③에서는 p_0 방향의 기울기와 p_1 방향의 기울기 모두에 대하여 t를 단순히 전달하기만 한다.

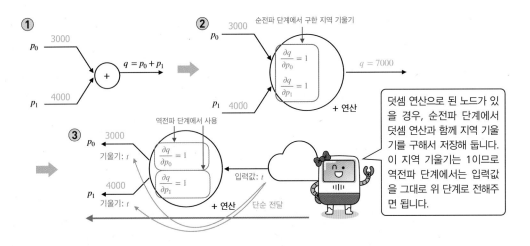

전체 계산 그래프를 만들기

이제 앞서 살펴본 계산 그래프 연산과 각 노드에 대한 편미분 결과를 바탕으로 다음과 같은 규칙을 만들고 이 규칙에 따라서 역전파를 수행하도록 하자. 다음은 계산 그래프의 수식이 **덧셈과 곱셈으로만 이루어진 간단한 경우**에 대한 수행 규칙이다.

단순 노드들의 역전파 수행 규칙

- **규칙 1:** 최종 노드의 미분은 자기 자신에 대한 미분이므로 1이 된다.
- **규칙 2:** 두 노드의 곱으로 이루어진 노드를 만나면 두 입력의 값을 서로 바꾼 값을 곱해서 다음 노드에 전달한다. 이 과정은 두 입력값의 교환 전달과 같다.
- **규칙 3:** 두 노드의 덧셈으로 이루어진 노드를 만나면 입력값을 다음 노드에 단순히 전달하기만 한다. 이 과정은 두 입력값을 통과시키는 것과 같다.

이제 이 수행 규칙에 따라 위의 계산 그래프에 대한 역전파 결과를 살펴보도록 하자. 최종 노드는 출력 노드 f로, 이 출력을 f로 미분하면 1이 된다(규칙 1). 이제 이 미분값을 이전 단계 패스에 곱한다.

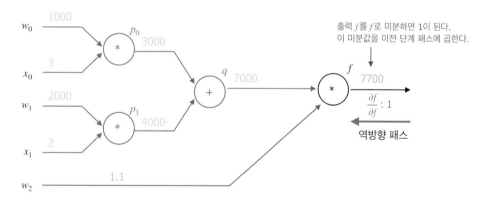

다음으로 $f = q\omega_2$ 식으로 이루어진 f 노드를 q와 ω_2로 각각 미분해 보자. 이 노드는 곱셈 노드이므로 규칙 2가 적용된다. 이 규칙에 의해서 q 노드 방향의 지역 기울기는 ω_2와 같으며, ω_2 노드 방향의 지역 기울기는 q와 같다.

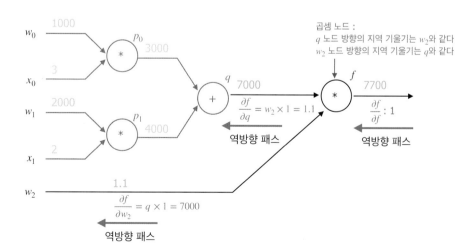

다음으로 $q = p_0 + p_1$ 식으로 이루어진 q 노드의 미분을 알아보자. 이 노드는 덧셈 노드이므로 규칙 3이 적용된다. 따라서 p_0 노드 방향의 지역 기울기는 1이므로 w_2와 같다. 또한 p_1 노드 방향의 지역 기울기도 1이므로 w_2와 같다. 이 결과는 위의 단순한 규칙을 적용한 것이기 때문에 계산에 드는 비용도 많지 않다.

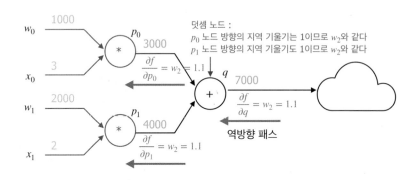

다음 단계는 $p_0 = \omega_0 x_0$의 곱셈 식으로 된 p_0 노드이다. 이 노드는 곱셈 노드이므로 역전파 수행 규칙 2가 적용된다. 따라서 그림과 같이 ω_0 노드 방향의 지역 기울기는 x_0와 같으며, x_0 노드 방향의 지역 기울기는 ω_0와 같다. 역전파 규칙에 의해서 p_0 노드로 입력된 값이 1.1이므로 ω_0 노드 방향의 지역 기울기 1.1에 x_0를 곱한 3.3이 최종 기울기가 된다. 반면 x_0 방향의 기울기는 ω_0와 같기 때문에 이 지역 기울기 ω_0 값에 1.1을 곱한 1100이 전역 기울기값이 된다.

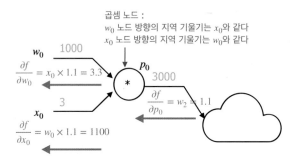

나머지 노드에 대해서는 다음 도전 문제를 통해서 알아보도록 하자.

다음 그림은 $p_1 = \omega_1 x_1$의 곱셈 식으로 된 p_1 노드이다. 이 노드는 곱셈 노드이므로 역전파 수행 규칙 2가 적용된다. 빨간색 사각형 영역에 들어갈 올바른 식을 적어 보자.

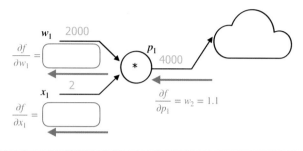

입력 노드에 대한 출력값의 영향을 어떻게 활용할까

이러한 계산 그래프와 지역 기울기를 바탕으로 입력값에 대한 출력값의 영향력을 구할 수 있다. 이제 다음과 같은 질문에 답해 보자.

Q. 바나나의 가격 ω_0(입력값)이 1,000원에서 2,000원으로 인상되었다면 최종 출력값은 얼마인가?

A. 바나나의 가격이 2,000원으로 인상되면 그림과 같은 과정을 통해서 최종 출력값은 11,000원이 된다.

이 내용을 계산 그래프로 표현하면 다음과 같다.

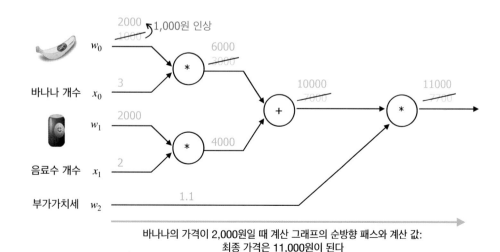

바나나의 가격이 2,000원일 때 계산 그래프의 순방향 패스와 계산 값:
최종 가격은 11,000원이 된다

그림과 같이 ω_0의 값이 2,000원이 되면, 그 변동값이 각각의 노드에 전파되어 최종 가격은 11,000원이 된다.

이제 다음과 같이 입력이 출력에 미치는 영향력을 이용하여 최종값을 구하는 방법을 알아보자. 이를 위하여 다음과 같은 질문이 주어진다.

> Q. 아래 계산 그래프에서 $\frac{\partial f}{\partial \omega_0}$가 3.3이므로 최종 출력에 미치는 영향력은 3.3이 될 것이다. 이 정보를 바탕으로 최종 출력값을 계산해 보자.
>
> A. 바나나의 가격이 2,000원으로 인상되면 1,000원의 변동이 생긴다. 이 변동이 최종 출력에 미치는 영향력은 3.3이므로 3,300원의 인상 요인이 발생한다. 원래 가격은 7,700원이므로 3,300원을 더하면 11,000원이 최종값이 된다.

이상의 내용에 대한 설명은 다음 그림을 통해서 쉽게 이해할 수 있다.

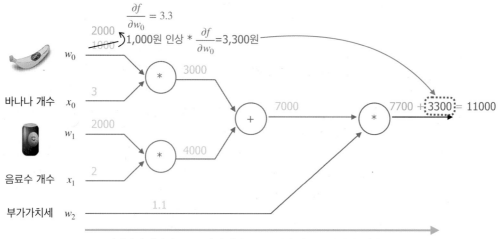

바나나의 가격이 2,000원이 되면 1,000원의 변동이 생기며 이 변동폭은
출력 f에 3,300원만큼의 영향을 미친다. 따라서 최종 가격은 11,000원이 된다.

그림을 살펴보면 계산그래프의 입력 ω_0의 값이 2,000원으로, 1,000원이 인상되었다. 이 변동폭은 최종 출력 f에 얼마나 영향을 줄까? 입력 ω_0의 f에 대한 영향은 $\frac{\partial f}{\partial \omega_0}$로 나타낼 수 있는데 이 값이 3.3이므로 1000 * 3.3 = 3,300원이 출력에 영향을 미치게 된다. 따라서 최종 값은 7700 + 3300이 되어 11,000원이 된다. 이 영향력은 위에서 구한 순전파 과정의 결과와 동일하다.

1. 이번에는 바나나의 수 x_0를 변경해 보자. 바나나의 수가 세 개가 아닌 네 개가 된다면 최종 가격은 얼마인가? 이 과정을 계산 그래프의 순전파 과정을 하나하나 밟아가면서 최종 가격을 계산해 보자.

2. 위의 순전파 과정 대신 $\dfrac{\partial f}{\partial x_0}$를 이용하여 최종 가격을 계산해 보자. 바나나의 수에 해당하는 입력 x_0의 f에 대한 영향은 $\dfrac{\partial f}{\partial x_0}$로 나타낼 수 있는데, 이 값을 이용하여 최종 가격을 계산해 보자. 최종 가격이 1.의 결과와 동일한지 비교해 보자.

오차와 계산 그래프

위의 과정은 각 노드가 결과에 미치는 영향을 구하는 방법으로 유효한데, 딥러닝이 하는 일은 오차를 바탕으로 각 노드의 가중치를 계산하는 일이다. 위에서 살펴본 문제를 조금 더 수정하여 다음과 같은 상황을 가정해 보도록 하자. 계산 그래프의 출력값($\hat{y}$)이 7,700원인데 실제 동윤이가 지불한 돈(t)이 11,000원이었다고 가정하자. 이 두 값의 오차는 3,300원인데 이 오차를 해결하기 위해서 바나나의 가격은 어떻게 조정되어야 할까?

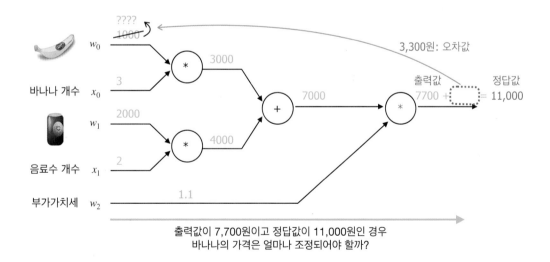

출력값이 7,700원이고 정답값이 11,000원인 경우
바나나의 가격은 얼마나 조정되어야 할까?

다른 물건의 가격이나 수를 조절하지 않는 단순한 상황을 가정한다면 바나나의 가격 변동이 최종 가격에 미치는 영향력만을 계산하면 될 것이다. 이 입력 w_0의 f에 대한 영향은 $\dfrac{\partial f}{\partial w_0}$이며, 이 미분값은 이미 3.3으로 구해진 값이기 때문에 $x \times \dfrac{\partial f}{\partial \omega_0} = x \times 3.3 = 3300$과 같은 연산이 가능하다. 이 연산에 의해 x는 1,000원이라는 것을 알 수 있다.

이러한 과정은 다음의 그림으로 확인할 수 있다.

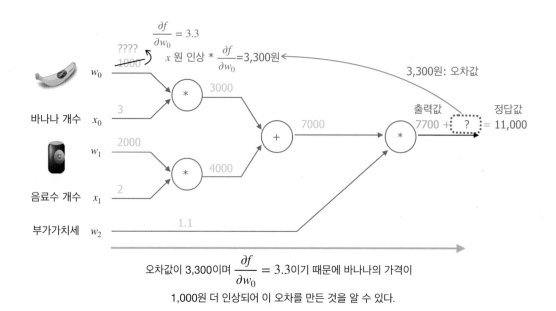

오차값이 3,300이며 $\dfrac{\partial f}{\partial w_0} = 3.3$이기 때문에 바나나의 가격이
1,000원 더 인상되어 이 오차를 만든 것을 알 수 있다.

04 시그모이드 계층의 역전파

딥러닝 알고리즘의 핵심을 이루는 다층 퍼셉트론은 여러 입력값과 이 입력값에 대한 가중곱 그리고 이들의 합으로 이루어지며 이 가중합은 활성화 함수를 통해서 다음 단계로 전파된다. 이제 입력된 값과 가중치의 곱 그리고 이들의 합으로 이루어진 노드는 이전 절에서 다룬 방법으로 역전파 단계의 미분값을 구할 수 있다.

이제 이 값들의 활성화 함수에 대한 미분과 역전파 과정을 살펴보도록 하자. 딥러닝을 위한 활성화 함수는 여러 가지가 있으나 이 함수들 중에서 가장 기본이 되는 함수인 시그모이드 함수에 대해 우선 살펴보자. 활성화 함수를 $\phi()$라고 할 때, 이 활성화 함수의 미분은 $\phi'()$로 표기하는데 이것만 안다면 입력 x, 출력 y, 목표값 t를 이용하여 가중치를 갱신하는 데 사용할 수 있다. 그런데 우리가 사용했던 **계단 함수는 미분이 불가능한 지점이 있고, 미분이 되는 곳에서도 미분치가 언제나 0**이다. 따라서 이 방법을 사용하기 위해서는 미분이 가능한 **새로운 활성화 함수**가 필요하다.

신경망에서는 그림 ①과 같은 형태를 가지는 시그모이드 sigmoid 함수를 활성화 함수로 도입한다. 시그모이드 함수를 이전 장에서 표기한 계단 함수와 동일하게 $\phi(x)$로 나타낼 수 있다. 이 함수는 모든 구간에서 미분이 가능해야 하며, 그 미분의 결과는 오른쪽 그림 ②에 나타난 바와 같이 모든 구간에서 연속이다. 이 함수 $\phi'(x)$는 다음과 같이 구현된다.

$$\phi(x) = \frac{1}{1 + e^{-x}} \qquad\qquad \phi'(x) = \frac{1}{1 + e^{-x}}\left(1 - \frac{1}{1 + e^{-x}}\right)$$

①

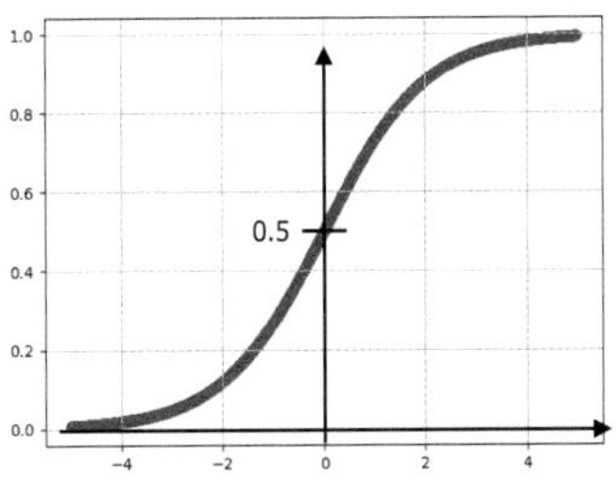

시그모이드 함수: $\dfrac{1}{1 + e^{-x}}$

②

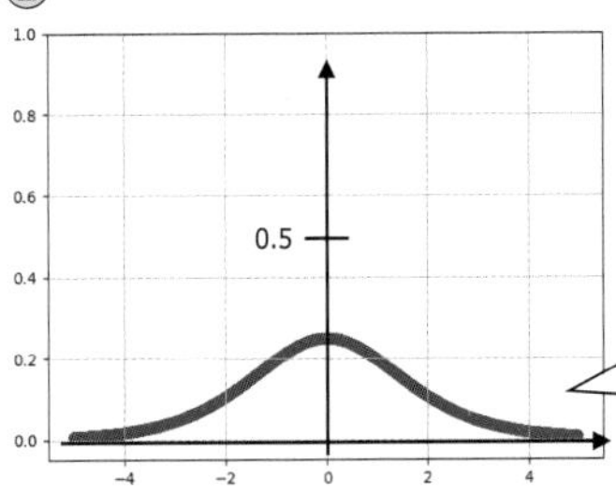

시그모이드 함수의 미분: $\dfrac{1}{1 + e^{-x}}(1 - \dfrac{1}{1 + e^{-x}})$

시그모이드 함수와 이 함수의 미분 함수입니다. 두 함수는 모든 구간에서 연속인 함수이지요. 시그모이드 함수의 미분은 원래의 함수를 그대로 이용하여 표현할 수 있답니다.

이 함수는 미분이 가능하다는 장점과 함께, 또 하나의 큰 장점이 있다. 이 **함수의 미분은** 다음과 같이 **원래의 함수를 이용하여 표현**할 수 있다.

$$\phi'(x) = \phi(x)(1 - \phi(x))$$

활성화 함수로 시그모이드 함수를 사용하게 되면 이와 같이 간단하게 미분을 구할 수 있다는 장점이 있으나 다른 단점이 많아서 효율적이지 않다. 이에 관해서는 뒷부분에서 상세하게 다룰 것이다.

시그모이드 함수의 미분과 계산 그래프

시그모이드 함수는 미분의 결과가 자기 자신 $\phi(x)$ 곱하기 $(1 - \phi(x))$의 간단한 모양으로 되어 있는데 어떻게 해서 이렇게 간단하게 나타날까? 시그모이드 함수를 $\phi(x)$로 나타내고 이 함수를 미분하는 단계를 하나하나 표기하면 다음과 같이 되는 것을 볼 수 있다. 이와 같은 결론이 나오는 이유는 $\phi(x) = \dfrac{1}{1 + e^{-x}}$ 함수가 가지는 특수한 형태 때문이다.

$$
\begin{aligned}
\frac{d}{dx}\phi(x) &= \frac{d}{dx}(1 + e^{-x})^{-1} \\[2mm]
&= (-1)\frac{1}{(1 + e^{-x})^2}\frac{d}{dx}(1 + e^{-x}) \\[2mm]
&= (-1)\frac{1}{(1 + e^{-x})^2}(0 + e^{-x})\frac{d}{dx}(-x) \\[2mm]
&= (-1)\frac{1}{(1 + e^{-x})^2}e^{-x}(-1) \\[2mm]
&= \frac{e^{-x}}{(1 + e^{-x})^2} \\[2mm]
&= \frac{1 + e^{-x} - 1}{(1 + e^{-x})^2} \\[2mm]
&= \frac{(1 + e^{-x})}{(1 + e^{-x})^2} - \frac{1}{(1 + e^{-x})^2} \\[2mm]
&= \frac{1}{(1 + e^{-x})} - \frac{1}{(1 + e^{-x})^2} \\[2mm]
&= \frac{1}{(1 + e^{-x})}\left(1 - \frac{1}{(1 + e^{-x})}\right) = \phi(x)(1 - \phi(x))
\end{aligned}
$$

시그모이드 함수는 그림과 같이 여러 노드로 이루어진 계산 그래프로도 나타낼 수 있다. 이 계산 그래프는 $\phi(x) = \dfrac{1}{(1 + e^{-x})}$의 순방향 계산 과정인데, e^x 계산을 exp 노드로 표현하였다. 계산 그래프의 입력이 1.0이 될 경우 *−1 노드의 계산 결과값은 −1.0, exp 노드의 계산 결과값은 $0.37(e^{-1.0})$, + 1 노드의 계산 결과값은 1.37, 마지막 노드 $1/x$의 결과값은 0.73이 되는 것을 알 수 있다.

$$\phi(x) = \frac{1}{1 + e^{-x}}$$ 함수의 순방향 계산

이 계산 그래프의 출력은 다음과 같은 코드로 간단하게 확인할 수 있다. 노드의 이름은 n0부터 n1, n2, n3, n4로 각각 부여하였다.

```
import math

n0 = 1.0
print('n0 =', n0)
n1 = n0 * -1.0
print('n1 =', n1)
n2 = math.e ** (n1)   # e**(-1)
print('n2 =', n2)
n3 = n2 + 1
print('n3 =', n3)
n4 = 1/n3
print('n4 =', n4)
```

```
n0 = 1.0
n1 = -1.0
n2 = 0.36787944117144233
n3 = 1.3678794411714423
n4 = 0.7310585786300049
```

이 함수의 순전파 단계에서 지역 기울기를 구해 두면, 이 지역 기울기를 역전파 계산 단계에서 차례로 활용할 수 있다. 이 계산 그래프에서 사용된 노드의 연산들을 함수 $f(x)$로 나타낼 때, 이 함수에 대한 도함수를 구하면 다음과 같다.

함수	도함수	함수	도함수
$f(x) = e^x$	$\dfrac{\partial f}{\partial x} = e^x$	$f(x) = \dfrac{1}{x}$	$\dfrac{\partial f}{\partial x} = -\dfrac{1}{x^2}$
$f(x) = ax$	$\dfrac{\partial f}{\partial x} = a$	$f(x) = x + c$	$\dfrac{\partial f}{\partial \omega} = 1$

표를 바탕으로 각 노드의 미분값을 구할 수 있으며, 이 미분(지역 기울기)은 다음과 같이 차례대로 구할 수 있다. 이 지역 기울기는 역방향 계산을 위해서 *-1 노드, exp 노드, +1 노드, 1/x 노드 각각에 대해서 구해야 한다.

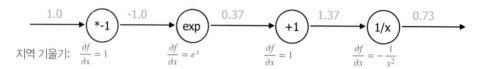

지역 기울기:
$$\frac{\partial f}{\partial x} = 1 \qquad \frac{\partial f}{\partial x} = e^x \qquad \frac{\partial f}{\partial x} = 1 \qquad \frac{\partial f}{\partial x} = -\frac{1}{x^2}$$

도전 문제 6.5: 시그모이드 함수의 순방향 계산 그래프 　상　중　하

1. 다음 그림은 $\phi(x) = \dfrac{1}{1 + e^{-1}}$의 순방향 계산 과정의 초기 입력값이 2.0이다. 빨간색 사각형 상자에 들어갈 올바른 식을 적으시오.

$$\phi(x) = \frac{1}{1 + e^{-x}} \text{ 함수의 순방향 계산}$$

2. 이 계산 과정을 파이썬 코드로 구현하여 각 단계의 값을 출력하여라.

이 지역 기울기를 활용하여 1/x 노드, +1 노드, exp 노드에 대한 전역 기울기를 구하면 그림 ①~③과 같다.

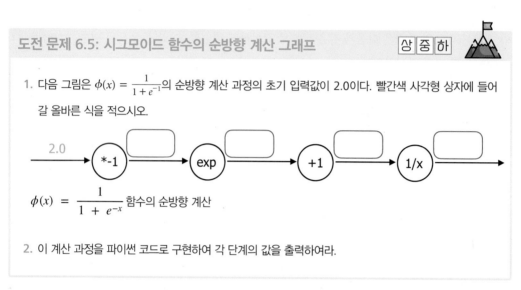

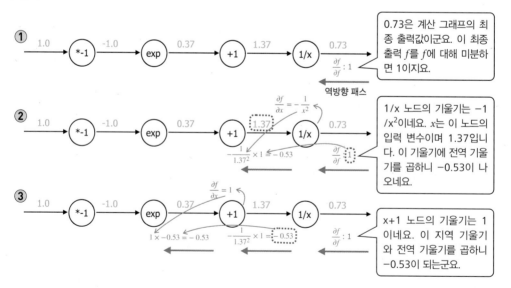

그림 **①**은 $\frac{\partial f}{\partial f}$이며, 이 값은 당연히 1이 된다. 그림 **②**에 나타난 $1/x$ 노드의 역방향 계산 값은 $\frac{\partial f}{\partial x} = -\frac{1}{x^2}$이다. 이 계산식에서 x는 $1/x$ 노드의 입력값 1.37이다. 따라서 이 값 $-\frac{1}{1.37^2}$에 전역 기울기 1을 곱한 $-\frac{1}{1.37^2} \times 1$이 지역 기울기값이며, 이는 -0.53이다. 이와 같은 방법으로 그림 **③**과 같은 값을 얻을 수 있다.

도전 문제 6.6: 시그모이드 함수의 역방향 계산 그래프 　　상 중 하

1. 다음 그림은 $\phi(x) = \frac{1}{1 + e^{-1}}$의 역방향 계산 과정이다. 빨간색 사각형 상자에 들어갈 exp 노드의 전역 기울기를 계산하여라.

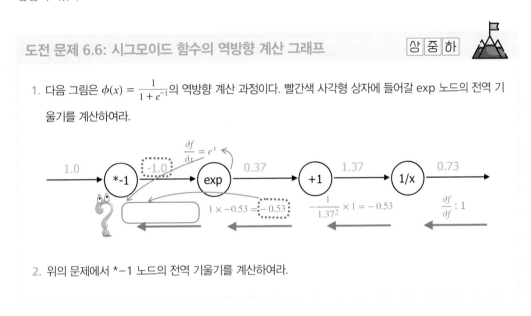

2. 위의 문제에서 $*-1$ 노드의 전역 기울기를 계산하여라.

이러한 과정을 통해 $*-1$ 노드에 대한 전역 기울기까지 구하게 되면 그림과 같이 0.2가 나타난다.

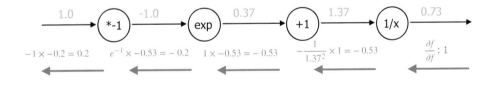

시그모이드 함수를 활성화 함수로 이용하기 좋은 점은 위와 같은 복잡한 과정을 매우 간단하게 구할 수 있다는 점이다. 다음 그림 **①**에서 빨간색 사각형 영역은 $\phi(x)$ 함수이며, 순전파 과정에서 그림 **②**와 같이 지역 기울기를 구할 수 있다. 이 지역 기울기는 $\phi(x)(1 - \phi(x))$로 나타낼 수 있다.

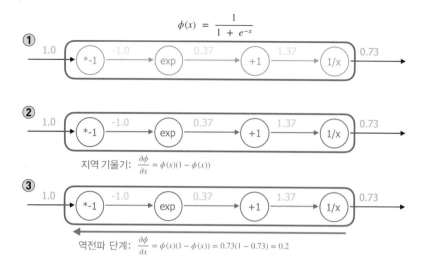

$$\phi(x) \;=\; \frac{1}{1 + e^{-x}}$$

이 지역 기울기를 바탕으로 전역 기울기를 구하려면 $\phi(x)$ 함수의 출력값 0.73을 그림과 같이 계산식에 사용하면 된다. 이와 같이 계산하면 0.2가 시그모이드 함수의 전역 기울기가 된다. 이 값은 $*-1$, exp, $+1$, $1/x$ 노드 각각에 대하여 지역 기울기를 구한 후, 이 지역 기울기에 대하여 각각 역전파 계산을 수행하고 이를 통해 도출된 값 0.2와 동일하다.

퍼셉트론의 구조와 계산 그래프 그리고 오차 역전파의 혁신

우리가 다룬 퍼셉트론의 계산 방식은 아래 그림과 같이 계산 그래프로 표현할 수 있으며 많은 층을 가진 다층 퍼셉트론 역시 계산 그래프를 연속적으로 연결하면 구현할 수 있다. 계산 그래프에서 순전파 단계를 밟아가며 지역 기울기를 구하는 과정 역시 퍼셉트론의 연산 과정과 동일하다. 퍼셉트론의 구조에 나타난 대부분의 연산은 계산 그래프의 덧셈 노드, 곱셈 노드, 활성화 함수 노드이므로 이들의 미분 역시 어렵지 않게 구할 수 있을 것이다.

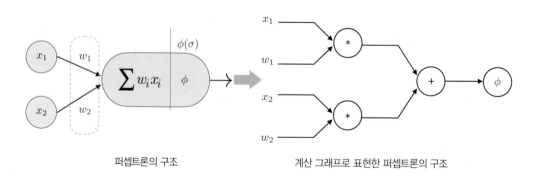

퍼셉트론의 구조   계산 그래프로 표현한 퍼셉트론의 구조

오차 역전파 알고리즘은 딥러닝 연구와 발전에 결정적인 역할을 했다. 그 영향을 정리하면 다음과 같다.

- **심층 신경망의 효율적인 학습**: 오차 역전파 이전의 전통적인 방법으로는 심층 신경망의 가중치를 효율적으로 학습시키기 어려웠다. 오차 역전파는 출력층에서 발생한 오차를 입력층까지 거꾸로 전파하면서 각 층의 가중치를 업데이트하는 방법을 제공하였으며, 이 알고리즘으로 인하여 비로소 심층 신경망을 효율적으로 학습시킬 수 있게 되었다.
- **딥러닝의 부흥**: 1980년대에 제안되어 2000년대 초에 재발견된 오차 역전파는 딥러닝의 성장을 촉진시켰다. 이 알고리즘의 효율성 덕분에 많은 층을 가진 복잡한 신경망을 학습시키는 것이 가능해졌다.
- **활성화 함수의 중요성이 부각됨**: 역전파 과정에서 활성화 함수의 미분값은 중요한 역할을 한다. 이러한 중요성을 인식하고 더 나은 활성화 함수의 개발에 집중한 결과, ReLU와 같은 새로운 활성화 함수들이 제안되었고, 이런 함수들이 오늘날 널리 쓰이게 되었다.
- **최적화 기법의 발전**: 오차 역전파는 기본적으로 경사하강법에 기반한다. 이를 통해 다양한 최적화 기법들(Adam, RMSprop 등)이 연구되고 개발되었다.
- **다양한 네트워크 구조의 발전**: 오차 역전파는 연쇄 법칙을 사용하여 다층 신경망의 가중치를 갱신한다. 이 원리는 다양한 신경망 구조에도 확장 적용이 가능하여, 합성곱 신경망(CNN), 순환 신경망(RNN) 등 다양한 심층 신경망 구조가 등장하는 데에도 큰 기여를 하였다.
- **딥러닝 프레임워크의 등장과 확산**: 구글의 텐서플로, 메타의 파이토치와 같은 딥러닝 프레임워크는 자동 미분 기능을 통해 오차 역전파를 손쉽게 구현할 수 있게 해준다. 이러한 프레임워크들은 역전파 알고리즘의 원리를 기반으로 동작하며 딥러닝을 빠르게 구현하는 데 사용되고 있다.

이와 같이 오차 역전파 알고리즘은 딥러닝의 핵심 원리 중 하나로, 현대 딥러닝 연구와 응용 분야의 발전에 크게 기여한 알고리즘이다.

05 ReLU 함수

활성화 함수의 중요성

활성화 함수는 딥러닝 알고리즘에서 매우 중요한 역할을 한다. 이 함수는 각 뉴런의 출력을 결정하는 데 사용되며, 딥러닝 모델의 비선형성을 만들어 주는 주요 요소이다. 딥러닝 모델은 인간의 신경 세포를 모방한 여러 개의 층으로 이루어져 있다. 각 층의 뉴런은 입력에 대한 가중합을 계산한 후 활성화 함수를 통해 그 결과를 변환한다. 이 변환된 출력은 다음 층의 입력으로 전달되며, 이 과정을 모델의 모든 층에 대해 반복하게 되는 구조이다.

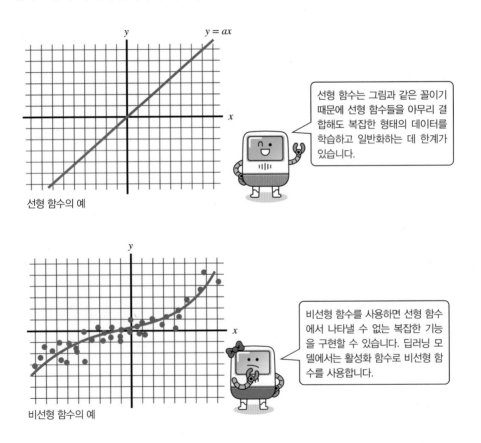

선형 함수의 예

> 선형 함수는 그림과 같은 꼴이기 때문에 선형 함수들을 아무리 결합해도 복잡한 형태의 데이터를 학습하고 일반화하는 데 한계가 있습니다.

비선형 함수의 예

> 비선형 함수를 사용하면 선형 함수에서 나타낼 수 없는 복잡한 기능을 구현할 수 있습니다. 딥러닝 모델에서는 활성화 함수로 비선형 함수를 사용합니다.

이러한 딥러닝 모델에서 활성화 함수의 주요 역할은 다음과 같다.

- **비선형성 추가**: 현실 세계의 많은 문제들은 XOR 문제와 같이 대부분 비선형적인 성질을 가지고 있다. 선형 함수를 사용하면 이러한 복잡성을 구현할 수 없다. 따라서 비선형 활성화 함수를 통해 모델이 복잡한 패턴을 학습하고 일반화하는 능력을 향상시킬 수 있다.
- **복잡한 결정 경계 생성**: 활성화 함수는 뉴런의 출력을 결정하는 임계값 역할을 한다. 이를 통해 딥러닝 모델은 복잡한 결정 경계를 형성할 수 있어 다양한 클래스 사이에서 구분을 할 수 있다.
- **역전파를 위한 오차의 기울기 제공**: 활성화 함수는 오차 역전파 과정에서 매우 중요한 역할을 한다. 오차 역전파 단계의 가중치를 업데이트하기 위해 오차를 이전 층으로 전파하는 경우, 이전에 다룬 바와 같이 활성화 함수의 미분값이 필요하다. 이를 통해 각 가중치에 대한 오차의 기울기를 계산하고, 그 기울기를 사용해 가중치를 업데이트할 수 있다. 이러한 오차의 기울기 계산에서 활성화 함수는 큰 역할을 한다.

딥러닝 알고리즘에서 주로 사용되는 활성화 함수에는 시그모이드 함수, ReLU ^{Rectified Linear Unit} 함수, 하이퍼볼릭 탄젠트 함수 등이 있다. 이들은 각각 다른 성질과 특징을 가지고 있어, 특정 문제에 대한 모델의 성능을 개선하는 데 도움이 될 수 있다.

ReLU 함수는 Rectified Linear Unit 함수의 약자로, 우리말로 정류 선형 함수 또는 경사함수라고도 부른다. 이 함수는 매우 간단한 비선형 함수로, 입력값이 0 이상일 때는 입력값을 그대로 출력하고, 0보다 작을 때는 0을 출력한다. 수식으로 표현하면 $f(x) = max(0, x)$와 같으며, 그림으로 나타내면 다음과 같다.

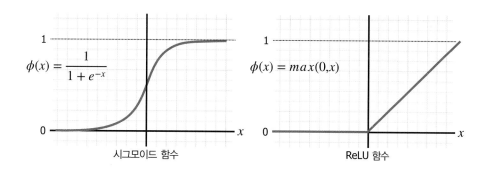

지난 수십 년간 널리 사용된 시그모이드 함수는 자극이 가장 적을 경우 0을 출력하고, 가장 큰 경우 1을 출력하며 매끄러운 곡선 형태로 되어 있어서 어느 구간에서든 미분이 가능하다는 특징이 있다. 이러한 좋은 성질에도 불구하고 다음과 같은 심각한 한계가 있어서 이를 사용한 딥러닝 모델은 좋은 성과를 내지 못했다.

- **기울기 소실** ^{Vanishing Gradient} 문제: 시그모이드 함수는 그 출력이 0 또는 1에 가까워질수록 기울기가 거의 0에 가까워진다. 따라서 신경망이 깊어질수록 오차의 역전파가 제대로 이루어지지 않는 기울기 소실 문제가 발생하게 된다. 즉, 신경망이 깊어질수록 맨 처음 층까지 오차가 전달되지 않아 학습이 잘 이루어지지 않을 수 있다.
- **출력이 0에서 1 사이로 한정됨**: 시그모이드 함수의 출력은 0과 1 사이의 값이다. 이는 신경망의 출력이 항상 양수라는 것을 의미하며, 중심이 0이 아니라는 문제를 가지고 있으며, 학습의 어려움을 초래할 수 있다.
- **높은 계산 비용**: 시그모이드 함수는 지수함수를 포함하므로 컴퓨터로 구현할 때 계산 비용이 높다. 컴퓨터는 실수 연산과 지수함수 연산을 할 경우, 정수 연산보다 수십 배 이상 더 많은 계산을 해야 한다. 이러한 높은 계산 비용으로 인하여 학습 속도를 느리게 만들 수 있다.

넘파이를 이용하여 시그모이드 함수를 구현하고 간단한 값을 주어 출력을 살펴보자. sigmoid(x) 함수는 입력 x가 0보다 작으면 0을 반환하고, 그렇지 않을 경우 x 값을 반환하는 한 줄짜리 함수이다.

```python
import numpy as np
import matplotlib.pyplot as plt

def sigmoid(x):
    return 1 / (1 + np.exp(-x))

print('sigmoid(-2) :', sigmoid(-2))
print('sigmoid(-1) :', sigmoid(-1))
print('sigmoid( 0) :', sigmoid(0))
print('sigmoid( 1) :', sigmoid(1))
print('sigmoid( 2) :', sigmoid(2))
```

```
sigmoid(-2) : 0.11920292202211755
sigmoid(-1) : 0.2689414213699951
sigmoid( 0) : 0.5
sigmoid( 1) : 0.7310585786300049
sigmoid( 2) : 0.8807970779778823
```

이 함수에 −2, −1, 0을 넣으면 0.119, 0.268, 0.5가 각각 출력되고 1, 2를 넣으면 0.731, 0.88이 출력된다.

이제 아래와 같은 코드로 이 함수를 시각화해 보자. 이 함수의 입력값은 −6에서 6 사이의 값이다.

```
inputs = np.arange(-6.0, 6.0, 0.1)    # 입력값의 범위
outputs = sigmoid(inputs)

plt.figure(figsize=(5, 3))
plt.plot(inputs, outputs)
plt.ylim(-0.1, 1.1)
plt.title('sigmoid',fontsize=12)
plt.show()
```

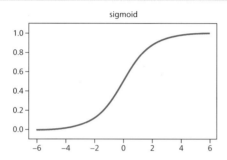

이제 살펴볼 ReLU 함수는 딥러닝 모델에서 널리 사용되는 활성화 함수 중 하나로, 특히 더 깊은 신경망에서 시그모이드 함수보다 더 좋은 성능을 보이고 있다. 이렇게 된 것에는 다음과 같은 이유가 있다.

- **기울기 소실 문제 감소**: 시그모이드 함수는 입력의 절대값이 클 때 출력이 0 또는 1에 매우 가까워지므로, 이 경우 그 미분값이 거의 0에 가까워진다. 따라서 역전파 과정에서 기울기가 0에 가까워지면, 가중치 업데이트가 제대로 이루어지지 않는 '기울기 소실' 문제가 발생할 수 있다. 반면 ReLU 함수는 양수 입력에 대해서는 기울기가 항상 1이므로, 이러한 문제를 효과적으로 완화할 수 있다.
- **계산 효율성**: ReLU 함수는 0 이하일 때 0, 0 이상일 때 입력값을 그대로 출력하는 매우 간단한 함수이다. 이는 연산 비용이 매우 낮다는 것을 의미한다. 따라서 크고 복잡한 모델에서 훨씬 빠른 학습 속도를 가능하게 한다. 반면, 시그모이드 함수는 지수함수를 포함하므로 계산 비용이 더 높다.

다음 그림은 시그모이드 함수와 이 함수의 미분 그리고 ReLU 함수와 이 함수의 미분을 시각적으로 나타낸 것이다. 시그모이드 함수의 경우 미분값이 0에서 1 사이이며 특정한 구간을 제외하면 나머지 구간에서 0에 가까운 값을 가진다. 따라서 역전파를 거치면서 점점 0에 수렴하는 기울기 소실 문제가 발생할 가능성이 매우 높다. 반면 오른쪽의 ReLU 함수의 미분은 0 또는 1의 값을 가진다. 이 함수를 자세히 보면 양수값이 입력으로 들어올 경우, 그 값에 대한 미분값은 항상 1을 가지는 것

을 볼 수 있다. 따라서 역전파 단계에서 활성화 함수에 대하여 편미분을 하더라도 **기울기 소실 문제가 발생할 가능성이 시그모이드 함수에 비하여 더 낮다.**

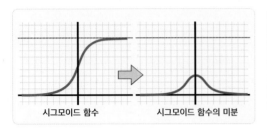

시그모이드 함수   시그모이드 함수의 미분

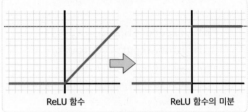

ReLU 함수   ReLU 함수의 미분

딥러닝 연구자들은 시그모이드 함수가 생물의 신경세포가 반응하는 것과 유사하다고 보았기에 오랜 기간 동안 시그모이드 함수를 활성화 함수로 사용해 왔다. 하지만 ReLU 함수가 도입되면서 여러 은닉층을 가지더라도 학습이 더 잘 되는 연구 결과가 나오게 되었고, 이를 통해 딥러닝 기술은 획기적인 발전을 이루게 되었다.

ReLU 함수를 그려보자

넘파이를 이용하여 ReLU 함수를 구현하고 간단한 값을 주어 출력을 살펴보자. ReLU(x) 함수는 입력 x가 0보다 작으면 0을 반환하고, 그렇지 않을 경우 x 값을 반환하는 한 줄짜리 함수이다.

```
import numpy as np
import matplotlib.pyplot as plt

def ReLU(x):
    return np.maximum(0, x)

print('ReLU(-2) :', ReLU(-2))
print('ReLU(-1) :', ReLU(-1))
print('ReLU( 0) :', ReLU(0))
print('ReLU( 1) :', ReLU(1))
print('ReLU( 2) :', ReLU(2))
```

```
ReLU(-2) : 0
ReLU(-1) : 0
ReLU( 0) : 0
ReLU( 1) : 1
ReLU( 2) : 2
```

이 함수에 −2, −1, 0을 넣으면 0이 출력되고 1, 2를 넣으면 입력값 1, 2가 그대로 출력된다.

이제 아래와 같은 코드로 이 함수를 시각화해 보자. 이 함수의 입력값은 −6에서 6 사이의 값이다.

```python
inputs = np.arange(-6, 6, .1)    # 입력값의 범위
outputs = ReLU(inputs)

plt.figure(figsize=(5, 3))
plt.plot(inputs, outputs, label='ReLU')
plt.hlines(0, -6, 6)              # 수평축의 범위
plt.vlines(0, 0, 6)              # 수직축의 범위
plt.title('ReLU',fontsize=12)
plt.show()
```

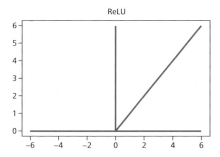

이러한 ReLU 함수 역시 약간의 문제점을 가지고 있는데, 음수 입력에 대해 무조건 출력이 0이 된다는 점이다. 상수 0의 기울기는 0이므로 음수 값에 대해서는 0을 기울기로 가진다. 이 문제를 죽은 **ReLU** 문제라고 하는데 이를 극복하기 위해 Leaky ReLU, Parametric ReLU, ELU(exponential linear unit), PReLU(parametric rectified linear unit) 등의 변형된 ReLU 함수가 많이 제안되었다. 이 책에서는 변형된 ReLU는 상세하게 다루지 않으며 ReLU를 위주로 설명할 것이다.

01 수학에서 기호를 사용하면 **명확성, 간결성, 일반화, 추상화, 의사소통**의 장점을 가진다.

02 **신경망의 학습 과정**은 입력과 가중치를 곱하여 추정값을 내보낸 뒤, 오차를 계산하고 추정값과 목표값의 차이를 바탕으로 전체 신경망의 가중치를 갱신하는 작업을 **반복**한다.

03 오차 역전파 알고리즘은 딥러닝의 핵심이 되는 알고리즘으로, 신경망의 출력 오차를 거꾸로 **전파**시켜 각 뉴런의 가중치를 조정하는 방식이다. 또한 신경망의 성능을 **최적화**하는 방법이다.

04 오차 역전파 알고리즘은 1950년대 말에 그 아이디어가 등장하였으나 기술적 한계를 극복하지 못하고 연구가 정체되었다. 그러나 2006년 이후에 기술적 한계를 다양한 방법으로 극복하면서 오늘날 딥러닝 기술의 핵심으로 부각되었다.

05 계산 그래프란 계산의 과정을 노드와 간선을 가지는 그래프로 나타내는 표현 방법으로, **오차 역전파 알고리즘**을 이해하는 데 유용한 도구이다.

06 계산 그래프에서 중간 노드가 가진 미분 값을 국소적 미분값 또는 지역 기울기라고 한다. 이 지역 기울기는 연쇄 법칙을 적용할 때 매우 유용한데, 이를 사용하여 계산 그래프의 전체 노드의 출력에 대하여 미치는 영향력을 구할 수 있다.

07 계단 함수는 **미분이 불가능한 지점이 있으며**, 미분이 되는 곳에서도 미분치가 언제나 0이다. 따라서 오차 역전파 방법에 적용하기가 어려우며, 모든 구간에서 미분이 가능한 **새로운 활성화 함수**가 필요하다.

08 **시그모이드 함수**는 **모든 구간에서 미분이 가능**하며 미분의 결과는 모든 구간에서 **연속**이다. 또한 함수의 미분은 원래의 함수를 이용하여 표현이 가능하다.

09 **시그모이드 함수**는 기울기 소식 문제와 높은 계산 비용으로 인하여 딥러닝 모델의 성능을 향상시키는 데 제약이 있었다. ReLU 함수는 이 문제를 극복하고 딥러닝 모델이 좋은 성능을 내는 데 기여하였으며, 이 성과에 힘입어 유사한 활성화 함수들이 출현하였다.

단답형 문제

다음 괄호 안에 들어갈 알맞은 단어를 적으시오.

01 다층 퍼셉트론의 순방향 계산이 이루어진 후, 추정값과 목표값이 차이가 나지 않도록 역방향으로 (   )(을)를 갱신하는 과정을 (   ) 과정이라고 한다.

02 다층 퍼셉트론에 있는 많은 가중치를 학습하는 근거가 되는 것은 모델의 추정치와 정답값과의 차이인 (   )(이)다.

03 심층 신경망의 학습을 위해서는 오차에 대하여 가중치를 갱신하는 미분을 사용하여야 한다. 이때 사용되는 ∂ 기호는 그리스 문자 δ(델타)의 변형이며, $\dfrac{\partial E}{\partial \omega}$을 '$\omega$에 대한 E의 (   )'(이)라고 읽는다.

04 복잡한 문제를 해결하기 위해서는 일반적으로 신경망 연결을 여러 층으로 만들어야 한다. 이는 아래 그림 단계에 해당하며 이와 같이 신경망이 연결된 구조에서 신호가 입력층 x를 거쳐 추정값으로 전달된다. 이 방향으로 입력값과 가중치 값이 곱해져서 다음 단계로 전달되는 계산 단계를 (   )(이)라고 한다.

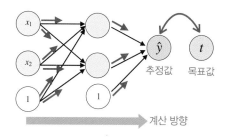

05 신경망의 학습을 위해서는 신경망의 출력값인 추정값을 바탕으로 목표값과의 오차가 최소화되도록 하여야만 한다. 이를 위하여 그림과 같이 순전파 계산 방향과 반대 방향으로 전체 신경망의 가중치를 갱신해야 되는데, 이 가중치 계산 단계를 (   )(이)라고 한다.

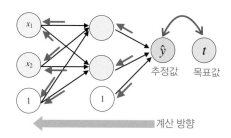

06 오차 역전파 알고리즘은 신경망의 출력 오차를 거꾸로 전파시켜 각 퍼셉트론의 (   )(을)를 조정하는 방식으로, 신경망의 성능을 최적화하는 방법이다.

07 오차 역전파를 시각적으로 이해하기 쉽도록 도입된 개념인 (   )(이)란 계산의 과정을 노드와 간선을 가지는 그래프로 나타내는 표현 방법이다.

08 계산 그래프의 계산 단계에서 중간 노드가 가진 중간 단계의 미분값을 국소적 미분값 또는 (   )(이)라고 한다.

09 두 변수의 단순 곱셈으로 이루어진 함수 $f(x, y) = xy$가 있을 경우, 이 함수의 x에 대한 편미분 $\dfrac{\partial f}{\partial x}$는 y이며, $\dfrac{\partial f}{\partial y}$는 (   )(이)다.

10 두 변수의 단순 덧셈으로 이루어진 함수 $f(x, y) = x + y$가 있을 경우 이 함수의 x에 대한 편미분 $\dfrac{\partial f}{\partial x}$는 1이며, $\dfrac{\partial f}{\partial y}$는 (   )(이)다.

계산 그래프 표현 문제

01 다음과 같은 함수가 주어져 있다. 이 함수들을 계산 그래프로 나타내 보아라.

❶ $f(x, y) = x + y$

❷ $f(x, y, z) = x(y + z)$

❸ $f(x, y, z) = xy + xz$

❹ $f(x, y, z) = x + y + xz$

❺ $f(x, y, z, \omega) = xy + z\omega$

02 다음 문제의 계산 과정을 계산 그래프로 표현하여라.

❶ 동민이는 동네 편의점에서 사탕을 세 개, 커피를 네 개, 과자를 두 개 구입했다. 사탕은 1,000원, 커피는 1,500원, 과자는 600원이다. 이 물건들은 모두 원래 가격에 10%의 부가가 치세를 내고 구입해야만 한다. 다음과 같은 계산 그래프에서 순방향 패스 계산에 필요한 모든 노드를 구하고 최종 결과값을 구하여라.

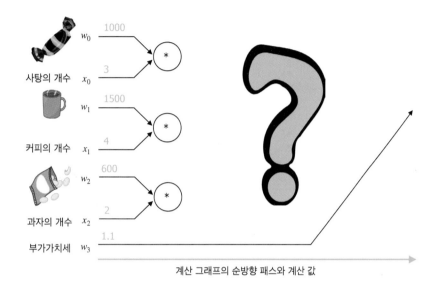

계산 그래프의 순방향 패스와 계산 값

❷ 위의 계산 노드 전체에 대하여 지역 기울기를 계산하여 저장해 보자. 임시 변수의 이름은 q, r, s, t와 같은 이름을 사용하자.

예시: $q = \omega_0 x_0$

❸ 최종 출력 노드에서부터 시작해서 입력 노드까지 전파되는 전체 과정의 역방향 패스를 구해 보자. 아래의 예시를 참고하자.

예시:

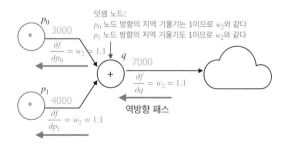

03 다음 문제의 계산 과정을 계산 그래프로 표현하여라.

❶ 은영이는 호텔 커피숍에서 친구들과 차를 마시고 모든 금액을 계산했다. 마신 음료는 아메리카노 두 잔, 카페라떼 세 잔이며, 아메리카노의 가격은 3,000원, 카페라떼는 4,000원이다. 이 음료들을 다 마신 후 서빙을 한 직원에게 15%의 팁을 지불하였다. 다음과 같은 계산 그래프에서 순방향 패스 계산에 필요한 모든 노드를 구하고 최종 결과값을 구하여라.

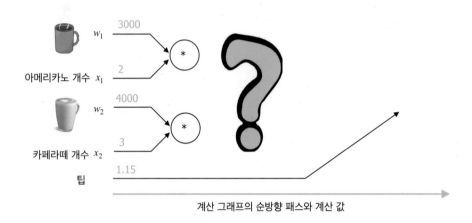

계산 그래프의 순방향 패스와 계산 값

❷ 위의 계산 노드 전체에 대하여 지역 기울기를 계산하여 저장하자. 임시 변수의 이름은 q, r, s와 같은 이름을 사용하자.

예시: $q = \omega_0 x_0$

❸ 최종 출력 노드에서부터 시작해서 입력 노드까지 전파되는 전체 과정의 역방향 패스를 구해 보자. 아래의 예시를 참고하자.

예시:

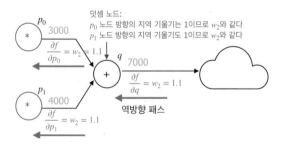

다음과 같은 함수가 주어져 있다. 그리고 함수들의 입력이 아래와 같이 주어져 있을 때, 계산 그래프의 결과값을 아래와 같이 나타내어라.

01 $f(x, y) = x + y$

❶ 입력 $x = 10, y = 20$

실행 결과

```
x = 10, y = 20
순방향 패스의 결과 : f = 30
```

❷ 입력 $x = 20, y = 30$

02 $f(x, y, z) = x(y + z)$

❶ 입력 $x = 10, y = 30, z = 20$

❷ 입력 $x = 20, y = 10, z = 40$

03 $f(x, y, z) = xy + xz$

❶ 입력 $x = 10, y = 30, z = 20$

❷ 입력 $x = 20, y = 10, z = 40$

❸ 입력 $x = 200, y = 20, z = 30$

04 $f(x, y, z) = x + y + xz$

❶ 입력 $x = 10, y = 30, z = 20$

❷ 입력 $x = 20, y = 10, z = 40$

❸ 입력 $x = 200, y = 20, z = 30$

05 $f(x, y, z, w) = xy + zw$

❶ 입력 $x = 10, y = 30, z = 20, \omega = 50$

❷ 입력 $x = 20, y = 10, z = 40, \omega = 60$

❸ 입력 $x = 200, y = 20, z = 30, \omega = 200$

07

텐서플로로 구현하는
딥러닝

학습목표

- 딥러닝 모델을 만들고 이 모델을 학습시키는 방법과 그 단계별 내용을 이해한다.

- 필요에 따라 여러 개의 은닉층을 가진 딥러닝 모델을 생성할 수 있다.

- 딥러닝 모델을 학습시키기 위한 하이퍼파라미터의 의미를 이해한다.

- 소프트맥스 함수, 원-핫 인코딩을 이해하고 이를 딥러닝 모델에서 사용할 수 있다.

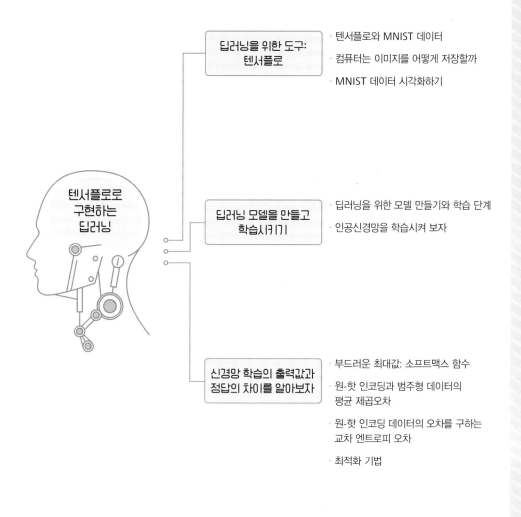

01 딥러닝을 위한 도구: 텐서플로

텐서플로와 MNIST 데이터

텐서플로 ^{Tensorflow} 는 구글이 개발하고 오픈 소스로 제공하는 머신러닝과 딥러닝을 위한 라이브러리이다. 이 라이브러리는 머신러닝 모델을 설계, 훈련, 배포하는 데 사용되는데, 딥러닝을 위한 다양한 API와 데이터까지 제공하기 때문에 초보자부터 전문가까지 모두 사용할 수 있다. 텐서플로는 다양한 플랫폼에서 실행될 수 있으며, CPU, GPU, TPU 등 다양한 하드웨어를 지원한다. GPU는 그래픽 처리 장치(Graphics Processing Unit)의 약자이며 컴퓨터 시스템에서 그래픽 연산을 빠르게 처리하여 결과값을 모니터에 출력하는 연산 장치이다. TPU는 텐서 처리 장치(Tensor Processing Unit)의 약자로, 구글에서 개발한 신경망 연산을 빠르게 처리하기 위한 통합 회로 장치이다. 뿐만 아니라 텐서플로는 딥러닝, 신경망 그리고 텐서를 활용한 수치 계산을 포함한 광범위한 머신러닝 알고리즘을 지원하며, 강화학습이나 GANs 등 고급 알고리즘도 편리하게 구현할 수 있다. 이와 같이, 텐서플로는 머신러닝의 다양한 영역에서 널리 사용되는 도구이다. 앞으로 사용할 대부분의 코드는 텐서플로 라이브러리를 사용할 것이다.

딥러닝 프레임워크의 핵심적인 기능과 그 장점을 정리하면 다음과 같이 세 가지로 정리할 수 있다.

1. **자동 미분 기능 제공**
   - 딥러닝 모델의 학습에서는 오차를 최소화하기 위해 모델의 파라미터에 대한 손실 함수의 기울기 계산이 필요하다.
   - 딥러닝 프레임워크는 주어진 연산에 대한 기울기를 자동으로 계산해 준다. 이를 통해 복잡한 모델에 대한 미분값도 쉽게 얻을 수 있으며, 이 기울기값은 최적화 알고리즘에 사용된다.

2. **모듈화된 구성 요소 제공**
   - 대부분의 딥러닝 프레임워크는 인공신경망을 구성하는 기본 구성 요소들을 모듈화하여 제공하고 있다. 이러한 구성 요소들로는 다양한 종류의 퍼셉트론, 활성화 함수, 손실 함수 등이 있다.
   - 사용자는 이러한 모듈을 조합하여 복잡한 신경망 구조를 쉽게 설계하고 구현할 수 있다.

3. **GPU 지원과 높은 확장성 제공**

- 딥러닝 연산, 특히 대규모 데이터 셋을 이용한 심층 신경망의 학습은 많은 연산이 필요하다.
- 딥러닝 프레임워크는 GPU를 활용하여 연산을 빠르게 수행할 수 있으며, 다양한 환경에서의 확장성을 제공한다. 사용자는 CPU와 GPU 간의 전환을 쉽게 할 수 있으며, 복잡한 설정 없이 대량의 데이터를 처리하는 학습을 진행할 수 있다.

이 장에서는 딥러닝을 이해하기 위한 간단한 파이썬 코딩을 해볼 것이다. 이제 텐서플로라는 딥러닝 프레임워크의 세계로 한발 들어가 보도록 하자! 이전 장에서 다룬 코랩을 사용하면 별도의 복잡한 설치 과정 없이 텐서플로를 바로 이용할 수 있다.

텐서플로는 딥러닝 학습자를 위한 많은 학습 데이터를 제공하고 있는데 이 중 하나가 바로 MNIST이다. MNIST는 Modified National Institute of Standards and Technology의 약어로 미국 인구조사국에서 수집한 손글씨 숫자 데이터 집합을 머신러닝에 적합하도록 수정한 이미지 집합이다. 이 데이터 집합의 숫자 하나는 28×28 픽셀 크기의 회색조 이미지이므로 고성능 컴퓨터가 아니어도 충분히 빠른 처리가 가능하다. 또한, 전처리 과정을 통해서 가운데 정렬, 크기 균일화가 잘 이루어져 있어서 이미지 처리와 머신러닝에 매우 적합한 데이터이다. 이 이미지 데이터는 케라스 모듈에 포함되어 있다.

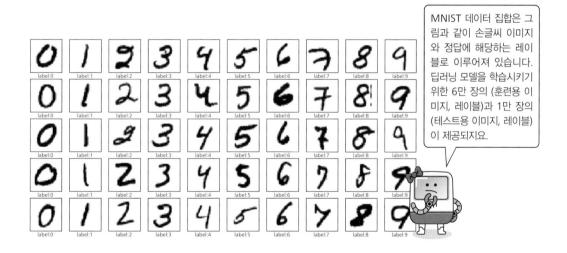

> MNIST 데이터 집합은 그림과 같이 손글씨 이미지와 정답에 해당하는 레이블로 이루어져 있습니다. 딥러닝 모델을 학습시키기 위한 6만 장의 (훈련용 이미지, 레이블)과 1만 장의 (테스트용 이미지, 레이블)이 제공되지요.

MNIST 데이터 집합은 0부터 9까지 10개의 손글씨 이미지를 각각 6,000장씩 제공한다. 따라서 전체 학습용 데이터는 모두 6만 장의 이미지이며, 테스트를 위한 데이터로 1만 장의 이미지가 별도로 준비되어 있다. 이제 이 데이터를 읽어오는 간단한 프로그램을 작성해 보도록 하자.

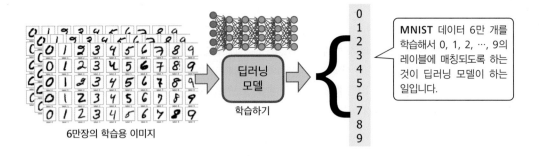

6만장의 학습용 이미지

딥러닝 모델

학습하기

MNIST 데이터 6만 개를 학습해서 0, 1, 2, …, 9의 레이블에 매칭되도록 하는 것이 딥러닝 모델이 하는 일입니다.

텐서플로는 위의 이미지를 제공하는 케라스라는 모듈을 포함하고 있는데, 이 이미지 데이터 집합을 keras.datasets.mnist라는 경로를 통해서 읽어 올 수 있다. 읽어들인 데이터는 이미지, 레이블의 묶음으로 되어 있으며 학습용 이미지와 레이블, 테스트용 이미지와 레이블로 읽어 올 것이다. 다음과 같은 코드를 살펴보자. 케라스 Keras 는 딥러닝 모델을 쉽게 만들고 훈련할 수 있도록 설계된 고수준 프로그래밍 인터페이스이다. 이 인터페이스는 파이썬 언어로 작성되었으며, 텐서플로, 테아노 혹은 CNTK와 같은 다양한 딥러닝 프레임워크 위에서 실행될 수 있다. 이 책의 딥러닝 모델을 생성할 때는 케라스 모듈을 많이 사용하게 될 것이다.

```python
# tensorflow와 tf.keras를 임포트
import tensorflow as tf
from tensorflow import keras
import numpy as np
import matplotlib.pyplot as plt

# MNIST 데이터를 학습용, 테스트 데이터로 구분하여 읽어 옴
mnist = keras.datasets.mnist
(train_images, train_labels), (test_images, test_labels) =\
mnist.load_data()
```

```
Downloading data from
https://storage.googleapis.com/tensorflow/tf-keras-datasets/mnist.npz
11493376/11490434 [==============================] - 0s 0us/step
11501568/11490434 [==============================] - 0s 0us/step
```

읽어들인 데이터가 어떠한 형태인지 다음과 같이 확인해 보자. 각 데이터의 수와 크기를 다음과 같은 코드로 알 수 있다.

```python
print('train_images.shape =', train_images.shape)
print('test_images.shape =', test_images.shape)
print('train_labels.shape =', train_labels.shape)
print('test_labels.shape =', test_labels.shape)
```

```
train_images.shape = (60000, 28, 28)
test_images.shape = (10000, 28, 28)
train_labels.shape = (60000,)
test_labels.shape = (10000,)
```

조금 더 구체적으로 살펴보면 `mnist.load_data()` 명령을 통해서 읽어들인 `train_images`, `train_labels`, `test_images`, `test_labels`는 각각 다음 그림과 같은 모양을 하고 있다.

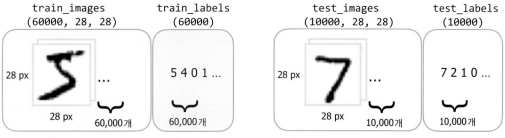

학습을 위한 6만 개의 이미지와 6만 개의 레이블   테스트를 위한 1만 개의 이미지와 1만 개의 레이블

읽어들인 이미지 데이터를 시각화하기 위하여 다음과 같이 `train_images[0]`을 이용해서 훈련 이미지의 가장 앞에 있는 데이터를 가져오도록 하자. 그리고 이 데이터를 2중 for 문을 사용하여 내부의 값을 출력하도록 하자.

```
num = train_images[0]   # 첫 번째 데이터 가져오기
for i in range(28):
    for j in range(28):
        print('{:4d}'.format(num[i][j]), end='')
    print()
```

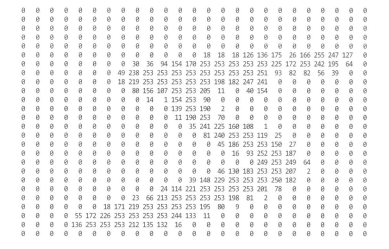

2중 for 문을 사용하여 내부를 살펴보면 그 값은 0에서 255로 되어 있다. 출력 텍스트의 구조를 조금 자세히 살펴보면, 이 텍스트는 그림과 같이 숫자 5와 유사한 형태를 띄고 있다. 이를 좀 더 자세히 살펴보기 위해서 그림과 같이 출력 포맷을 수정해 보자.

```python
num = train_images[0]   # 첫 번째 데이터 가져오기
for i in range(28):
    for j in range(28):
        print('{:3d}'.format(num[i][j]), end='')
    print()
```

```
  0  0  0  0  0  0  0  0  0  0  0  0  0  0  0  0  0  0  0  0  0  0  0  0  0  0  0  0
  0  0  0  0  0  0  0  0  0  0  0  0  0  0  0  0  0  0  0  0  0  0  0  0  0  0  0  0
  0  0  0  0  0  0  0  0  0  0  0  0  0  0  0  0  0  0  0  0  0  0  0  0  0  0  0  0
  0  0  0  0  0  0  0  0  0  0  0  0  0  0  0  0  0  0  0  0  0  0  0  0  0  0  0  0
  0  0  0  0  0  0  0  0  0  0  0  0  0  0  0  0  0  0  0  0  0  0  0  0  0  0  0  0
  0  0  0  0  0  0  0  0  0  0  0  0  0 18 18 18126136175 26166255247127  0  0  0  0
  0  0  0  0  0  0  0 30 36 94154170253253253253253225172253242195 64  0  0  0  0
  0  0  0  0  0  0 49238253253253253253253253253251 93 82 82 56 39  0  0  0  0  0
  0  0  0  0  0  0 18219253253253253253253198182247241  0  0  0  0  0  0  0  0  0
  0  0  0  0  0  0 80156107253253205 11  0 40154  0  0  0  0  0  0  0  0  0  0  0
  0  0  0  0  0  0  0 14  1154253 90  0  0  0  0  0  0  0  0  0  0  0  0  0  0  0
  0  0  0  0  0  0  0  0  0139253190  2  0  0  0  0  0  0  0  0  0  0  0  0  0  0
  0  0  0  0  0  0  0  0  0 11190253 70  0  0  0  0  0  0  0  0  0  0  0  0  0  0
  0  0  0  0  0  0  0  0  0  0 35241225160108  1  0  0  0  0  0  0  0  0  0  0  0
  0  0  0  0  0  0  0  0  0  0  0 81240253253119 25  0  0  0  0  0  0  0  0  0  0
  0  0  0  0  0  0  0  0  0  0  0  0 45186253253150 27  0  0  0  0  0  0  0  0  0
  0  0  0  0  0  0  0  0  0  0  0  0  0 16 93252253187  0  0  0  0  0  0  0  0  0
  0  0  0  0  0  0  0  0  0  0  0  0  0  0249253249 64  0  0  0  0  0  0  0  0  0
  0  0  0  0  0  0  0  0  0  0 46130183253253207  2  0  0  0  0  0  0  0  0  0  0
  0  0  0  0  0  0  0  0 39148229253253253250182  0  0  0  0  0  0  0  0  0  0  0
  0  0  0  0  0  0  0 24114221253253253253201 78  0  0  0  0  0  0  0  0  0  0  0
  0  0  0  0  0  0 23 66213253253253253198 81  2  0  0  0  0  0  0  0  0  0  0  0
  0  0  0  0 18171219253253253253244133 11  0  0  0  0  0  0  0  0  0  0  0  0  0
  0  0  0 55172226253253253253244133 11  0  0  0  0  0  0  0  0  0  0  0  0  0  0
  0  0  0136253253253212135132 16  0  0  0  0  0  0  0  0  0  0  0  0  0  0  0  0
  0  0  0  0  0  0  0  0  0  0  0  0  0  0  0  0  0  0  0  0  0  0  0  0  0  0  0  0
```

이와 같은 코드로 데이터의 형태를 조금 더 자세히 알 수 있다. 이제 이 데이터의 정답값을 확인해 보는 코드를 작성해 보자. 이 코드는 다음과 같이 train_labels[0]을 출력해 보면 된다. 출력 결과는 우리의 예상대로 5가 나타난다.

```python
print('train_labels[0] =', train_labels[0])
```

```
train_labels[0] = 5
```

1. 학습용 이미지 집합의 두 번째 항목인 train_images[1]을 다음과 같이 시각화하여라.

```
0 0 0 0 0 0 0 0 0 0 0 0 0 0 0 0 0 0 0 0 0 0 0 0 0 0 0 0
0 0 0 0 0 0 0 0 0 0 0 0 0 0 0 0 0 0 0 0 0 0 0 0 0 0 0 0
0 0 0 0 0 0 0 0 0 0 0 0 0 0 0 0 0 0 0 0 0 0 0 0 0 0 0 0
0 0 0 0 0 0 0 0 0 0 0 0 0 0 0 0 0 0 0 0 0 0 0 0 0 0 0 0
0 0 0 0 0 0 0 0 0 0 0 0 0 0 51159253159 50 0 0 0 0 0 0 0 0
0 0 0 0 0 0 0 0 0 0 0 0 0 0 48238252252252237 0 0 0 0 0 0 0 0
0 0 0 0 0 0 0 0 0 0 0 0 0 54227253252239233252 57 6 0 0 0 0 0 0
0 0 0 0 0 0 0 0 0 0 0 0 10 60224252253252202 84252253122 0 0 0 0 0 0
0 0 0 0 0 0 0 0 0 0 0 0163252252252253252252 96189253167 0 0 0 0 0 0
0 0 0 0 0 0 0 0 0 0 51238253253190114253228 47 79255168 0 0 0 0 0 0
0 0 0 0 0 0 0 0 48238252252179 12 75121 21 0 0253243 50 0 0 0 0 0
0 0 0 0 0 0 0 38165253233208 84 0 0 0 0 0 0253252165 0 0 0 0 0
0 0 0 0 0 0 0 7178252240 71 19 28 0 0 0 0 0253252195 0 0 0 0 0
0 0 0 0 0 0 0 57252252 63 0 0 0 0 0 0 0 0253252195 0 0 0 0 0
0 0 0 0 0 0 0198253190 0 0 0 0 0 0 0 0 0255253196 0 0 0 0 0
0 0 0 0 0 0 76246252112 0 0 0 0 0 0 0 0253252148 0 0 0 0 0
0 0 0 0 0 0 85252230 25 0 0 0 0 0 0 0 7135253186 12 0 0 0 0 0
0 0 0 0 0 0 85252223 0 0 0 0 0 0 0 7131252225 71 0 0 0 0 0
0 0 0 0 0 0 85252145 0 0 0 0 0 0 48165252173 0 0 0 0 0 0
0 0 0 0 0 0 86253225 0 0 0 0 0114238253162 0 0 0 0 0 0 0
0 0 0 0 0 0 85252249146 48 29 85178225253223167 56 0 0 0 0 0 0 0
0 0 0 0 0 0 85252252252229215252252252196130 0 0 0 0 0 0 0 0
0 0 0 0 0 0 28199252252253252252233145 0 0 0 0 0 0 0 0 0
0 0 0 0 0 0 25128252253252141 37 0 0 0 0 0 0 0 0 0 0 0
0 0 0 0 0 0 0 0 0 0 0 0 0 0 0 0 0 0 0 0 0 0 0 0 0 0 0 0
0 0 0 0 0 0 0 0 0 0 0 0 0 0 0 0 0 0 0 0 0 0 0 0 0 0 0 0
0 0 0 0 0 0 0 0 0 0 0 0 0 0 0 0 0 0 0 0 0 0 0 0 0 0 0 0
0 0 0 0 0 0 0 0 0 0 0 0 0 0 0 0 0 0 0 0 0 0 0 0 0 0 0 0
```

2. 학습용 이미지에 대한 레이블 집합의 두 번째 항목인 train_labels[1]을 출력하고 그 결과를 확인하여라.

다음 그림과 같이 신경망을 살펴보자. 그림의 신경망은 학습 이미지가 주어져 있고 이 학습 이미지가 입력층의 값으로 주어진다. 이 값은 은닉층을 통과한 후 출력층의 10개 값들 중 하나로 매칭되는 구조를 가지고 있다. 이 신경망에서 학습 이미지에 대한 신경망의 추정값이 5가 아닌 2가 출력된다면 어떻게 해야 할까? 이 경우, 신경망의 가중치를 수정하여 신경망 모델을 개선시켜야만 할 것이다. 이러한 최적화가 바로 신경망의 학습이다. 이를 위하여 우리는 컴퓨터가 다루는 이미지의 구조에 대하여 우선 살펴보도록 하자.

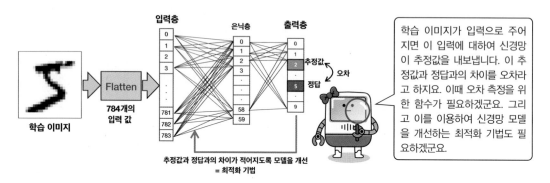

컴퓨터는 이미지를 어떻게 저장할까

심층 신경망으로 필기체 숫자 이미지를 학습시켜 이 이미지를 해당하는 숫자로 매칭시키는 방법에 앞서 컴퓨터에서 이미지가 어떻게 저장되고 처리되는지 먼저 살펴보도록 하자. 컴퓨터 화면에서 우리가 보는 다양한 모습의 이미지는 컴퓨터 내부에 모두 숫자 값으로 저장되어 있다. 따라서 다음과 같은 이미지는 밝은 부분과 어두운 부분이 각각 다른 숫자 값으로 저장되어 표현된다. 0에서 255까지의 회색조 이미지의 경우 0에 해당하는 값이 가장 어둡고, 255에 해당하는 값이 가장 밝게 나타난다. 숫자 값이 0, 50, 100, 150일 경우, 이 값을 회색조 색상으로 표현하면 그림 ①과 같이 나타난다. 즉, 색상의 숫자 값이 커질수록 밝게 표현되는 것을 볼 수 있다. 이제 이 숫자 값에 모두 50을 더해 보자. 그렇게 하면 원래 값에서 각각 50이 커진 50, 100, 150, 200이 된다. 이 값을 가지는 회색조 색상을 화면에 표시하면 그림 ②와 같이 ①에 비해서 한 단계씩 밝게 표현된 이미지를 볼 수 있다.

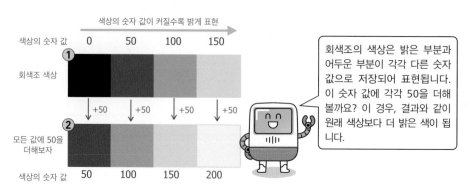

그림에서 0, 50, 100, 150, 200으로 표현된 수치 값은 MNIST 데이터의 한 픽셀에 대한 밝기를 나타내는 데 사용된다. 이제 이 데이터를 시각화해 보자.

MNIST 데이터 시각화하기

앞서 살펴본 MNIST 이미지는 한 픽셀이 0에서 255 사이의 값을 가진 회색조 이미지로 이루어져 있다는 것을 알 수 있다. 이제 우리가 가져온 데이터를 좀 더 상세하게 살펴보자. 앞서 살펴본 **train_images** 배열의 첫 원소인 **train_images[0]**을 회색조 이미지로 시각화하도록 하자. 이를 위하여 파이썬의 **matplotlib**이라는 패키지를 import하도록 하자. 이 패키지의 **pyplot** 서브 패키지에 있는 **imshow()** 함수는 배열값을 이미지로 보여주는 함수이다.

```
import matplotlib.pyplot as plt

plt.imshow(train_images[0], cmap='Greys')
```

<matplotlib.image.AxesImage at 0x7efe51435b50>

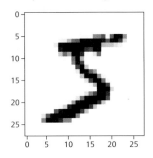

텐서플로의 케라스 패키지의 MNIST 데이터 셋에는 이러한 학습용 데이터가 모두 6만 개나 제공된다. 하지만 이를 모두 보여줄 수 없으므로 가장 먼저 나타나는 네 개의 이미지를 가져와서 화면에 출력해 보자. 네 개의 이미지를 한 화면에 보여주기 위하여 다음과 같이 맷플롯립의 **add_subplots()** 함수를 사용하였다.

```
fig = plt.figure()
ax1 = fig.add_subplot(1, 4, 1)
ax2 = fig.add_subplot(1, 4, 2)
ax3 = fig.add_subplot(1, 4, 3)
ax4 = fig.add_subplot(1, 4, 4)

ax1.imshow(train_images[0], cmap='Greys') # 첫 번째 학습용 데이터
ax2.imshow(train_images[1], cmap='Greys') # 두 번째 학습용 데이터
ax3.imshow(train_images[2], cmap='Greys') # 세 번째 학습용 데이터
ax4.imshow(train_images[3], cmap='Greys') # 네 번째 학습용 데이터
```

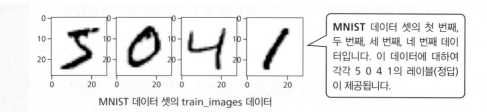
MNIST 데이터 셋의 train_images 데이터

이 결과를 통해서 이미지 파일 형식의 학습 데이터들에서 가장 앞에 나타나는 네 개 데이터의 형태가 5, 0, 4, 1의 숫자라는 것을 눈으로 확인할 수 있다. 이제 이 네 개 이미지의 정답에 해당하는 **train_labels** 배열의 값을 출력해 보도록 하자.

```
print('train_labels[:4] =', train_labels[:4])
train_labels[:4] = [5 0 4 1]
```

출력 결과, 훈련 이미지의 정답에 해당하는 레이블이 **5 0 4 1**이라는 것을 확인할 수 있었다. 이런 형태의 이미지와 정답이 6만 개 주어져 있는 것이 MNIST 데이터이므로 우리는 이 필기체 이미지를 학습하여 정답을 알아맞히는 딥러닝 모델을 만들어야 할 것이다.

도전 문제 7.2: 테스트용 이미지 시각화하기

1. 테스트용 이미지 집합의 첫 번째 항목부터 네 번째 항목의 이미지를 다음과 같이 시각화하여라.

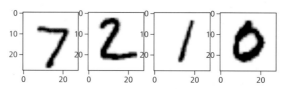

2. 테스트용 이미지에 대한 레이블 집합인 **test_labels**의 첫 항목부터 네 번째 항목의 값을 다음과 같이 출력하여라.

   테스트 이미지의 레이블들: [7 2 1 0]

---

02 딥러닝 모델을 만들고 학습시키기

딥러닝을 위한 모델 만들기와 학습 단계

이전 절에서 살펴본 MNIST 데이터 셋 이미지를 구분하는 딥러닝 모델을 만들어 보자. 이 모델을 만들기 위하여 필요한 단계를 다음과 같이 1에서 6까지의 단계로 나누어보았다.

1. 신경망 모델의 입력값으로 사용하기에 적절한 형태로 train_images **데이터를 전처리**한다.
2. train_images 데이터를 학습시키기 위한 **신경망 모델을 정의**한다.
3. 신경망 모델의 **활성화 함수**, 학습을 위한 **최적화 함수, 손실 함수, 측정 방법을 정의**한다.
4. 6만 개의 이미지로 이루어진 train_images 데이터를 심층 신경망 모델에 넣어서 train_labels 데이터의 숫자로 인식하도록 **학습을 시킨다.**
5. 1만 개의 이미지로 이루어진 test_image 데이터를 학습을 마친 모델의 입력으로 넣어서 이 모델의 **정확도를 알아본다.**
6. 생성된 모델의 성능을 점차 개선시킨다.

보기에는 복잡해 보이지만 케라스 서브 모듈의 다양한 기능을 사용한다면 이런 어려운 작업도 손쉽게 할 수 있다. 이러한 작업은 이전 장에서 배운 다층 퍼셉트론을 이용하여 구현할 수 있는데, **텐서 플로는 다층 퍼셉트론을 만들고 학습시키는 복잡한 작업을 매우 쉽게 할 수 있다.**

1단계: 데이터 전처리

신경망 모델의 입력값으로 사용하기에 적절하도록 만드는 전처리는 이미 MNIST 데이터 집합을 생성할 적에 실행되었다고 볼 수 있다. 하지만 만일 여러분이 직접 사람의 손글씨 이미지 데이터를 수집한다면, 손글씨 데이터를 스캐닝하는 과정에서 상당한 잡음 이미지가 들어갈 수 있을 것이다. 이 경우에 잡음을 제거하거나 크기를 보정하는 작업이 될 수 있다. 이러한 작업은 현재는 불필요한 것으로 보이지만 실데이터를 다룬다면 매우 중요한 작업이 될 것이다. 여기에서는 0에서 255 사이 값을 가지는 회색조 이미지의 값의 범위를 0에서 1 사이의 값으로 변환시키는 작업이 필요하다.

이러한 전처리는 train_images / 255, test_images / 255로 간단하게 할 수 있다. 이 전처리는 **원래 픽셀이 가진 값의 범위 0~255를 0에서 1 사이의 값으로 조정**하는 정규화라고도 할 수 있다. 이와 같이 0과 1 사이의 실수값을 입력으로 사용하는 이유는 인공신경망의 전체 수식에서 사용되는 값이 0, 1, 2, 3과 같은 이산적인 값이 아닌 연속적인 값이어서 **실수값을 입력으로 사용하는 것이 더 나은 결과를 얻을 수 있기 때문**이다.

```
# 입력값 전처리: 0에서 1 사이의 값으로 입력 데이터를 가공함
train_images, test_images = train_images / 255, test_images / 255
```

2단계: 신경망 모델 만들기

신경망 모델을 만드는 복잡한 일을 쉽게 할 수 있도록 도와주는 것이 텐서플로의 역할이다. 우리가 흔히 이야기하는 딥러닝 $^{deep\ learning}$ 이라는 것은 인공신경망의 층 ^{layer} 을 **계층적으로 깊이 쌓아서 만든 신경망 모델을 통해서 학습을 하는 알고리즘**을 말한다. 다층 퍼셉트론을 만들고 오차 역전파 알고리즘을 통해서 학습을 수행하도록 하기 위해서는 대규모의 행렬 계산이 필요한데, 이러한 복잡한 작업은 아래와 같은 간단한 텐서플로 코드로 구현할 수 있다.

```
# 순차적 연결 구조의 신경망 모델을 만든다
# 순차적 연결 구조의 신경망 생성 시 입력값은 리스트 형식으로 제공된다
model = keras.Sequential([
    keras.layers.Flatten(input_shape=(28, 28)),
    keras.layers.Dense(60, activation='relu'),
    keras.layers.Dense(10, activation='softmax')
])
```

위의 코드에서 keras.Sequential 클래스는 그림과 같이 입력층, 은닉층, 출력층이 존재하는 **순차적 연결 구조를 가지는 신경망 모델을 생성**한다. 이 순차적 신경망 모델을 생성할 때는 리스트 형식의 인자를 받는데, 이 리스트의 첫 항목은 일반적으로 입력층이 된다.

keras의 순차적 신경망 구조

우리가 다룰 순차적 심층 신경망은 입력값으로 1차원 배열을 사용한다. 하지만 입력 이미지는 2차원 배열 형태로 되어있기 때문에 이를 Flatten 클래스를 사용하여 1차원 객체로 만든다. 2차원 이미지를 1차원 배열로 구성하면 이미지의 기하학적 정보가 손실되는데, 이에 관한 자세한 내용은 이후의 합성곱 신경망 $^{convolutional\ neural\ network:\ CNN}$ 에서 상세히 다룰 것이다. Flatten 네트워크에서는 2차원 입력을 1차원 값으로 만들기 때문에 필요한 매개변수는 입력의 크기이다. 이 경우는 28 × 28 = 784가 입력 노드의 수이다.

다음으로 두 층에 대한 촘촘한 연결을 구성하는 Dense 네트워크가 나타난다. Dense는 학습을 위한 연결을 밀집된 ^{dense} 구조 혹은 완전 연결 $^{fully connected}$ 층으로 한다는 의미이다. 그림에서 살펴보면 층1과 층2에 각각 네 개의 노드가 있기 때문에 완전 연결 층의 모든 노드를 연결하는 매개변수는 모두 16개이다. 반면 부분 연결 신경망에서는 층과 층 사이의 모든 노드를 다 연결하지는 않는다.

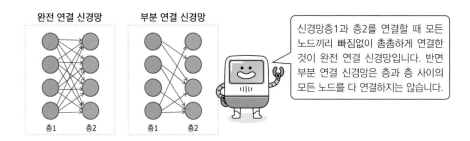

Dense 네트워크의 입력은 앞 층에서 주어지기 때문에 몇 개의 출력으로 연결할지를 정하는 매개변수가 있다. 여기에서는 256개의 노드로 네트워크를 구성하므로 $784 \times 60 = 47,040$개의 연결 네트워크가 생성된다(실제 생성되는 내부의 은닉층은 60개의 노드와 편향 노드가 추가되어 61개의 노드를 가진다).

이와 같이 1차원 배열로 변환된 784개의 값은 은닉층을 가진 순차적인 신경망을 통과하여 10개 중 하나의 범주 ^{category} 로 분류된다. 이때 은닉층을 포함한 학습층을 만드는 명령이 `keras.layers.Dense()`이다. 이렇게 생성된 신경망은 이전에 다룬 1) **경사하강법을 이용하여 오차를 줄이는 방향으로 학습을 진행**하며, 2) **오차 역전파를 이용하여 가장 좋은 가중치와 편향값**을 찾아 나간다.

이제 이 모델의 구조를 `model.summary()` 메소드를 통해서 살펴보자. 다음 코드와 같이 784개의 입력이 Flatten 타입으로 들어오면, 중간에 61개의 은닉 노드가 출력층에 있는 10개의 노드와 연결된 구조임을 알 수 있다. 이 모델에서 학습시켜야 할 파라미터 ^{parameter} 의 수는 47,710개라는 정보도 함께 보여 준다. 앞 장에서 설명한 바와 같이 퍼셉트론의 노드를 연결하는 과정에서 외부 자극을 흉내 내는 특정한 숫자가 곱해지는데, 이 곱해지는 값을 **가중치**, **파라미터** 또는 **매개변수**라고 부른다.

```
▶ model.summary()    # 모델의 구조를 요약하여 살펴보자
```

```
Model: "sequential_10"

_____
 Layer (type)                 Output Shape              Param #
=================================================================
 flatten_7 (Flatten)          (None, 784)               0

 dense_22 (Dense)             (None, 60)                47100

 dense_23 (Dense)             (None, 10)                610


=================================================================
Total params: 47,710
Trainable params: 47,710
Non-trainable params: 0
_____
```

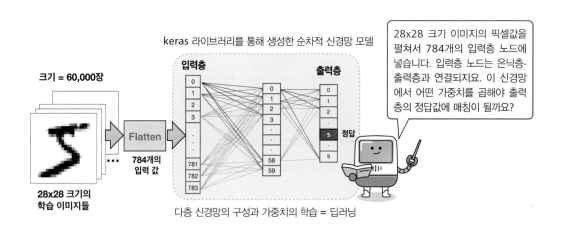

keras 라이브러리를 통해 생성한 순차적 신경망 모델

28x28 크기 이미지의 픽셀값을 펼쳐서 784개의 입력층 노드에 넣습니다. 입력층 노드는 은닉층·출력층과 연결되지요. 이 신경망에서 어떤 가중치를 곱해야 출력층의 정답값에 매칭이 될까요?

다층 신경망의 구성과 가중치의 학습 = 딥러닝

인공신경망을 학습시켜 보자

3단계: 신경망 모델의 활성화 함수, 최적화 함수, 측정 방법 정의

앞에서 만든 모델은 아직 데이터를 가지고 학습한 상태가 아니다. 신경망의 학습은 기본적으로 추측을 한 뒤에 정답과 비교하여 오차가 얼마인지 확인한 후, 이 오차를 줄이는 방법으로 연결의 강도를 조절하는 것이다. 위의 그림을 바탕으로 설명하자면 학습 이미지가 입력으로 주어졌을 때, 이 입력에 대하여 신경망이 추정값 5를 내보냈다. 이 값은 정답 5와 같다. 만일 추정값으로 5가 아닌 2가 나타날 경우, 정답과 추정값의 차이가 나며 이 차이가 바로 오차이다. 그리고 이 오차 측정을 위한 함수가 필요할 것이며, 이 오차를 이용하여 신경망 모델을 개선하는 최적화 기법도 필요할 것이다.

신경망 모델을 학습시키기 위해서는 데이터와 함께, 순차적인 구조 그리고 오차를 측정하는 방법과 이 오차를 줄이는 방법을 지정해야만 한다. 이것을 하는 것이 3번 단계이다. **3번 단계**의 활성화 함수, 학습을 위한 최적화 함수, 손실 함수, 오차 측정 방법 등에 관한 내용은 모델을 학습시키기 전에 필요하며 다음과 같은 설정을 하면 된다.

```
model.compile(optimizer='adam',\
              loss='sparse_categorical_crossentropy',\
              metrics=['accuracy'])
```

모델을 점점 더 좋은 상태로 만드는 것을 최적화 ^{optimizer} 라고 부른다. 이를 위해서는 현재 모델이 얼마나 잘못되었는지 알아야 한다. 현재 모델의 정답과 실제 정답의 차이가 오차이고 이 오차를 측정하는 것이 손실 함수이다. 손실 함수로 무엇을 사용할 것인지 지정해야 하는데, 여기서는 `sparse_categorical_crossentropy()` 함수를 사용했다. 그리고 이를 이용하여 모델을 개선하는 최적화 기법으로는 `optimizer='adam'`을 통해서 **Adam 최적화 알고리즘**을 선택하였다. Adam 최적화 알고리즘은 경사하강법의 한 종류이다. 다음으로 `metrics=['accuracy']`가 하는 일을 살펴보자. Metric이란 척도라는 뜻으로 이 **모델이 학습을 통해서 목표를 얼마나 잘 달성하였는지 나타내는 값**이다. 여기서는 accuracy를 선택하였는데 이는 (모델이 정확하게 예측한 데이터)/(전체 데이터)를 목표 달성의 척도로 삼겠다는 의미이다. 따라서 전체 데이터 6만 개에 대하여 모델이 6만 개를 모두 정확하게 예측하면 1.00이 되며, 6만 개 중에서 5만 4천 개를 정확하게 예측하면 0.9가 된다. 최적화 기법과 손실 함수에 대해서는 추후에 상세히 설명할 것이다.

4단계: 학습용 데이터로 모델을 학습시키기

모델이 완성되면 **학습용 데이터와 정답 데이터(레이블)를 주고 학습을 실시**하면 된다. **4번 단계**인 학습을 시작하게 하는 함수는 모델의 `fit()` 메소드인데, 학습용 입력과 여기에 대응하는 정답 레이블 데이터 셋을 차례로 주면 된다. 학습 데이터 모음을 가지고 한 번 훈련을 실시하는 것을 에폭 ^{epoch} 이라고 부르는데, 이 과정을 반복함으로써 모델은 더 좋은 상태로 바뀌게 된다. 반복 훈련은 이전 절에서 다룬 오차 역전파 알고리즘에 의해서 이루어지는데, 이 모델은 오차 역전파에 의해서 오차를 줄여 나가는 학습을 진행한다. 여기서는 `epochs=3`이라는 키워드 인자를 통해 에폭을 3으로 지정하였으므로 **전체 데이터에 대한 학습을 세 차례 실시**하게 된다.

```
model.fit(train_images, train_labels, epochs=3)
```
```
Epoch 1/3
1875/1875 [==============================] - 7s 3ms/step - loss:
0.3022 - accuracy: 0.9143
```

```
Epoch 2/3
1875/1875 [==============================] - 5s 2ms/step - loss:
0.1475 - accuracy: 0.9577
Epoch 3/3
1875/1875 [==============================] - 5s 2ms/step - loss:
0.1068 - accuracy: 0.9696
<keras.callbacks.History at 0x7f5f40b4c400>
```

에폭이 진행되면서 매 에폭 단계에서의 손실값 loss와 정확도 accuracy가 화면에 출력된다. 이 값의 변화를 자세하게 살펴보면 훈련이 진행됨에 따라 예측의 부정확도를 파악할 수 있는 손실값 loss는 감소하고, 예측의 정확도를 나타내는 accuracy 값은 증가함을 확인할 수 있다.

학습 단계의 출력값과 그 의미는 다음과 같다.

이 설명에서 나타난 배치 ^{batch} 란 무엇일까? 배치의 크기와 에폭에 대해서 다음의 그림을 통해서 알아보도록 하자. 만일 여러분이 딥러닝 모델을 학습시키기 위하여 훈련용 데이터를 모델의 입력으로 넣을 때 이 데이터가 너무 클 경우, 어떤 일이 발생할까 생각해 보자. 예를 들어 위의 MNIST 데이터 6만 개를 모두 메모리에 올려 두고 학습을 시키면 매우 많은 메모리가 필요하며 이를 학습하기 위한 시간도 많이 소요될 것이다. 이 때문에 학습 시에는 전체 데이터를 몇 개의 단위로 나누어서 단위별로 학습을 시키는 것이 효과적일 것이다. 이러한 **학습 데이터의 단위를 배치라고 한다.**

이 모델의 경우에는 디폴트 배치 값인 32개의 이미지를 묶어서 학습을 진행한다. 이 과정을 1,875번 반복할 경우 32×1,875 = 60,000개의 이미지가 모두 학습된다. 이와 같이 모든 데이터가 학습되는 것이 1 에폭이다. 이 예시에서는 학습 단계가 **Epoch 4/5**로 나타나 있는데, 총 **5회의 에폭 중에서 현재 4회의 에폭이 진행 중**이라는 의미이다. 배치의 크기는 모델 학습 메소드인 fit()의 batch 키워드 인자로 설정하는 것도 가능하다.

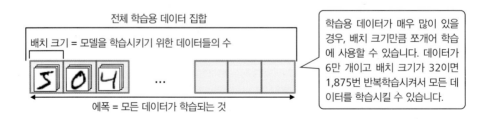

앞의 모델은 1 에폭 동안 전체 데이터를 학습에 사용하여 4만 7천 개가 넘는 파라미터를 갱신하게 된다. 이러한 에폭을 여러 번 하는 이유는 무엇일까? 바로 최적화를 통해서 더 나은 모델을 만들기 위해서는 동일한 학습 데이터라 하더라도 한 번에 그치지 않고 여러 번 학습시키는 것이 더 좋기 때문이다.

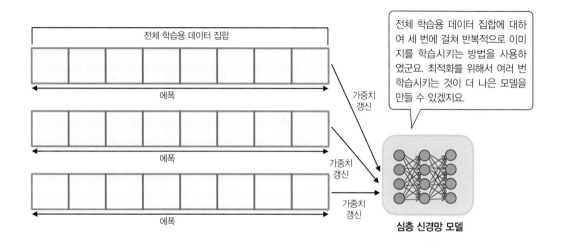

도전 문제 7.3: 배치 크기 수정하기   상 중 하

1. `model.fit(train_images, train_labels, epochs=3)` 코드에 `batch_size=64`라는 키 워드 인자를 넣어서 모델을 훈련시키자. 최종 정확도에는 어떠한 변화가 있는가?

2. `epochs=5`와 같이 에폭의 수를 늘려서 모델을 훈련시키자. 최종 정확도에는 어떠한 변화가 있는가?

5단계: 모델의 정확도 알아보기

이제 학습 데이터가 아닌 학습에 사용하지 않았던 테스트 데이터를 이용하여 이 모델이 정답 레이블을 잘 맞히는지 확인해 보자. 1만 개의 이미지로 이루어진 테스트 데이터는 생성한 모델이 처음 보는 데이터이다. 따라서 이것을 적용한 결과는 학습용 데이터로 훈련한 최종 결과에 비해 정확도가 조금 떨어질 수 있다. 다음의 경우 정확도 값이 `0.7907`로 나타났는데, 79.07%의 정확도로 테스트 데이터를 정답으로 예측하였음을 알 수 있다.

```
test_loss, test_acc = model.evaluate(test_images, test_labels,\
                                      verbose=2)
print('\n테스트 정확도:', test_acc)
313/313 - 0s - loss: 0.6141 - accuracy: 0.7907

테스트 정확도: 0.7907000184059143
```

신경망의 학습 데이터는 동일하지만 학습 때 사용되는 모델의 초기 가중치는 매번 랜덤하게 결정되므로 동일한 모델을 만들더라도 정확도 값은 매번 다르게 나타날 수 있다. evaluate() 함수의 인자인 verbose는 이 모델의 학습 진행과 테스트의 진행상황을 사용자에게 어떤 방식으로 전해줄 것인지 결정하는 일을 한다. verbose 키워드 인자의 값으로는 정수 0, 1, 2를 가질 수 있다. 만일 verbose 값이 0이면 침묵 모드가 되어 진행 상황을 보여주지 않으며, verbose 값이 1이면 진행도를 막대 줄로 보여준다. 마지막으로 verbose 값이 2이면 에폭당 하나의 라인으로 그 결과를 보여준다.

이렇게 층을 쌓아 나가며 여러 개의 은닉층을 가지는 신경망을 얻을 수 있고, 이것을 심층 신경망 deep neural network 이라고 한다. 이러한 심층 신경망에서 학습을 진행하는 것이 딥러닝의 기본적인 개념이다.

6단계: 모델의 성능 개선시키기

심층 신경망 모델의 학습 결과를 바탕으로 이 모델의 성능을 개선시키는 것이 마지막 단계이다. 모델의 성능을 개선시키기 위해서는 신경망의 수를 증가시키거나, 학습 데이터의 양을 증가시키거나, 에폭을 여러 번 수행하거나, 모델 구성 시에 완전 연결망 대신 부분 연결망 모델을 사용하는 등 여러 가지 방법이 있다.

03 신경망 학습의 출력값과 정답의 차이를 알아보자

부드러운 최대값: 소프트맥스 함수

이 절에서는 신경망 학습의 출력 값을 정답값과 비교하기 위한 효율적인 방법을 살펴볼 것이다. 우선 가정을 단순히 하기 위하여 아래와 같이 **0에서 4까지 5개의 입력 데이터와 정답 레이블이 있는 경우를 가정하자.**

이 데이터를 이용한 학습 모델은 모두 5개의 출력 카테고리가 있을 수 있기 때문에 임의의 입력값에 대하여 최종 노드의 출력은 [0.5, 4.1, 2.5, 5.6, 1.2]와 같은 예측값이 나올 수 있다. 이러한 **예측값을 가진 벡터를 0에서 1 사이의 클래스별 확률값으로 변환**하기 위해서 사용하는 함수가 바로 소프트맥스 softmax 함수이다. 소프트맥스 함수를 사용하면 **신경망의 예측값을 사람이 이해하기 쉽다는 장점**이 있다. 소프트맥스 함수는 심층 신경망의 최종 출력 함수로 많이 사용된다.

$i = 1, \ldots, K$이고 $\mathbf{z} = (z_1, \ldots, z_K) \in \mathbf{R}^K$일 때 소프트맥스 함수를 $\sigma()$라고 하면, 다음과 같이 자연상수 e를 밑으로 하는 지수함수를 사용하여 정의할 수 있다.

$$\sigma(\mathbf{z})_i = \frac{e^{z_i}}{\sum_{j=1}^{K} e^{z_j}}$$

여기에서 z_i는 그림 왼쪽에 나타난 **신경망의 예측값**인데, 이 그림의 경우, 모델이 반환하는 $z_1, z_2, z_3,$ z_4, z_5의 값이 각각 0.5, 4.1, 2.5, 5.6, 1.2가 된다. 따라서 소프트맥스 함수의 분모 값은 $e^{z_1} + e^{z_2} + e^{z_3}$ $+ e^{z_4} + e^{z_5}$를 계산한 $e^{0.5} + e^{4.1} + e^{2.5} + e^{5.6} + e^{1.2}$이 된다. 그리고 이 분모값에 대하여 $e^{0.5}$을 분자로 하는 $e^{0.5}/(e^{0.5} + e^{4.1} + e^{2.5} + e^{5.6} + e^{1.2})$ 값이 소프트맥스 함수의 첫 번째 출력값 $\sigma(\mathbf{z}_1)$이 된다. 여기서는 0.0047 값이 바로 그 값인데, 이 값은 네트워크의 예측값이 숫자 0일 확률(약 0.47%)을 의미한다.

이렇게 구한 소프트맥스 함수의 전체 출력은 [0.0047, 0.1734, 0.0350, 0.7772, 0.0095]가 된다. 즉, 이 모델의 예측값을 소프트맥스 함수를 이용하여 각각의 확률로 계산했을 때 **숫자 3일 확률이 77.72%로 가장 높다**고 할 수 있다. 이런 특징으로 인해 이 함수는 **부드러운 최대값**을 얻는다는 의미의 소프트맥스라는 이름을 얻게 되었다. 여기서 '부드럽다'는 것은 다른 출력값의 확률값도 유지한다는 뜻이 있다. 반면 max나 argmax와 같은 함수는 각각 최대값 혹은 최대값을 갖게 하는 인자 ^(argument) 하나만을 반환한다.

이상의 과정은 다음과 같이 넘파이를 이용하여 구현할 수 있다.

```python
import numpy as np

def softmax(a):
    exp_of_a = np.exp(a)          # 각각의 지수함수
    sum_exp = np.sum(exp_of_a)    # 지수함수값의 합
    y = exp_of_a / sum_exp        # 각각의 확률값을 구함
    return y

a = np.array([0.5, 4.1, 2.5, 5.6, 1.2])
print('신경망의 예측값 :', a)
print('소프트맥스 함수의 출력 :', softmax(a))
```

```
신경망의 예측값 : [0.5 4.1 2.5 5.6 1.2]
소프트맥스 함수의 출력 : [0.00473882 0.17343248 0.03501541 0.77727047
0.00954281]
```

이 코드의 실행 결과를 살펴보면 신경망의 예측값 0.5는 소프트맥스 함수에 의해 약 0.0047로 매칭되며, 가장 큰 값인 5.6은 약 0.7772의 값으로 매칭되는 것을 볼 수 있다. 넘파이의 set_printoptions() 함수를 사용하면 정밀도 값을 제어하는 것도 가능하다. 이 함수의 키워드 인자인 precision은 소수점 아래 정밀도를 제어하며, suppress 인자는 1.1234e-01과 같은 형식의 출력을 0.11234와 같이 나타내는 일을 한다.

```
np.set_printoptions(precision=4, suppress=True)
print('소프트맥스 함수의 출력 :', softmax(a))
```

소프트맥스 함수의 출력 : [0.0047 0.1734 0.035 0.7773 0.0095]

소프트맥스 함수의 최대값은 다음과 같이 np.max() 함수로 얻을 수 있으며, np.argmax() 함수로 이 최대값의 인덱스 3도 얻어낼 수 있다.

```
print('소프트맥스 함수의 최대값 :', np.max(softmax(a)).round(4))
```

소프트맥스 함수의 최대값 : 0.7773

```
print('소프트맥스 함수 출력의 argmax :', np.argmax(softmax(a)))
```

소프트맥스 함수 출력의 argmax : 3

소프트맥스 함수는 지수함수이므로 입력값 a가 다음과 같이 **두 배로 커질 경우** 가장 큰 값의 확률 값이 크게 증가하는 것을 볼 수 있다. 이상의 내용을 통해 **소프트맥스 함수는 최대값을 더욱 활성화하고 작은 값을 억제**하는 효과를 만들어 내는 것을 알 수 있다.

```
# 소프트맥스 함수의 입력값을 두 배로 증가시켜 보자
a = np.array([0.5, 4.1, 2.5, 5.6, 1.2]) * 2
print('신경망의 예측값 :', a)
print('소프트맥스 함수의 출력 :', softmax(a))
print('소프트맥스 함수의 최대값 :', np.max(softmax(a)))
```

신경망의 예측값 : [1.   8.2 5. 11.2 2.4]
소프트맥스 함수의 출력 : [0.   0.0473 0.0019 0.9506 0.0001]
소프트맥스 함수의 최대값 : 0.9505663642857384

이상에서 다룬 내용을 바탕으로 분류 문제에 사용되는 소프트맥스 함수의 핵심적인 장점을 세 가지로 설명할 수 있다.

1. **확률적 해석 가능성**: 소프트맥스 함수는 각 클래스에 대한 딥러닝 모델의 예측값을 확률 점수로 제공한다. 이 점수들은 모두 0과 1 사이의 값이며, 전체 합계는 항상 1이 된다. 이는 문제의 정답이 여러 개의 범주 중 하나일 때, 모델이 그 각각의 예측에 대해 얼마나 '신뢰'하는지 정량화하는 데 유용하다.
2. **다중 클래스 분류에 유용함**: 소프트맥스 함수는 다중 클래스 분류 문제의 출력으로 이상적이다. 즉, 입력 데이터가 여러 개의 범주 중 하나에 속해야 하는 경우에 사용될 수 있다. 이 함수는 각 클래스에 대한 점수를 제공하고, 가장 높은 점수를 가진 클래스를 선택하여 분류 문제를 해결하는 데 도움이 된다.
3. **최대값을 활성화하고 최소값을 억제함**: 소프트맥스 함수는 e를 밑으로 하는 지수를 사용하기 때문에 신경망의 예측값 중에서 최대값은 더욱 크게 만들고, 최소값은 더욱 작게 만드는 효과가 있다.

1. 신경망의 출력층이 3개의 출력을 내보낸다고 가정하자. 이 출력층의 값이 각각 0.4, 4.5, 1.9일 경우, 소프트맥스 함수를 사용하여 이 출력값을 0에서 1 사이의 확률값으로 나타내 보자. 그리고 소프트맥스 함수의 최대값, 이 최대값의 인덱스를 argmax를 이용하여 다음과 같이 출력해 보자.

신경망의 예측값 : [0.4 4.5 1.9]
소프트맥스 함수의 출력 : [0.0152 0.9167 0.0681]
소프트맥스 함수의 최대값 : 0.9167
소프트맥스 함수 출력의 argmax : 1

2. 신경망의 출력층이 6개의 출력을 내보낸다고 가정하자. 이 출력층의 값이 각각 4.9, 2.4, 12.1, 2.5, 1.9, 0.2일 경우, 소프트맥스 함수를 사용하여 이 출력값을 0에서 1 사이의 확률값으로 나타내 보자. 그리고 소프트맥스 함수의 최대값, 이 최대값의 인덱스를 argmax를 이용하여 다음과 같이 출력해 보자.

신경망의 예측값 : [4.9 2.4 12.1 2.5 1.9 0.2]
소프트맥스 함수의 출력 : [0.0007 0.0001 0.9991 0.0001 0.   0.   ]
소프트맥스 함수의 최대값 : 0.9991
소프트맥스 함수 출력의 argmax : 2

원-핫 인코딩과 범주형 데이터의 평균 제곱오차

다음으로 소프트맥스 함수의 출력값과 정답과의 차이를 구하는 방법을 살펴보자. 이를 위하여 우선 원-핫 인코딩 one-hot encoding 기법의 필요성에 대하여 알아보자. 이전 절에서 살펴본 데이터와 동일한 자료와 소프트맥스 함수를 통한 출력은 [0.0047, 0.1734, 0.0350, **0.7772**, 0.0095]와 같은 벡터값인 반면, 이 데이터의 정답은 3과 같은 수치값으로 레이블링되어 있다. 이 모델의 출력은 0, 1, 2, 3, 4 중 하나인데 인간의 눈으로 보게 되면 이 출력의 0은 1보다 더 작은 값으로 보게 된다. 이것을 순서적 관계 또는 서수 관계라고 하는데 이 순서적 관계는 모델의 범주 분류에 무관하며 이러한 **순서적 관계를 제거하면 잘못된 관계를 만드는 오류에서 벗어날 수 있다.**

원-핫 인코딩은 위에서 다룬 0, 1, 2, 3, 4 또는 '빨강', '파랑', '녹색' 등과 같은 카테고리 값을 이진수의 벡터로 사상시키는 기법이다. 0에서 1 사이의 다섯 카테고리가 있는 레이블을 원-핫 인코딩시켜 보자. 이 방법은 그림과 같이 1이라는 레이블을 나타내기 위해서 [1, 0, 0, 0, 0]이라는 표기를, 2라는 레이블을 나타내기 위해서 [0, 1, 0, 0, 0]이라는 표기를, 3이라는 레이블을 나타내기 위해서 [0, 0, 1, 0, 0]이라는 표기를 각각 사용한다.

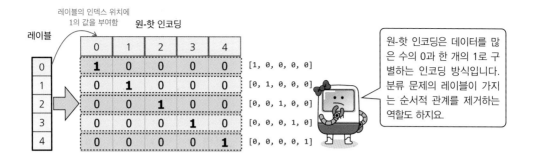

이 방법은 소프트맥스 함수를 통과한 벡터 출력값이 스칼라 형식의 정답과 얼마만큼의 차이가 나는 지 정량화하는 데에도 유용하게 사용될 수 있으며, 언어 모델에서도 단어를 원-핫 인코딩을 통해서 나타내는 데 사용할 수 있다.

원-핫 인코딩은 다음 두 단계의 과정을 통해서 간단하게 구현할 수 있다.

1. 각 레이블에 고유의 인덱스를 부여한다(예: 0, 1, 2 등).
2. 표현하고자 하는 레이블의 인덱스 위치에 1을 부여하고, 나머지 인덱스의 값으로 0을 부여한다.

우리가 살펴본 keras의 utils 모듈에는 다음과 같은 to_categorical() 함수가 제공되므로 이 함 수를 사용하여 [0, 1, 2, 3, 4]의 데이터가 어떻게 인코딩되는지 살펴보자.

```python
import numpy as np
from keras.utils import to_categorical

data = np.array([0, 1, 2, 3, 4])     # 수치 데이터 0에서 4까지의 값
print('인코딩할 원본 데이터', data)
encoded = to_categorical(data)       # 원-핫 인코딩된 범주형 데이터 생성
print('원-핫 인코딩된 데이터 :')
print(encoded)
```

```
인코딩할 원본 데이터 [0 1 2 3 4]
원-핫 인코딩된 데이터 :
[[1. 0. 0. 0. 0.]
 [0. 1. 0. 0. 0.]
 [0. 0. 1. 0. 0.]
 [0. 0. 0. 1. 0.]
 [0. 0. 0. 0. 1.]]
```

살펴본 코드의 결과와 같이 0에서 4까지의 수치 데이터가 들어 있는 data는 to_categorical() 함수를 통해서 원-핫 인코딩된 데이터로 변환될 수 있다. 즉, 레이블 3은 원-핫 인코딩되어 [0, 0, 0, 1, 0]의 형태로 변환되는 것을 볼 수 있다.

만일 원본 데이터가 수치형 데이터가 아닌 'red', 'green', 'blue'와 같은 문자열 범주 데이터일 경우에는 어떻게 해야 할까? 이 경우는 파이썬의 딕셔너리 자료형으로 변환한 후 이 자료형의 키 값을 수치 데이터로 사용하여 위에서 사용한 함수를 사용하면 된다. 아래와 같이 color_data라는 리스트 자료형에 ['red', 'green', 'blue']가 있을 경우, 이를 리스트 축약 코드를 사용하여 딕셔너리로 만들도록 하자.

```
color_data = ['red', 'green', 'blue']
# 리스트 축약 코드를 사용하여 딕셔너리 자료형으로 만들자
color_dic = {v: k for v, k in enumerate(color_data)}
print('color_dic :', color_dic)
```

```
color_dic : {0: 'red', 1: 'green', 2: 'blue'}
```

다음으로 이 딕셔너리 color_dic의 키를 추출하여 이전에 설명한 to_category() 함수를 통해서 원-핫 인코딩된 데이터를 만들고 이를 출력해 보도록 하자.

```
import numpy as np
from keras.utils import to_categorical

data = np.array(list(color_dic.keys()))    # 키값 0, 1, 2를 항목으로 하는 data
print('인코딩할 원본 데이터 :', data)
encoded = to_categorical(data)             # 원-핫 인코딩된 범주형 데이터 생성
print('원-핫 인코딩된 데이터 :')
print(encoded)
```

```
인코딩할 원본 데이터 : [0 1 2]
원-핫 인코딩된 데이터 :
[[1. 0. 0.]
 [0. 1. 0.]
 [0. 0. 1.]]
```

```
for i in range(len(color_data)):
    print('{:5s} : {}'.format(color_data[i], encoded[i]))
```

```
red   : [1. 0. 0.]
green : [0. 1. 0.]
blue  : [0. 0. 1.]
```

이제 다음과 같이 정답값 3이 원-핫 인코딩되어 있다고 가정하고 이 정답값과 소프트맥스 함수의 출력값을 바탕으로 신경망의 오차를 구해 보자. 여기서는 예측값 $\hat{y}$과의 차이를 평균 제곱오차 방식의 측정함수를 사용하여 구현할 수 있을 것이다. 아래의 코드에서 target은 정답값, y_hat은 예측값 $\hat{y}$을 각각 의미한다.

```python
import numpy as np

# 정답 3이 인코딩된 target과 신경망의 예측값 y_hat이 있다고 가정하자
target = np.array([0, 0, 0, 1, 0])
y_hat = np.array([0.005, 0.173, 0.035, 0.777, 0.01])

def mse(y, t):    # 평균 제곱오차
    return ((y - t)**2).mean()

print('y_hat과 target과의 오차 :', mse(y_hat, target))
```

> y_hat과 target과의 오차 : 0.016201599999999997

평균 제곱오차 함수는 범주형 데이터에 대하여, 다음과 같이 정답 레이블과 예측값의 차이를 구한 다음, 이들 각각에 대하여 제곱의 합을 구하고 그 결과를 전체 샘플의 수 m으로 나누어 계산한다. 따라서 y_i 데이터에 대한 예측값을 $\hat{y}_i$라고 할 때 E_{mse}는 다음과 같은 식으로 나타낼 수 있다.

$$E_{mse} = \frac{1}{m}\sum_{i=1}^{m}(\hat{y}_i - y_i)^2$$

이 식은 신경망의 예측값($\hat{y}_i$)과 정답값(y_i)의 차이를 구하여 제곱한 수들의 합을 전체 데이터의 수로 나눈 값이다. 이전 코드는 정답 3에 대한 확률값이 0.777로 전체 값 중에서 가장 크기 때문에 0.0162의 비교적 작은 오차값을 출력하였다. 하지만 만일 신경망의 예측값이 [0.1, 0.3, 0.5, 0.02, 0.08]과 같이 정답에서 벗어날 경우, 평균 제곱오차의 값은 0.26336처럼 이전 값에 비해 큰 값이 된다.

```python
# 정답에서 많이 벗어난 other_y_hat 추정치
other_y_hat = np.array([0.1, 0.3, 0.5, 0.02, 0.08])
# other_y_hat 추정치와 정답과의 오차를 알아보자
print('other_y_hat과 target과의 오차 :', mse( other_y_hat, target ))
```

> other_y_hat과 target과의 오차 : 0.26336

정답에서 많이 벗어날수록 큰 오차값을 출력해야 신경망의 학습이 빠르게 이루어진다는 측면에서 이러한 오차 측정 방식은 매우 합리적이다.

원-핫 인코딩의 핵심적인 장점은 다음과 같이 요약할 수 있다.

> **범주형 데이터를 수치화:** 원-핫 인코딩을 사용하면 범주형 데이터를 컴퓨터가 이해할 수 있는 숫자 형태로 변환할 수 있다. 예를 들어, '빨강', '파랑', '녹색' 등의 색상 범주를 [1,0,0], [0,1,0], [0,0,1]과 같은 벡터로 표현할 수 있다. 이는 컴퓨터가 데이터를 처리하고 학습하는 데 필수적인 과정이다.
>
> **순서에 따른 관계를 제거:** 범주형 변수를 단순히 숫자로 변환하면 잘못된 관계나 순서가 데이터에 부여될 수 있다. 예를 들어, '빨강'=1, '파랑'=2, '녹색'=3과 같이 인코딩하면, 녹색이 파랑보다 '큰' 것으로 해석될 수 있다. 원-핫 인코딩은 이러한 순서에 따른 관계를 제거하고 각 범주를 독립적인 이진 특징으로 표현함으로써 이 문제를 해결한다.

도전 문제 7.5: 범주형 데이터를 원-핫 인코딩하기 │상│중│하│

머신러닝과 딥러닝에서 사용되는 데이터 중에서 Iris 데이터 셋은 주어진 붓꽃의 꽃잎과 꽃받침의 너비, 높이를 이용하여 Versicolor, Setosa, Virginica의 세 종을 분류하는 것을 목적으로 하고 있다. 이 세 종의 레이블을 넘파이와 사이킷런 모듈을 사용하여 원-핫 인코딩하고 그 결과를 다음과 같이 출력하여라.

```
Versicolor : [1. 0. 0.]
Setosa    : [0. 1. 0.]
Virginica : [0. 0. 1.]
```

원-핫 인코딩 데이터의 오차를 구하는 교차 엔트로피 오차

소프트맥스 함수나 평균 제곱오차 함수보다도 더 나은 오차 평가 방법은 없을까? 이 절에서 소개할 교차 엔트로피 오차 cross entropy error: cee 는 분류 모델을 평가할 때 평균 제곱오차 방식보다 더 유용하게 사용될 수 있다. 단, 교차 엔트로피 오차 평가 함수를 사용하기 위해서는 **분류 모델의 정답값이 원-핫 인코딩으로 구성**되어 있어야만 한다.

교차 엔트로피 오차는 앞으로 E_{cee}로 표기할 것이다. 이것을 구하기 위해서는 다음과 같이 로그의 밑이 e인 자연로그를 예측값 y_k에 씌워서 실제 값 t_k와 곱한 후 전체 값을 합한 후 음수로 변환한다.

$$E_{cee} = - \sum_k t_k \log y_k$$

이 수식을 살펴보면 정답값이 원-핫 인코딩 방식일 경우에는 정답 위치의 확률 값을 제외한 나머지는 무조건 0이 나오므로 이 값을 합하게 되더라도 결과에 영향을 주지 않으며, 오로지 **정답값에 대한 예측값만이 결과에 영향을 주는** 식이 된다.

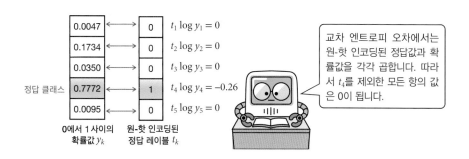

예를 들어, 그림과 같이 정답 클래스가 네 번째이고 소프트맥스 함수가 네 번째 클래스의 확률 값을 0.77로 예측했다면 교차 엔트로피 오차는 −1*log(0.77) = 0.26이 된다. 이렇게 되는 이유는 이 t_4 항목을 제외한 나머지 모든 항에 대해서 0이 곱해지기 때문이다. 그러나 만일 정답값이 세 번째일 경우에는 −log(0.035) = 3.352의 비교적 큰 오차값을 출력할 것이다. 즉, 예측값이 정답에 가까울 경우 E_{cee}는 작은 오차값을 출력하고, 예측값이 정답값에서 멀어질수록 큰 오차값을 출력하는 특징이 있다.

앞서 배운 평균 제곱오차를 통해서 오차를 구할 수 있음에도 불구하고 교차 엔트로피 오차를 사용하는 이유가 무엇일까? 교차 엔트로피 오차는 어떤 장점이 있을까?

예시를 통해 **교차 엔트로피 오차가 신경망의 오차를 측정하기에 더욱더 적절한 이유**를 살펴보자. 우선 신경망에서 출력한 두 개의 추정값이 존재한다고 가정하자. 이해를 돕기 위해 3개의 클래스로 단순화하였다. 이 중 첫 번째 추정값 $\hat{Y}_1$이 [0.4, 0.05, 0.55]이고, 두 번째 추정값 $\hat{Y}_2$가 [0.9, 0.09, 0.01]이라고 가정하자. 추정값이 여러 개의 항목을 가지는 벡터이므로 이를 Y와 같이 대문자로 표기하였다. 이번에는 정답이 2로 [0, 0, 1]과 같이 인코딩되어 있을 경우를 가정하자. 이 경우 정답값 2에 대한 추정값이 더 크게 나오도록 학습이 진행되는 것이 바람직하다. 이제 cee() 함수를 구현하고 두 추정값의 오차를 각각 비교해 보도록 하자.

```python
# 교차 엔트로피 오차 함수를 에러 함수로 사용해 보도록 하자
def cee(y, t):
    delta = 1e-7                      # 0이 되지 않도록 작은 마진 값을 준다
    return -np.sum(t * np.log(y + delta))


t = np.array([0, 0, 1])              # 세 번째 레이블이 정답값
y_hat1 = np.array([0.4, 0.05, 0.55])
y_hat2 = np.array([0.9, 0.09, 0.01])

# y_hat 추정치와 정답과의 CEE 오차를 알아보자
print('y_hat1과의 cee : {:.2f}'.format(cee(y_hat1, t)))
print('y_hat2과의 cee : {:.2f}'.format(cee(y_hat2, t)))
```

```
print('두 값의 비 : {:.2f}'.format(cee(y_hat2, t)/cee(y_hat1, t)))

# y_hat 추정치와 정답과의 MSE 오차를 알아보자
# mse() 함수는 이전에 구현한 것과 동일하다
print('y_hat1과의 mse : {:.2f}'.format(mse(y_hat1, t)))
print('y_hat2과의 mse : {:.2f}'.format(mse(y_hat2, t)))
print('두 값의 비 : {:.2f}'.format(mse(y_hat2, t)/mse(y_hat1, t)))
```

```
y_hat1과의 cee : 0.60
y_hat2과의 cee : 4.61
두 값의 비 : 7.70
y_hat1과의 mse : 0.12
y_hat2과의 mse : 0.60
두 값의 비 : 4.93
```

위의 코드를 통해서 살펴보면, $\hat{Y}_1$이 $\hat{Y}_2$에 비해서 더 좋은 추정치이므로 평균 제곱오차와 교차 엔트로피 오차 모두 y_hat2에 비해 y_hat1의 오차값을 더 낮게 출력하는 것을 볼 수 있다. 우선 교차 엔트로피 오차의 경우 y_hat1의 오차가 0.60, y_hat2의 오차가 4.61로 나타났다. 이 값의 비율은 1:7.7로, y_hat2의 예측값이 y_hat1에 비해 더 부정확하다는 의미이다. 그 이유는 정답 레이블에 대하여 y_hat1은 0.55로 예측했고 y_hat2는 0.01로 예측했기 때문이다.

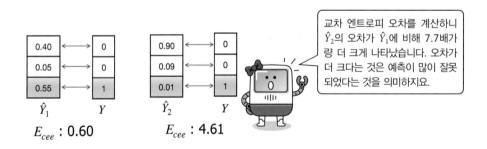

교차 엔트로피 오차를 계산하니 $\hat{Y}_2$의 오차가 $\hat{Y}_1$에 비해 7.7배가량 더 크게 나타났습니다. 오차가 더 크다는 것은 예측이 많이 잘못되었다는 것을 의미하지요.

이제 평균 제곱오차에서는 어떻게 예측했는지 살펴보자. 이 방식은 y_hat1에 대하여 0.12, y_hat2에 대하여 0.61로 오차를 알려준다. 비록 y_hat1이 더 오차가 작기는 하지만 이 두 값의 비율은 4.93배로, 교차 엔트로피 오차에서 구한 오차값의 차이보다는 더 적다.

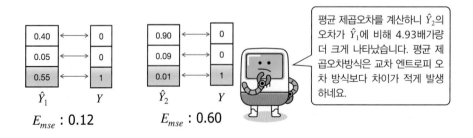

평균 제곱오차를 계산하니 $\hat{Y}_2$의 오차가 $\hat{Y}_1$에 비해 4.93배가량 더 크게 나타났습니다. 평균 제곱오차방식은 교차 엔트로피 오차 방식보다 차이가 적게 발생하네요.

즉, 평균 제곱오차는 첫 번째 추정치의 오차를 두 번째 추정치보다 4.93배 더 낮게 추정하는데 비해, 교차 엔트로피 오차는 7.7배나 더 낮게 추정하고 있다. 신경망은 학습의 오류를 줄이는 과정이기 때문에 **벌점에 해당하는 오차값이 더 큰 교차 엔트로피 오차를 신경망의 오차로 사용하는 것이 학습의 속도를 더 빠르게** 할 수 있다.

교차 엔트로피 오차 방식은 분류할 레이블이 매우 많을 경우에도 효과적이다. 이 방식은 1의 값을 가지는 정답 레이블과의 오차만을 계산하므로, **정답이 아닌 레이블($t_k = 0$인 경우)과의 오차를 구할 필요가 없어 평균 제곱오차보다 계산량이 줄어든다**(최신 컴파일러는 0*n의 계산값을 자동으로 0으로 계산하는 성능 최적화 기법을 사용하기 때문이다).

최적화 기법

위에서 살펴본 신경망 모델에서 compile() 메소드의 키워드 인자 중 하나인 optimizer에 대해서 살펴보자. 최적화 기법이란 외래어 표기를 그대로 사용하여 옵티마이저라고도 하는데 **알고리즘이나 모델이 최적의 성능을 내기 위한 매개변수를 찾는 데 사용되는 도구 또는 방법**을 말한다. 다시 말해, 옵티마이저는 모델의 손실 함수를 최소화하거나, 정확도와 같은 성능 지표를 최대화하는 매개변수 값을 찾는 역할을 한다. 딥러닝에서는 대표적으로 경사하강법이라는 방법을 사용하는데, 이는 매개변수를 손실 함수의 기울기에 비례하여 조정함으로써 손실을 줄이는 방법이다. 경사하강법에도 다양한 변형들이 존재하는데, 이들은 각각의 구조상에서 성능을 향상시키는 방법을 제공한다. 가장 널리 사용되는 옵티마이저에는 **확률적 경사하강법** Stochastic Gradient Descent: SGD , **모멘텀, RMSProp, Adam** 등이 있다.

이러한 옵티마이저의 선택은 모델의 성능에 매우 중요한 영향을 미치므로, 옵티마이저의 종류와 특징을 이해하고 적절하게 선택하는 것이 중요하다. 딥러닝의 최적화를 위해서 이렇게 다양한 방법이 필요한 이유는 다음과 같이 정리할 수 있다.

- **문제의 복잡도:** 딥러닝 모델은 파라미터가 수백 개 정도인 단순한 모델부터 수백억 개 이상의 방대한 모델이 존재한다. 이 파라미터들의 조합이 만드는 손실 함수의 표면은 매우 복잡하다. 경우에 따라서 이 표면에는 여러 지역 최소값, 안장점, 평평한 지역 등이 있을 수 있다. 따라서 단순한 경사하강법만으로는 이러한 복잡한 표면에서 최적의 해를 찾는 데 어려움이 있을 수 있다. 그래서 다양한 종류의 옵티마이저들이 등장했으며, 이들은 각각 다른 전략을 사용하여 이러한 문제를 해결한다.
- **학습 속도와 안정성의 차이:** 지금까지 연구되어 온 옵티마이저마다 각자의 장단점이 있다. 예를 들어, 일부 옵티마이저는 학습 속도가 빠르지만, 학습 과정이 불안정하거나 최적의 해를 찾지 못할 수 있다. 반면에, 다른 옵티마이저는 학습 속도가 느리지만 안정적인 결과를 보장하거나, 더 좋은 해를 찾을 가능성이 있을 수 있다. 따라서 특정 문제에 대해 가장 적합한 옵티마이저를 선택하려면 여러 가지 옵티마이저 중에서 선택할 수 있어야 한다.

결국, 딥러닝 모델을 학습시킬 때 이 모델에 맞는 적절한 옵티마이저를 선택하게 되면 더 빠르고 안정적이며, 더 나은 성능의 결과를 얻는데 도움이 된다.

옵티마이저에 대해 깊이 살펴보기 전에 딥러닝 모델의 학습을 위해서 우리가 사용하는 용어를 다시 한번 정리해 보도록 하자.

- **에폭**: 주어진 훈련 데이터 셋에 대해서 딥러닝 알고리즘이 실행되는 횟수를 말한다. 딥러닝 모델은 주어진 훈련 데이터를 입력으로 받아서 가장 좋은 성능의 파라미터를 만들어 내는 일을 한다.
- **샘플**: 샘플이란 데이터의 기본 단위이다. 예를 들어, 이미지 분류 작업을 수행하기 위해서는 각각의 이미지가 하나의 샘플이 된다. 각 이미지는 특정 레이블(예: 강아지, 고양이, 자동차 등)과 연결되어 있다.
- **배치**: 모델 파라미터를 업데이트하기 위해 사용할 샘플의 수를 나타낸다. 보통 여러 개의 샘플을 딥러닝 알고리즘을 학습시키는 데 사용하며 이 배치의 크기가 크면 클수록 학습에 소요되는 시간과 비용은 증가한다. 따라서 딥러닝 모델을 다루는 엔지니어는 최선의 배치 크기를 찾도록 노력해야 한다.
- **학습률**: 모델을 학습시키는 하이퍼파라미터의 하나로, 모델 가중치가 어느 정도의 척도로 갱신되어야 하는지 지정하는 일을 한다. 이 학습률이 너무 작으면 모델은 느리게 학습되며, 이 학습률이 너무 클 경우 모델이 제대로 학습되지 않고 발산되는 경우가 발생한다.
- **비용 함수**: 손실 함수라고도 하며 예측 값과 실제 값의 차이인 비용을 계산하는 함수이다.
- **가중치**: 인공신경망의 퍼셉트론끼리 신호를 제어하는 모델에서 학습 가능한 파라미터(매개변수)를 말한다.

널리 사용되는 옵티마이저의 특징과 장단점을 간략히 설명하면 다음과 같다.

1. **경사하강법(Gradient Descent)**
   - 설명: 전체 데이터 셋에 대하여 오차를 구하고 가중치를 갱신한다.
   - 장점: 구현이 쉽다.
   - 단점: 매번 전체 데이터 셋의 오차를 구해야 하므로 수렴 속도가 매우 느리다.

2. **확률적 경사하강법(Stochastic Gradient Descent)**
   - 설명: 전체 데이터 셋에서 샘플을 무작위로 선택하여 가중치를 갱신한다.
   - 장점: 구현이 쉽다.
   - 단점: 수렴 속도가 느리고, 때로는 최적점에 수렴하지 못할 수도 있다.

3. **모멘텀(Momentum)**
   - 설명: 이전 단계의 그래디언트 방향을 기억하고 있다가 이를 현재 단계의 그래디언트에 추가하여 가중치를 갱신한다. 이로써 **관성** 효과를 얻을 수 있다.
   - 장점: 지역 최적점에서 벗어나는 데 도움을 줄 수 있다.
   - 단점: 추가적인 하이퍼파라미터 설정이 필요하다.

4. Adagrad
- 설명: 각 가중치에 대해 학습률을 조정하여 갱신한다.
- 장점: 특정 가중치에 따라 학습률을 다르게 조정할 수 있다.
- 단점: 학습 중 학습률이 너무 빨리 감소할 수 있다.

5. RMSprop
- 설명: Adagrad의 문제를 해결하기 위해 도입된 방법으로 가장 최근의 그래디언트만 사용하여 학습률을 조정한다.
- 장점: 다양한 문제에 대해 잘 작동한다.
- 단점: 학습률이 수행할 작업에 따라 유동적이므로 특정 문제에 대하여 최적화되도록 그 값을 조절할 필요가 있다.

6. Adam
- 설명: 모멘텀과 RMSprop의 아이디어를 결합한 옵티마이저이다.
- 장점: 다양한 문제와 데이터에 대해 일반적으로 잘 작동한다.
- 단점: 때로는 불안정한 학습 동작을 보일 수 있다.

이러한 옵티마이저들 외에도 여러 다양한 옵티마이저들이 존재한다. 딥러닝 프로젝트에서는 주로 문제와 데이터의 특성에 맞는 옵티마이저를 선택하여 사용하게 된다.

옵티마이저를 지정하는 것은 다음 두 가지 방식 중 하나를 선택할 수 있다.

```
# 옵티마이저 - 확률적 경사하강법을 사용
model.compile(optimizer='SGD', loss='mean_squared_error',...)
```

```
# 옵티마이저 - 확률적 경사하강법
sgd = tf.keras.optimizers.SGD(learning_rate=0.01)
```

```
# 비용/손실 함수를 mean_squared_error 방식을 사용한다, mse라고 써도 인식한다
model.compile(optimizer=sgd, loss='mean_squared_error',...)
```

위의 설명에 나오는 지역 최적점이란 특정 최적화 함수 입장에서 가장 낮은 오차값에 해당하지만, 전체 함수에서 보면 가장 낮은 오차값이 아닌 곳을 의미한다. 학습 단계에서 오차 함수가 지역 최적점에 갇히게 되면, 실제로 가능한 최고의 성능에 도달하지 못할 수 있다.

01 텐서플로는 머신러닝 모델을 설계, 훈련, 배포하는데 사용되는데, 다양한 API와 데이터까지 제공한다.

02 머신러닝과 딥러닝에서 사용되는 데이터 셋인 **MNIST**는 **Modified National Institute of Standards and Technology**의 약어로, 미국 인구 조사국에서 수집한 손글씨 숫자 데이터 집합을 머신러닝에 적합하도록 수정한 이미지 집합이다.

03 딥러닝은 인공신경망의 층을 **계층적으로 깊이 쌓아서 만든 신경망 모델을 통해서 학습을 하는 알고리즘**을 말한다.

04 텐서플로에서 사용하는 신경망층의 이름인 Dense는 학습을 위한 연결을 밀집된 구조 혹은 완전 연결층으로 한다는 의미이다. Dense 네트워크의 입력은 앞 층에서 주어지기 때문에 몇 개의 출력으로 연결할지를 정하는 매개변수가 존재한다.

05 모델을 점점 더 좋은 상태로 만드는 것을 최적화라고 하며, 현재 모델의 정답과 실제 정답의 차이가 오차이고 이 오차를 측정하는 것이 손실 함수이다.

06 학습 데이터 모음을 가지고 한 번 훈련을 실시하는 것을 에폭이라고 부르는데, 이것을 반복함으로써 모델은 더 좋은 상태로 바뀌게 된다.

07 **가중치 값을 가진 벡터를 0에서 1 사이의 클래스별 확률값으로 변환**하기 위해서 사용하는 함수가 바로 소프트맥스 함수이다.

08 **원-핫 인코딩**은 각 레이블에 고유의 인덱스를 부여한 뒤에 표현하고자 하는 레이블의 인덱스 위치에 1을 부여하고, 나머지 인덱스의 값으로 0을 부여하는 단계를 통해 간단하게 구현이 가능하다.

09 교차 엔트로피 오차는 분류 모델을 평가할 때 **평균 제곱오차 방식**보다 더 유용하게 사용될 수 있다. 이 오차 평가 함수를 사용하기 위해서는 **분류 모델의 정답값이 원-핫 인코딩으로 구성**되어 있어야만 한다.

단답형 문제

다음 괄호 안에 들어갈 알맞은 단어를 적으시오.

01 (   )(은)는 구글이 개발하고 오픈 소스로 제공하는 머신러닝 라이브러리이며, 딥러닝, 신경망 학습 알고리즘을 지원하며, 강화학습이나 GANs 등 고급 알고리즘도 편리하게 구현할 수 있다.

02 (   )(은)는 텐서 처리 장치의 약자로, 구글에서 개발한 신경망 연산을 빠르게 처리하기 위한 통합 회로 장치이다.

03 (   )(은)는 미국 인구 조사국에서 수집한 손글씨 숫자 데이터 집합을 머신러닝에 적합하도록 수정한 이미지 집합으로 케라스 모듈에 포함되어 있다.

04 (   )(은)는 딥러닝 모델을 쉽게 만들고 훈련할 수 있도록 설계된 고수준 프로그래밍 인터페이스 이다. 이 인터페이스는 파이썬 언어로 작성되었으며, 텐서플로, 테아노 혹은 CNTK와 같은 다양한 딥 러닝 프레임워크 위에서 실행될 수 있다.

05 (   ) 과정은 입력 데이터를 신경망 모델의 입력값으로 사용하기에 적절하도록 사전에 처 리하는 과정을 말하며, 가장 흔한 방법으로 정규화 과정이 있다.

06 keras.Sequential 클래스는 입력층, 은닉층, 출력층이 존재하는 순차적 연결 구조를 가지는 신경 망 모델을 생성한다. 이 모델의 첫 항목은 데이터가 입력되는 (   )(이)다.

07 텐서플로에서 사용하는 Dense 네트워크는 학습을 위한 연결을 (   ) 구조 혹은 (   ) (으)로 한다는 의미이다.

08 순차적 심층 신경망은 입력값으로 1차원 배열을 사용하며, 2차원 이상의 데이터가 입력될 경우, (   ) 클래스를 사용하여 1차원 객체로 만든다.

09 신경망의 학습은 기본적으로 추측을 한 뒤에 정답과 비교하여 (   )(이)가 얼마인지 확인한 뒤에 이 (   )(을)를 줄이는 방법으로 연결의 강도를 조절하는 것이다.

10 (   )(은)는 현재 모델의 정답과 실제 정답의 차이, 즉 오차를 측정하며, 대표적으로 categor-ical_crossentropy, mse 등이 존재한다.

11 최적화 기법이란 (　　　　　　)(이)라고도 하며 알고리즘이나 모델이 최적의 성능을 내기 위한 매개변수를 찾는 데 사용되는 도구 또는 방법을 지칭한다.

12 (　　　)(은)는 학습용 데이터가 너무 많을 경우에 사용하는 것으로, 많은 학습 데이터를 쪼개어 학습할 때, 학습을 위해 한 번에 사용할 수 있는 데이터의 단위를 의미한다.

13 예측값을 출력하는 벡터에 대하여 출력값을 0에서 1 사이의 클래스별 확률값으로 변환하기 위해서 사용하는 대표적인 함수가 바로 (　　　　　　) 함수이다. (　　　　　　) 함수를 사용하면 신경망의 예측값을 사람이 이해하기 쉽다는 장점이 있다.

14 모델의 예측값이 있을 경우 각 레이블에 고유의 인덱스를 부여한 다음, 표현하고자 하는 레이블의 인덱스 위치에 1을 부여하고, 나머지 인덱스의 값으로 0을 부여하는 인코딩 방식은 (　　　　　　)(이)다.

객관식 문제

다음 질문에 대하여 가장 알맞은 답을 구하여라.

01 다음 중 MINIST 데이터에 대한 설명으로 올바르지 않은 것을 고르시오.

　❶ 미국 인구 조사국에서 수집한 이미지 데이터이다.

　❷ 28×28 픽셀 크기의 회색조 이미지이다.

　❸ 고성능의 컴퓨터에서 처리할 목적으로 사용한다.

　❹ 전처리 과정을 통해서 이미지 처리와 머신러닝에 적합하게 가공하였다.

02 다음 중 딥러닝 신경망 모델을 만드는 과정에 대한 설명으로 올바른 것을 고르시오.

　❶ 신경망 모델을 만드는 복잡한 일을 쉽게 할 수 있도록 PyQt를 설치해야 한다.

　❷ 대규모의 행렬 계산이 필요하기에 텐서플로와 같은 라이브러리로 구현한다.

　❸ keras.Sequential 클래스는 입력층, 은닉층, 출력층이 존재하는 병렬적 연결 구조이다.

　❹ Flatten 클래스를 사용하면 1차원 이미지를 2차원 이미지로 변환할 수 있다.

03 정답값이 원-핫 인코딩으로 구성되어 있는 분류 모델을 평가할 때 사용되는 오차 평가 방식으로 가정 적절한 것은 무엇인가.

❶ CEE

❷ MSE

❸ MAE

❹ RMSE

짝짓기 문제

01 다음은 딥러닝 모델을 만들고 학습시키는 과정이다. 단계별로 올바르게 짝짓기 하여라.

1단계 • • 데이터를 전처리함

2단계 • • 신경망 모델을 만듦

3단계 • • 활성화 함수, 최적화 함수, 손실 함수, 측정방법 등을 정의함

4단계 • • 학습용 데이터를 통해 학습을 시킴

5단계 • • 모델의 정확도를 측정함

6단계 • • 생성 모델의 성능을 개선시킴

02 다음은 텐서플로에서 순차 모델을 생성하고 성능을 측정하는 주요 방법들이다. 정의된 방법과 그 의미를 올바르게 짝짓기 하여라.

Dense • • 모델 최적화 방법, 손실 함수 등을 설정함

compile() • • 모델 학습을 실행함

fit() • • 정확도를 측정함

evaluate() • • 모델의 완전 연결층을 생성하는 클래스임

01 다음은 소프트맥스 함수와 넘파이를 이용한 코딩 문제이다.

❶ 다음과 같이 신경망의 출력층이 다섯 개의 출력을 내보낸다고 가정하자. 이 출력층의 값이 각각 6.3, 4.4, 0.2, 2.1, 1.9일 경우, 소프트맥스 함수를 사용하여 이 출력값을 0에서 1 사이의 확률값으로 나타내 보자. 그리고 소프트맥스 함수의 최대값과 이 최대값의 인덱스를 argmax를 이용하여 다음과 같이 출력해 보자.

실행 결과

```
신경망의 예측값 : [6.3 4.4 0.2 2.1 1.9]
소프트맥스 함수의 출력 :
소프트맥스 함수의 최대값 :
소프트맥스 함수 출력의 argmax :
```

❷ 신경망의 출력층이 일곱 개의 출력을 내보낸다고 가정하자. 이 출력층의 값이 각각 4.9, 2.4, 6.1, 2.5, 1.9, 0.2, 1.1일 경우, 소프트맥스 함수를 사용하여 이 출력값을 0에서 1 사이의 확률값으로 나타내 보자. 그리고 소프트맥스 함수의 최대값과 이 최대값의 인덱스를 argmax를 이용하여 다음과 같이 출력해 보자.

실행 결과

```
신경망의 예측값 : [ 4.9  2.4 6.1  2.5  1.9  0.2  1.1]
소프트맥스 함수의 출력 :
소프트맥스 함수의 최대값 :
소프트맥스 함수 출력의 argmax :
```

02 MNIST 데이터를 학습시키는 모델을 만들어 보자.

❶ 텐서플로에서 사용하기 위한 학습 데이터 15개를 다음과 같이 3행 5열의 격자형태로 화면에 나타내 보자. 이를 위하여 맷플롯립의 plt.figure() 또는 plt.subplots()를 사용한다.

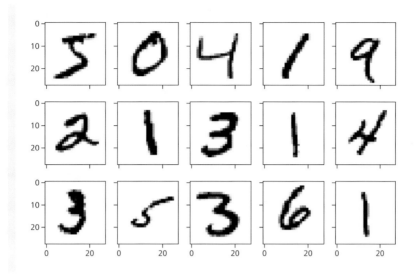

❷ 텐서플로에서 사용하기 위한 학습 데이터 15개의 레이블을 다음과 같이 3행 5열의 텍스트 형식으로 출력해 보자.

실행 결과

```
학습용 데이터 15개의 레이블
--------------------
  5  0  4  1  9
  2  1  3  1  4
  3  5  3  6  1
```

❸ 이 MNIST 데이터를 학습시키는 딥러닝 모델을 만들도록 하자. 이 모델은 64개의 은닉 노드를 가지는 간단한 구조이다. 이 모델의 이름을 model1이라고 정하고 model1의 요약 정보를 다음과 같이 출력해 보자.

힌트 model1.summary() 메소드를 호출하도록 하자.

실행 결과

```
model1 모델 정보 요약
-----------------------------------------
Model: "sequential_2"
```

Layer (type)	Output Shape	Param #
flatten_2 (Flatten)	(None, 784)	0
dense_6 (Dense)	(None, 64)	50240
dense_7 (Dense)	(None, 10)	650

❹ 다음과 같은 방법으로 model1 모델을 3회 에폭으로 학습시키도록 하자.

```
model1.compile(optimizer='adam',
               loss='sparse_categorical_crossentropy',
               metrics=['accuracy'])

model1.fit(train_images, train_labels, epochs=3)
```

실행 결과

```
Epoch 1/3
1875/1875 [==============================] - 4s 2ms/step - loss: 0.2522 -
accuracy: 0.9370
Epoch 2/3
1875/1875 [==============================] - 3s 2ms/step - loss: 0.2309 -
accuracy: 0.9389
Epoch 3/3
1875/1875 [==============================] - 3s 2ms/step - loss: 0.2210 -
accuracy: 0.9417
313/313 - 1s - loss: 0.2931 - accuracy: 0.9384 - 541ms/epoch - 2ms/step
```

※주의: 위의 출력은 예시이며 실제 출력 결과는 다소 차이가 날 수 있다.

❺ model1.evaluate() 메소드를 사용하여 테스트용 이미지에 대한 인식 정확도를 구하여 다음과 같이 출력하여라.

실행 결과

```
313/313 - 0s - loss: 0.2931 - accuracy: 0.9384 - 391ms/epoch - 1ms/step
model1의 테스트 정확도: 0.9383999705314636
```

※주의: 위의 출력은 예시이며 실제 출력 결과와 다소 차이가 날 수 있다.

03 MNIST 데이터를 학습시키는 모델을 만들어 보자.

❶ 이전 문제에서 생성한 모델을 참고하여 MNIST 데이터를 학습시키는 딥러닝 모델을 만들도록 하자. 이 모델은 256개의 은닉 노드를 가지는 층, 128개의 은닉 노드를 가지는 층, 64개의 은닉 노드를 가지는 층으로 각각 구성되어 있다. 이 모델의 이름을 model2라고 정하고 model2의 요약 정보를 다음과 같이 출력해 보자.

힌트 model2.summary() 메소드를 호출하도록 하자.

```
model2 모델 정보 요약
----------------------------------------
Model: "sequential_6"
_____
 Layer (type)                Output Shape              Param #
=================================================================
 flatten_6 (Flatten)         (None, 784)               0

 dense_18 (Dense)            (None, 256)               200960

 dense_19 (Dense)            (None, 128)               32896

 dense_20 (Dense)            (None, 64)                8256

 dense_21 (Dense)            (None, 10)                650


=================================================================
Total params: 242,762
Trainable params: 242,762
Non-trainable params: 0
_____
```

❷ 다음과 같은 방법으로 model2 모델을 3회 에폭으로 학습시키도록 하자.

```
model2.compile(optimizer='adam',
               loss='sparse_categorical_crossentropy',
               metrics=['accuracy'])

model2.fit(train_images, train_labels, epochs=3)
```

실행 결과

```
Epoch 1/3
1875/1875 [==============================] - 8s 4ms/step - loss: 0.2884 -
accuracy: 0.9276
Epoch 2/3
1875/1875 [==============================] - 7s 4ms/step - loss: 0.1537 -
accuracy: 0.9565
Epoch 3/3
1875/1875 [==============================] - 6s 3ms/step - loss: 0.1230 -
accuracy: 0.9643
313/313 - 1s - loss: 0.1302 - accuracy: 0.9620 - 516ms/epoch - 2ms/step
```

※주의: 위의 출력은 예시이며 실제 출력 결과와 다소 차이가 날 수 있다.

❸ model2.evaluate() 메소드를 사용하여 테스트용 이미지에 대한 인식 정확도를 구하여 다음과 같이 출력하여라.

실행 결과

```
313/313 - 0s - loss: 0.1302 - accuracy: 0.9620 - 498ms/epoch - 2ms/step
테스트  정확도: 0.9620000123977661
```

※주의: 위의 출력은 예시이며 실재 출력 결과와 다소 차이가 날 수 있다.

❹ 코딩 문제 7.2의 model1과 7.3의 model2는 각각 몇 개의 학습 파라미터를 가지는가? 두 모델을 비교하는 표를 완성해 보자.

	model1 모델	model2 모델
학습 파라미터		
비고	한 개의 은닉층을 가지는 단순한 모델	세 개의 은닉층을 가지는 복잡한 모델

❺ model2와 동일한 구조의 모델을 10회 에폭으로 학습시켜 보자. 이 모델의 이름을 model3으로 정하도록 하자. model2와 model3 두 모델에 대하여 테스트 데이터를 입력한 후, 정확도를 구하고 이를 비교하는 표를 완성해 보자.

	model2 모델	model3 모델
정확도		
비고	3회 에폭으로 학습시킨 모델	10회 에폭으로 학습시킨 모델

❻ model2와 동일한 구조의 모델을 만들도록 하자. 이 모델의 이름을 model4로 정하도록 하자. model4는 최적화 기법으로 다음과 같이 RMSprop라는 기법을 사용하며, 학습 에폭은 3으로 model2와 동일하다. model2와 model4 두 모델에 대하여 테스트 데이터를 입력한 후, 정확도를 구하고 이를 비교하는 표를 완성해 보자.

```
# 최적화 기법으로 RMSprop을 사용하자
model4.compile(optimizer='RMSprop',
               loss='sparse_categorical_crossentropy',
               metrics=['accuracy'])
```

	model2 모델	model4 모델
정확도		
비고	Adam 최적화 기법을 사용	RMSprop 최적화 기법을 사용

08

텐서와 딥러닝 모델 응용

학습목표

- 인공지능 연구의 부흥을 가져온 다양한 요인과 텐서의 개념을 이해한다.
- 텐서플로의 텐서와 넘파이의 다차원 배열의 차이점을 이해한다.
- 텐서플로를 활용하여 다양한 신경망층을 구성하는 방법을 익힌다.
- 순차 신경망을 이용하여 붓꽃 데이터를 분류하고 이 모델을 저장하는 방법을 익힌다.
- 회귀 문제를 딥러닝을 통하여 푸는 방법을 익힌다.

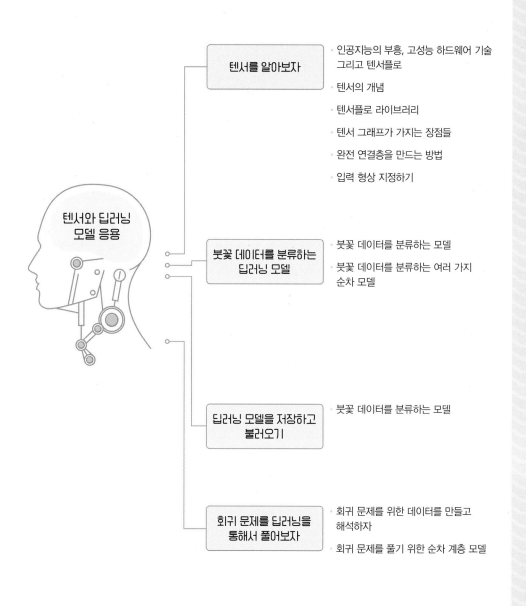

텐서와 딥러닝
모델 응용

텐서를 알아보자

- 인공지능의 부흥, 고성능 하드웨어 기술
  그리고 텐서플로
- 텐서의 개념
- 텐서플로 라이브러리
- 텐서 그래프가 가지는 장점들
- 완전 연결층을 만드는 방법
- 입력 형상 지정하기

**붓꽃 데이터를 분류하는
딥러닝 모델**

- 붓꽃 데이터를 분류하는 모델
- 붓꽃 데이터를 분류하는 여러 가지
  순차 모델

**딥러닝 모델을 저장하고
불러오기**

- 붓꽃 데이터를 분류하는 모델

**회귀 문제를 딥러닝을
통해서 풀어보자**

- 회귀 문제를 위한 데이터를 만들고
  해석하자
- 회귀 문제를 풀기 위한 순차 계층 모델

01 텐서를 알아보자

이 장에서는 이전 장에서 살펴본 텐서플로의 핵심이 되는 텐서와 그 기초적인 사용법을 익혀볼 것이다. 딥러닝 모델을 구현하는 여러 가지 라이브러리 중에서 가장 대표적인 것이 이 책의 주제가 되는 텐서플로이므로 텐서에 대한 이해는 필수적이다.

인공지능의 부흥, 고성능 하드웨어 기술 그리고 텐서플로

인공지능 기술은 한때 쇠퇴기를 거치면서 사람들에게 외면당하다가 최근 10여 년간 부흥기를 맞이하여 눈부신 조명을 받고 있다. 이러한 부흥을 맞이하게 된 이유를 살펴보면 ① **인공지능 시스템의 학습을 위한 데이터가 폭발적으로 증가하였으며,** ② **딥러닝을 비롯한 뛰어난 인공지능 알고리즘이 비약적으로 발전하였고,** ③ **엄청난 양의 데이터와 복잡한 알고리즘을 빠르게 처리할 수 있는 GPU 등의 하드웨어가 발전하였다는** 점을 뽑을 수 있다.

오늘날의 컴퓨터는 고성능의 게임과 시각화 기능을 제공하기 위하여 매우 성능 좋은 GPU를 사용하고 있다. CPU와는 달리 **GPU는 여러 개의 핵심 연산장치가 동시에 작동**하므로, 여러 핵심 연산장치로 나누어 처리할 수 있는 작업의 경우, 성능적으로 엄청난 이점이 있다. 다음 그림을 보면 토끼의 형상과 같은 3차원 객체를 표현하기 위하여 많은 점과 다각형이 필요하다는 것을 알 수 있다. 이 **데이터를 병렬적으로 처리해야만 모니터와 같은 출력장치에서 실시간으로 보여줄 수 있다.** 병렬 처리에 사용되는 GPU와 CPU의 핵심 연산장치는 코어 core 라고도 부른다.

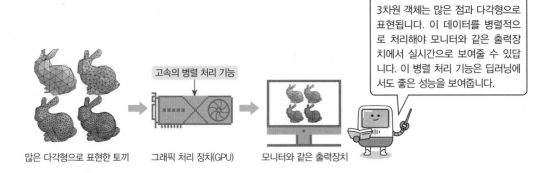

3차원 객체는 많은 점과 다각형으로 표현됩니다. 이 데이터를 병렬적으로 처리해야 모니터와 같은 출력장치에서 실시간으로 보여줄 수 있답니다. 이 병렬 처리 기능은 딥러닝에서도 좋은 성능을 보여줍니다.

많은 다각형으로 표현한 토끼　　그래픽 처리 장치(GPU)　　모니터와 같은 출력장치

고속의 병렬 처리 기능

성능이 뛰어난 그래픽 카드를 잘 만드는 것으로 유명한 엔비디아^{NVIDIA} 사에서 2022년도에 출시한 제품인 Titan RTX 4090 그래픽 카드의 경우, CUDA라는 이름의 병렬 처리 코어를 16,384개 가지고 있다. 따라서 동시에 16,384개의 작업을 수행할 수 있다. 게다가 이 그래픽 카드의 처리 속도는 82.58 테라플롭스^{Tera FLOPs}의 어마어마한 속도이다. 플롭스란 Floating-point Operations Per Second의 약자로, 1초 동안 수행할 수 있는 부동소수점 연산의 횟수를 표시하는 단위이다. 82 테라플롭스는 **1초에 약 82조 회 이상의 연산을 수행**할 수 있다. 이러한 고속 병렬 처리 능력을 잘 활용하도록 설계된 라이브러리가 바로 텐서플로이다.

텐서의 개념

텐서플로 라이브러리를 익히기에 앞서, 우선 텐서플로의 핵심이 되는 텐서에 대해 알아보자. 텐서플로의 텐서란 다차원 배열을 의미한다. 따라서 넘파이의 ndarray와 유사한 점이 많다. 이 다차원 배열에 대해 자세히 살펴보기 전에 차원이라는 용어에 대해 알아보자. 딥러닝에서 차원^{dimension}이란 용어는 데이터의 구조나 형태를 설명하는 데 사용된다. 각 차원은 데이터를 기술하는 데 필요한 특성 또는 속성^{attribute}을 나타내며, 차원의 수는 데이터를 설명하는 데 필요한 특성의 수와 같다.

예를 들어보자.

- **사람의 키, 나이, 주택의 가격 등**: 이러한 속성은 하나의 수치값으로 나타낼 수 있다. 이 수와 같은 경우가 1차원이 되며 이 값을 스칼라 값이라고도 한다.
- **엑셀의 행과 열 데이터**: 엑셀 차트의 시트를 살펴보면 행과 열에 데이터가 기술된다. 예를 들어 행으로는 부서의 이름, 열로는 1월부터 12월까지가 있고 각 데이터 셀에 월별 매출이 있다고 가정하면 이러한 경우가 **2차원 데이터**가 될 수 있다.
- **이미지 데이터**: 이미지 데이터는 일반적으로 3차원 배열로 표현된다. 첫 번째와 두 번째 차원은 이미지의 너비와 높이를 픽셀 단위로 나타내며, 세 번째 차원은 색상 채널(일반적으로 빨강, 녹색, 파랑)을 나타낼 수 있다. 이러한 데이터는 대표적인 **3차원 데이터**이다.
- **동영상 데이터**: 3차원으로 나타낼 수 있는 이미지 데이터가 시간의 흐름에 따라 나타난다면, 이는 **4차원 데이터**가 될 수 있다.

텐서플로와 같은 딥러닝 라이브러리는 이러한 다차원 데이터를 처리할 수 있으며, 각 차원은 **모델이 데이터에서 패턴을 학습하는 데 도움이 되는 중요한 정보를 제공**한다. 따라서 데이터의 차원과 그 구조를 이해하는 것은 딥러닝 모델을 효과적으로 설계하고 학습시키는 데 중요하다. 다음의 그림은 각 차원과 이 차원에 따른 데이터의 형태를 1차원에서 5차원까지 나타내고 있다.

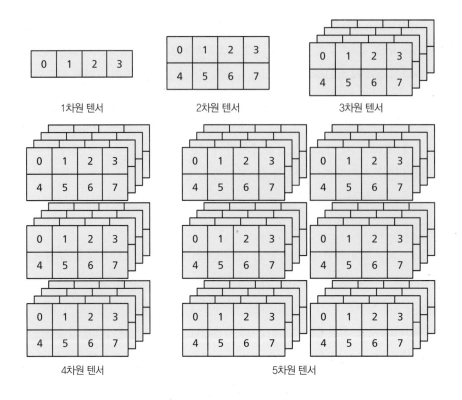

1차원 텐서　　　　2차원 텐서　　　　3차원 텐서

4차원 텐서　　　　　　　5차원 텐서

4차원 이상의 텐서는 시각적으로 나타내기도 어려우며 다루기도 매우 어렵다. 하지만 텐서플로는 이러한 고차원 텐서를 나타내고 처리하는 데 매우 좋은 성능을 보여준다.

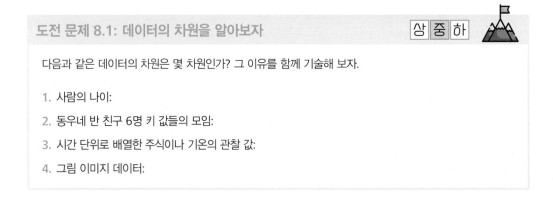

도전 문제 8.1: 데이터의 차원을 알아보자　　　상 중 하

다음과 같은 데이터의 차원은 몇 차원인가? 그 이유를 함께 기술해 보자.

1. 사람의 나이:

2. 동우네 반 친구 6명 키 값들의 모임:

3. 시간 단위로 배열한 주식이나 기온의 관찰 값:

4. 그림 이미지 데이터:

텐서플로에서 사용하는 용어인 텐서는 다차원 배열에서 유래하기는 하지만 **넘파이의 다차원 배열보다 더 나은 점이 많다**. 텐서플로의 텐서는 고속 병렬 처리기인 GPU를 지원하며, 딥러닝 모델의 학습과 추론을 위한 계산 그래프를 만들 수 있고, 자동 미분과 분산 컴퓨팅을 지원하는 등의 이점이 있다. 반면, 넘파이의 다차원 배열은 유연성이 좋고 간단한 수치 계산에 최적화되어 있지만, GPU 지원이나 자동 미분 등의 기능은 기본적으로 제공하지 않는다. 이를 비교하는 표를 만들면 다음과 같다.

항목	텐서플로의 텐서(Tensor)	넘파이의 다차원 배열(ndarray)
데이터의 유형	다차원 배열	다차원 배열
GPU 지원	가능	불가능(일부 라이브러리에서 가능)
계산 그래프 지원	가능	불가능
분산 컴퓨팅 지원	가능	불가능
자동 미분 지원	가능	불가능
유연성	덜 유연함 (구체적인 데이터 타입과 크기를 정의)	유연함 (데이터 타입과 배열 크기를 자유롭게 바꿀 수 있음)

표와 같이 텐서플로 라이브러리는 넘파이의 다차원 배열에 비하여 장점이 많이 있다.

텐서플로 라이브러리

구글에서 제공하는 텐서플로 라이브러리는 1.0과 2.0으로 구분될 수 있는데, 텐서플로 2.0은 1.0에 비해서 매우 발전된 기능을 가지고 있다. 텐서플로 라이브러리는 방대한 클래스와 명령을 통해서 딥러닝 모델을 손쉽게 구현할 수 있도록 도와준다. 텐서플로 라이브러리에 대한 자세한 설명은 다음 웹사이트에서 제공한다.

https://tensorflow.org/#playground

이 웹사이트에서는 데이터를 준비하는 기초적인 내용부터 머신러닝과 딥러닝 기법을 사용하여 실제 문제를 해결하는 여러 가지 방법까지 상세하게 설명한다.

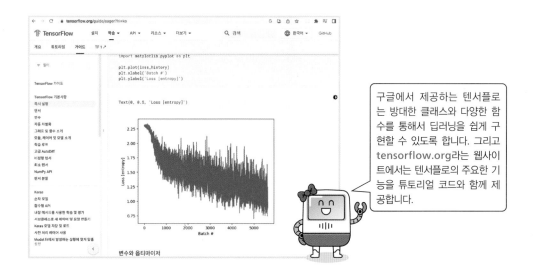

구글에서 제공하는 텐서플로는 방대한 클래스와 다양한 함수를 통해서 딥러닝을 쉽게 구현할 수 있도록 합니다. 그리고 tensorflow.org라는 웹사이트에서는 텐서플로의 주요한 기능을 튜토리얼 코드와 함께 제공합니다.

방대한 내용의 라이브러리 중에서 이 책에서는 딥러닝을 구현하는 데 필수적인 핵심 라이브러리와 기능들을 위주로 설명할 것이다. 텐서플로는 **tf**라는 별칭으로 많이 사용되는데, 이 책에서는 앞으로 다음과 같은 import 문이 기본적으로 사용되고 있다고 가정할 것이다.

```python
# tensorflow를 tf라는 별칭으로 사용함
import tensorflow as tf
```

이 텐서플로는 **tf.math.add()**를 사용하여 다음과 같이 수치 데이터에 대한 덧셈을 할 수 있다. 이 수치 데이터는 1과 2와 같은 스칼라 값을 입력으로 받을 수 있지만 [1, 2], [3, 4]와 같은 벡터 값을 입력으로 받아 벡터 연산을 수행할 수 있다.

```python
# 스칼라 값에 대한 덧셈
print(tf.math.add(1, 2))
```
```
tf.Tensor(3, shape=(), dtype=int32)
```
```python
# 벡터 값에 대한 덧셈
print(tf.math.add([1, 2], [3, 4]))
```
```
tf.Tensor([4 6], shape=(2,), dtype=int32)
```

텐서플로는 **math**라는 서브 모듈을 가지고 있으며 이 모듈의 아래에 **add**, **sub**, **multiply**, **divide** 등과 같은 간단한 연산을 수행하는 함수와 **log**, **maximum**, **less**, **logical_or**, **logical_and**와 같은 복잡한 연산을 수행하는 함수도 제공된다. 이 연산은 내부적으로 넘파이의 기능을 빌려와서 빠른 병렬 연산을 수행할 수도 있다.

다음 코드는 스칼라 상수 3과 4를 곱하여 12라는 텐서 객체를 얻는 방법과 벡터 형식의 상수형 텐서 객체를 생성하고 이들을 곱하는 예제를 보여준다. 마지막 코드는 두 텐서 객체의 크기를 비교하여 최대값을 반환하는 **maximum()** 함수의 사용 예제이다.

```python
# 스칼라 상수 3과 4를 곱하여 텐서 객체 형으로 반환
tf.math.multiply(3, 4)
```
```
<tf.Tensor: shape=(), dtype=int32, numpy=12>
```
```python
# 벡터 형식의 상수 텐서 객체 정의
x = tf.constant(([1, 2, 3]))
tf.math.multiply(x, x)      # 텐서 사이의 곱셈
```
```
<tf.Tensor: shape=(3,), dtype=int32, numpy=array([1, 4, 9], dtype=int32)>
```
```python
tf.math.maximum([1, 2, 3], [4, 5, 6])
```
```
<tf.Tensor: shape=(3,), dtype=int32, numpy=array([4, 5, 6], dtype=int32)>
```

다음과 같은 텐서플로의 입력은 어떤 결과를 내보내는가? 출력 결과를 미리 예상해 본 후에 예상한 내용과 출력 결과가 같은지 알아보자.

```
a = [1, 2, 3, 4]
b = 2
tf.math.add(a, b)        # 1차원 배열과 스칼라 덧셈

a = [1, 2, 3, 4]
b = 3
tf.math.multiply(a, b)   # 1차원 배열과 스칼라 곱셈

a = tf.ones([3, 3])      # 행렬 만들기
a * 3
```

텐서 그래프가 가지는 장점들

텐서플로의 텐서 그래프는 **수학적 연산과 데이터 흐름을 그래프 형태로 표현하는 텐서플로의 중요한 컴포넌트**이다. 이런 형태의 표현 방식은 머신러닝 또는 딥러닝의 모델을 만들고 실행할 때 다음과 같은 장점을 제공한다.

- **연산 최적화**: 텐서 그래프는 텐서플로가 전체 계산 과정을 한눈에 파악하고, 개별 연산을 최적의 순서로 실행하거나, 불필요한 연산을 제거하는 등의 최적화를 할 수 있게 한다.
- **병렬 처리 및 분산 실행**: 텐서 그래프는 여러 개의 독립적인 부분으로 나뉘어져 있어, 여러 CPU나 GPU에서 병렬적으로 계산할 수 있게 한다. 또한, 분산 컴퓨팅 환경에서도 동작할 수 있다.
- **이식성과 디버깅**: 텐서 그래프는 언어나 플랫폼에 독립적인 포맷으로 저장되고 전송될 수 있기 때문에 이식성이 좋다. 그리고 이 그래프를 시각화하는 기능도 있어서 복잡한 딥러닝 모델의 구조를 이해하거나 디버깅하는 데 도움이 된다.
- **자동 미분**: 텐서 그래프를 사용하면, 복잡한 연산의 미분값를 자동으로 계산할 수 있다. 이는 학습 알고리즘의 구현을 간소화한다.
- **지연 연산** Lazy Evaluation: 텐서 그래프를 구축하는 단계와 실행하는 단계는 분리되어 있어, 필요한 시점에만 연산이 실행된다. 이러한 기법을 지연 연산이라고 한다. 이 기법을 사용하면 메모리 사용의 효율성이 높아지고 계산 시간을 줄이는 데 도움이 된다.

다음 그림은 간단한 텐서 그래프의 예시이다. 이 예시의 그림은 텐서플로 블로그에서 제공하는 그림으로, 노드가 몇 개 없는 매우 단순한 모델이지만 실제 딥러닝 과정은 이보다 훨씬 복잡한 경우가 많다.

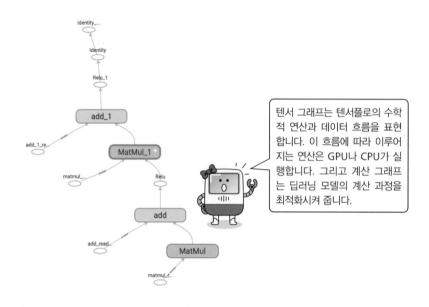

텐서 그래프는 텐서플로의 수학적 연산과 데이터 흐름을 표현합니다. 이 흐름에 따라 이루어지는 연산은 GPU나 CPU가 실행합니다. 그리고 계산 그래프는 딥러닝 모델의 계산 과정을 최적화시켜 줍니다.

위에서 언급한 이유들로 인해 텐서플로는 텐서 그래프를 통해 복잡한 딥러닝 모델의 계산 과정을 효과적으로 관리하고 최적화할 수 있다.

완전 연결층을 만드는 방법

텐서플로에서 딥러닝을 위한 완전 연결층을 만드는 방법을 알아보자. 이 방법은 여러 가지가 있지만 다음과 같이 퍼셉트론의 수와 활성화 함수, 입력의 크기를 지정하여 Dense 객체를 생성하는 것이 일반적이다. Dense 클래스는 케라스 모듈의 layers 서브 모듈에 존재한다.

```
# 완전 연결층을 만들기
d1 = keras.layers.Dense(32, activation='relu', input_shape=(4,))
```

이 코드에서 나타난 Dense 객체 d1은 32개의 퍼셉트론 노드를 가지며, 활성화 함수로 ReLU를 사용한다. 그리고 입력은 1차원 배열 형태를 가지는데 그 구체적인 형태는 (4,)와 같다. 이 객체에 대하여 다음과 같이 name이라는 키워드 인자를 사용하는 코드를 살펴보자.

```
# 완전 연결층을 만들기
d1 = keras.layers.Dense(32, activation='relu', input_shape=(4,),\
    name='layer1')
```

주의할 점은 완전 연결층에서 입력층은 위와 같이 input_shape 키워드 인자를 통해서 입력의 형태를 명시해 주어야만 한다는 점이다. 그리고 name이라는 키워드 인자를 통해서 이 연결층의 이름을 명시해 주면 모델의 요약 정보에서 이 연결층의 정보를 쉽게 알아볼 수 있다.

다음 코드의 Dense 객체 d2는 10개의 퍼셉트론 노드를 가지며, 활성화 함수로 ReLU를 사용한다. 하지만 별도의 입력은 없다. 이 경우 이전 층의 노드 수가 입력의 수가 된다.

```python
# 별도의 입력 shape이 없는 완전 연결층을 만들기
d2 = keras.layers.Dense(30, activation='relu')
```

또한 다음과 같은 객체는 3개의 노드를 가지며, 활성화 함수로 소프트맥스를 사용한다. 소프트맥스 함수는 최종 출력층에서 주로 사용되는 평가 함수이다.

```python
d3 = keras.layers.Dense(3, activation='softmax')
```

다음으로 순차적 연결 구조를 가지는 신경망 모델을 만드는 방법을 알아보자. 이 모델을 만들기 위해서는 Sequential 객체를 사용한다. 이 객체는 다음과 같이 Dense 객체를 순서대로 리스트에 넣어서 구현할 수 있다. 이 Sequential 객체의 층은 3개가 된다.

```python
# 순차적 연결 구조를 가지는 신경망 모델
s_model = keras.Sequential([d1, d2, d3])
```

위의 코드와 동일한 일을 하는 코드는 Sequential 객체의 add() 메소드를 사용하여 다음과 같이 구현할 수 있다.

```python
s_model = keras.Sequential()
s_model.add(d1)
s_model.add(d2)
s_model.add(d3)
```

이렇게 구현된 층의 수를 살펴보는 방법은 다음과 같이 len() 함수와 layers 속성을 이용하면 된다.

```python
print(len(s_model.layers))
```

모델에서 특정한 층을 제거하는 방법 중에서 가장 간단한 방법은 모델에서 pop() 메소드를 이용하는 방법이다. 이 방법은 순차적 연결 구조의 가장 마지막 층을 제거한다. 다음 코드는 pop() 메소드를 사용한 후 모델의 층의 수를 알아보는 코드이다.

```
s_model.pop()
print(len(s_model.layers))
```

위의 내용을 바탕으로 다음과 같이 간단한 코드를 작성하고 실행해 보자. 모델의 summary() 메소드는 모델의 구조를 요약하여 보여 준다. 이 메소드를 통해서 전체 학습 파라미터의 수를 한 번에 알 수 있다.

```
import tensorflow as tf
from tensorflow import keras
from tensorflow.keras import layers

model = keras.Sequential(name='my_seq')
model.add(layers.Dense(2, activation='relu', input_shape = (4,),\
        name='layer1'))
model.add(layers.Dense(3, activation='relu', name='layer2'))
model.add(layers.Dense(4, name='layer3'))
print('모델의 층 :', len(model.layers))
```

모델의 층 : 3

```
print('모델의 구조 :')
model.summary()
```

모델의 구조 :
Model: 'my_seq'

Layer (type)	Output Shape	Param #
layer1 (Dense)	(None, 2)	10
layer2 (Dense)	(None, 3)	9
layer3 (Dense)	(None, 4)	16

Total params: 35
Trainable params: 35
Non-trainable params: 0

이 코드를 살펴보면 형태가 (4,)인 입력을 받아들이는 layer1이라는 완전 연결층 노드가 있다. 이 layer1 층의 노드 수는 모두 두 개이다. 이 순차 신경망은 입력이 네 개이고, 이 입력에 대응하는 두 개의 노드가 있기 때문에 완전 연결 시 전체 파라미터의 수는 여덟 개이다. 하지만 이 입력 값에는 다음 그림과 같이 편향값이 자동으로 추가되므로 전체 파라미터의 수는 10개이다.

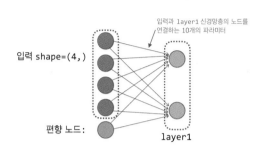

다음으로 나타나는 layer2 층은 모두 세 개의 노드를 가지고 있다. layer1 층이 두 개의 노드를 가지고 있기는 하지만 layer2 층에 연결될 때는 편향 노드가 추가되어 세 개의 노드가 layer2 층에 연결된다. 이 연결 구조는 완전 연결 구조를 가지고 있기 때문에 다음 그림과 같이 아홉 개의 파라미터를 가지게 된다.

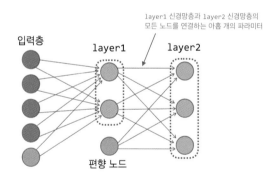

마지막 층인 layer3 역시 마찬가지의 이유로 16개의 파라미터를 가지게 된다. 따라서 이 순차 신경망의 총 파라미터 수는 10 + 9 + 16 = 35개가 된다.

이 순차 모델에 pop() 명령을 적용하면 전체 층에서 가장 마지막 층이 사라진다. 따라서 전체 모델의 층이 2개가 되면 총 파라미터의 수는 19개가 된다. 다음과 같은 코드로 확인해 보자.

```
# 모델의 가장 마지막 층이 사라진다
model.pop()
print('모델의 층 :', len(model.layers))
```

모델의 층 : 2

```
model.summary()
```

```
Model: "my_seq"
_____
 Layer (type)                Output Shape              Param #
=================================================================
 layer1 (Dense)              (None, 2)                 10

 layer2 (Dense)              (None, 3)                 9


=================================================================
Total params: 19
Trainable params: 19
Non-trainable params: 0
_____
```

도전 문제 8.3: 텐서플로로 다층 신경망 만들기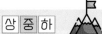

1. 다음과 같은 모양의 다층 신경망을 케라스의 Sequential 클래스를 사용하여 만들도록 하자. 이 신경망에서 보라색 노드는 편향 노드이며 신경망이 자동으로 추가시키는 노드이다.

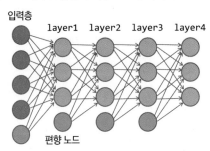

2. 이 신경망에서 학습시켜야 할 파라미터의 수는 모두 몇 개인가? 손으로 직접 계산을 한 후 모델의 summary() 메소드를 통하여 이를 확인하자.

3. 이 신경망에 대하여 pop() 메소드를 사용하여 마지막 층을 제거한 후 이 모델의 요약정보를 summary() 메소드를 사용하여 출력하자.

입력 형상 지정하기

케라스의 모든 층을 연결하는 가중치는 입력값을 바탕으로 결과값을 만들어 내는 일을 한다. 그리고 이 가중치를 학습시키는 것이 딥러닝 모델이 해야 할 일이다. 그런데 학습이란 기존의 결과 값을 바탕으로 더 나은 결과를 만들어 내는 최적화 과정이므로 초기의 가중치 값이 존재해야만 한다. 수없이 많은 가중치 값을 학습시키기 전에 어떻게 초기화를 하는 것이 좋을까? 다음과 같은 신경망층을 만들고 가중치를 살펴보자.

```
layer = layers.Dense(2)   # 두 개의 노드를 가진 완전 연결층을 만든다
layer.weights             # 빈 가중치 값
```

```
[]
```

위의 코드는 두 개의 노드를 가진 완전 연결층과 이 연결층의 가중치를 출력하는 코드로 입력이 없기 때문에 가중치 값이 존재하지 않는 상태이다. 이 층에 대해서 다음과 같이 입력이 1로 이루어진 (1, 4) 형상의 입력값을 만들도록 하자. 이 입력 x를 layer의 인자로 넣어서 layer의 가중치를 출력해 보자.

```
# 테스트용 입력값을 만들도록 하자. 이 입력의 형상은 (1, 4)이다
x = tf.ones((1, 4))
y = layer(x)
# 가중치의 형상은 (4, 2)이며, 편향(bias)의 형상은 (2,)이다
layer.weights
```

```
[<tf.Variable 'dense/kernel:0' shape=(4, 2) dtype=float32, numpy=
 array([[-0.9940393 ,  0.29491878],
        [-0.72047853,  0.83862543],
        [-0.19159365, -0.7974398 ],
        [ 0.64693093, -0.61097574]], dtype=float32)>,
 <tf.Variable 'dense/bias:0' shape=(2,) dtype=float32, numpy=array([0.,
0.], dtype=float32)>]
```

입력값이 1행 4열의 2차원 텐서이므로 이 입력을 두 개의 입력에 대응시키면 4행 2열의 배열이 가중치 값의 배열이 되며, 이 배열원소의 값은 −1에서 1 사이의 실수값이 된다. 뿐만 아니라 편향값을 가지는 노드가 추가되는데, tf.Variable 이라는 변수로 [0., 0.] 값을 가지는 배열로 나타난다.

텐서플로는 위에서 언급한 내용 이외에도 수백 가지 이상의 다양한 라이브러리와 함수를 지원하며 이를 통하여 딥러닝 모델을 손쉽게 만들 수 있다. 보다 자세한 내용은 텐서플로 라이브러리를 소개하는 홈페이지를 참고하도록 하자.

붓꽃 데이터를 분류하는
딥러닝 모델

이 장에서는 여러 가지 종류의 데이터에 대하여 딥러닝 모델을 적용하여 분류하고 예측하는 방법을 살펴보고자 한다.

붓꽃 데이터를 분류하는 모델

이전 장에서 다룬 이미지 데이터가 아닌 수치 데이터의 분류 문제를 심층 신경망을 이용하여 풀어보도록 하자. 붓꽃 iris 은 관상용으로도 재배되는 아름다운 꽃이며 크기와 색상이 다른 많은 종이 있다. 이 예제에서는 사이킷런 라이브러리에서 제공하는 붓꽃 데이터 세트를 사용할 예정이다. 사이킷런 라이브러리에서 제공하는 붓꽃 데이터는 그림과 같이 꽃받침의 길이와 너비 및 꽃잎의 길이와 너비에 대한 정보를 가지고 있으며, 지도학습을 위하여 이 정보를 가지는 붓꽃 종의 이름을 제공한다. 세 붓꽃 종의 이름은 Versicolor, Setosa, Virginica이며 각 종에 따라 꽃받침의 길이와 너비, 꽃잎의 길이와 너비가 약간씩 차이가 난다.

Iris Versicolor　　Iris Setosa　　Iris Virginica

꽃잎의 너비와 높이, 꽃받침의 너비와 높이가 다른 3종의 붓꽃이 있습니다. 꽃잎의 너비와 높이, 꽃받침의 너비와 높이만으로 어느 종인지 분류를 해 봅시다.

우리는 꽃받침과 꽃잎의 크기를 측정한 데이터를 기반으로 새로운 종을 분류하는 심층 신경망 모델을 구축하려 한다. 붓꽃 데이터 셋은 사이킷런에서 제공하며, load_iris() 함수로 불러올 수 있다.

레이블 0　　레이블 1　　레이블 2
Iris Setosa　**Iris Versicolor**　**Iris Virginica**

 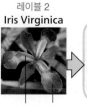 

꽃잎　꽃받침　꽃잎　꽃받침　꽃잎　꽃받침

심층 신경망 모델

붓꽃 데이터에는 정답 레이블과 꽃잎의 너비, 높이, 꽃받침의 너비, 높이값이 들어 있습니다. 이 수치 데이터를 이용해서 붓꽃을 분류하는 딥러닝 모델을 만들어 봅시다.

이제 다음과 같은 코드를 통해서 필요한 모듈을 가져오고 붓꽃 데이터를 읽어오는 것부터 시작하자.

```
import numpy as np
import tensorflow as tf
from sklearn.datasets import load_iris

iris_ds = load_iris()        # 붓꽃 데이터 셋 가져오기
```

이 데이터에 대하여 형상을 다음과 같이 출력해 보자.

```
iris_ds['data'].shape       # 전체 데이터의 형상
```
```
(150, 4)
```

다음으로 가장 먼저 나타나는 데이터의 값 네 개를 출력해 보자. 다음과 같이 꽃받침의 길이, 너비, 꽃잎의 길이, 너비 값이 출력된다.

```
iris_ds['data'][:4]         # 최초 네 개 데이터
```
```
array([[5.1, 3.5, 1.4, 0.2],
       [4.9, 3. , 1.4, 0.2],
       [4.7, 3.2, 1.3, 0.2],
       [4.6, 3.1, 1.5, 0.2]])
```

번호	꽃받침 길이	꽃받침 너비	꽃잎 길이	꽃잎 너비	품종
0	5.1	3.5	1.4	0.2	Setosa 종
1	4.9	3.0	1.4	0.2	Setosa 종
2	4.7	3.2	1.3	0.2	Setosa 종
3	4.6	3.1	1.5	0.2	Setosa 종
4	5.0	3.6	1.4	0.2	Setosa 종
..	..	..	..	..	..

> 꽃받침 길이와 너비, 꽃잎 길이와 너비가 주어지고 이 꽃의 품종이 제시되어 있는 데이터입니다. 이 데이터를 통해 학습을 한 후 꽃받침 길이와 너비, 꽃잎 길이와 너비를 보고 붓꽃의 종을 알아맞히도록 한다면 이 알고리즘의 성능을 간접적으로 확인할 수 있겠네요.

다음 순서로 iris_data 데이터로부터 특성의 이름을 출력해 보자. 다음과 같이 영어로 꽃받침의 길이(sepal length), 너비(sepal width), 꽃잎의 길이(petal length), 너비(petal width)가 각각 cm 단위로 저장되어 있다는 정보가 출력된다.

```
iris_ds['feature_names']    # 특성의 이름
```
```
['sepal length (cm)',
```

```
      'sepal width (cm)',
      'petal length (cm)',
      'petal width (cm)']
```

다음으로 레이블의 이름과 최초 네 개 데이터의 레이블 값을 출력해 보자. 마지막 항목의 dtype='<U10'은 다차원 배열의 항목이 문자열일 경우에 표시되는 방식이다.

```
▶  iris_ds['target_names']    # 레이블의 이름
   array(['setosa', 'versicolor', 'virginica'], dtype='<U10')
▶  iris_ds['target'][:4]      # 처음 네 개 데이터의 레이블값
   array([0, 0, 0, 0])
```

처음 네 개 데이터의 레이블 값은 모두 0인데 이 데이터는 모두 setosa 데이터이기 때문이다. 이제 다음과 같은 방법으로 150개 데이터의 모든 레이블 값을 출력해 보자. 150개 중에서 가장 먼저 나타나는 50개는 레이블 값이 0인 setosa, 그 다음의 50개는 레이블 값이 1인 versicolor, 그 다음의 50개는 레이블 값이 2인 virginica임을 살펴볼 수 있다.

```
▶  iris_ds['target']              # 레이블을 모두 출력하자
   array([0, 0, 0, 0, 0, 0, 0, 0, 0, 0, 0, 0, 0, 0, 0, 0, 0, 0, 0, 0, 0,
          0, 0, 0, 0, 0, 0, 0, 0, 0, 0, 0, 0, 0, 0, 0, 0, 0, 0, 0, 0, 0,
          0, 0, 0, 0, 0, 0, 1, 1, 1, 1, 1, 1, 1, 1, 1, 1, 1, 1, 1, 1, 1,
          1, 1, 1, 1, 1, 1, 1, 1, 1, 1, 1, 1, 1, 1, 1, 1, 1, 1, 1, 1, 1,
          1, 1, 1, 1, 1, 1, 1, 1, 1, 1, 1, 1, 2, 2, 2, 2, 2, 2, 2, 2, 2,
          2, 2, 2, 2, 2, 2, 2, 2, 2, 2, 2, 2, 2, 2, 2, 2, 2, 2, 2, 2, 2,
          2, 2, 2, 2, 2, 2, 2, 2, 2, 2, 2, 2, 2, 2, 2, 2, 2, 2, 2, 2])
```

150개의 데이터를 모두 학습에 사용하면 모델이 학습 데이터에만 최적화될 수 있으므로 80%의 데이터를 학습에 사용하고 20%를 테스트용 데이터로 사용하도록 하자. 이를 위하여 사이킷런에서 제공하는 train_test_split() 함수를 사용하도록 하자.

```
▶  from sklearn.model_selection import train_test_split

   x_train, x_test, y_train, y_test = train_test_split(\
       iris_ds['data'], iris_ds['target'], random_state=0, test_size=0.20)

   # 학습 데이터와 테스트 데이터의 형태와 개별 학습 데이터의 형태를 살펴보자
   print('학습용 데이터의 형태:', x_train.shape)
```

```
print('학습용 데이터의 레이블 형태:',y_train.shape)
print('테스트용 데이터의 형태:', x_test.shape)
print('테스트용 데이터의 레이블 형태:',y_test.shape)
print('개별 학습 데이터의 형태:', x_train[0].shape)
```

```
학습용 데이터의 형태: (120, 4)
학습용 데이터의 레이블 형태: (120,)
테스트용 데이터의 형태: (30, 4)
테스트용 데이터의 레이블 형태: (30,)
개별 학습 데이터의 형태: (4,)
```

이 장에서 하게 될 일은 그림과 같이 꽃받침의 길이와 너비, 꽃잎의 길이와 너비를 바탕으로 setosa, versicolor, virginica의 레이블에 매칭되도록 딥러닝 모델을 구성하고 학습시키는 것이다. 학습을 위한 데이터는 모두 120개가 제공될 것이다. 그리고 이 학습 데이터로 학습을 수행하여 생성된 모델의 정확도를 알아보기 위한 테스트용 데이터는 30개가 있다.

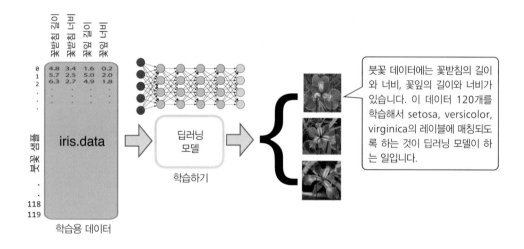

붓꽃 데이터를 분류하는 여러 가지 순차 모델

이제 붓꽃 데이터를 분류하기 위한 순차 모델을 생성하는 작업을 하도록 하자. 이번에는 하나의 모델이 아닌 여러 가지 모델을 만들어서 그 성능을 비교해 보도록 하자. 첫 번째 모델은 model1, 두 번째 모델은 model2로 이름 지을 것이다. 이 두 모델 모두 꽃받침의 길이, 너비, 꽃잎의 길이, 너비 값이 입력이므로 입력의 형태는 (4,)가 되어야 한다. 이 입력 데이터는 이미 1차원 데이터이므로 별도의 평탄화는 필요 없다. 첫 번째 모델에 대한 입력 데이터가 이와 같이 주어질 경우, 은닉층에 32개의 노드를 생성하도록 하자. 출력층의 노드는 'setosa', 'versicolor', 'virginica'의 세 카테고리 중에서 하나를 예측하는 것이므로 3이 된다.

사용하는 손실 함수는 이전과 같이 sparse_categorical_crossentropy, 최적화 알고리즘은 adam, 정확도는 accuracy 값을 가지도록 하자. 손실 함수인 sparse_categorical_crossentropy는 희소 카테고리 교차 엔트로피 손실 함수인데 **클래스가 매우 많을 경우에 메모리를 절약할 수 있는 오차 측정 함수**이다. 만일 참/거짓의 두 가지 클래스가 있다면 binary_crossentropy와 같은 오차 측정 함수가 사용될 수 있을 것이다.

그리고 모델 훈련을 위한 배치의 크기는 5, 에폭의 수는 10으로 두자. 위와 같은 순차 신경망을 만들어서 학습 데이터에 대한 모델의 분류를 위한 학습을 시켜 보자. model1.fit() 메소드의 verbose는 학습의 진행 정도를 표시하는 모드로 verbose=0일 경우에 아무런 표시를 하지 않는다. 그리고 verbose=2일 경우에는 에폭당 손실값, 정확도를 표시하지만 진행 정도를 표시하지는 않으나, verbose=1일 경우 에폭당 손실값, 정확도를 표시하는 동시에 [===..]와 같이 진행도를 화면에 표시하게 된다.

```python
from tensorflow import keras

# 첫 번째 순차 모델을 생성하자
model1 = keras.models.Sequential([
    keras.layers.Dense(32, activation= 'relu', input_shape = (4,)),
    keras.layers.Dense(3, activation= 'softmax')
])

# 모델 컴파일을 위한 최적화 방법, 손실 함수, 성능 측정 방법을 지정
model1.compile(optimizer='adam',\
               loss='sparse_categorical_crossentropy',\
               metrics=['accuracy'])

print('model1 학습중...')
model1.fit(x_train, y_train, epochs=10, batch_size=5, verbose=1)
```

```
model1 학습중...
... 중간 생략 ...
Epoch 10/10
24/24 [==============================] - 0s 2ms/step - loss: 0.7719 -
ac curacy: 0.8083
<keras.callbacks.History at 0x7f4862e88ca0>
```

위와 같은 순차 신경망의 학습이 종료되면 학습 데이터에 대하여 80%의 분류 정확도를 가지는 것을 알 수 있다. 마지막 단계로 이 모델이 테스트 데이터를 잘 분류하는지 알아보도록 하자.

```
print('model1의 테스트 결과 :')
eval_loss, eval_acc = model1.evaluate(x_test, y_test)
print('model1의 붓꽃 데이터의 분류 정확도 :', eval_acc)
```

```
model1의 테스트 결과 :
1/1 [==============================] - 0s 26ms/step - loss: 0.8119 -
ac curacy: 0.6333
model1의 붓꽃 데이터의 분류 정확도 : 0.6333333253860474
```

model1의 경우 테스트 데이터를 이용하여 분류 정확도를 살펴보니 약 63.6%의 분류 정확도를 보여주고 있다. 이 결과는 여러분의 실험 결과와 다소 차이가 날 수 있다.

분류 정확도를 높이기 위한 층을 추가하자

이전 절에서 살펴본 붓꽃 데이터의 테스트 데이터에 대한 분류 정확도는 63.3%로 비교적 만족스럽지 못하다. 이제 분류 정확도를 높이기 위한 층을 다음과 같이 추가하도록 하자. 다음과 같이 중간에 30개의 노드를 가진 은닉층이 추가되었다. 이제 모델은 더욱더 깊은 층을 가지게 되었는데, 이 모델의 성능은 어떻게 나올까?

```
from tensorflow import keras

# 두 번째 순차 모델을 생성하자
model2 = keras.models.Sequential([
    keras.layers.Dense(32, activation= 'relu', input_shape = (4,)),
    keras.layers.Dense(30, activation= 'relu'), # 새롭게 추가한 층
    keras.layers.Dense(3, activation= 'softmax')
])

# 모델 컴파일
model2.compile(optimizer='adam',\
                loss='sparse_categorical_crossentropy',\
                metrics=['accuracy'])

print('model2 학습중...')
model2.fit(x_train, y_train, epochs=10, batch_size=5, verbose=1)
```

```
model2 학습중...
... 중간 생략 ...
Epoch 10/10
24/24 [==============================] - 0s 5ms/step - loss: 0.3028 -
accuracy: 0.9417
<keras.callbacks.History at 0x7f4874dde220>
```

30개의 노드를 가진 완전 연결 신경망을 추가한 것 말고 나머지 코드는 이전 model1의 모델과 매우 유사하다. 결과를 살펴보면 30개의 노드가 있는 은닉층을 추가한 새로운 모델인 model2의 분류 정확도는 94.1%로, 이전에 비하여 많이 향상된 것을 볼 수 있다. 이 결과는 매번 다르게 나타나겠지만 이전 절의 분류 정확도보다는 높이 나타날 것이다. 즉, 층을 더 깊게(deep) 만든 모델이 그렇지 않은 모델보다 더 나은 성능을 보이는 것을 확인할 수 있다.

마지막 단계로 이 모델이 테스트 데이터를 잘 분류하는지 알아보도록 하자.

```
print('model2의 테스트 결과 :')
eval_loss, eval_acc = model2.evaluate(x_test, y_test)
print('model2의 붓꽃 데이터의 분류 정확도 :', eval_acc)
```

```
model2의 테스트 결과 :
1/1 [==============================] - 0s 23ms/step - loss: 0.3612 -
ac curacy: 0.9667
model2의 붓꽃 데이터의 분류 정확도 : 0.9666666388511658
```

model2는 테스트 데이터를 이용하여 분류 정확도를 살펴보니 약 96.6%로, model1의 63.6%보다 더 나은 분류 정확도를 보여 주고 있다. 이 결과는 여러분의 실험 결과와 다소 차이가 날 수 있다. 이 과정은 반복해서 하더라도 유사하며 30개의 노드를 가진 더 깊은 모델이 덜 깊은 모델보다 더 좋은 성능을 보이는 것을 확인할 수 있다.

학습의 과정에서 일어나는 일

다음으로 학습의 과정에서 손실값과 정확도가 어떻게 변하는지 관찰하기 위하여 model3.fit() 함수의 반환값을 hist라는 변수에 저장해 보자. 이 model3은 순차 신경망의 은닉층의 수와 노드는 동일하지만 학습을 위한 에폭을 30으로 증가시킨 모델이다.

```
# 세 번째 순차 모델을 생성하자
model3 = keras.models.Sequential([
    keras.layers.Dense(32, activation= 'relu', input_shape = (4,)),
    keras.layers.Dense(30, activation= 'relu'), # 새롭게 추가한 층
    keras.layers.Dense(3, activation= 'softmax')
])

# 모델 컴파일
model3.compile(optimizer='adam',\
                loss='sparse_categorical_crossentropy',\
                metrics=['accuracy'])
```

```
print('model3 학습중...')
hist = model3.fit(x_train, y_train, epochs=30, batch_size=5)
```

```
model3 학습중...
Epoch 1/30
24/24 [==============================] - 0s 2ms/step - loss: 0.9087 -
ac curacy: 0.4917
... 중간 생략 ...
Epoch 30/30
24/24 [==============================] - 0s 3ms/step - loss: 0.1463 -
ac curacy: 0.9500
```

모델이 학습되는 과정에서 분류 정확도와 손실값은 변하게 되는데 이러한 정보는 fit() 메소드의
반환값인 hist 변수에 저장된다. 이제 hist 변수를 다음과 같은 맷플롯립 라이브러리를 사용하여
화면에 나타내 보자. 먼저 나타낼 것은 history['loss'] 값으로 학습이 진행됨에 따라 손실값이
어떻게 감소하는지 보여 준다. 이 그래프의 가로축은 에폭으로, 30회의 에폭이 진행되는 것을 나타
내며, 세로축은 손실값이다.

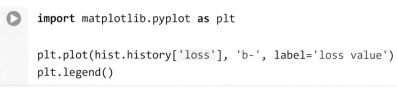

```
import matplotlib.pyplot as plt

plt.plot(hist.history['loss'], 'b-', label='loss value')
plt.legend()
```

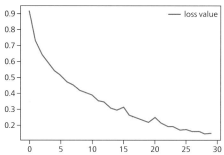

화면과 같이 에폭이 5회 진행될 무렵부터 파란색 실선('b-')으로 표시된 손실값이 급격하게 떨어
지는 것을 볼 수 있으며 15회의 에폭이 진행된 이후에는 손실값의 감소가 크지 않다는 것을 알 수
있다.

다음으로 정확도를 다음과 같이 출력해 보자. 빨간색 실선('r-')으로 나타낸 정확도 값은 hist 변수의 history['accuracy'] 속성으로 조회할 수 있는데, 에폭이 진행됨에 따라 증가하여 15회 이후의 에폭에서는 거의 1.0에 가까운 값을 가지는 것을 볼 수 있다.

```
plt.plot(hist.history['accuracy'], 'r-', label='accuracy')
plt.legend()
```

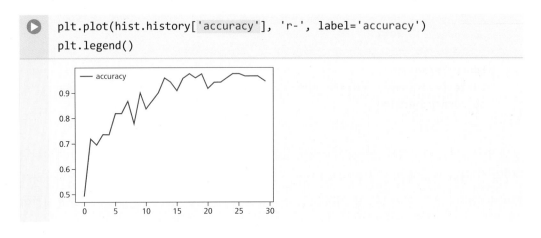

만일 모델이 제대로 구성되어 있다면 그림과 같이 에폭이 진행됨에 따라서 손실값은 감소하며 정확도가 증가하게 된다. 여러분의 모델이 꽤 좋은 모델이라 할지라도, 이 손실값은 한없이 감소하지 않으며 **어느 단계에 이르게 되면 특정 값이나 구간에 수렴**하게 된다. 정확도 역시 에폭의 진행에 따라 한없이 증가하지는 않는다.

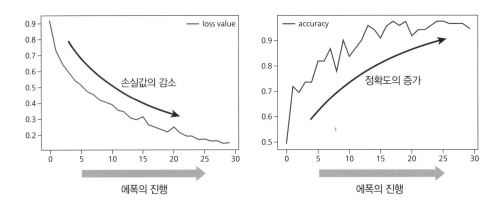

세 번째 순차 모델은 다음과 같은 형태를 가지고 있다.

```python
# 세 번째 순차 모델을 생성하자
model3 = keras.models.Sequential([
    keras.layers.Dense(32, activation= 'relu', input_shape = (4,)),
    keras.layers.Dense(30, activation= 'relu'), # 새롭게 추가한 층
    keras.layers.Dense(3, activation= 'softmax')
])
```

1. 이 모델의 전체 파라미터는 몇 개인가? `model.summary()`를 사용하여 조사해 보자.

2. 이 모델은 두 개의 은닉층을 가지고 있으며, 각각 32개, 30개의 노드를 가진다. 이 노드를 64개, 60개로 늘려 보자. 그리고 나서 이 모델의 정확도를 출력하여라.

3. 다음으로 2번에서 수정한 모델의 손실값, 정확도의 히스토그램으로 표시해 보아라.

03 딥러닝 모델을 저장하고 불러오기

붓꽃 데이터를 분류하는 모델

이전 절의 내용을 하나의 그림으로 요약해 보면 다음과 같다. 왼쪽 그림은 32개의 노드가 있는 하나의 은닉층을 이용하여 붓꽃을 분류하였으며, 오른쪽 그림은 32개, 30개의 노드가 있는 두 개의 은닉층을 가진 신경망을 이용하여 붓꽃을 분류하였다. 분류 결과는 앞의 절에서 살펴본 것과 같이, 두 개의 은닉층을 가진 신경망 모델이 더 나은 분류 정확도를 보여 주고 있다.

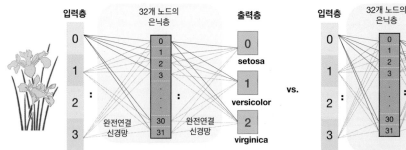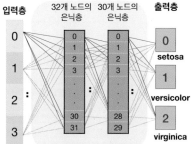

한 개의 은닉층을 가진 model1 신경망 : 63.3% 분류 정확도

두 개의 은닉층을 가진 model2 신경망 : 96.6% 분류 정확도

지금까지 만든 모델을 저장하여 다시 사용할 수는 없을까? 모델이 복잡하고 데이터가 많을 경우, 학습에는 많은 시간이 걸리기 때문에 매번 학습을 진행하는 것은 매우 비효율적이다. 공부를 마친 모델을 저장해 두었다가 다음에 불러서 다시 사용하는 방법에 대하여 알아보자. 이미 학습을 마친 모델을 저장하는 것은 매우 간단하다. 다음과 같이 모델의 save() 메소드를 사용하면 된다. model1은 iris_model1.h5라는 파일로, model2는 iris_model2.h5라는 파일로 각각 저정하는 명령은 다음과 같다.

```
model1.save('./iris_model1.h5')
model2.save('./iris_model2.h5')
```

이제 이 모델의 크기와 정보를 !ls -l 명령으로 살펴보자. ls 명령은 리눅스 운영체제의 명령 프롬프트에서 내릴 수 있는 명령이다.

```
!ls -l
```

```
total 64
-rw-r--r-- 1 root root 59776 Sep 30 05:32 iris_model1.h5
-rw-r--r-- 1 root root 59776 Sep 30 05:32 iris_model2.h5
drwxr-xr-x 1 root root  4096 Sep 16 13:40 sample_data
```

!는 여러분이 사용하고 있는 구글 코랩의 시스템 명령을 호출하는 기능이다. 여러분이 사용하는 코랩은 리눅스 운영체제에서 동작하고 있는데, 이 리눅스 운영체제의 명령 중 하나가 바로 ls이다. ls는 list의 줄임말로, **현재 위치나 특정 경로의 디렉토리에 있는 디렉토리나 파일의 이름을 출력하는 명령**이다. ls -l에서 -l은 옵션으로 파일의 이름과 크기, 날짜 등을 상세하게 살펴볼 때 사용하는 옵션이다. 리눅스 명령어에 대한 보다 상세한 설명은 이 책의 범위를 벗어난다.

이러한 방법으로 현재 디렉토리의 내용을 살펴보면 iris_model1.h5, iris_model2.h5라는 이름의 파일이 생성된 것을 볼 수 있다. h5 파일은 HDF ^{Hierarchical Data Format} 로 저장된 데이터 파일을 말하는데, 이 파일은 계층적으로 구조화된 다차원 배열 데이터를 효율적으로 저장하기 위한 파일 형식이다. h5 파일은 머신러닝 데이터를 저장하는 용도로만 사용되는 것은 아니고 항공 우주, 물리, 공학, 금융, 학술 연구, 유전체학, 천문학, 전자 기기 및 의료 분야에서 일반적으로 사용되고 있다. HDF 파일의 확장자가 h5인 이유는 이 파일의 주요 버전에 HDF4 및 HDF5가 포함되어 있기 때문이며, HDF4 버전으로 저장된 파일은 .H4, .h4 또는 HDF4 파일로 저장된다. 물론, 여기서의 저장 버전은 HDF5 버전이기 때문에 .h5로 저장된 것이다.

이 파일을 구글 드라이브에 저장하고자 할 경우, 3장에서 살펴본 방법으로 구글 드라이브를 마운트한 후에 다음과 같이 저장한다.

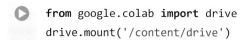

```python
from google.colab import drive
drive.mount('/content/drive')
```

```
...
Mounted at /content/drive
```

```python
# 구글 드라이브에 iris_model1, 2 파일을 저장하자
model1.save('./drive/MyDrive/iris_model1.h5')
model2.save('./drive/MyDrive/iris_model2.h5')
```

구글 드라이브는 클라우드 환경에서 이용할 수 있는 디스크이므로 이것에 접근하기 위해서는 접근 권한을 획득해야 한다. 따라서 다음 그림과 같이 디스크 접근을 요청하는 창이 나타날 것이며, 이때 [Google Drive에 연결] 버튼을 클릭하고 이 구글 드라이브에 접근할 계정을 선택해야만 한다.

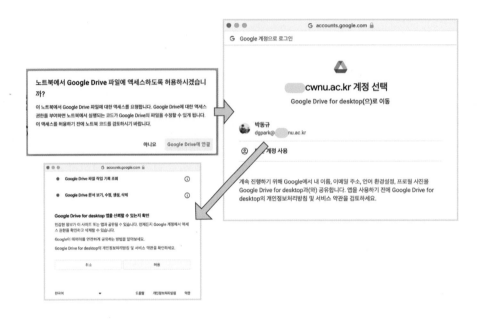

저장된 모델을 불러와서 사용하는 방법은 keras.models 모듈의 load_model() 함수를 사용하는 것이다. 우리가 저장한 모델을 불러와서 이 모델의 형태를 요약하여 살펴보자.

```
loaded1=keras.models.load_model('./drive/MyDrive/iris_model1.h5')
loaded1.summary()
```

```
Model: "sequential"

_____
Layer (type)                 Output Shape              Param #
=================================================================
dense (Dense)                (None, 32)                160

dense_1 (Dense)              (None, 3)                 99

=================================================================
Total params: 259
Trainable params: 259
Non-trainable params: 0
```

다음으로 저장한 모델을 불러와서 이 모델에 데이터를 넣은 후 이 모델의 성능을 테스트하자. 이전 model1의 성능과 비슷한 결과를 loaded1이 보여줄 것이다.

```
print('loaded1의 테스트 결과 :')
eval_loss, eval_acc = loaded1.evaluate(x_test, y_test)
print('loaded1의 붓꽃 데이터의 분류 정확도 :', eval_acc)
```

```
loaded1의 테스트 결과 :
1/1 [==============================] - 0s 26ms/step - loss: 0.8119 -
ac curacy: 0.6333
loaded1의 붓꽃 데이터의 분류 정확도 : 0.6333333253860474
```

도전 문제 8.5: model2 신경망 모델을 저장하고 읽어오기 상 중 하

1. iris_model2.h5라는 파일로 저장한 model2 신경망 모델을 keras.models.load_model()을 이용하여 읽어오도록 하자. 새로운 모델의 이름은 loaded2로 지정하자. 다음으로 이 모델에 테스트용 붓꽃 데이터를 입력으로 주고 분류 정확도를 다음과 같이 출력하도록 하자.

```
loaded2의 테스트 결과 :
1/1 [==============================] - 0s 23ms/step - loss: 0.3612 -
accuracy: 0.9667
loaded2의 붓꽃 데이터의 분류 정확도 : 0.9666666388511658
```

2. model3 신경망 모델을 저장한 후 읽어와서 분류 정확도를 위와 같이 출력하도록 하자.

회귀 문제를 딥러닝을 통해서 풀어보자

회귀 문제를 위한 데이터를 만들고 해석하자

딥러닝 모델은 데이터를 분류하는 일만 잘하는 것은 아니다. 주어진 데이터의 회귀 모델을 생성하는 데에도 유용하게 사용할 수 있다. 우선 $y = 0.5x + 3$ 형식의 1차 함수를 생각해 보자. 만일 이 함수와 유사한 분포를 가지는 데이터들이 있다면 딥러닝 모델은 이 데이터로부터 데이터의 분포를 잘 설명할 수 있을까?

우선 넘파이 패키지를 사용하여 100개의 점을 만들어 볼 것이다. 이 점 데이터는 약간의 잡음을 주어서 대략 $y = 0.5x + 3$ 직선 위에 분포할 것이다.

```python
import numpy as np
import matplotlib.pyplot as plt

n = 100                        # 100개의 점을 만들 것이다
x_data = np.random.normal(0, 1.1, n)
y_data = .5 * x_data + 3 # y = .5x + 3 형태의 함수
plt.plot(x_data, y_data, 'r')
plt.scatter(x_data, y_data, c='b')
```

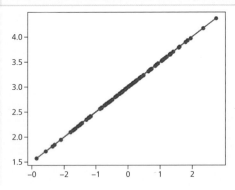

이 코드는 우선 x 값을 100개 생성하는데, 이 값은 평균을 0, 표준편차를 1.1로 하는 난수 값이다. 따라서 이 값은 대략 −3에서 3 사이의 값으로 나타나며 평균값 0 주변에 많이 몰려 있다. 이 값들을 입력으로 하여 .5 * x_data + 3식으로 y_data를 만들어 보자. 이 데이터를 이용하여 직선을 그리는 코드가 `plt.plot()` 함수이며 이 직선은 붉은색 실선으로 나타난다. 그리고 `plt.scatter()`는 산포도 그래프를 그리는 함수이다. 따라서 파란색으로 표시된 점들은 그 실행 결과이다.

이제 .5 * x_data + 3식에 np.random.normal(0, .2, n)을 더해서 랜덤으로 값을 생성하였는데, 이를 통해서 값들이 y 주변에 분포하도록 만들었다. 이 데이터에 대해서는 레이블을 추가했는데 `plt.legend()`를 통해서 범례 표시를 하였다.

```python
import numpy as np
import matplotlib.pyplot as plt

n = 100                          # 100개의 점을 만들 것이다
x_data = np.random.normal(0, 1.1, n)
y_data = .5 * x_data + 3  # y = .5x + 3 형태의 함수
y_data += np.random.normal(0, .2, n)
plt.scatter(x_data, y_data, c='b', label='Data')
plt.legend()
```

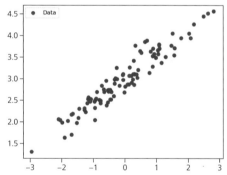

이 코드의 x_data, y_data에는 랜덤한 잡음이 들어있는데, 우리는 이 값들을 딥러닝 모델의 입력으로 사용하여 $y = 0.5x + 3$이라는 직선의 식을 찾아야 한다.

도전 문제 8.6: 회귀 모델을 위한 데이터 만들기 상 중 하

앞의 코드를 수정하여 $y = 0.7x + 2$ 꼴의 직선 근방에 분포하는 200개의 점을 만들어서 맷플롯립을 이용하여 화면에 나타내 보자. x, y 값의 범위와 분포는 다음 그림과 유사하게 나타나도록 하자. 왼쪽 상단의 범례가 나타나도록 하자.

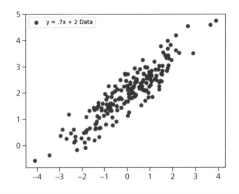

회귀 문제를 풀기 위한 순차 계층 모델

딥러닝은 이러한 회귀 문제를 해결하는 데에도 좋은 성능을 보여준다. 우선 위의 점들 중에서 x_data를 입력으로 받아서 y_data를 생성하는 딥러닝 모델을 만들어 보자. 이 모델의 입력은 대략 −3에서 3 사이의 x_data 값인데 이 데이터는 1차원 벡터 데이터이다. 따라서 텐서플로 케라스 모델의 input_dim = 1로 두면 된다. 이 입력층으로부터 입력받은 데이터는 10개의 Dense 층을 거쳐 또 다른 Dense 층으로 가게 된다. 최종적으로 이 모델은 하나의 출력값을 내보내기 때문에 Dense(1)이 마지막 층이 된다.

model.summary() 기능으로 이 모델의 구조를 확인해 보자.

```python
import tensorflow as tf

# keras의 다차원 계층 모델인 Sequential로 레이어를 만든다
model = tf.keras.models.Sequential()
# 입력이 1차원이고 출력이 1차원임을 뜻한다 - Dense는 레이어의 종류
model.add(tf.keras.layers.Dense(10, input_dim=1, activation='linear'))
model.add(tf.keras.layers.Dense(10))
model.add(tf.keras.layers.Dense(1))

model.summary() # 모델 구조를 확인
```

```
Model: "sequential"

_____
 Layer (type)                Output Shape              Param #
=================================================================
 dense (Dense)               (None, 10)                20

 dense_1 (Dense)             (None, 10)                110

 dense_2 (Dense)             (None, 1)                 11


=================================================================
Total params: 141
Trainable params: 141
Non-trainable params: 0
```

이 모델은 모두 141개의 파라미터를 가지는 비교적 단순한 모델이다. 그리고 첫 번째 층의 활성화 함수만 linear 활성화 함수이며, 나머지 층은 별도의 활성화 함수를 지정하지 않았다.

이제 확률적 경사하강법을 사용하여 이 모델을 학습시켜 보자. tf.keras.optimizer.SGD()는 확률적 경사하강법이라는 최적화 기법을 사용하는 데 이용되며 learning_rate 키워드 인자는 학습률을 의미한다.

```python
# 옵티마이저 - 확률적 경사하강법
sgd = tf.keras.optimizers.SGD(learning_rate=0.01)

# 비용/손실 함수는 mean_squared_error 방식을 사용하며 mse라고 써도 인식한다
model.compile(loss='mean_squared_error', optimizer=sgd)
hist = model.fit(x_data, y_data, batch_size=10, epochs=10, verbose=1)
```

```
Epoch 1/10
100/100 [==============================] - 1s 2ms/step - loss: 0.5944
Epoch 2/10
100/100 [==============================] - 0s 2ms/step - loss: 0.0478
... 중간 생략 ...
Epoch 10/10
100/100 [==============================] - 0s 2ms/step - loss: 0.0383
```

이제 이 모델을 10의 데이터를 배치 크기로 하여 학습시켜 보자. 학습 횟수는 모두 10회의 에폭으로 학습시켜 보자. 최종적으로 이 모델의 손실값은 0.0383가량이 되는 것을 확인할 수 있다.

이제 이 모델의 학습 과정에서 손실값이 어떻게 변하는지 시각적으로 나타내 보자.

```
# 훈련 과정 시각화 : 손실값 그래프
plt.plot(hist.history['loss'])
plt.xlabel('Epoch')
plt.ylabel('Loss')
```

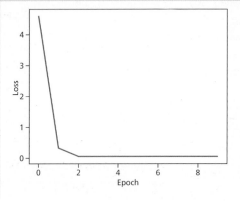

학습 과정에서 에폭 3까지는 손실값이 급격하게 작아지지만 그 이후에는 큰 변화가 없는 것을 알수 있다.

이제 이 모델에 입력 데이터를 넣고, 입력 데이터에 대하여 제대로 된 예측을 하는지 살펴보아야 한다.

```
# 테스트 데이터를 만들고 이 데이터를 모델의 입력으로 넣어보자
x_test = np.arange(min(x_data), max(x_data), 0.01)
y_test = model.predict(x_test)

plt.plot(x_test, y_test, 'r-') # 빨간색 실선
plt.plot(x_data, y_data, 'bo')
```

```
19/19 [==============================] - 0s 4ms/step
[<matplotlib.lines.Line2D at 0x7d8e6514df90>]
```

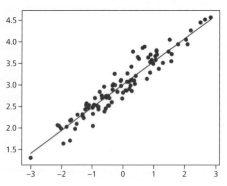

이 모델의 출력값 y_data는 결과 그래프의 빨간색 실선으로 표시되었다. 약 −3에서 3 사이의 입력에 대하여 파란색으로 표시된 원래의 데이터를 모델이 제대로 잘 기술하고 있다는 것을 위의 결과에서 확인할 수 있다.

다음으로 모델에 여섯 개의 값을 넣어서 이 모델이 결과를 잘 출력하는지 테스트해 보도록 하자.

```
# 모델에 여섯 개의 데이터를 넣고 결과를 확인하는 테스트
for x in range(-3, 3):
    # 입력 x에 대한 예측 값 출력
    # 예측 값은 다차원 배열 형태이므로 이 형태에서 스칼라 값을 구함
    pred = model.predict(np.array([x]))[0][0]
    print(f'입력 : {x}, 모델의 출력 : {pred:.2f}')
    print(f'입력 : {x}, .5 * x + 3.의 출력 : {.5*x+3.}')
```

```
1/1 [==============================] - 0s 74ms/step
입력 : -3, 모델의 출력 : 1.46
입력 : -3, .5 * x + 3.의 출력 : 1.5
1/1 [==============================] - 0s 41ms/step
입력 : -2, 모델의 출력 : 1.97
입력 : -2, .5 * x + 3.의 출력 : 2.0
1/1 [==============================] - 0s 58ms/step
입력 : -1, 모델의 출력 : 2.48
입력 : -1, .5 * x + 3.의 출력 : 2.5
1/1 [==============================] - 0s 54ms/step
입력 : 0, 모델의 출력 : 2.99
입력 : 0, .5 * x + 3.의 출력 : 3.0
1/1 [==============================] - 0s 54ms/step
입력 : 1, 모델의 출력 : 3.51
입력 : 1, .5 * x + 3.의 출력 : 3.5
1/1 [==============================] - 0s 39ms/step
입력 : 2, 모델의 출력 : 4.02
입력 : 2, .5 * x + 3.의 출력 : 4.0
```

첫 번째 입력 −3에 대해서 모델의 출력은 1.46이 나왔는데 .5 * x + 3.의 값은 1.5이다. 다음으로 두 번째 입력 −2에 대해서 모델의 출력은 1.97이 나왔는데 .5 * x + 3.의 값은 2.0이다. 이와 같이 모델의 출력과 .5 * x + 3. 값은 매우 유사하다는 것을 알 수 있으며 이 모델이 우리가 만든 데이터의 분포를 잘 설명한다는 것을 알 수 있다. model.predict() 메소드는 모델의 예측값을 다차원 배열 형태로 출력한다. 따라서 스칼라 값을 출력하고자 할 경우, 다음과 같이 [0][0]으로 인덱싱을 해야 한다.

```
# 입력값 3에 대한 모델의 예측값은 다차원 배열임
pred = model.predict(np.array([3]))
print(f'pred = {pred}')
```

```
1/1 [==============================] - 0s 36ms/step
pred = [[4.530183]]
```

```
# 인덱싱을 통해서 스칼라 값을 추출하는 방법
pred = model.predict(np.array([3]))[0][0]
print(f'pred = {pred:.2f}')
```

```
1/1 [==============================] - 0s 167ms/step
pred = 4.02
```

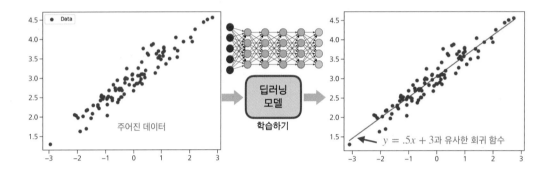

이러한 과정은 위의 그림으로 요약해 볼 수 있다. 그림의 왼쪽은 주어진 데이터에 대한 분포도이며,

이 데이터를 딥러닝 모델로 학습하여 회귀 함수를 얻을 수 있다.

01 딥러닝 연구가 부흥을 맞이하게 된 주요 이유는 다음과 같다. ① **인공지능 시스템의 학습을 위한 데이터가 폭발적으로 증가**하였으며, ② **딥러닝을 비롯한 뛰어난 인공지능 알고리즘이 비약적으로 발전**하였고, ③ **엄청난 양의 데이터와 복잡한 알고리즘을 빠르게 처리할 수 있는 GPU 등의 하드웨어**가 발전하였다.

02 텐서플로 라이브러리에서 말하는 텐서란 다차원 배열을 의미한다. 차원은 데이터를 기술하는 데 필요한 특성 또는 속성을 나타내며, 차원의 수는 데이터를 설명하는 데 필요한 특성의 수와 같다.

03 텐서플로의 텐서 그래프는 **수학적 연산과 데이터 흐름을 그래프 형태로 표현하는 텐서플로의 중요한 컴포넌트**이다. 이 표현 방법을 통해서 딥러닝 모델을 효율적으로 만들 수 있다.

04 텐서플로에서 딥러닝을 위한 완전 연결층을 만들기 위해서는 케라스 모듈의 Dense 객체를 사용한다. 그리고 순차적 연결 구조를 가지는 신경망 모델을 만들기 위해서는 Sequential 객체를 사용한다.

05 텐서플로의 딥러닝 모델은 붓꽃 분류 문제와 같은 분류 문제를 잘 해결할 수 있으며, 학습과정에서 손실값의 감소와 정확도의 증가를 시각화하는 기능도 사용할 수 있다.

06 딥러닝 모델이 복잡하고 데이터가 많을 경우, 학습에는 많은 시간이 걸리기 때문에 매번 학습을 진행하는 것은 매우 비효율적이다. 텐서플로는 학습을 마친 모델을 저장해 두었다가 다음에 불러서 다시 사용하는 기능을 제공한다.

07 h5 파일은 HDF로 저장된 데이터 파일을 말하는데, 이 파일은 계층적으로 구조화된 다차원 배열 데이터를 효율적으로 저장하기 위한 파일 형식이다.

08 텐서플로의 딥러닝 모델은 선형 회귀와 같은 회귀 문제에도 이용할 수 있다.

단답형 문제

다음 괄호 안에 들어갈 알맞은 단어를 적으시오.

01 인공지능 기술이 오늘날과 같은 부흥을 맞이하게 된 이유를 살펴보면 ① 인공지능 시스템의 학습을 위한 (   )(이)가 폭발적으로 증가하였으며, ② (   )(을)를 비롯한 뛰어난 인공지능 알고리즘이 비약적으로 발전하였고, ③ 엄청난 양의 데이터와 복잡한 알고리즘을 빠르게 처리할 수 있는 GPU 등의 하드웨어가 발전하였다는 점을 뽑을 수 있다.

02 텐서플로의 핵심이 되는 텐서란 (   )(을)를 의미한다.

03 병렬 처리에 사용되는 GPU와 CPU의 핵심 연산 장치는 (   )(이)라고도 부른다.

04 머신러닝과 딥러닝 용어 중에서 (   )(이)란 용어는 데이터의 구조나 형태를 설명하는 데 사용된다. 각 (   )(은)는 데이터를 기술하는 데 필요한 특성 또는 속성을 나타내며, (   )의 수는 데이터를 설명하는 데 필요한 특성의 수와 같다.

05 사람의 키, 나이, 주택의 가격 등의 속성은 하나의 수치값으로 나타낼 수 있다. 이 수와 같은 경우가 1차원이 되며 이 값을 (   )값이라고도 한다.

06 텐서플로와 같은 딥러닝 라이브러리는 이러한 다차원 데이터를 처리할 수 있으며, 각 차원은 모델이 데이터에서 (   )(을)를 학습하는 데 도움이 되는 중요한 정보를 제공한다.

07 텐서플로의 (   )(은)는 수학적 연산과 데이터 흐름을 그래프 형태로 표현하는 텐서플로의 중요한 컴포넌트이다.

08 리눅스 운영체제의 명령 중에서 (   )(은)는 list의 줄임말로, 현재 위치나 특정 경로의 디렉토리에 있는 디렉토리나 파일의 이름을 출력하는 명령이다.

09 텐서플로에서 모델을 저장하기 위한 파일 형식으로 (   )(이)가 있다. 이 파일은 계층적으로 구조화된 다차원 배열 데이터를 효율적으로 저장하기 위한 파일 형식이다. 이 파일은 일반적으로 항공 우주, 물리, 공학, 금융, 학술 연구, 유전체학, 천문학, 전자 기기 및 의료 분야에서 사용되고 있다.

객관식 문제

다음 질문에 대하여 가장 알맞은 답을 구하여라.

01 다음 중 하나의 수치값을 나타내는 스칼라 값에 해당하지 않는 것을 고르시오.

① 사람의 키 ② 나이

③ 색상을 가진 이미지 데이터 ④ 주택의 가격

02 다음 중 텐서플로의 텐서 그래프가 가지는 장점이 아닌 것을 고르시오.

① 텐서 그래프는 텐서플로가 전체 계산 과정을 한눈에 파악하도록 도와준다.

② 행렬 계산을 CPU에서만 할 수 있게 한다.

③ 텐서 그래프를 사용하면 복잡한 연산의 미분값을 자동으로 계산할 수 있다.

④ 텐서 그래프를 구축하는 단계와 실행하는 단계는 분리되어 있어, 필요한 시점에만 연산이 수행된다.

03 1990년대까지 침체되었던 딥러닝 연구가 부흥을 맞이하게 된 주요 이유로 보기 어려운 것을 하나 고르시오.

① 서포트 벡터 머신과 같은 새로운 머신러닝 알고리즘이 등장하였다.

② 인공지능 시스템의 학습을 위한 데이터가 폭발적으로 증가하였다.

③ 딥러닝을 비롯한 뛰어난 인공지능 알고리즘이 비약적으로 발전하였다.

④ 엄청난 양의 데이터와 복잡한 알고리즘을 빠르게 처리할 수 있는 GPU 등의 하드웨어가 발전하였다.

짝짓기 문제

01 다음은 데이터의 특성을 설명하는 차원과 이에 해당하는 데이터의 예시이다. 이들을 올바르게 짝짓기 하여라.

1차원 •	• 동영상 데이터
2차원 •	• 이미지 데이터
3차원 •	• 행으로는 부서의 이름, 열로는 1월부터 12월까지가 있고 각 데이터 셀에 월별 매출이 있는 엑셀 시트 데이터
4차원 •	• 사람의 키, 나이, 주택의 가격 등의 데이터

02 다음은 텐서플로에서 순차 모델을 생성하고 성능을 측정하는 주요 방법들이다. 정의된 방법과 그 의미를 올바르게 짝짓기 하여라.

Dense •	• 모델 학습
compile •	• 모델 컴파일
fit •	• 모델의 층 생성
evaluate •	• 정확도 측정

표 채우기 문제

01 다음은 텐서플로의 텐서와 넘파이의 다차원 배열을 비교하는 표이다. 이 표의 음영으로 표시된 빈칸에 들어갈 적절한 용어를 채우시오.

항목	텐서플로의 텐서(Tensor)	넘파이의 다차원 배열(ndarray)
데이터의 유형	다차원 배열	
GPU 지원		불가능(일부 라이브러리에서 가능)
계산 그래프 지원	가능	
분산 컴퓨팅 지원		불가능
자동 미분 지원		불가능
유연성	덜 유연함 (구체적인 데이터 타입과 크기를 정의)	유연함 (데이터 타입과 배열 크기를 자유롭게 바꿀 수 있음)

01 다음과 같은 모양의 다층 신경망을 만들어 보자. 이 신경망에서 보라색 노드는 편향 노드로 신경망이 자동으로 추가시키는 노드이다.

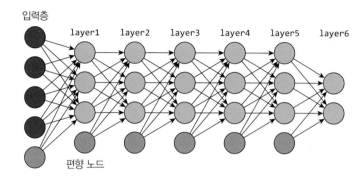

① 이러한 구조의 순차적 신경망을 Sequential 클래스와 Dense 클래스를 사용하여 구현하여라. 이 모델의 이름을 my_mlp1이라고 정하고, 이 모델의 구조를 my_mlp1.summary()를 이용하여 다음과 같이 출력하여라. 각 층의 이름은 name 키워드 인자를 이용하여 다음 출력과 동일하게 지정하여라.

실행 결과

```
my_mlp1.summary() 정보
Model: "my_mlp1"
_____
 Layer (type)                Output Shape              Param #
=================================================================
 layer1 (Dense)              (None, 3)                 15

 layer2 (Dense)              (None, 3)                 12

 layer3 (Dense)              (None, 3)                 12

 layer4 (Dense)              (None, 3)                 12

 layer5 (Dense)              (None, 3)                 12

 layer6 (Dense)              (None, 2)                 8

=================================================================
Total params: 71
Trainable params: 71
Non-trainable params: 0
_____
```

❷ 이 신경망에서 학습시켜야 할 파라미터의 수는 모두 몇 개인가? 손으로 직접 계산해 보자. 이를 위한 적절한 파라미터수 계산기를 파이썬 코드로 구현하여라.

❸ 위의 my_mlp1 순차적 신경망 모델을 복사한 my_mlp2 모델을 생성하여 그 구조를 my_mlp2.summary()를 사용하여 출력하여라. 신경망 모델을 복사하는 방법은 텐서플로의 케라스 서브 모듈에 있는 models.clone_model() 명령을 사용하면 된다.

```
# my_mlp1 모델을 복사한 모델
my_mlp2 = tf.keras.models.clone_model(my_mlp1)
print('my_mlp2.summary() 정보')
my_mlp2.summary()
```

실행 결과

```
my_mlp2.summary() 정보
Model: "my_mlp1"
_____
Layer (type)                 Output Shape              Param #
=================================================================
layer1 (Dense)               (None, 3)                 15

layer2 (Dense)               (None, 3)                 12

layer3 (Dense)               (None, 3)                 12

layer4 (Dense)               (None, 3)                 12

layer5 (Dense)               (None, 3)                 12

layer6 (Dense)               (None, 2)                 8


=================================================================
Total params: 71
Trainable params: 71
Non-trainable params: 0
_____
```

❹ 위의 my_mlp2 순차적 신경망 모델의 이름은 clone_model()을 통해서 복사되므로 my_mlp1으로 설정되는 문제가 있다. 이 이름은 다음과 같이 _name 속성을 통해서 다시 지정할 수 있다.

```
# my_mlp2 모델의 이름을 my_mlp1에서 my_mlp2로 변경함
my_mlp2._name = 'my_mlp2'
```

이 my_mlp2 모델에 pop() 메소드를 적용하여라. 그 결과 모델은 다음 그림과 같이 될 것이다. 이 모델의 구조를 출력하여라.

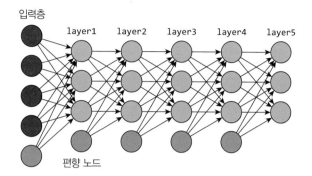

실행 결과

```
my_mlp2.pop() 적용 후
my_mlp2.summary() 정보
Model: "my_mlp2"
```

Layer (type)	Output Shape	Param #
layer1 (Dense)	(None, 3)	15
layer2 (Dense)	(None, 3)	12
layer3 (Dense)	(None, 3)	12
layer4 (Dense)	(None, 3)	12
layer5 (Dense)	(None, 3)	12

```
Total params: 63
Trainable params: 63
Non-trainable params: 0
```

⑤ pop()이 적용된 `my_mlp2` 모델을 복사하여 이 모델의 이름을 `my_mlp3`으로 지정하여라. `my_mlp3` 모델에 대하여 다음과 같이 새로운 층을 두 개 추가하여라. 이 모델의 구조를 다음과 같이 출력하여라.

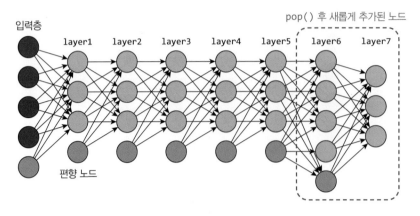

실행 결과

```
my_mlp3.add()로 layer6, layer7 추가
my_mlp3.summary() 정보
Model: "my_mlp3"


Layer (type)                   Output Shape                 Param #
=================================================================

layer1 (Dense)                 (None, 3)                    15

layer2 (Dense)                 (None, 3)                    12

layer3 (Dense)                 (None, 3)                    12

layer4 (Dense)                 (None, 3)                    12

layer5 (Dense)                 (None, 3)                    12

layer6 (Dense)                 (None, 4)                    16

layer7 (Dense)                 (None, 3)                    15


=================================================================
Total params: 94
Trainable params: 94
Non-trainable params: 0
```

❻ 다음과 같은 방법으로 my_mlp4의 모든 레이어를 순회할 수 있다. 이 코드를 바탕으로 my_mlp3을 복사한 my_mlp4의 모든 레이어의 이름을 'L1', 'L2', 'L3',... 등과 같이 수정하여라.

```
my_mlp4 = tf.keras.models.clone_model(my_mlp3)
# my_mlp4의 모든 층을 순회하며 이름을 출력함
for layer in my_mlp4.layers:
    print(layer._name)
```

실행 결과

```
my_mlp4.summary() 정보
Model: "my_mlp4"
_____
 Layer (type)                Output Shape              Param #
=================================================================
 L1 (Dense)                  (None, 3)                 15

 L2 (Dense)                  (None, 3)                 12

 L3 (Dense)                  (None, 3)                 12

 L4 (Dense)                  (None, 3)                 12

 L5 (Dense)                  (None, 3)                 12

 L6 (Dense)                  (None, 4)                 16

 L7 (Dense)                  (None, 3)                 15

=================================================================
Total params: 94
Trainable params: 94
Non-trainable params: 0
_____
```

02 다음과 같이 주택의 실면적과 거래 가격을 조사한 표가 있다. 이 주택의 가격을 모델링하는 선형 회귀 모델을 심층 신경망을 사용하여 구현하여라. 이 심층 신경망은 확률적 경사하강법을 최적화 기법으로 사용하도록 하고, 손실 함수와 같은 하이퍼파라미터들을 이 장의 구성과 비슷하게 만들도록 하자.

	주택1	주택2	주택3	주택4	주택5	주택6	주택7	주택8	주택9	주택10
실면적	49	76	85	43	57	90	78	96	43	76
거래 가격	3.1	7.7	8.7	1.8	6.7	9.5	8.4	13.2	2.2	8.3

❶ 실면적 55인 주택의 예상 거래 가격은 얼마인가?

❷ 실면적 65인 주택의 예상 거래 가격은 얼마인가?

❸ 학습 에폭을 30으로 설정하고 학습을 진행하도록 하자. 이 모델의 학습 과정에서 손실값이 어떻게 변하는지 시각적으로 나타내 보자.

❹ 학습 에폭을 60으로 설정하고 학습을 진행하도록 하자. 이 모델의 학습 과정에서 손실값이 어떻게 변하는지 시각적으로 나타내 보자.

09

딥러닝을 깊이 알아보자

학습목표

- 딥러닝 모델을 훈련시키기 위한 표준화된 데이터의 중요성을 이해한다.
- 모델의 정확도가 뛰어나더라도 데이터의 표본이 편향되어 있을 경우, 이 모델을 신뢰하기 어려운 이유를 이해한다.
- 학습 알고리즘의 성능 척도인 정밀도와 재현율, F1 점수의 중요성을 이해한다.
- 평균, 분산, 표준편차를 이해하고 다양한 스케일러의 사용법을 익힌다.
- 드롭아웃의 필요성을 이해하고 그 사용법을 익힌다.
- 패션 MNIST 데이터를 분류하기 위한 딥러닝 모델을 만들 수 있다.

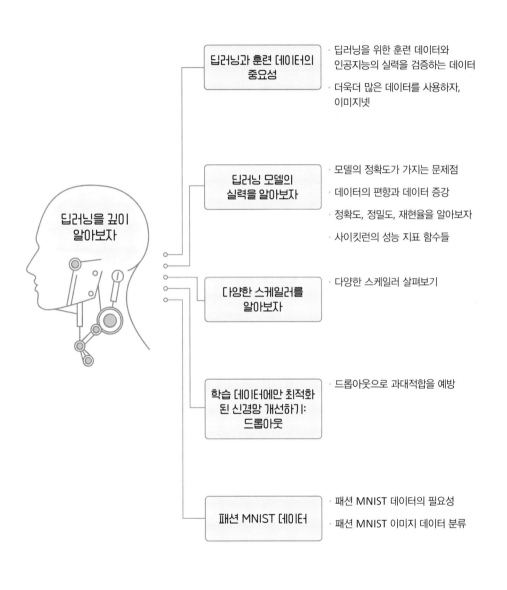

딥러닝을 깊이
알아보자

딥러닝과 훈련 데이터의
중요성

- 딥러닝을 위한 훈련 데이터와
  인공지능의 실력을 검증하는 데이터
- 더욱더 많은 데이터를 사용하자,
  이미지넷

딥러닝 모델의
실력을 알아보자

- 모델의 정확도가 가지는 문제점
- 데이터의 편향과 데이터 증강
- 정확도, 정밀도, 재현율을 알아보자
- 사이킷런의 성능 지표 함수들

다양한 스케일러를
알아보자

- 다양한 스케일러 살펴보기

학습 데이터에만 최적화
된 신경망 개선하기:
드롭아웃

- 드롭아웃으로 과대적합을 예방

패션 MNIST 데이터

- 패션 MNIST 데이터의 필요성
- 패션 MNIST 이미지 데이터 분류

01 딥러닝과 훈련 데이터의 중요성

딥러닝을 위한 훈련 데이터와 인공지능의 실력을 검증하는 데이터

이전 장에서 살펴본 미국 인구 조사국에서 수집한 손글씨 숫자 데이터 집합인 MNIST 데이터는 **인공지능을 학습시키기 위하여 만들어진 이미지 데이터**이다. 이 데이터 집합의 숫자 하나는 28×28 픽셀 크기의 회색조 이미지이므로 고성능 컴퓨터가 아니더라도 충분히 빠른 처리가 가능하다. 또한, 전처리 과정을 통해 가운데 정렬, 크기 균일화가 잘 이루어져 있어서 이미지 처리와 머신러닝에 매우 적합한 데이터로 널리 사용되고 있다.

MNIST 손글씨 데이터의 예시

> MNIST 손글씨 데이터 집합은 인공지능을 위해서 만들어진 이미지 데이터들입니다. 이외에도 많은 데이터 셋이 있지요.

어떤 연구자 A가 개발한 손글씨 인식을 위한 모델이 손글씨 숫자를 잘 인식하는지 알아보기 위하여 이 6만 개의 학습용 이미지를 사용하게 된다면, 학습을 위한 데이터에만 최적화된 모델이 좋은 결과를 얻게 될 것이다. 이를 쉽게 비유하자면, 어떤 학생의 실력을 알아보기 위해서 시험을 볼 때 이 학생이 사전에 공부한 모의시험 문제지에서만 문제를 내는 것에 비유할 수 있을 것이다. 학습을 위한 데이터에만 최적화되어 학습 데이터 이외의 데이터에서는 좋은 성능을 내지 못하는 머신러닝 알고리즘이 존재한다면 이 알고리즘은 **일반화가 덜 된 알고리즘**이라고 할 수 있다.

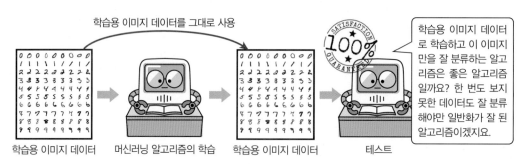

학습용 이미지 데이터를 그대로 사용

학습용 이미지 데이터   머신러닝 알고리즘의 학습   학습용 이미지 데이터   테스트

> 학습용 이미지 데이터로 학습하고 이 이미지만을 잘 분류하는 알고리즘은 좋은 알고리즘일까요? 한 번도 보지 못한 데이터도 잘 분류해야만 일반화가 잘 된 알고리즘이겠지요.

MNIST 데이터 집합은 학습용 이미지와 함께 0에서 9까지의 손글씨 숫자가 각각 1,000개씩 더 제공되는데, 이 1만 개의 데이터 집합을 테스트용 이미지라고 한다. 일반적으로 머신러닝 연구자들은 MNIST 데이터 집합 중에서 6만 개의 학습용 이미지를 사용하여 머신러닝 알고리즘을 학습시키고, 이 알고리즘에 대하여 **학습에 사용하지 않은 1만 개의 테스트용 데이터를 적용**한 후 이 결과를 보고 실제 사용 여부를 결정한다.

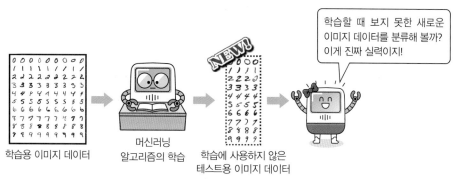

학습용 이미지 데이터   머신러닝 알고리즘의 학습   학습에 사용하지 않은 테스트용 이미지 데이터

학습용 데이터와 테스트용 데이터의 개념

최근 딥러닝 알고리즘의 획기적인 발전과 성취로 인하여 과거에 숫자 하나를 분류하는 데 수일 이상 걸리던 작업이 몇 초 만에 이루어졌으며, 97% 이상의 높은 분류 정확도를 달성하게 되었다. 이러한 이유로 MNIST 데이터 집합과는 다른 좀 더 까다로운 데이터의 필요성이 생기게 되었고 패션 MNIST 데이터 집합이 연구자들에 의해서 만들어졌다. 이 데이터 집합은 그림과 같이 다양한 종류의 옷과 신발 이미지가 제공되고 있으며 MNIST 데이터 집합과 마찬가지로 6만 개의 훈련용 이미지와 1만 개의 테스트용 이미지가 제공된다.

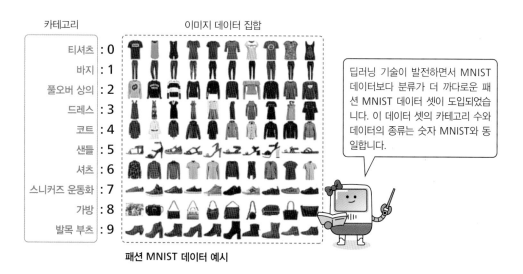

패션 MNIST 데이터 예시

인공지능을 연구하기 위하여 연구자들은 알고리즘과 함께 데이터를 수집하고 가공하는 일에도 열정을 기울였는데 다음 그림에 있는 붓꽃 데이터가 대표적인 예이다. 이 데이터는 1930년대에 영국의 통계학자이자 생물학인 **로널드 피셔**Ronald Fisher의 논문에서 소개된 데이터 집합이다. 붓꽃 iris 은 크기와 색상이 다른 다양한 종이 있다. 각 데이터는 꽃받침 길이와 너비 및 꽃잎 길이와 너비에 대한 정보를 가지고 있으며 지도학습을 위하여 다음과 같이 이 정보를 가지는 붓꽃 종의 이름을 가지고 있다.

꽃잎의 너비와 높이, 꽃받침의 너비와 높이가 다른 3종의 붓꽃이 있습니다. 꽃잎의 너비와 높이, 꽃받침의 너비와 높이만으로 어느 종인지 분류를 해 볼까요?

Iris Versicolor   Iris Setosa   Iris Virginica

이 데이터에는 꽃받침 길이, 꽃받침 너비, 꽃잎 길이, 꽃잎 너비와 그에 해당하는 붓꽃의 품종이 표시되어 있다. 머신러닝과 딥러닝 알고리즘이 이러한 데이터를 얼마나 잘 분류하는가를 통해서 이 알고리즘의 성능을 간접적으로 확인할 수 있기 때문에 이외에도 많은 데이터 집합이 만들어졌다. 이 데이터를 분류하는 방법은 이전 장에서 살펴보았다.

더욱더 많은 데이터를 사용하자, 이미지넷

이전 절에서 데이터의 중요성과 MNIST 데이터 집합, 패션 MNIST 데이터 집합, 붓꽃 데이터 집합과 같은 머신러닝 알고리즘을 위한 데이터베이스에 대하여 알아보았다. 이 데이터 집합의 데이터를 잘 구분하는 기계의 지능은 과연 인간의 지능과 유사하다고 할 수 있을까? 인간의 지능은 이러한 단순한 데이터를 구별하는 알고리즘보다 수천 배 이상 더 복잡하고 어려운 일도 쉽게 해낸다. 이런 인간의 시각 지능, 분류 지능은 어떻게 구현할 수 있을까?

컴퓨터 비전 computer vision 기술은 컴퓨터 과학의 중요한 분야로, 인간 눈의 기능을 기계가 수행할 수 있도록 카메라로부터 영상 이미지를 취득하고, 알고리즘을 통하여 분석하고 판별하는 기술이다. **컴퓨터 비전 기술에서 가장 중요하면서도 기본이 되는 기술은 이미지를 인식하는 기술**이다. 즉, 자율주행 자동차가 성공적으로 도로를 달리기 위해서는 자동차에 달린 카메라가 도로와 신호등, 차량, 오토바이, 장애물, 보행자 등을 잘 인식하는 기술이 선행되어야만 하는 것이다.

예를 들어 고양이를 인식하는 프로그램을 만드는 방법을 생각해 보자. 첫 번째 방법으로는 가능한 많은 규칙을 입력해서 고양이를 다른 사물과 구분하는 방법이 있을 것이다. 이 방법을 규칙기반 인공지능 시스템이라고 한다. 이 방법은 예외적인 고양이 이미지나 부분적인 형상만 있는 고양이를 구분하는 데 한계가 있다. 이 책의 주제인 딥러닝은 그림과 같이 수많은 고양이 이미지를 모은 다음, 고양이의 특징을 학습하는 딥러닝 모델을 만들어서 고양이를 인식하도록 하는 방법을 사용한다. 두 번째 방법은 여러 가지 고양이의 이미지를 통해서 딥러닝 시스템이 학습을 하기 때문에 매우 예외적인 경우에 대해서도 잘 동작하는 특징이 있으나 **새로운 데이터를 많이 모으는 일이 선행**되어야 한다.

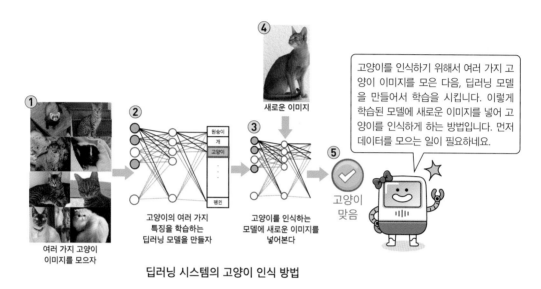

딥러닝 시스템의 고양이 인식 방법

고전적인 손글씨 숫자 이미지 데이터베이스뿐만 아니라 여러 종류의 사물을 인식하도록 하기 위해서는 대규모의 실세계 이미지 데이터베이스도 필요할 것이다. 하지만 실세계의 사물은 워낙 방대한데다 변형도 다양해서 이를 일일이 수집하고 분류한 다음, 이름표를 달아서 데이터베이스화하는 일은 쉽지 않을 것이다. 이 어려운 작업에 도전한 사람이 있는데 스탠퍼드 대학교의 **페이페이 리** Fei-Fei Li 교수와 그의 연구진이었다. 이들이 만든 데이터베이스는 이미지넷 ImageNet **데이터베이스**라고 한다. 2만 개 이상의 범주로 나눌 수 있고 1천 5백만 장 이상의 방대한 이미지로 구성된 이 데이터베이스는 **오늘날의 딥러닝 기술을 발전**시키는 데 크게 기여하였다.

이 프로젝트는 2006년 페이페이 리 교수의 아이디어에서 출발했는데 당시 대부분의 인공지능 연구자들은 모델과 알고리즘의 개발에 집중하는 분위기였다. 그러나 페이페이 리 교수는 인공지능 알고리즘을 위한 **품질 좋은 훈련 데이터를 확보할 수 있다면 더 나은 결과를 얻을 수 있을 것으로 기대**하였다. 이미지들을 수집하고 분류하는 일은 세계 최대의 전자상거래 회사인 아마존과의 협업으로 추진되었으며, 1억 장이 넘는 이미지를 분류하고 정리하는 일은 전 세계 167개국에 흩어진 5만 명 가량의 작업자가 참여하여 진행되었다.

품질 좋은 훈련용 이미지 데이터가 많이 있다면 인공지능 기술을 통해서 인간보다 사물을 더 잘 분류하는 것도 가능할 것이다.

이미지넷 데이터베이스의 예시(1천 5백만 장의 방대한 이미지)   페이페이 리 교수

최근에는 CIFAR-10과 CIFAR-100과 같이 딥러닝 연구에 최적화된 이미지 데이터 셋도 보급되어 있다. 이들을 간단히 설명하면 다음과 같다.

CIFAR-10

- 이미지 수: 60,000개(50,000개의 훈련 이미지와 10,000개의 테스트 이미지)
- 이미지 크기: 32×32 픽셀(컬러 이미지)
- 카테고리: 10개
- 예: 고양이, 개, 비행기, 자동차 등.
- 특징: 각 카테고리에는 6,000개의 이미지가 있으며, 각 이미지는 10개의 레이블 중 하나에 속한다.

CIFAR-100

- 이미지 수: 60,000개(50,000개의 훈련 이미지와 10,000개의 테스트 이미지)
- 이미지 크기: 32×32 픽셀(컬러 이미지)
- 카테고리: 100개의 카테고리와 20개의 상위 카테고리가 있음
- 예: 사과, 곤충, 가구, 곰 등.
- 특징: 100개의 레이블이 있고 각 레이블당 600개의 이미지가 있다. CIFAR-10보다 더 다양한 카테고리를 갖추고 있어, 더 복잡한 분류 문제에 적합하다.

위에서 언급한 CIFAR-10과 CIFAR-100은 작은 이미지들로 구성된 데이터 셋으로, 다양한 객체들을 분류하기 위한 연구나 딥러닝 모델의 훈련에 자주 사용된다.

도전 문제 9.1: 다음 용어를 정의해 보자   상 중 하

1. 규칙 기반 인공지능 시스템:

2. 학습용 데이터:

3. 테스트용 데이터:

딥러닝 모델의 실력을 알아보자

모델의 정확도가 가지는 문제점

앞서 살펴본 여러 가지의 분류기와 그 예측값 그리고 평가 지표에 대해서 좀 더 깊이 살펴보도록 하자. 이전 장에서 언급한 붓꽃 품종 중에서 Setosa 종을 0, Versicolor 종을 1로 레이블링하였다고 가정해 보자. 어떠한 붓꽃 품종 분류기 A(classifier_A)를 만들어서 이 분류기가 우수하다고 주장하기 위하여 다음과 같은 주장을 할 수 있을 것이다.

> "분류기 A는 붓꽃의 속성을 입력으로 받아 Setosa(레이블 0) 종과 Versicolor(레이블 1) 종을 98%의 정확도로 구분해 내는 분류기이다. 나는 단 두 줄의 코딩으로 이 분류기를 구현할 수 있다."

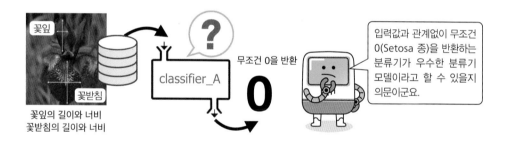

실제 데이터를 다룰 경우 **98%의 정확도를 가지는 분류기는 매우 구현하기 어려우며**, 더구나 단 두 줄 만으로 만든 아래의 분류기는 매우 신뢰하기 힘들다.

```python
# 입력값 x에 관계없이 0을 반환하는 대충 만든 분류기
def classifier_A(x):
    return 0   # setosa 레이블 0만을 반환함
```

분류기 A가 입력으로 49개의 Setosa 종과 1개의 Versicolor 종의 길이와 높이를 받는다고 가정해 보자. 이 경우 분류기 A의 정확도는 다음과 같다.

$$\text{classifier\_A의 정확도} = \text{제대로 분류한 데이터} / \text{전체 데이터}$$
$$= 49 / 50$$
$$= 0.98 \ (= 98\%)$$

이 수상한 분류기는 입력값에 관계없이 무조건 0을 반환하는 엉터리 분류기이지만 정확도를 구하는 이 수식에는 아무런 문제가 없고, 결론적으로 위의 주장도 모순이 없는 주장이다. 이와 같이 표본 ᵉⁱˢᵃᵐᵖˡᵉ 데이터가 편향된 경우, 우수한 머신러닝 알고리즘을 사용한다고 할지라도 학습 성능의 개선을 기대하기는 힘들다. 이것을 표집 편향 ˢᵃᵐᵖˡⁱⁿᵍ ᵇⁱᵃˢ 이라고 한다.

이제 코딩을 통해서 이를 실습해 보도록 하자. 우선 다음과 같이 `load_iris()` 함수를 사용하여 사이킷런 라이브러리로부터 붓꽃 데이터를 가져오도록 하자. 다음으로 `iris_ds['data'][1:51]`과 `iris_ds['target'][1:51]`이라는 슬라이싱을 이용하여 49개의 setosa 종, 한 개의 versicolor 종 붓꽃 데이터를 `biased_iris_ds`와 `biased_iris_target`이라는 변수에 저장하도록 하자.

```python
import numpy as np
from sklearn.datasets import load_iris

iris_ds = load_iris()  # 붓꽃 데이터 셋 가져오기
# 49개의 0(setosa), 한 개의 1(versicolor)을 가지는 데이터
biased_iris_ds = iris_ds['data'][1:51]
biased_iris_target = iris_ds['target'][1:51]

print(biased_iris_ds[:5])
```
```
[[4.9 3.  1.4 0.2]
 [4.7 3.2 1.3 0.2]
 [4.6 3.1 1.5 0.2]
 [5.  3.6 1.4 0.2]
 [5.4 3.9 1.7 0.4]]
```

다음으로 `biased_iris_target` 값을 출력해 보자. 49개의 0(setosa), 한 개의 1(versicolor)이 출력될 것이다.

```python
# 49개의 0(setosa), 한 개의 1(versicolor)을 가지는 데이터
print(biased_iris_target)
```
```
[0 0 0 0 0 0 0 0 0 0 0 0 0 0 0 0 0 0 0 0 0 0 0 0 0 0 0 0 0 0 0 0 0 0 0 0
 0 0 0 0 0 0 0 0 0 0 0 0 0 1]
```

이제 꽃받침의 길이와 너비, 꽃잎의 길이와 너비를 가진 `biased_iris_ds` 데이터를 하나하나 꺼내어 x라는 변수에 담아보자. 그리고 이를 `classifier_A()`라는 분류기에 넣어 보자. 그리고 분류 결

과를 출력해 보자. 이 분류기는 모두 0을 반환하기 때문에 다음과 같이 50개의 0이 출력될 것이다.

```
result = []
for x in biased_iris_ds:
    result.append(classifier_A(x))

print('분류 결과:')
print(np.array(result))
```
분류 결과:
[0 0 0 0 0 0 0 0 0 0 0 0 0 0 0 0 0 0 0 0 0 0 0 0 0 0 0 0 0 0 0 0 0 0 0 0
 0 0 0 0 0 0 0 0 0 0 0 0 0 0]

사이킷런은 accuracy_score()라는 함수를 제공하는데, 이 함수는 전체 데이터에 대하여 result가 얼마나 잘 예측했는가에 대한 점수인 정확도를 반환한다.

```
from sklearn.metrics import accuracy_score

score = accuracy_score(biased_iris_target, result)
print('classifier_A(x)의 분류 성능 :', score)
```
classifier_A(x)의 분류 성능 : 0.98

정확도는 놀랍게도 98%나 된다. 하지만 이러한 분류기는 실생활에서 아무런 쓸모가 없을 것이다. 정확도가 높은 분류기가 왜 쓸모 없어지는 일이 발생할까?

데이터의 편향과 데이터 증강

앞서 언급한 classifier_A()는 모든 입력에 대해서 setosa라는 분류 결과만을 내보낸다. 그리고 이 분류기의 입력 데이터는 49개의 setosa 종과 한 개의 versicolor 종 데이터이다. 이 경우, 분류기의 정밀도와 상관없이 데이터의 편향이 49:1이기 때문에 원천적인 문제를 가지고 있다. 따라서 참/거짓 또는 스팸 메일/비스팸 메일, 양성/음성 분류기와 같은 **분류기가 제대로 된 성능을 내기 위해서는 데이터의 비중이 일정**해야만 한다. 이와 같이 입력 데이터의 비중이 100:100으로 일정할 경우, 이를 제대로 분류해야만 제대로 동작하는 분류기로 볼 수 있는 것이다.

실제 생활에서 데이터는 매우 편향적이다. 예를 들어 췌장암 같은 암은 치명률이 높은 질병이지만 매우 희귀한 병이라서 샘플이 되는 환자의 수를 많이 확보하기 힘들 수 있다. 또한 자동차가 기차와 충돌한다면 자동차 운전자는 매우 큰 부상을 입을 수 있으나 **실제 자동차와 기차가 충돌할 확률이 낮아서 이를 회피하는 기능을 구현하는 것 또한 힘들다.**

이처럼 딥러닝 모델을 훈련시킬 때, 가지고 있는 데이터가 적으면 모델이 제대로 학습을 할 수 없다. 모델이 다양한 상황에서 좋은 성능을 내려면 다양한 데이터를 경험해 보아야만 한다. 이때 데이터 증강을 사용하면, 기존의 데이터를 약간씩 변형시켜서 **새로운** 데이터를 만들어 낼 수 있다. 예를 들면 이미지를 조금 회전시키거나, 밝기를 조절하는 기능을 통해서 다양한 이미지를 얻게 되는 것과 같다. 이 기법을 데이터 증강이라고 한다. 이 증강 기법은 이후의 장에서 상세히 다룰 것이다. 이제 위의 코드를 수정해서 50개의 setosa 종(0으로 레이블)과 50개의 versicolor 종(1로 레이블)으로 된 100개의 값을 가지는 balanced_iris_ds 배열을 가져와서 이 분류기의 성능을 테스트하자.

```python
import numpy as np
from sklearn.datasets import load_iris

iris_ds = load_iris()   # 붓꽃 데이터 셋 가져오기
# 50개의 0(setosa), 50개의 1(versicolor)을 가지는 데이터
balanced_iris_ds = iris_ds['data'][:100]
balanced_iris_target = iris_ds['target'][:100]

result = []
for x in balanced_iris_ds:
    result.append(classifier_A(x))

print('엉터리 분류기의 분류 결과:')
print(np.array(result))
```

```
엉터리 분리기의 분류 결과:
[0 0 0 0 0 0 0 0 0 0 0 0 0 0 0 0 0 0 0 0 0 0 0 0 0 0 0 0 0 0 0 0 0 0
 0 0 0 0 0 0 0 0 0 0 0 0 0 0 0 0 0 0 0 0 0 0 0 0 0 0 0 0 0 0 0 0 0 0
 0 0 0 0 0 0 0 0 0 0 0 0 0 0 0 0 0 0 0 0 0 0 0 0]
```

```python
from sklearn.metrics import accuracy_score

print('엉터리 분류기 classifier_A(x)의 분류 성능 :')
accuracy_score(balanced_iris_target, result)
```

```
엉터리 분류기 classifier_A(x)의 분류 성능 :
0.5
```

데이터가 균형 잡혀있기 때문에 엉터리 분류기의 분류 성능은 50%로 나타난다. 레이블이 두 종류이므로 분류 성능이 50%라는 것은 아무런 의미가 없는 지표라는 것을 알 수 있다.

붓꽃 데이터를 분류하는 분류기를 위한 입력 데이터가 150개이고, 이 중 50개가 setosa, 50개가 versi-color, 50개가 virginica이다. 이 절의 `classifier_A()`로 분류했을 때 이 분류기의 정확도 점수를 계산하라.

```
50개의 0(setosa), 50개의 1(versicolor), 50개의 virginica 데이터
엉터리 분류기 classifier_A(x)의 분류 성능 :
0.3333333333333333
```

정확도, 정밀도, 재현율을 알아보자

이제 정확도 이외에 학습 알고리즘이 얼마나 작동하는가를 알아보기 위해서 일반적으로 사용하는 또 다른 지표인 정밀도 precision 와 재현율 recall 을 살펴보고 이 성능을 행렬 형태로 표시한 혼동행렬 confusion matrix 혹은 오차행렬에 대해서 알아보도록 하자.

만일 특정한 코로나 바이러스 검사를 위한 검사 키트인 **키트 A**가 있다고 가정하고, 100명의 환자와 100명의 건강한 사람에 대하여 이 검사 키트의 성능을 테스트한다고 가정해 보자. 이 검사 키트가 코로나 바이러스에 감염된 환자(이를 양성 positive: P 이라 한다)에 대해서 5명을 음성(코로나 바이러스에 걸리지 않음)으로 판정하였고 95명을 양성(코로나 바이러스에 걸림)으로 판정하였다고 하자. 그리고 코로나 바이러스에 감염되지 않은 건강한 사람(이를 음성 negative: N 이라한다)에 대해서 89명을 음성으로, 11명을 양성으로 판정하였다고 하자. 이러한 복잡한 설명은 다음과 같은 표로 나타낼 수 있다. 표의 좌측은 실제 코로나 바이러스에 걸렸는지(P) 안걸렸는지(N)에 대한 정보값이 적혀 있으며 표의 위쪽 레이블은 키트 A의 예측값을 나타내고 있다.

		키트 A의 예측값(검사결과)					
		음성			양성		
환자의 실제 상태값		N			P		
음성 (COVID 안걸림)	N	89 TN	T 일치	N 예측	11 FP	F 불일치	P 예측
양성 (COVID 걸림)	P	5 FN	F 불일치	N 예측	95 TP	T 일치	P 예측

이 표의 셀 값 중 89명은 **음성 환자에 대하여 음성 판정을 내렸으며, 올바른 판정에 해당된다.** 이 셀은 음성(negative) 판정에 대한 제대로 된(true) 판정이라는 의미로 진(眞)음성 혹은 TN으로 표시한다. 하지만 11명의 음성 환자는 양성(positive)이라고 잘못(false) 판정했기 때문에 가짜 양성을

뜻하는 위(僞)양성 혹은 FP라고 표시한다. 동일한 기준에 의해서 5명은 위(僞)음성인 FN, 95명은 진(眞)양성인 TP로 표기할 수 있을 것이다.

이 키트의 정확도 Acc는 다음 식을 이용해서 구할 수 있으며, 전체 데이터(FP+FN+TP+TN) 중에서 제대로 판정한 데이터(TP + TN)의 비율이 바로 이 값이다.

$$Acc = \frac{TP + TN}{FP + FN + TP + TN} = \frac{95 + 89}{11 + 5 + 95 + 89} = 0.92$$

또 다른 유용한 성능 지표인 진짜 양성 비율 True Positive Rate: TPR 은 재현율 recall 이라고도 하는데 **양성 환자 중에서 이 키트가 올바르게 양성이라고 분류한 환자의 비율**인 경우로, 다음과 같은 식으로 구한다(TPR 혹은 Rec로 표기함).

$$TPR = Rec = \frac{TP}{P} = \frac{TP}{FN + TP} = \frac{95}{100} = 0.95$$

다른 성능 지표인 정밀도 precision 는 검사 키트가 **확진자(양성)로 분류한 사람들 중 실제 양성인 경우**로, 다음과 같은 식으로 구한다(Pre로 표기함).

$$Pre = \frac{TP}{TP + FP} = \frac{95}{106} = 0.896$$

사이킷런의 성능 지표 함수들

성능 지표 중의 하나인 정확도에 비해서 재현율과 정밀도는 다소 직관적이지 않다. 따라서 다음과 같은 간단한 내용으로 재현율과 정밀도를 이해하도록 하자.

- **재현율**: 실제로 바이러스에 양성인 대상자를 양성으로 분류한 비율
- **정밀도**: 양성으로 예측한 사람들 중에서 실제 바이러스 양성자의 비율

이 내용은 아래의 그림을 이용해서 비교해 본다면 좀 더 이해하기 쉬울 것이다.

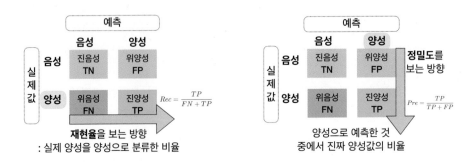

재현율과 정밀도라는 각각의 지표는 관심있는 척도가 다르기 때문에 하나의 척도만을 측정 방법으로 사용할 경우, 왜곡이 발생할 수 있다. 따라서 이 두 지표를 조합한 F_1 점수도 사용하는데, 이 점수는 다음과 같은 식으로 구할 수 있다. 이 식에서 볼 수 있듯이 F_1 점수는 정밀도와 재현율의 조화 평균 harmonic mean 이다.

$$F_1 = \frac{2}{\frac{1}{Pre} + \frac{1}{Rec}} = 2 \times \frac{Pre \times Rec}{Pre + Rec}$$

위의 경우, F_1 점수는 식에 의해서 0.92 값을 가지는데 이 값은 두 값의 조합된 점수값으로 이용될 수 있다. 이제 다음과 같이 10개의 0 값(음성), 10개의 1 값(양성)으로 이루어진 목표값 target이 있고 이 목표값에 대한 예측값이 pred 넘파이 배열에 들어있는 경우를 가정해 보도록 하자.

```
target = np.array([0] * 10 + [1] * 10)
target    # 10개의 0(Negative), 10개의 1(Positive)을 가짐
```
```
array([0, 0, 0, 0, 0, 0, 0, 0, 0, 0, 1, 1, 1, 1, 1, 1, 1, 1, 1, 1])
```

다음은 목표값에 대한 예측값이 들어있는 넘파이 배열이다.

```
pred = np.array([0,0,0,0,0,1,1,1,0,0,1,1,1,1,1,1,0,0,1,1])
pred
```
```
array([0, 0, 0, 0, 0, 1, 1, 1, 0, 0, 1, 1, 1, 1, 1, 1, 0, 0, 1, 1])
```

위의 목표값과 예측값을 이용하여 다음과 같은 혼동행렬로 표시할 수 있다.

```
from sklearn.metrics import confusion_matrix
confusion_matrix(target, pred)    # 혼동행렬 만들기
```
```
array([[7, 3],
       [2, 8]])
```

이 혼동행렬을 통해 음성값 0을 0으로 올바르게 예측한 것이 일곱 개(TN)이며, 0을 1(양성)로 틀리게 예측한 것이 3개(FP), FN이 2개, TP가 8개임을 알 수 있으며, 이 정보를 사이킷런에서 제공하는 precision_score(), recall_score(), accuracy_score(), f1_score() 함수를 통해서 다음과 같이 출력할 수 있다.

```
from sklearn.metrics import precision_score, recall_score

print('정밀도 :', precision_score(target, pred))
print('재현율 :', recall_score(target, pred))

from sklearn.metrics import accuracy_score, f1_score

print('정확도 :', accuracy_score(target, pred))
print('F1점수 :', f1_score(target, pred))
```

```
정밀도 : 0.7272727272727273
재현율 : 0.8
정확도 : 0.75
F1점수 : 0.761904761904762
```

도전 문제 9.3: 붓꽃 데이터와 분류기의 점수 계산 상 중 하

1. 붓꽃 데이터를 분류하는 분류기를 위한 입력 데이터가 100개이고, 이 중 49개가 setosa, 1개가 versi-color라 하자. 이 절의 classifier_A()로 분류했을 때, 다음과 같은 오차행렬을 만들어보자.

```
오차행렬 :
array([[49,  0],
       [ 1,  0]])
```

2. 이 결과에 대한 정밀도, 재현율, 정확도, F1 점수를 계산하여라.

```
정밀도 : 0.0
재현율 : 0.0
정확도 : 0.98
F1점수 : 0.0
/usr/local/lib/python3.10/dist-packages/sklearn/metrics/_classification.py:1344:
 UndefinedMetricWarning: Precision is ill-defined and being set to 0.0 due to no
 predicted samples. Use `zero_division` parameter to control this behavior.
 _warn_prf(average, modifier, msg_start, len(result))
```

3. 문제 2 결과의 가장 아래쪽과 같이 예외가 발생하는 이유에 대해서 조사하고 그 이유를 기술하여라.

03 다양한 스케일러를 알아보자

게임사 A는 그동안 자사의 핵심 FPS 게임인 '스타트 그라운드'를 하는 고객에게 에너지 물약 아이템을 랜덤하게 지급하는 정책을 펴왔다. 그 결과, 게임 레벨이 높은 고객과 레벨이 낮은 고객이 모두 동일한 확률로 에너지 물약을 지원받았다. 이에 게임 기획팀 김 부장은 다음과 같은 판단을 하게 되었다.

> "게임 레벨이 낮은 고객과 게임 레벨이 높은 고객에게 에너지 물약의 지급을 차별하여 지급해야 두 게이머가
> 더 공정하게 게임을 할 수 있을 것이다."

이에 기획팀의 김부장은 게임 사용자의 성향을 다음과 같이 네 종류로 나누어 보기로 결정했다.

1. 게임을 오래 하고 게임 레벨도 높은 고객
2. 게임을 오래 하고도 게임 레벨이 낮은 고객
3. 게임을 짧게 하지만 게임 레벨이 높은 고객
4. 게임을 짧게 하고 게임 레벨도 낮은 고객

100명의 사용자에 대해서 이와 같이 월간 게임 사용 시간과 게임 레벨을 분석하여 네 종류의 그룹으로 분석을 하고자 한다. 이를 위해서 다음과 같은 임의의 데이터를 생성하자. 그리고 이 데이터를 맷플롯립으로 시각화하도록 하자. 코드에 대한 자세한 설명은 주석을 참고하여라.

```python
import numpy as np
import matplotlib.pyplot as plt

# 0에서 1000 범위의 난수 생성
game_level = np.random.rand(100) * 1000
# 0에서 100 범위의 난수 생성
game_time = np.random.rand(100) * 100
```

```
# 게임사 A의 게임 이용자 분석: 산포도 그래프
plt.title('Game player data')
plt.xlabel('Time spent')
plt.ylabel('Game level')
plt.scatter(game_time, game_level)
```

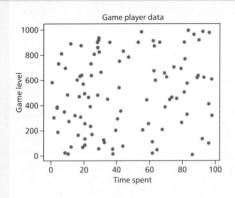

이 산포도 그래프를 자세히 살펴보면 가로축의 스케일이 0에서 100 사이인 반면 세로축은 0에서 1000 사이의 값으로 되어 있다. 이와 같이 큰 스케일의 차이는 세로축의 값이 가로축에 비해 10배 이상 크기 때문에 학습 시에 세로값인 게임 레벨이 게임 시간에 비해서 큰 의미를 가지는 것으로 잘못 이해될 수 있다.

가로와 세로를 모두 100으로 그림을 그리기 위해서는 맷플롯립 라이브러리 pyplot의 xlim()과 ylim()의 구간을 동일하게 지정하면 된다.

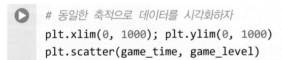

```
# 동일한 축적으로 데이터를 시각화하자
plt.xlim(0, 1000); plt.ylim(0, 1000)
plt.scatter(game_time, game_level)
```

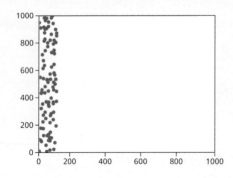

이 데이터의 game_time, game_level 리스트를 하나로 묶어서 넘파이의 2차원 배열을 생성하기 위하여 파이썬의 zip() 집적화 함수를 사용하도록 하자. 이제 gamer_data라는 자료의 5개 데이터를 화면에 표시하자.

```
# game_time, game_level 리스트를 하나로 묶어서 2차원 배열을 생성
gamer_data = np.array(list(zip(game_time, game_level)))
print(gamer_data[:5])
```

```
[[ 25.98038216 809.12896828]
 [ 70.06940905 628.34417715]
 [ 20.40680395  85.78129678]
 [ 91.7957362  135.67256791]
 [ 41.19539432 543.59148766]]
```

앞서 다룬 게임 이용자의 데이터를 살펴보면 게임 이용 시간은 0에서 100 사이의 값들이지만 게임 레벨은 0에서 1000 사이의 값들이다. 이렇게 값의 범위가 크게 다른 특징들을 입력 변수로 사용할 경우, 앞 절에서 살펴본 바와 같이 게임 레벨 값에 의해서만 분류가 일어나게 된다. k-평균 알고리즘과 같은 군집화 알고리즘은 거리값을 기준으로 가까운 값을 같은 군집으로 보기 때문에 모든 이용 시간이 한 군집으로 묶이면서 각 특징을 고려한 적절한 군집화가 이루어지지 않았다. 그래서 각 특징의 값을 동일한 범위로 변경하는 작업이 필요할 수 있다.

이를 위해 사용할 수 있는 여러 방식들 중 각 데이터를 정규화^{normalization} 하는 방법이 있다. 정규화는 모든 데이터를 0에서 1 사이의 값이 되도록 하는 것이다. 입력 데이터를 정규화하면 각 특징의 **모든 데이터는 0에서 1 사이의 값을 갖게 된다**. 사이킷런에는 학습 전에 데이터를 정제하기 위한 정규화 클래스가 제공된다. 이것이 바로 preprocessing 서브 모듈에 있는 MinMaxScaler 클래스이다. 이 클래스를 이용하여 게임 이용자 데이터 game_usage를 정규화하여 n_data로 만들어 보자. 이 클래스의 fit() 메소드는 크기 조절을 위해 데이터의 최대값과 최소값을 계산하며, transform() 메소드는 이렇게 계산한 최대, 최소값을 바탕으로 데이터를 정규화한다. 정규화된 데이터의 min(), max()는 각각 0과 1이 된다. 이 기능은 사이킷런이라는 머신러닝 라이브러리의 MinMaxScaler()를 이용하면 된다.

```
from sklearn.preprocessing import MinMaxScaler

scaler = MinMaxScaler()                      # min-max 스케일러 객체 생성
scaler.fit(gamer_data)                       # gamer_data를 피팅
n_data = scaler.transform(gamer_data) # gamer_data를 0에서 1 사이 값으로 변환
n_data[:, 0].mean(), n_data[:, 1].mean()
```

```
(0.4731578947368421, 0.5324949290060852)
```
```
n_data[:, 0].min(), n_data[:, 0].max()  # 첫 번째 열의 최소값, 최대값
```
```
(0.0, 1.0)
```
```
n_data[:, 1].min(), n_data[:, 1].max()  # 두 번째 열의 최소값, 최대값
```
```
(0.0, 1.0)
```

다양한 스케일러 살펴보기

딥러닝을 위하여 각 특징별 데이터를 유사한 범위로 만들어주는 또 다른 방법은 표준화 standardization 이다. 표준화는 데이터 범위를 변경할 때 전체의 평균 mean 과 분산 variance 을 사용하고, 각 특징별 데이터를 평균이 0, 분산이 1인 데이터로 변경시켜준다. m개의 샘플 값을 가진 데이터 x_i의 평균 μ_x와 분산 σ_x^2는 아래와 같이 정의된다. 예를 들어 아래와 같이 [10, 8, 10, 8, 8, 4]의 6개 데이터를 이용한다면 합계가 48, 평균이 8, 분산이 4, 표준편차가 2가 나오는 것을 확인할 수 있을 것이다.

data = [10, 8, 10, 8, 8, 4] ➡ 합계 = 48
평균 = 8
분산 = 4
표준편차 = 2

$$\mu_x = \frac{1}{m}\sum_{i=1}^{m} x_i \qquad \sigma_x^2 = \frac{1}{m}\sum_{i=1}^{m}(x_i - \mu_x)^2$$

위의 내용은 아래와 같이 넘파이의 다차원 배열의 메소드로 구현할 수 있다.

```
import numpy as np

a = np.array([10, 8, 10, 8, 8, 4])
print('합계 :', a.sum())
print('평균 :', a.mean())
print('분산 :', a.var())
print('표준편차 :', a.std())
```
```
합계 : 48
평균 : 8.0
분산 : 4.0
표준편차 : 2.0
```

표준편차 $^{standard\ deviation}$ 는 분산의 제곱근으로 σ_x로 나타낸다. 사이킷런의 표준화 클래스는 평균과 표준편차 값을 구한 뒤에 원본 데이터 x를 다음과 같은 식으로 x'로 바꾸는 일을 한다. 이 변환이 이루어지면 x'은 평균이 0이고 분산이 1인 데이터가 된다.

$$x' = \frac{x - \mu_x}{\sigma_x}$$

사이킷런을 이용하여 데이터를 표준화할 때는 preprocessing 서브 모듈의 StandardScaler 클래스를 사용한다. 이 클래스의 fit_transform() 메소드에 표준화를 할 데이터를 주면 표준화 결과가 반환된다. 표준화의 결과 데이터의 평균은 0이 되며, 분산은 1이 되는데, 다음과 같은 코드로 확인할 수 있다.

gamer_data를 표준 스케일러인 StandardScaler로 변환한 후 분산을 확인하면 1이 되는 것을 볼 수 있으며 평균값 역시 0에 가까운 값으로 나타난다(아래와 같이 $-1.14*10^{-16}$ 값과 $1.15*10^{-16}$ 값으로 나타남).

```
from sklearn.preprocessing import StandardScaler

standardScaler = StandardScaler()
standardScaler.fit(gamer_data)
gamer_data_scaled = standardScaler.transform(gamer_data)

gamer_data_scaled[:, 0].std(), gamer_data_scaled[:, 1].std()
```
```
(1.0000000000000002, 1.0)
```
```
gamer_data_scaled[:, 0].mean(), gamer_data_scaled[:, 1].mean()
```
```
(-1.1435297153639113e-16, 1.1546319456101628e-16)
```

사이킷런에서 제공하는 다양한 종류의 스케일러는 다음과 같다.

종류	설명
StandardScaler	평균과 표준편차를 이용하는 기본적인 스케일러
MinMaxScaler	최대값이 1, 최소값이 0이 되도록 스케일링함
MaxAbsScaler	최대 절대값이 1, 최소값이 0이 되도록 스케일링함
RobustScaler	중앙값과 IQR을 사용하여 이상치의 영향을 최소화하여 스케일링함

이러한 스케일러를 이용한 전처리는 대부분의 데이터 분석, 머신러닝, 딥러닝 데이터의 입력값에 대하여 적용하는 것이 바람직하다. 그 이유는 특징 간 값의 범위 차이가 발생할 때 큰 값들이 포함된 특징이 모델의 예측 성능에 더 큰 영향을 미치게 되어 모델의 학습을 어렵게 만들기 때문이다. 또한 데이터 샘플 간의 거리를 기반으로 예측할 때 각 특징별로 비슷한 범위로 맞춰주어야 특정 변수에만 의존하지 않고 주어진 특징을 모두 고려해 모델이 학습할 수 있게 된다.

도전 문제 9.4: 합계, 평균, 표준편차, 분산 구하기   상 중 하

1. 입력 값이 [15, 30, 23, 5, 9, 43, 33, 29, 3, 56]으로 주어진 넘파이 다차원 배열이 있다. 이 배열의 합계, 평균, 표준편차, 분산을 각각 구하여 화면에 출력하여라.

2. 위의 값을 표준화한 값을 화면에 출력하여라. 이 계산을 위하여 넘파이만을 사용하여라.

3. 위의 값을 0에서 1 사이 값으로 정규화하여 그 결과를 화면에 출력하여라. 이 계산을 위하여 넘파이만을 사용하여라.

4. 사이킷런의 MaxAbsScaler를 사용하여 위의 값을 절대값이 0에서 1사이가 되도록 하여 출력하여라.

5. 데이터 전처리 작업에서 RubustScaler를 사용하여 얻게 되는 장점을 조사하여 설명하여라.

학습 데이터에만 최적화된 신경망 개선하기: 드롭아웃

드롭아웃으로 과대적합을 예방

드롭아웃 dropout 혹은 희석화라고도 하는 이 방법은 과대적합 문제를 해결하는 대안이 될 수 있다. 이 방법의 핵심 아이디어는 그림과 같이 신경망의 학습 단계에서 임의의 노드를 탈락 drop-out 시켜 학습시키는 것이다. 이 기법은 2012년 **제프리 힌턴** Geoffrey Hinton , **니티시 스리바스타바** Nitish Srivastava 등의 논문에서 소개되었다.[1] 아래 그림은 이 논문에서 제시한 것인데, 그림의 **①**은 드롭아웃을 적용하지 않은 완전 연결 표준 신경망이며, **②**는 드롭아웃을 적용하여 노드 간의 연결을 일부 탈락시킨 신경망이다. 그리고 오른쪽 차트는 드롭아웃을 사용한 모델과의 성능 비교이다. 실험을 통해 드롭아웃을 사용한 경우 1~2%가량 더 좋은 성능을 보이고 있다. 1.5% 정도의 정확도 향상은 크게 느껴지지 않을 수 있다. 하지만 아래의 분류오차 결과를 자세히 살펴보면 드롭아웃을 사용하지 않을 경우 1.7% 정도의 오차를 가지는 좋은 모델에, 드롭아웃을 사용하여 1%로 오차가 줄었음을 볼 수 있다. 따라서 **실제 오차율이 58.5% 개선되었다고** 볼 수 있다. 또한 학습에 참여하는 은닉층 노드가 줄어 **수행 속도 면에서도 유리하다.**

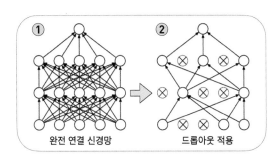

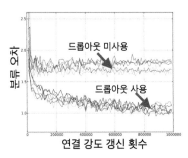

이렇게 노드를 탈락시켜 **희석화된 네트워크에서 학습을 진행할 경우, 더욱 강건한 네트워크를 만들 수 있다.** 케라스 API에서는 손쉽게 드롭아웃 레이어를 생성하는 방법을 제공하고 있다.

---

[1] Srivastava, N., Hinton, G., Krizhevsky, A., Sutskever, I., Salakhutdinov, R., Dropout: A Simple Way to Prevent Neural Networks from Overfitting, Journal of Machine Learning Research 15 (2014) pp. 1929-1958

우선 다음과 같이 1에서 10까지의 값을 가지는 넘파이 배열을 만들고 이 데이터를 출력해 보자. 그런 다음 케라스의 드롭아웃 레이어를 생성하도록 하자. 데이터를 케라스의 드롭아웃 레이어에 넣은 다음, 드롭아웃 비율을 0.3(전체 입력값의 30%)으로 주고 training=True라는 옵션으로 드롭아웃이 일어나는 훈련 상태가 되게 하면 아래의 출력과 같이 두 개의 0을 가진 임의의 값이 출력된다.

```python
import tensorflow as tf
import numpy as np
data = np.arange(1, 11).reshape(2, 5).astype(np.float32)
print(data)
```

```
[[ 1.  2.  3.  4.  5.]
 [ 6.  7.  8.  9. 10.]]
```

```python
layer = tf.keras.layers.Dropout(.3, input_shape = (2, ))
outputs = layer(data, training=True)
print(outputs)
```

```
tf.Tensor(
[[ 1.4285715  2.857143   4.285714   5.714286   7.1428576]
 [ 8.571428   0.        11.428572   0.        14.285715 ]], ..)
```

드롭아웃 비율이 30%임에도 불구하고 전체 데이터 중에서 두 개만 0의 값(탈락값)을 가지는 이유는 매번 정확하게 30%만 탈락시키는 것이 아니라 **30%의 확률로 탈락**이 이루어지기 때문이다.

드롭아웃이 일어나게 되면 전체 입력 데이터의 수가 줄어들기 때문에 입력값의 합이 감소할 수 있다. 이것을 방지하기 위해서 1/(1 - rate) 값을 전체 데이터 각각에 대하여 곱해서 입력값의 합이 줄어드는 것을 방지한다. 따라서 드롭아웃 비율이 0.5가 될 경우, 전체 데이터의 평균값은 2배씩 커지게된다. 이 드롭아웃 비율은 랜덤하기 때문에 드롭아웃 비율이 0.5라고 하더라도 반드시 절반의 데이터만 0이 될 것으로 확신해서는 안된다. 이러한 점을 기억하고 출력값이 전체 데이터의 합을 함께 출력하도록 하자. 다음은 넘파이를 이용하여 생성한 입력 데이터에 드롭아웃을 적용한 결과이다.

```python
# 1에서 10까지의 연속된 수를 만들고 이를 (2, 5) 형태로 고치기
data = np.arange(1, 11).reshape(2, 5).astype(np.float32)
print(data)
print('data의 합 :', np.sum(data))
```

```
[[ 1.  2.  3.  4.  5.]
 [ 6.  7.  8.  9. 10.]]
data의 합 : 55.0
```

```python
# 입력 데이터의 30%를 드롭아웃 시키고 결과를 출력하자
layer = tf.keras.layers.Dropout(.3, input_shape = (2, ))
outputs = layer(data, training=True)
```

```
print(outputs)
print('출력의 합 :', np.sum(outputs))
```

```
tf.Tensor(
[[ 1.4285715  2.857143   4.285714   5.714286   0.        ]
 [ 8.571428  10.        11.428572   0.        14.285715 ]], ...)
출력의 합 : 58.571426
```

▶ # 입력 데이터의 50%를 드롭아웃 시키고 결과를 출력하자
```
layer = tf.keras.layers.Dropout(.5, input_shape = (2, ))
outputs = layer(data, training=True)
print(outputs)
print('출력의 합 :', np.sum(outputs))
```

```
tf.Tensor(
[[ 0.  0.  6.  0.  0.]
 [12. 14. 16. 18. 20.]], shape=(2, 5), dtype=float32)
출력의 합 : 86.0
```

이제 우리는 이전 장에서 다룬 모델에 대하여 다음과 같은 드롭아웃층을 추가할 수 있으며, 이 경우 학습 진행도에 따른 정확도는 대부분 드롭아웃 적용 이전보다 더 향상되는 경향이 있다.

▶ # 드롭아웃 계층을 가진 신경망 모델 만들기
```
model = keras.models.Sequential([
    keras.layers.Flatten(input_shape = (28, 28)),
    keras.layers.Dropout(0.2),
    keras.layers.Dense(64, activation = 'relu'),
    keras.layers.Dropout(0.2),
    keras.layers.Dense(64, activation = 'relu'),
    keras.layers.Dropout(0.2),
    keras.layers.Dense(10, activation = 'softmax')
])
```

0에서 19까지 1씩 증가하는 20개의 실수값을 가지는 넘파이 배열 arr1, arr2를 각각 만들자. 이 배열은 1차원 배열이다. 다음으로 텐서플로의 케라스에 있는 Dropout()을 사용하여 arr1에 대하여 드롭아웃을 30%, arr2에 대하여 드롭아웃을 50% 실시하고 이 원소값을 출력하도록 하자.

```
30% 드롭아웃 수행 :
tf.Tensor(
[ 0.         1.4285715  2.857143    0.         5.714286   7.1428576
  8.571428   0.         11.428572   0.         14.285715  15.714286
 17.142857   0.         20.         21.428572  0.        24.285715
  0.         27.142859 ], shape=(20,), dtype=float32)

50% 드롭아웃 수행 :
tf.Tensor(
[ 0.  2.  4.  6.  0.  0.  0.  0.  0. 18. 20.  0. 24.  0.  0. 30. 32.  0.
 36.  0.], shape=(20,), dtype=float32)
```

05 패션 MNIST 데이터

패션 MNIST 데이터의 필요성

앞 장에서 텐서플로를 이용하여 MNIST 데이터를 분류하는 문제를 알아보았는데 손글씨를 스캐닝한 MNIST 데이터는 너무 단순해서 **심층 신경망 모델의 성능을 제대로 평가하기에 부족하다는** 문제점이 있다. 붓꽃 데이터 역시 비슷한 문제가 있는데 데이터의 수가 적거나 복잡도가 떨어지기 때문에 순차적인 심층 신경망의 깊이를 깊게 만드는 것만으로도 거의 99%에 가까운 예측 정확도를 보여준다.

따라서 이런 단순한 데이터보다 실생활에서 만날 수 있는 좀 더 복잡하고 어려운 데이터에 대한 필요성이 제기되었다. 이 장에서 살펴볼 패션 MNIST는 잘란도 ^{Zalando} 라는 연구자 웹사이트에서 개발하여 공개한 데이터 셋이다. 이 데이터 셋은 텐서플로의 케라스 모듈을 통해 제공하고 있는데, 다음과 같이 **운동화나 셔츠 같은 옷과 신발의 이미지와, 각각의 이미지에 대한 레이블을 제공**하고 있다. 이 이미지의 개수는 6만 장이며 28×28 픽셀 크기의 회색조 이미지이다. 그리고 테스트를 위한 데이터로 1만 장의 이미지가 따로 준비되어 있다.

패션 MNIST 이미지 데이터 분류

실습 목표

케라스 모듈에는 다음과 같이 **운동화나 셔츠 같은 옷과 신발의 이미지와 레이블을 제공**하고 있다. 이 이미지 데이터를 패션 MNIST라고 하는데, 데이터의 개수는 MNIST와 동일하게 6만 장이며 28×28 픽셀 크기로 저장되어 있다. 그리고 테스트를 위한 데이터로 1만 장의 이미지도 따로 준비되어 있다.

Ankle boot   T-shirt/top   T-shirt/top   Dress   T-shirt/top

Pullover   Sneaker   Pullover   Sandal   Sandal

T-shirt/top   Ankle boot   Sandal   Sandal   Sneaker

패션 MNIST 데이터 셋은 잘란도라는 연구자 그룹에서 개발하여 공개한 데이터 셋입니다. 이 데이터 셋의 카테고리 수와 데이터의 종류는 숫자 MNIST와 동일합니다.

패션 MNIST 데이터 셋은 다음 그림과 같은 형태와 10개의 레이블로 이루어져 있다. 이 데이터 중에서 0으로 레이블링된 것은 티셔츠 종류의 옷이며, 1로 레이블링된 것은 바지 종류의 옷이다. 이와 같은 방식으로 10가지 종류의 이미지 데이터가 제공되는데, 숫자로 이루어진 MNIST 데이터보다 분류하기가 좀 더 까다롭다.

- ☐ 0: T-shirt/top: 티셔츠
- ☐ 1: Trouser: 바지
- ☐ 2: Pullover: 풀오버 상의
- ☐ 3: Dress: 드레스
- ☐ 4: Coat: 코트
- ☐ 5: Sandal: 샌들
- ☐ 6: Shirt: 셔츠
- ☐ 7: Sneaker: 스니커즈 운동화
- ☐ 8: Bag: 가방
- ☐ 9: Ankle boot: 발목 부츠

0. T-shirt
1. Trouser
2. Pullover
3. Dress
4. Coat
5. Sandal
6. Shirt
7. Sneaker
8. Bag
9. Ankle boot

패션 MNIST 데이터를 이용하여 다음과 같은 신경망을 생성하고 학습시킨 다음, 정확도를 구해 보자(이때 에폭의 수는 10으로 하고 배치의 크기는 64로 두자).

1. 각각 128개와 32개의 노드를 가진 두 개의 은닉층
2. 입력층에서 128개 노드의 은닉층으로 가는 연결은 20%의 드롭아웃을 사용
3. 10개의 출력 노드는 각각 10개의 클래스에 해당

실습하기

실습은 다음의 절차를 따르도록 한다.

단계 1   우선 다음과 같이 텐서플로와 넘파이, 맷플롯립을 임포트하여 프로그램을 작성할 준비를 한다.

```
# tensorflow와 tf.keras, numpy, matplotlib.pyplot을 임포트한다
import tensorflow as tf
from tensorflow import keras
import numpy as np
import matplotlib.pyplot as plt
```

단계 2   케라스 API가 제공하는 패션 MNIST를 읽어온다. 패션 MNIST 데이터는 `keras.data-sets` 아래에 있는데 이를 읽어들여서 학습용, 테스트용 데이터로 구분하는 것은 이전에 다룬 MNIST 데이터를 읽는 코드와 거의 동일하다.

```
# 패션 MNIST 데이터는 keras에서 제공하며 이를 학습용, 테스트 데이터로 구분한다
fashion_mnist = keras.datasets.fashion_mnist
(train_images, train_labels), (test_images, test_labels) = \
    fashion_mnist.load_data()
```

```
Downloading data from https://storage.googleapis.com/...
32768/29515 [==============================] - 0s 0us/step
Downloading data from
...
Downloading data from https://storage.googleapis.com/tensorflow/
tf-keras-datasets/...
4423680/4422102 [==============================] - 0s 0us/step
```

단계 3   데이터 읽기가 끝나면 훈련 데이터와 정답 레이블, 테스트 데이터의 모양을 살펴보자.

```
print(train_images.shape)   # 학습 이미지의 형태와 레이블을 출력한다
print(train_labels)
print(test_images.shape)
```

```
(60000, 28, 28)
[9 0 0 ... 3 0 5]
(10000, 28, 28)
```

데이터의 형태를 살펴보면 훈련 데이터의 수가 6만 개, 이 이미지의 크기가 28×28임을 알 수 있다. 그리고 0에서 9까지의 정답 레이블도 볼 수 있다. 또한 테스트용 데이터의 수가 1만 개, 이 이미지의 크기도 28×28임을 알 수 있다.

단계 4   읽어들인 훈련용 데이터가 어떠한 형태의 데이터인지 확인하기 위하여 다음과 같이 처음에 있는 네 개의 데이터를 그려 보자.

```python
fig = plt.figure()
ax1 = fig.add_subplot(1, 4, 1)
ax2 = fig.add_subplot(1, 4, 2)
ax3 = fig.add_subplot(1, 4, 3)
ax4 = fig.add_subplot(1, 4, 4)

ax1.imshow(train_images[0], cmap='Greys') # 첫 번째 훈련용 데이터
ax2.imshow(train_images[1], cmap='Greys') # 두 번째 훈련용 데이터
ax3.imshow(train_images[2], cmap='Greys') # 세 번째 훈련용 데이터
ax4.imshow(train_images[3], cmap='Greys') # 네 번째 훈련용 데이터
```

```
<matplotlib.image.AxesImage at 0x7f6bef4d4e90>
```

단계 5   다음으로 위에서 그린 이미지들의 정답 레이블을 확인해 보자.

```python
print(train_labels[:4])
```

```
[9 0 0 3]
```

정답 레이블은 0에서 9까지의 수로 나타나는 것을 볼 수 있다.

단계 6   이전 장의 숫자 이미지와는 달리 패션 MNIST 데이터의 경우 레이블 9, 0, 0, 3의 의미를 쉽게 파악하기 힘들기 때문에 다음과 같은 mnist_lbl이라는 리스트를 만들고 이것을 사용해서 텍스트 레이블을 출력해 보자.

```python
mnist_lbl = ['T-shirt', 'Trouser', 'Pullover', 'Dress', 'Coat',\
             'Sandal', 'Shirt', 'Sneaker', 'Bag', 'Ankle_boot']

labels = train_labels[:4]
for i in labels:
    print('{} : {}'.format(i, mnist_lbl[i]))
```

```
9 : Ankle_boot
0 : T-shirt
0 : T-shirt
3 : Dress
```

이 레이블을 통해서 첫 번째 이미지는 레이블이 9인 발목 부츠(Ankle boot), 두 번째와 세 번째 이미지는 레이블이 0인 티셔츠(T-shirt), 네 번째 이미지는 레이블이 3인 드레스(Dress)라는 것을 알 수 있다.

단계 7   단계 6 의 정보를 바탕으로 다음과 같이 이미지의 상단에 레이블을 추가하도록 하자. 이제 좀 더 명확하게 이미지의 의미를 이해할 수 있을 것이다.

```python
fig = plt.figure()
ax1 = fig.add_subplot(1, 4, 1)
ax2 = fig.add_subplot(1, 4, 2)
ax3 = fig.add_subplot(1, 4, 3)
ax4 = fig.add_subplot(1, 4, 4)

ax1.imshow(train_images[0], cmap='Greys') # 첫 번째 훈련용 데이터
ax2.imshow(train_images[1], cmap='Greys') # 두 번째 훈련용 데이터
ax3.imshow(train_images[2], cmap='Greys') # 세 번째 훈련용 데이터
ax4.imshow(train_images[3], cmap='Greys') # 네 번째 훈련용 데이터

ax1.text(0, 0, mnist_lbl[train_labels[0]], bbox={'facecolor': 'white'})
ax2.text(0, 0, mnist_lbl[train_labels[1]], bbox={'facecolor': 'white'})
ax3.text(0, 0, mnist_lbl[train_labels[2]], bbox={'facecolor': 'white'})
ax4.text(0, 0, mnist_lbl[train_labels[3]], bbox={'facecolor': 'white'})
```

패션 MNIST 데이터 중에서 테스트용 데이터를 시각화하자. 테스트용 데이터 1만 개 중에서 가장 먼저 나타나는 5개의 데이터를 시각화하자. 이때 다음과 같이 이미지의 왼쪽 위에 레이블을 함께 나타내도록 하자.

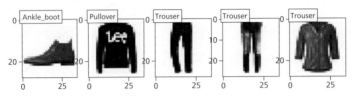

단계 8   다음으로 신경망 모델에 데이터를 넘겨줄 것이다. 그 전에 입력 픽셀값이 0에서 1 사이가 되도록 한 후 모델을 만들어 보자. 원래의 데이터는 0에서 255 사이의 픽셀 밝기인데 이 데이터는 0에서 1 사이의 값으로 정규화해 주는 것이 더 낫다. 데이터가 바뀌었지만, 손글씨를 담고 있던 MNIST 데이터를 다루는 것과 특별한 차이가 없다. 입력에서 다음 단계로 넘어가는 첫 단계에서 20%의 드롭아웃을 설정했다.

```python
# 0~255 구간의 픽셀값을 실수로 정규화한다
train_images, test_images = train_images / 255, test_images / 255
model = keras.models.Sequential([
    keras.layers.Flatten(input_shape=(28, 28)),
    keras.layers.Dropout(0.2),   # 20%의 드롭아웃 설정
    keras.layers.Dense(128, activation= 'relu'),
    keras.layers.Dense(32, activation= 'relu'),
    keras.layers.Dense(10, activation= 'softmax')
])
```

단계 9   이제 모델을 컴파일하고 훈련을 실행해 보자. 이때 10회 에폭을 사용하고, 훈련 과정에서 75%의 데이터는 학습에 사용하고, 25%는 검증에 사용하는 교차검증 기법으로 훈련한다. **모델의 훈련 과정은 history라는 변수에 담아서 맷플롯립으로 시각화**시킬 수도 있다. 이전과 달리 이 과정은 약간의 시간이 소요된다.

```python
model.compile(optimizer='adam',
              loss='sparse_categorical_crossentropy',
              metrics=['accuracy'])
history = model.fit(train_images, train_labels, batch_size=64,
                    epochs=10, validation_split=0.25)
```

```
Epoch 1/10
704/704 [==============================] - 4s 5ms/step - loss: 0.8124
 - accuracy: 0.7196 - val_loss: 0.4505 - val_accuracy: 0.8441
... 중간 생략 ...
Epoch 10/10
704/704 [==============================] - 3s 4ms/step - loss: 0.3069
 - accuracy: 0.8827 - val_loss: 0.3338 - val_accuracy: 0.8798
```

단계 10 훈련 과정에서 기록된 손실과 정확도를 그려 보자. 파란색 실선은 훈련용 데이터에 대한
손실, 붉은색 점선은 교차검증용 데이터에 대한 손실이다.

```
plt.plot(history.history['loss'], 'b-')
plt.plot(history.history['val_loss'], 'r--')
```

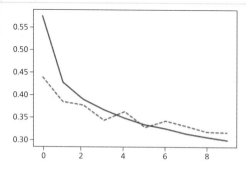

위 결과와 같이 훈련이 진행될수록 손실이 점차 감소하는 것을 볼 수 있다.

다음으로 정확도를 알아보자. 아래와 같이 파란색 실선은 훈련용 데이터에 대한 정확도, 붉은색 점
선은 교차검증용 데이터에 대한 정확도이다.

```
plt.plot(history.history['accuracy'], 'b-')
plt.plot(history.history['val_accuracy'], 'r--')
```

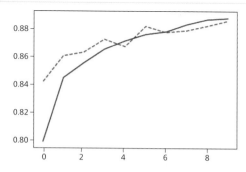

학습이 진행될수록 모델의 정확도는 점차 나아지는 것을 볼 수 있다.

단계 11 훈련 과정에서 본 적이 없는 새로운 데이터를 이용하여 모델의 학습 결과를 테스트하도록 하자. 모델이 가진 evaluate() 함수를 사용하고, 따로 가지고 있는 test_images를 넘겨 평가해 보자. 결과는 다음과 같이 87% 수준의 정확도를 보이고 있다.

```
test_loss, test_acc = model.evaluate(test_images, test_labels,\
                                     verbose=2)
print('테스트 정확도:', test_acc)
```

```
313/313 - 0s - loss: 0.3473 - accuracy: 0.8766
테스트 정확도: 0.8766000270843506
```

단계 12 이제 넘파이의 랜덤 모듈에 있는 randint()라는 함수를 이용하여 난수를 하나 발생시키자. 이때 넘파이 랜덤 모듈의 seed() 함수의 입력을 42로 줄 경우 항상 같은 값 102가 생성된다. 이 코드는 책과 같은 결과를 얻기 위해서만 필요한 코드인데, 임의의 값을 얻기 위해서는 삭제하여도 무방하다. 이 난수의 범위는 0에서 1000 이내의 임의의 정수값이다. 이 정수를 인덱스로 하는 임의의 이미지를 테스트 데이터에서 하나만 가져와 보자.

```
np.random.seed(42)    # 시드값이 일정하면 항상 같은 난수가 생성됨
randIdx = np.random.randint(0, 1000)
print('random 인덱스 :', randIdx)
plt.imshow(test_images[randIdx], cmap='Greys')
```

random 인덱스 : 102

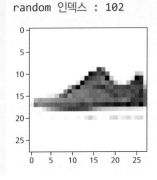

단계 13 이 이미지를 모델에 제공하여 어떤 클래스에 속하는지 분류해 보도록 하자. 가져온 이미지의 형태를 확인하면 (28, 28)이 나온다. 그런데 모델은 데이터의 배열을 입력으로 받기 때문에 **newaxis**를 이용하여 축을 하나 증가시켜 (1, 28, 28) 크기의 배열로 만든다. 이미지가 하나 있는 배열이다. 이렇게 변환된 이미지 배열을 모델에 넘겨 예측하게 한 뒤 예측값을 출력해 보자. 이 값은 **round(3)**을 이용하여 소수점 아래 세 자리 정밀도를 가지는 10개의 예측 확률값으로 나타난다.

```python
print('테스트용 이미지의 형태:', test_images[randIdx].shape)
new_image = test_images[randIdx][np.newaxis, :, :]
print('테스트용 이미지를 모델에 입력하기 위한 형태:',
test_images[randIdx].shape)
print(new_image.shape)

yhat = model.predict(new_image)
print(yhat.round(3))      # 소수점 아래 세 자리 정확도로 살펴보자
```

```
테스트용 이미지의 형태: (28, 28)
테스트용 이미지를 모델에 입력하기 위한 형태: (28, 28)
(1, 28, 28)
1/1 [==============================] - 0s 92ms/step
[[0.    0.    0.    0.    0.    0.003 0.    0.995 0.    0.002]]
```

단계 14 우리가 관심 있는 것은 가장 큰 값을 갖는 것이 몇 번째 원소인지를 아는 것이다. 이것은 넘파이의 **argmax()** 함수를 이용하면 된다. 예측한 결과에 이 함수를 적용하면 아래와 같이 가장 큰 값을 갖는 출력을 알 수 있다. 이 경우는 7이 출력되는 것을 볼 수 있다.

```python
yhat = np.argmax(model.predict(\
                  test_images[randIdx][np.newaxis, :, :]))
print('이미지에 대한 모델의 출력:', yhat)
```

```
1/1 [==============================] - 0s 38ms/step
이미지에 대한 모델의 출력: 7
```

단계 15 다음 단계로 이 출력값 7을 인덱스로 하여 클래스의 이름을 확인할 수 있다. 결과는 다음과 같이 스니커즈 운동화(Sneaker)임을 알 수 있다.

```python
print('이미지에 대한 모델의 출력:', mnist_lbl[yhat])
```

```
이미지에 대한 모델의 출력: Sneaker
```

단계 16 이제 이 코드를 조금 더 개선하여 한 줄에 4개의 그림을 그리는 `plot_4images()` 함수를 만들어 보려고 한다. 인자는 이미지의 리스트와 각 이미지가 속한 클래스를 표시하는 숫자 레이블이 담긴 리스트이다. 코드의 내용은 서브플롯을 이용하여 이미지를 출력하면서 각 이미지마다 레이블 값을 문자열로 바꾸어 제목으로 다는 것이다. 맷플롯립 사용자 설명서나 관련 도서를 참고하면 쉽게 이해할 것이다.

```python
def plot_4images(images, labels):
    fig = plt.figure()
    ax1 = fig.add_subplot(1, 4, 1)
    ax2 = fig.add_subplot(1, 4, 2)
    ax3 = fig.add_subplot(1, 4, 3)
    ax4 = fig.add_subplot(1, 4, 4)

    ax1.imshow(images[0], cmap='Greys') # 첫 번째 훈련용 데이터
    ax2.imshow(images[1], cmap='Greys') # 두 번째 훈련용 데이터
    ax3.imshow(images[2], cmap='Greys') # 세 번째 훈련용 데이터
    ax4.imshow(images[3], cmap='Greys') # 네 번째 훈련용 데이터

    ax1.text(0, 0, mnist_lbl[labels[0]], bbox={'facecolor': 'white'})
    ax2.text(0, 0, mnist_lbl[labels[1]], bbox={'facecolor': 'white'})
    ax3.text(0, 0, mnist_lbl[labels[2]], bbox={'facecolor': 'white'})
    ax4.text(0, 0, mnist_lbl[labels[3]], bbox={'facecolor': 'white'})
```

단계 17 이제 테스트 데이터에서 처음 네 개의 데이터를 가져오고, 이 데이터를 모델에 제공해 분류를 해 볼 것이다. 분류는 앞서 살펴본 것처럼 10개의 원소를 가진 배열에 확률로 출력될 것이다. 그리고 이미지와 레이블, 한 줄에 네 개의 객체를 그리기 위하여 `plot_4images`에 넘기면 네 개의 그림이 분류된 클래스 이름과 함께 출력된다.

```python
images = test_images[:4]
predictions = np.argmax(model.predict(images), axis=1)
print(predictions)
plot_4images(images, predictions)
```

[9 2 1 1]

패션 MNIST 데이터를 학습시켜 보자. 이때 모델의 완전 밀집층의 노드가 120개가 되도록 다음과 같이 증가시켜 보자. 이 모델의 테스트 데이터에 대한 정확도는 얼마가 되는지 기술해 보자.

```python
model = keras.Sequential([
    keras.layers.Flatten(input_shape=(28, 28)),
    keras.layers.Dense(120, activation='relu'),
    keras.layers.Dense(10, activation='softmax')
])
```

완전 밀집층의 노드가 256개가 되도록 수정하여 모델의 테스트 데이터에 대한 정확도를 구해 보자.

01 딥러닝 모델을 만들기 위해서는 좋은 훈련 데이터가 필요하며, 이 모델의 성능을 평가할 수 있는 테스트용 데이터도 필요하다.

02 컴퓨터 비전 기술은 컴퓨터 과학의 중요한 분야로 인간 눈의 기능을 기계가 수행할 수 있도록 카메라로부터 영상 이미지를 취득하고, 알고리즘을 통하여 분석하고 판별하는 기술이다. **가장 중요하고 기본이 되는 기술은 이미지를 인식하는 기술**이다.

03 **페이페이 리** 교수와 연구진들이 만든 머신러닝용 이미지 데이터베이스는 이미지넷 데이터베이스라고 하는데, 2만 개 이상의 범주로 나눌 수 있는 1천5백만 장 이상의 방대한 이미지로 구성되어 **오늘날의 딥러닝 기술을 발전**시키는 데 크게 기여하였다.

04 **표본 데이터가 편향된 경우, 우수한 머신러닝 알고리즘을 사용한다고 할지라도 학습 성능의 개선을 기대하기는 힘들다**는 의미로 표집 편향이라고 한다.

05 **정확도** 이외에 일반적으로 사용하는 또 다른 지표인 정밀도, 재현율이 있다. 각각의 지표는 관심 있는 척도가 다르기 때문에 **하나의 척도만을 측정 방법으로 사용할 경우 왜곡이 발생하므로, 재현율과 정밀도를 조합한 점수를 사용한 조화 평균**인 F1 점수를 사용한다.

06 성능 지표 중 하나인 재현율은 **양성 환자 중에서 이 모델이 올바르게 양성이라고 분류한 환자의 비율**이 될 수 있다.

07 성능 지표 중 하나인 정밀도는 **검사 키트가 확진자(양성)로 분류한 사람들 중 실제 양성인 경우**가 될 수 있다.

08 스케일러를 이용한 전처리는 대부분의 데이터 분석, 머신러닝, 딥러닝 데이터의 입력값에 대하여 적용하는 것이 바람직하다. 그 이유는 특징 값의 범위 차이가 크게 발생할 경우 큰 값들이 포함된 특징이 모델의 예측 성능에 더 큰 영향을 미치기 때문이다. 이 경우 모델의 학습이 어려워질 수 있다.

09 드롭아웃 혹은 희석화라고도 하는 방법은 과대적합 문제를 해결하는 대안이 될 수 있다. 이 방법의 핵심 아이디어는 신경망의 학습 단계에서 임의의 노드를 탈락시켜 학습시키는 것이다.

단답형 문제

다음 괄호 안에 들어갈 알맞은 단어를 적으시오.

01 학습을 위한 데이터만 최적화되어 학습 데이터 이외의 데이터에서는 좋은 성능을 내지 못하는 머신러닝 알고리즘이 존재한다면 이 알고리즘은 (   )(이)가 덜 된 알고리즘이라고 할 수 있다.

02 컴퓨터 비전 기술에서 가장 중요하면서도 기본이 되는 기술은 (   )(을)를 인식하는 기술이다.

03 새로운 이미지가 들어오면 이 모델에서 정의한 규칙에 맞는지 확인한 후 이미지를 인식하는 방법은 (   ) 시스템의 인식 방법이다.

04 오늘날의 딥러닝 기술을 발전시키는 데 크게 기여한 (   ) 데이터베이스는 2만 개 이상의 범주로 나눌 수 있는 1천5백만 장 이상의 방대한 이미지로 구성된 데이터베이스이다. 이 이미지 데이터베이스 구축은 스탠퍼드 대학의 페이페이 리 교수가 주도하였다.

05 표본 데이터가 (   )된 경우 우수한 머신러닝 알고리즘을 사용한다고 할지라도 학습 성능의 개선을 기대하기 힘들다. 이것을 (   )(이)라고 한다.

06 사이킷런은 (   )(이)라는 함수를 제공하는데, 이 함수는 전체 데이터에 대하여 result가 얼마나 잘 예측했는지에 대한 점수인 정확도를 반환한다.

07 (   ) 혹은 (   )(이)란 평가 지표를 기반으로 다양한 측면에서 모델의 성능을 측정할 수 있다. 평가 지표에는 정확도, 정밀도, 재현율, F1 점수 등이 존재한다.

08 실제 양성을 양성으로 분류한 비율을 (   )(이)라 하고, 양성으로 예측한 것 중에서 진짜 양성값의 비율을 (   )(이)라 한다. 또한, 두 지표의 (   )(은)는 F1 점수라고 부른다.

09 딥러닝 연구에 최적화된 이미지 데이터 셋인 (   )(은)는 32×32 픽셀 크기를 가진 6만 장의 이미지가 10개의 카테고리로 나뉘어진 형태로 제공된다.

객관식 문제

다음 질문에 대하여 가장 알맞은 답을 구하여라.

01 다음 이미지넷 데이터베이스에 대한 설명으로 올바른 것을 고르시오.

  ❶ 이미지넷 데이터베이스 이전에는 주로 OpenImages를 사용하였다.

  ❷ 1,000개 이상의 범주로 나눌 수 있는 15,000장 이상의 이미지로 구성된 데이터베이스이다.

  ❸ 로널드 피셔와 그의 연구진이 만든 데이터베이스이다.

  ❹ 실세계의 사물 이미지를 수집하고 분류하여 라벨링 작업을 사람의 손으로 직접하였다.

02 어떤 모델에서 200개의 데이터가 주어졌다고 가정하자. 이 모델의 예측 결과와 실제 결과가 다음 표와 같이 주어졌을 때 이 모델의 정밀도와 재현율을 각각 올바르게 표기한 것을 고르시오.

	실제 양성	실제 음성
예측 양성	140	40
예측 음성	10	10

  ❶ 0.78, 0.93

  ❷ 0.93, 0.78

  ❸ 0.85, 0.75

  ❹ 0.75, 0.85

짝짓기 문제

01 스팸 메일을 판단하기 위한 모델 M의 예측 결과와 실제 값과의 일치도를 TP, FP, FN, TN으로 각각 표기하였다. 이 표기와 표기에 적합한 실제 상황을 올바르게 짝짓기 하여라(모델은 스팸 메일 판단을 P, 일반 메일 판단을 N, 실제 스팸 메일을 T, 일반 메일을 F라 가정한다).

TP •　　　• 메일 내용 안에 있는 바이러스를 M이 확인하여 스팸 메일을 정확히 판단하였다.

FP •　　　• 적절한 이메일을 스팸 메일로 잘못 판단하였다.

FN •　　　• 스팸 메일을 적절한 이메일로 잘못 판단하였다.

TN •　　　• 적절한 이메일을 적절한 이메일로 정확히 판단하였다.

01 어떤 질병에 대한 양성과 음성을 판별하는 딥러닝 모델에 다음과 같이 200개의 데이터가 주어졌다고
가정하자.

❶ 이 모델의 예측 결과와 실제 결과가 다음 표와 같이 주어졌을 때 이 모델의 오차행렬, 정밀
도와 재현율, 정확도, F_1 점수를 각각 구하여 출력하는 프로그램을 작성하여라.

	실제 양성	실제 음성
예측 양성	140	40
예측 음성	10	10

실행 결과

```
오차행렬 :
[[ 10  40]
 [ 10 140]]
------------------------------
정밀도 : 0.7777777777777778
재현율 : 0.9333333333333333
정확도 : 0.75
F1점수 : 0.8484848484848485
```

❷ 이 모델의 입력에 대하여 랜덤하게 음성 또는 양성을 반환하는 classifier_B() 함수를 만
들어 보자. 이 함수에 200개의 입력을 넣어서 그 결과를 다음과 같이 출력하도록 하자.

실행 결과

```
랜덤 분류기의 분류 결과 :
------------------------------
[0 0 0 0 1 0 1 1 1 0 0 1 0 0 1 1 0 0 1 0 0 1 1 1 1 0 1 1 1 1 0 1 1 0 1 0 1
 1 0 0 1 1 0 0 0 0 1 0 0 1 1 0 1 0 0 0 1 0 1 1 1 0 1 0 0 0 0 0 0 1 1 1 0 1
 0 0 1 1 0 0 0 1 0 0 1 1 0 0 0 0 1 0 1 0 0 0 0 0 1 1 0 1 0 0 1 0 1 0 1 1
 0 0 1 1 1 1 1 1 0 1 0 1 0 1 0 1 1 1 1 0 0 1 1 0 1 0 0 0 0 1 0 0 0 0 1 0 1 1
 1 1 1 1 1 1 0 0 0 0 0 0 1 1 1 1 1 0 1 0 1 0 1 1 0 0 0 1 1 1 0 1 0 0 1 0 0 0 0
 1 0 0 1 0 1 1 0 1 1 0 1 0 1 0]
```

※주의: 위의 출력은 예시이며 실제 출력 결과는 다소 차이가 날 수 있다.

❸ 랜덤 분류기가 분류한 결과를 다음 표로 나타내 보자.

	실제 양성	실제 음성
예측 양성		
예측 음성		

❹ 랜덤 분류기의 분류 결과에 대한 오차행렬, 정밀도와 재현율, 정확도, F1 점수를 각각 구하여 출력하는 프로그램을 작성하여라.

실행 결과

```
오차행렬 :
[[24 26]
 [77 73]]
------------------------------
정밀도 : 0.7373737373737373
재현율 : 0.4866666666666667
정확도 : 0.485
F1점수 : 0.5863453815261045
```

※주의: 위의 출력은 예시이며 실제 출력 결과는 다소 차이가 날 수 있다.

02 패션 MNIST 데이터의 이미지를 분류하는 딥러닝 모델 ann1을 구현하여라. 이 모델은 각 Dense 층에 대하여 드롭아웃 20%를 적용한 모델이다.

❶ 이 모델에 대하여 `ann1.summary()`로 그 구조를 출력하면 다음과 같다. 이 구조와 동일한 구조를 가진 모델을 구현하여라.

실행 결과

```
ann1 모델의 구조
------------------------------
Model: "sequential"
_____
Layer (type)                Output Shape              Param #
=================================================================
flatten (Flatten)           (None, 784)               0

dropout (Dropout)           (None, 784)               0

dense (Dense)               (None, 256)               200960

dropout_1 (Dropout)         (None, 256)               0
```

```
dense_1 (Dense)              (None, 64)                16448

dropout_2 (Dropout)          (None, 64)                0

dense_2 (Dense)              (None, 10)                650

=================================================================
Total params: 218,058
Trainable params: 218,058
Non-trainable params: 0
```

❷ 이 모델의 옵티마이저와 손실 함수, 성능 평가 함수, 배치 크기, 에폭은 다음과 같이 설정하였다. 이 모델을 학습시키고 테스트 이미지에 대한 분류 정확도를 출력하여라.

```python
ann1.compile(optimizer='adam',
             loss='sparse_categorical_crossentropy',
             metrics=['accuracy'])
ann1.fit(train_images, train_labels, batch_size=64,
         epochs=5, validation_split=0.25)
```

실행 결과

    테스트 정확도: 0.8687000274658203

※주의: 위의 출력은 예시이며 실제 출력 결과는 다소 차이가 날 수 있다.

❸ 이 모델의 학습 시 에폭을 10회로 설정하도록 하자. 이 모델을 학습시키고 테스트 이미지에 대한 분류 정확도를 출력하여라. 에폭 5회와 10회를 비교하는 표를 만들도록 하자.

	ann1 모델	ann 모델
정확도		
비고	5회 에폭으로 학습시킨 모델	10회 에폭으로 학습시킨 모델

10

합성곱 신경망

학습목표

- 디지털 이미지의 특징과 구조를 이해한다.

- 디지털 이미지를 평탄화하여 학습시키는 방법의 문제점과 합성곱 신경망의 개념을 이해한다.

- 합성곱 신경망에서 필터의 역할과 중요성 그리고 사용 방법을 이해한다.

- 필터를 적용하기 위한 방법으로 윈도우, 패딩, 스트라이드의 개념과 필요성을 이해한다.

- 기본 신경망의 구조와 합성곱 신경망의 구조를 이해하고 합성곱 신경망을 구현할 수 있다.

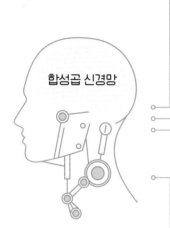

합성곱 신경망

**디지털 이미지, 합성곱
신경망 그리고 필터**

· 디지털 이미지를 처리하는 방법

· 인간과 동물의 인식 과정에서 착안한
  신경망

· 합성곱과 필터를 알아보자

· 평균 필터와 가우스 필터

· 이미지 불러오기와 흐림 필터 적용하기

· 경계를 검출하기 위한 필터

· 경계를 검출하기 위한 필터의 원리

**합성곱 신경망의
기본적 구조**

· 필터와 특징 추출

· 점점 작아지는 이미지 문제와 패딩

· 성큼성큼 이동하기: 윈도우와
  스트라이드

· 풀링을 적용하자

**합성곱 신경망을 위한
채널과 필터, 평탄화 과정**

· 다중 채널에 적용되는 필터

· 기본 신경망과 합성곱 신경망의 비교

· 합성곱 신경망의 최종 단계: 평탄화

**합성곱 신경망의 구조와
모델 훈련 과정**

· 합성곱 신경망 모델의 전체 구조

· 합성곱 신경망 모델의 훈련

· 합성곱 신경망 모델의 결과와 시각화

01 디지털 이미지, 합성곱 신경망 그리고 필터

디지털 이미지를 처리하는 방법

이미지 image 는 원래 라틴어 이마고 imago 에서 온 말로, 무엇인가를 닮도록 인위적으로 만든 것을 뜻한다. 예전에는 그림이나 조각을 통해 사물을 흉내 냈기 때문에 이미지라고 하면 그림과 조각상을 뜻하는 경우가 많았다. 그러나 카메라가 발명된 이후에는 사진이 대표적인 이미지가 되었다. 디지털 시대가 되고 디지털 카메라가 보급되면서 많은 정보가 디지털 신호로 다루어지게 되었다. 이에 따라 컴퓨터 내부에 저장된 디지털 영상 파일이 가장 중요한 이미지로 자리 잡았다. 오늘날 우리가 이미지라고 부르는 것의 대부분은 **컴퓨터에 저장되고 표현될 수 있는 2차원 시각 정보 파일**이다.

이미지라는 용어는 무엇인가를 닮도록 인위적으로 만든 것을 뜻합니다. 디지털 시대가 오면서 컴퓨터에 저장되고 표현될 수 있는 2차원 시각 정보 파일을 의미하게 되었지요.

디지털 이미지 데이터는 색상을 표현하는 점들이 모여 한 장의 이미지가 되는 비트맵 bitmap 방식과 점과 곡선, 면들을 수학적인 식으로 표현하고 이를 통해서 이미지를 만드는 벡터 vector 방식으로 나눌 수 있다. 이 두 방식 중에서 컴퓨터와 모바일 디바이스에서 좀 더 보편적으로 사용되는 방식은 비트맵 방식이다. 디지털 비트맵 이미지를 이루는 가장 작은 단위이며, 하나의 색상 값만을 가진 이미지의 구성 요소를 화소 또는 픽셀 pixel 이라고 한다. 픽셀은 picture(그림)와 element(원소)의 합성어이다. 가장 간단한 형태의 비트맵 이미지는 다음 그림과 같이 하나의 픽셀을 0과 1로 표현하는 이미지이다. 이때 0은 이미지 요소가 없음을 의미하므로 검정색, 1은 이미지 요소가 있음을 의미하는 흰색으로 나타내었다. 비트맵 방식은 이와 같은 형태로 2차원 배열을 구성한 다음, 이를 화면에 점으로 나타낼 수 있다.

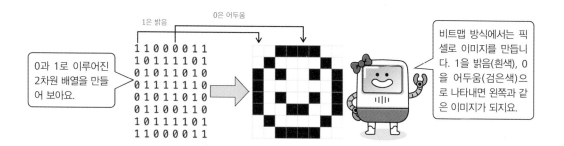

하나의 픽셀이 빨간색, 파란색 등과 같은 색상 ^{hue} 없이 밝기 ^{brightness} 정보만 가질 수도 있는데, 이러한 이미지는 회색조 ^{grayscale} 라고 한다. 다음 그림은 0단계부터 255단계까지의 회색조 값과 단계별 밝기를 나타내고 있다.

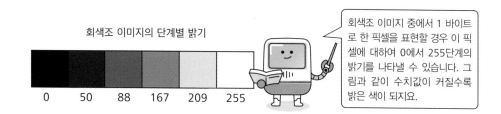

이와 같이 이미지는 가로 세로로 나열될 수 있는 픽셀들로 이루어지는데, 이 픽셀은 어떻게 이루어지는 것일까? 픽셀은 회색조 밝기 값만으로도 구성될 수 있으나, 색조를 나타내기 위하여 **밝기가 서로 다른 색의 조합**으로 구성되는 경우가 많다. 이와 같이 이미지에서 픽셀의 밝기 정보만을 표현하는 하나의 색상 이미지를 채널 ^{channel} 이라고 한다. 이미지 처리 분야에서는 일반적으로 하나의 채널에 있는 한 픽셀을 나타내기 위하여 하나의 바이트를 사용한다. 색조를 띤 비트맵 이미지는 그림처럼 여러 가지의 색상 요소를 결합하여 표현할 수 있다.

이미지는 가로로 w개의 열과, 세로로 h개의 행을 가진 2차원 행렬과 같은 모양이 된다. 따라서 그림의 이미지는 높이 방향으로 h개의 픽셀을 가지며, 너비 방향으로 w개의 픽셀을 가지고 있다. 회색조 이미지가 한 픽셀을 표현하기 위해 한 바이트를 사용하는 경우, 이미지의 전체 크기는 $w \times h$ 바이트가 된다. 그림과 같이 하나의 채널만을 사용할 경우, 회색조 이미지를 만들 수 있다. 회색조가 아닌 **컬러 픽셀을 표현하기 위하여 3개의 채널을 가질 경우, 각 채널의 색상은 일반적으로 빨간색(Red), 녹색(Green), 파란색(Blue)을 사용**한다. 이때 이미지의 전체 크기는 $w \times h \times 3$ 바이트가 된다. 픽셀이 4개의 채널을 가지면 각 채널의 색상은 일반적으로 빨간색, 녹색, 파란색에 더하여 **투명도를 의미**하는 알파(Alpha) 채널을 사용하는데, 이때 이미지의 전체 크기는 $w \times h \times 4$ 바이트가 된다.

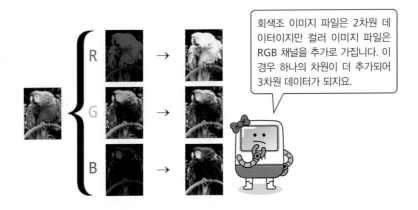

회색조 이미지 파일은 2차원 데이터이지만 컬러 이미지 파일은 RGB 채널을 추가로 가집니다. 이 경우 하나의 차원이 더 추가되어 3차원 데이터가 되지요.

색을 표현하는 방법은 여러 가지가 있는데 대표적인 방법은 빛의 스펙트럼을 대표하는 빨간색, 녹색, 파란색의 강도를 섞어서 나타내는 것이다. 이 방법을 **RGB 방식**이라고 한다. 이때 각각의 대표 스펙트럼별로 하나의 채널이 할당되고, 한 픽셀을 표현하는 데에 모두 세 개의 채널이 사용된다. 아래 그림은 RGB 방식에서 각 채널의 값에 따라 얻게 되는 색상을 보이고 있다. 대표적인 주파수에 해당하는 빨간색을 100%, 녹색을 100%로 하고 파란색의 비율을 0%로 섞어서 조합하면 우리의 눈에는 그림과 같이 노란색으로 보인다.

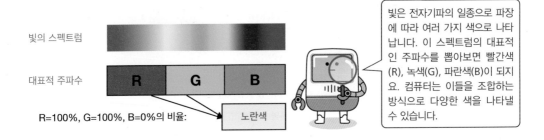

빛은 전자기파의 일종으로 파장에 따라 여러 가지 색으로 나타납니다. 이 스펙트럼의 대표적인 주파수를 뽑아보면 빨간색(R), 녹색(G), 파란색(B)이 되지요. 컴퓨터는 이들을 조합하는 방식으로 다양한 색을 나타낼 수 있습니다.

인간과 동물의 인식 과정에서 착안한 신경망

이러한 색의 표현 방법을 바탕으로 지금까지 다룬 모델의 문제점과 인간의 사물 인식 과정에 대해 자세히 살펴보자. 우선 우리가 만든 모델의 입력 데이터가 그림 **①**과 같은 'ㄱ'자 모양이라고 가정해 보자. 어두운 부분은 0의 값을 가지며, 밝은 부분은 1의 값을 가지는 비트맵 이미지로 이러한 모양을 만들 수 있을 것이다. 이 형상은 'ㄱ'자 모양으로 보이지만 막상 이 데이터가 평탄화되어 인공 신경망 모델의 입력으로 들어가게 되면 그림 **②**와 같이 000 110 110의 1차원 배열로 입력된다. 이 과정에서 원래의 데이터가 가진 **'ㄱ'자 모양의 공간적 구조(또는 위상 구조, 기하적 구조)가 완전히 소멸**된다. 만일, '수직으로 뻗어 있는 이미지와 수평으로 내려간 이미지의 결합'과 같은 'ㄱ'자 형태의 이미지가 가진 공간적 구조 ^{spatial structure} 를 학습하는 신경망이 있다면 아마도 더 나은 결과를 보일 수 있지 않을까? 이런 아이디어를 신경망에 적용한 것이 바로 합성곱 신경망 ^{convolutional neural network: CNN} 이다.

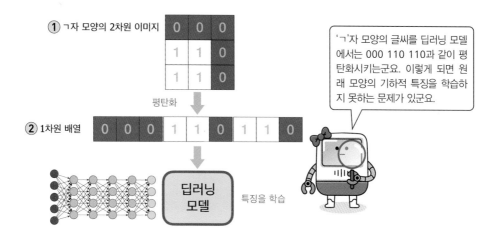

인간이나 동물이 어떤 방식으로 눈으로 본 사물을 '인식'하는가에 대해서는 오랜 시간 동안 사람들의 궁금증을 자아내었다. 1950년대 말 **데이비드 허벨** ^{David Hubel} 과 **토르스텐 비셀** ^{Torsten Wiesel} 은 고양이에 대한 실험을 통해 시각 정보가 들어올 경우, 대뇌 피질에서 어떻게 이 정보를 처리하는지 관찰하였다. 이들의 관찰 결과는 다음과 같이 요약할 수 있다.

1. 특정 방향의 선분에 반응하는 간단한 세포가 있어서, 어떤 세포는 수평 방향의 선분에만 반응하는 반면, 다른 세포는 수직이나 대각선 방향의 선분에 반응할 수 있다.
2. 간단한 패턴보다 더 복잡한 패턴에 반응하는 세포가 있어서 특정 방향의 움직임에 반응하며, 그 위치가 고정되지 않아도 반응한다.

이 연구를 통해 연구자들은 **시각 정보가 뇌에서 계층적으로 처리**된다는 것을 알게 되었다. 시신경으로부터 시각 신호가 전달되는 초기 단계에서는 기본적인 시각 정보에 해당하는 선분의 방향과 같은 것이 인식되며, 그 후의 단계에서는 이러한 기본적인 정보가 결합되어 더 복잡한 패턴이나 객체를 인식한다는 것이 이들의 핵심 연구 내용이다. 허벨과 비셀의 연구는 뉴런과 신경망이 어떻게 시각 정보를 처리하는지에 대한 깊은 이해를 제공하였고, 이는 후에 딥러닝과 컨볼루션 신경망 개발의 기반이 되었다.

이들의 발견을 요약하면 다음 그림과 같이 계층적인 구조에 의하여 눈으로 본 사물을 비행기와 같은 객체로 인식이 이루어진다는 것이며, 이 그림처럼 시각 정보와 같은 외부 자극에 반응하는 뉴런의 최소 영역을 수용장^{receptive field}이라고 한다.

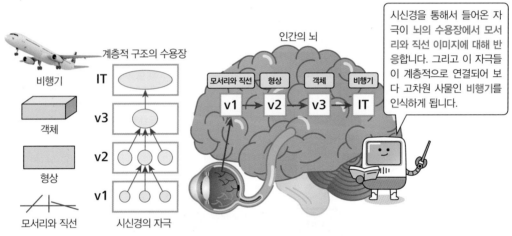

눈으로 본 사물을 비행기로 인식하는 과정

그림의 예를 살펴보면 시신경을 통해 전달된 자극이 뇌세포의 영역 중에서 v1이라는 이름을 가진 영역의 뉴런을 통하여 모서리와 직선으로 인식하게 된다. 이러한 정보는 다음 단계로 전달되어 v2 영역의 뉴런은 형상을 인식하고, v3 영역은 이 정보를 바탕으로 객체를 인식한다. 마지막 영역인 IT 영역에서는 사물을 비행기라는 추상적인 사물로 인식한다. 추상화 영역에서는 비행기가 전복되어 그 형상이 정상적인 비행기와 다를지라도 이것을 '비행기'라는 고차원의 추상적인 사물로 인식한다.

딥러닝 분야 신경망의 일종인 합성곱 신경망은 이러한 실험의 결과로 알게 된 동물의 시각 정보 처리 방식을 이미지 인식에 적용한 것이다. 즉, 시각 수용장의 역할을 합성곱 혹은 컨볼루션^{convolution}이라는 연산이 수행하여 그 결과를 다음 층의 신경망에 전달하는 방식이다. 이 방법은 다른 영상 분류 알고리즘에 비해 상대적으로 입력에 대한 전처리가 거의 필요하지 않다. 기존의 신경망은 이미지를 잘 다루기 위해 특징을 추출하여 입력으로 만드는 단계가 필요하다. 그러나 합성곱 신경망은 학습 과정에서 입력된 데이터의 특징을 추출하는 방법도 함께 학습하므로 문제와 관련된 지식을 바탕으로 특징을 추출해 내는 과정 feature engineering 이 필요 없다. 이것이 합성곱 신경망의 주요한 장점이다.

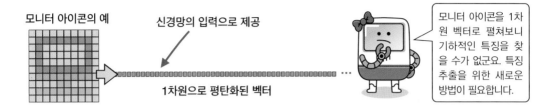

이러한 방법이 가진 문제를 그림을 통해서 살펴보자. 그림의 원본은 분명 모니터와 같은 모양이 담겨 있는 이미지이지만, 1차원으로 평탄화된 벡터 형태에서는 그러한 특징을 찾기가 어렵다. 우리는 그림의 왼쪽과 같은 이미지에서 해당 이미지가 가지고 있는 **기하적 특징**을 이해하고, 유사한 물체들을 떠올릴 수 있다. 하지만 인공신경망에 입력되기 위해 펼쳐진 **한 줄의 픽셀들을 가지고는 유의미한 정보를 만들어낼 수 없다.** 인공신경망 역시 이러한 정보를 받아서는 제대로 이미지를 이해하고 분석할 수 없는 것이다.

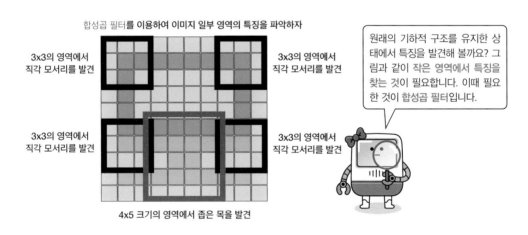

따라서 위의 그림처럼 이미지 내의 특정한 영역에 대해 원래의 이미지가 가지는 기하적 관계를 유지한 채로 살펴보는 것이 필요하다. 컴퓨터 모니터 형상의 그림을 통해서 합성곱 필터에 대한 이해를 해 보자. 그림을 살펴보면 모니터의 형상을 한 전체 영역이 있고 검은색과 빨간색으로 표시된 부분 영역이 있다. 심층 신경망의 성능을 높이기 위해서는 부분 영역에서 기하적 구조가 어느 방향으로 바뀌는지, 모서리가 있는지, 좁은 목이 있는지 등의 **공간적인 특징을 파악**하는 일이 중요하다.

도전 문제 10.1: 이미지를 평탄화하자   상 중 하

다음 그림과 같이 3×3 크기의 공간에 'ㄴ' 모양의 이미지가 있다. 이 이미지는 밝은 부분은 1의 값, 어두운 부분은 0의 값을 가지는 비트맵 이미지이다. 이 이미지를 평탄화하여 1차원 배열로 표현한 결과를 아래쪽에 표시하여라.

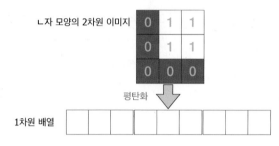

ㄴ자 모양의 2차원 이미지

평탄화

1차원 배열

합성곱과 필터를 알아보자

이전 절에서 다룬 것과 같은 이미지의 공간적인 구조을 파악하기 위해서는 어떻게 해야 할까? 동물의 경우, 작은 영역의 특징을 인식하는 수용장이라는 시각 처리 방식이 존재한다. 이와 유사하게 이미지 처리 분야에서 특정한 영역 내에 있는 전체 **픽셀** 정보로 하나의 값을 생성하는 일을 합성곱이라고 한다. 따라서 동물의 수용장과 같은 역할을 합성곱을 이용하여 수행할 수 있지 않을까? 합성곱은 결국 **특정한 영역을 하나의 특징으로 변환하는 역할**을 한다고 할 수 있다.

영상처리라는 컴퓨터 분야에서 이미지를 조작할 때 사용하는 방법 중에 커널^{kernel} 혹은 필터^{filter}라고 불리는 작은 행렬을 사용하여 새로운 값을 얻는 방법이 있다. 이 책에서는 **이미지를 처리할 때 사용하는 행렬을 필터라고 부르겠다.**

그림을 살펴보면 비행기의 유리창, 날개, 꼬리 날개를 인식하는 필터가 있다. 이 필터를 학습을 통해서 만들어 낼 수 있다면 해당 필터를 이용하여 계층적 구조의 수용장과 유사한 비행기 인식기를 만들어 낼 수 있을 것이다.

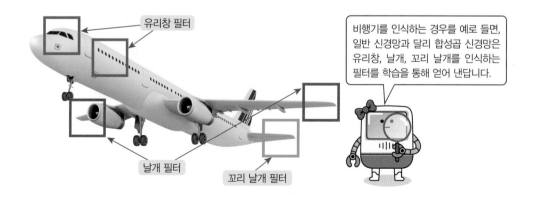

유리창 필터

비행기를 인식하는 경우를 예로 들면, 일반 신경망과 달리 합성곱 신경망은 유리창, 날개, 꼬리 날개를 인식하는 필터를 학습을 통해 얻어 낸답니다.

날개 필터

꼬리 날개 필터

필터를 통해 이미지를 변형하는 것을 그림을 통해서 살펴보자. 그림의 왼쪽은 원본 이미지이며 이 원본 이미지의 픽셀은 p_i와 같은 형식으로 표기한다. 이 표기의 i는 픽셀의 인덱스이다. 그림에서 필터는 **F**로 표시된 작은 크기의 **노란색 영역**이며 이 필터는 3행 3열의 행렬로 나타낼 수 있다. 이 영역을 원본 이미지에 덮었을 때, 필터가 덮이는 영역을 표시하는 부분 행렬이 **R**이다. 현재 p_5 위치의 픽셀값을 필터가 적용된 이미지의 p로 바꾸는 작업이 진행되고 있다. 즉, 아래의 수식과 같이 **필터와 원본 이미지의 대응되는 값들을 서로 곱한 뒤에 모두 더하여** 새로운 이미지의 픽셀값 p를 구하는 것이다. 이러한 작업을 모든 픽셀에 대해 적용하면 이미지 전체의 변경이 이루어진다. 이러한 연산을 합성곱 연산 혹은 컨볼루션이라고 한다.

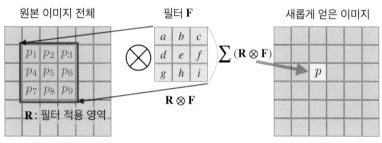

$$p = p_1 * a + p_2 * b + p_3 * c + p_4 * d + p_5 * e + p_6 * f + p_7 * g + p_8 * h + p_9 * i$$

합성곱 연산의 표기는 $\otimes$로 나타냈으며, 합성곱 연산의 결과값들의 합은 $p_1 * a + p_2 * b + p_3 * c + p_4 * d + p_5 * e + p_6 * f + p_7 * g + p_8 * h + p_9 * i$이다. 그리고 이 값은 그림에서는 $\sum(\mathbf{R} \otimes \mathbf{F})$로 표기하였다.

실제로 다음과 같은 필터 적용 영역의 픽셀값에 필터를 이용하여 새로운 값을 얻도록 하자. 그림을 살펴보면 필터 적용 영역의 **R** 값이 [[1 2 3] [0 1 2] [0 0 1]]과 같은 2차원 행렬로 이루어져 있고, 필터 **F** 값은 [[1 0 1] [0 2 1] [1 1 0]]이다. 따라서 이들의 성분별 곱의 합 p는 그림과 같이 8이 된다.

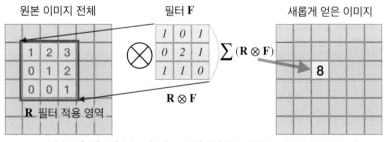

$$p = 1 * 1 + 2 * 0 + 3 * 1 + 0 * 0 + 1 * 2 + 2 * 1 + 0 * 1 + 0 * 1 + 1 * 0 = 8$$

위의 필터 적용 영역의 **R** 값이 [[1 2 3] [0 1 2] [0 0 1]]과 같은 2차원 행렬로 이루어져 있고, 필터 **F** 값은 [[1 0 1] [0 2 1] [1 1 0]]이다. 넘파이를 이용하여 $\sum(\mathbf{R} \otimes \mathbf{F})$ 연산의 결과를 구하여 다음과 같이 출력하여라

```
R :
[[1 2 3]
 [0 1 2]
 [0 0 1]]
F :
[[1 0 1]
 [0 2 1]
 [1 1 0]]
R * F :
[[1 0 3]
 [0 2 2]
 [0 0 0]]
합성곱 연산의 결과 :  8
```

p로 표기된 픽셀의 오른쪽 픽셀 q를 구하려면, 필터를 옆으로 한 칸 옮기면 된다. 이처럼 필터를 원본 이미지의 왼쪽 상단에서 시작하여 차례로 픽셀을 옮겨 가며 전체 영역에 적용해 보자. 이런 방식으로 새롭게 얻은 이미지는 오른쪽과 같을 것이다.

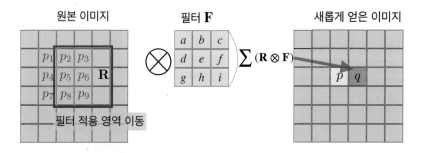

도전 문제 10.3: 필터와 합성곱

상 중 하

1. 다음 그림과 같은 원본 이미지가 있다. 그리고 이 원본 이미지에 적용할 2×2 크기의 필터가 있다. 원본 이미지의 영역에 필터와의 합성곱을 수행하여 새로운 이미지를 생성하고자 한다. 그림의 ① 부분에 들어갈 알맞은 픽셀 값을 적으시오.

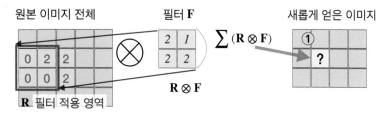

2. 또한 그림의 ② 부분에 들어갈 알맞은 픽셀 값을 적으시오.

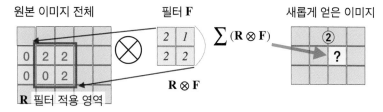

3. 넘파이를 이용하여 문제 1번과 2번의 결과를 구하여 출력하여라.

평균 필터와 가우스 필터

간단한 필터링은 하나의 픽셀값을 변경할 때 주위의 값을 고려하여 평균을 취하는 방법이다. 이렇게 평균을 취할 경우, 튀는 값이 사라지고 좀 더 부드러운 이미지가 될 것이다. 만일 3×3 크기의 필터를 사용한다면 다음과 같은 행렬 M을 생각해 볼 수 있을 것이다. 이것은 인접한 픽셀과 자기 자신의 평균을 내는 필터가 될 것이다. 필터 중에서 이렇게 특정 픽셀 주변의 픽셀들이 가진 값의 평균을 취하는 필터를 평균 필터 average filter 혹은 상자 필터 box filter 라고 한다.

$$M = \frac{1}{9}\begin{bmatrix} 1 & 1 & 1 \\ 1 & 1 & 1 \\ 1 & 1 & 1 \end{bmatrix}$$

그림을 통해서 평균 필터에 대해서 자세히 알아보자. 다음 그림 ①에는 원본 이미지가 있다. 그리고 이 이미지에 그림 ②와 같은 평균 필터를 적용하도록 하자. 그 결과는 그림 ③과 같이 숫자값 2가 된다. 그림 ①을 보면 숫자 1 주위에 여덟 개의 픽셀값이 있는데, 이 값들과 1에 대해서 평균 필터의 개별 값을 곱하고 더한 것이 2이며, 이 값은 주위 아홉 개 값의 평균값이다. 이와 같이 평균 필터를 적용하면 원래의 이미지는 주변 이미지의 값을 반영하여 좀 더 부드러워지게 된다.

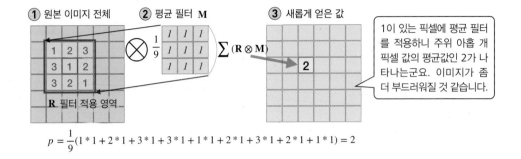

$$p = \frac{1}{9}(1*1 + 2*1 + 3*1 + 3*1 + 1*1 + 2*1 + 3*1 + 2*1 + 1*1) = 2$$

반면 다음 그림과 같은 **가우스 필터**는 필터 영역의 모든 픽셀에 동일한 중요도를 부여하는 것이 아니라 중심 픽셀에는 더 높은 중요도를 부여하고, 중심에서 멀어질수록 낮은 중요도를 부여한다. 이 중요도를 가중치 weight 라고 부르고, 가우스 함수를 통해 그 값을 결정한다. 가우스 함수는 아래 그림과 같은 종 모양 bell shaped 함수 혹은 정규분포 normal distribution 함수로 잘 알려져 있다. 가운데 볼록하게 솟은 부분은 현재 색상을 변경할 대상 픽셀의 위치이다. 이 솟아오른 정도가 중요도 혹은 가중치로 사용된다.

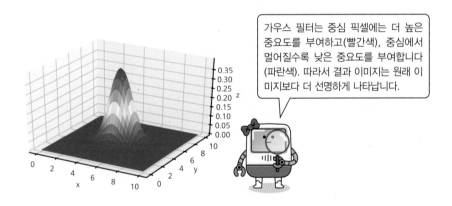

도전 문제 10.4: 평균 필터와 가우스 필터   상 중 하

1. 다음 그림과 같은 원본 이미지가 있다. 그리고 이 원본 이미지에 적용할 3×3 크기의 평균 필터가 있다. 원본 이미지에 평균 필터를 적용한 후 그림의 ① 부분에 들어갈 알맞은 픽셀 값을 적으시오.

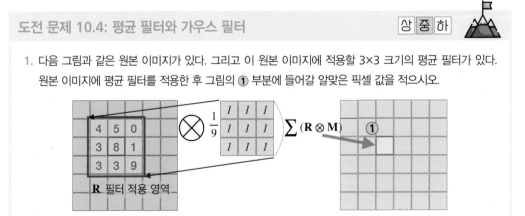

2. 넘파이의 2차원 배열을 이용하여 문제 1번의 결과를 구하여 출력하여라

이미지 불러오기와 흐림 필터 적용하기

합성곱 필터가 실제 이미지에 적용되었을 때의 효과를 알아보기 위하여 다음의 코드를 만들어 보자. 우선 사이킷런에서 제공하는 기본 이미지 중의 하나인 'flower.jpg' 파일을 읽어서 화면에 표시하는 간단한 코드를 만들자. 이 코드는 sklearn.dataset 모듈에 있는 load_sample_image를 이용하면 된다. 그리고 파이썬의 대표적인 라이브러리인 OpenCV를 사용하기 위하여 import cv2 명령을 사용할 것이다. OpenCV는 Open Source Computer Vision을 의미하며, 컴퓨터 비전을 위해 사용되는 대표적인 라이브러리이다.

```
import numpy as np
from sklearn.datasets import load_sample_image
import matplotlib.pyplot as plt
import cv2

flower = load_sample_image('flower.jpg')
plt.imshow(flower)
plt.title('Sample image : flower.jpg')
```

```
Text(0.5, 1.0, 'Sample image : flower.jpg')
```

읽어들인 이미지는 아름다운 꽃의 이미지인데, 이 이미지의 형태를 shape 속성과 dtype 속성으로 살펴보자.

```
print('flower.shape =', flower.shape)
print('flower.dtype =', flower.dtype)
```
```
flower.shape = (427, 640, 3)
flower.dtype = uint8
```

두 속성을 살펴보면 이 그림의 크기는 높이 427 픽셀, 너비 640 픽셀이며 빨간색(red), 녹색(green), 파란색(blue)의 3 채널로 이루어져 있음을 알 수 있다. 그리고 각 채널의 데이터는 부호 없는 8비트 정수형 데이터임을 알 수 있다. 이 데이터는 다음과 같이 3×3, 7×7, 9×9 크기의 흐림 필터^{blur filter}를 사용하여 그려볼 수 있다. 흐림 필터는 OpenCV의 filter2D() 함수를 사용하여 적용할 수 있다. 매개변수 n을 입력으로 받아 (n, n) 크기의 필터를 적용하는 사용자 정의 함수의 이름은 blur_filter()이다.

이 흐림 필터를 이용할 때 필터 영역이 크면 클수록 흐림 효과가 더 커지는 것을 결과를 통해 확인할 수 있다.

```python
def blur_filter(img, n):
    filter = np.ones((n, n), np.float32) / (n * n)
    blurred = cv2.filter2D(img, -1, filter)
    return blurred


flower = load_sample_image('flower.jpg')
fig, ax = plt.subplots(2, 2, figsize = (10, 8))
ax[0,0].imshow(flower)
ax[0,0].axis('off')
ax[0,0].set_title('Original')

ax[0,1].imshow(blur_filter(flower, 3))
ax[0,1].axis('off')
ax[0,1].set_title('3x3 Blur filter')

ax[1,0].imshow(blur_filter(flower, 7))
ax[1,0].axis('off')
ax[1,0].set_title('7x7 Blur filter')

ax[1,1].imshow(blur_filter(flower, 9))
ax[1,1].axis('off')
ax[1,1].set_title('9x9 Blur filter')
```

출력 결과를 살펴보면 9×9 크기의 흐림 필터를 적용한 오른쪽 아래의 이미지가 원본에 비해서 가장 흐리게 나타난다.

경계를 검출하기 위한 필터

이제 OpenCV를 이용하여 경계를 강조하는 필터를 만들어서 그려 보자. 경계 ^{edge}를 검출하기 위해서는 픽셀값이 급격하게 변하는 지점을 찾아야 한다. 이미지의 경계 부분은 이웃한 픽셀값이 급격히 변하는 부분일 것이다. 이 부분은 연속된 픽셀값에 미분을 하여 찾아낼 수 있다. 하지만 픽셀은 연속 공간 안에 있지 않으므로 미분 근사값을 구해야 한다. 이미지 공간에서 미분 근사값을 구하는 것은 간단하다. 이 방법은 서로 인접해 있는 픽셀값을 빼면 된다.

다음 수식에서 $p_{x,y}$는 x, y 좌표 위치의 픽셀이며 세로 경계를 강조하기 위해서는 다음과 같이 $x + 1$에서 x를 빼는 것으로 충분하다. 즉, $p_{x+1,y}$와 $p_{x,y}$ 픽셀의 색상이 동일할 경우 두 값을 빼더라도 0이 되므로 색상에 영향을 미치지 않을 것이며, 반대로 두 픽셀의 색상이 다를 경우 색상의 차이가 강조될 것이다.

$$G_x = p_{x+1,y} - p_{x,y}$$

이와 같은 방법은 가로 경계에 대해서도 동일하게 적용할 수 있다. 다음은 수직 경계를 강조하는 필터, 수평 경계를 강조하는 필터와 그 수행 결과이다. 수직 경계를 강조하는 세로 필터는 [-1, 1]을 사용할 수도 있으며, 이 차이를 좀 더 부각하기 위해서 [4, 0, -4]와 같은 방법으로 인접 픽셀 간의 차이를 더 많이 부각시킬 수도 있다. 반면 수평 경계를 강조하는 가로 필터는 [[4], [0], [-4]]와 같은 필터를 사용할 수 있다. 다음 코드는 `flower.jpg` 이미지에 대하여 세로 필터와 가로 필터를 적용한 결과이다.

```
v_filter = np.array([[4, 0, -4]]) # 수직 경계를 강조하는 필터

v_filtered = cv2.filter2D(flower, -1, v_filter)

h_filter = np.array([[-4],
                     [0],
                     [4]])        # 수평 경계를 강조하는 필터

h_filtered = cv2.filter2D(flower, -1, h_filter)

fig, ax = plt.subplots(1, 2, figsize = (10, 8))
ax[0].imshow(v_filtered)
ax[0].set_title('Vertical Filter Result')
```

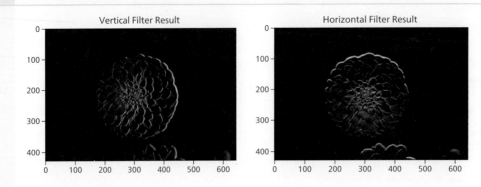

OpenCV와 맷플롯립의 자세한 사용법은 이 책의 범위를 벗어나므로 상세하게 다루지는 않을 것이다. 위의 코드와 그 결과 이미지를 살펴보면 원래 꽃 사진의 수직 경계와 수평 경계가 각각 잘 드러나는 것을 볼 수 있다.

경계를 검출하기 위한 필터의 원리

이와 같이 수직 경계를 또렷하게 만드는 필터의 원리를 다음 그림을 통해 살펴보자. 다음 그림의 원본 이미지를 살펴보면 세 개의 연속된 값 10과 0으로만 이루어진 단순한 이미지이다. 이 이미지의 빨간색 사각형 영역에 대하여 필터 F를 적용하면 10 주위의 픽셀들이 모두 10이기 때문에 새롭게 얻은 이미지의 p_1 값이 0이 되는 것을 볼 수 있다. 즉, 주변 색과 차이가 없는 픽셀에 수직 필터를 적용하면 그 결과가 0에 가까운 값이 된다.

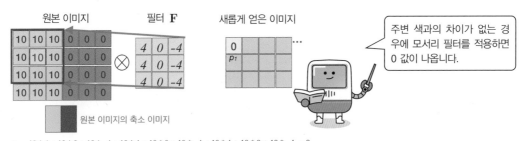

$p_1 = 10 * 4 + 10 * 0 + 10 * -4 + 10 * 4 + 10 * 0 + 10 * -4 + 10 * 4 + 10 * 0 + 10 * -4 = 0$

주변 색과의 차이가 없는 픽셀에 대하여 모서리 필터를 적용한 결과

이제 원본 이미지의 빨간색 영역을 오른쪽으로 1 픽셀 이동시켜 보자. 이 경우 10 주위의 픽셀값을 살펴보면 왼쪽은 10, 오른쪽은 0이 되는 것을 볼 수 있다. 이 경계 부분에 필터를 적용하면, 그 결과로 p_2 픽셀은 120의 큰 값을 가지는 것을 알 수 있다. 따라서 새롭게 얻은 이미지를 축소하면 그림과 같이 경계 영역만이 다른 영역에 비하여 큰 값이 되는 것을 볼 수 있다.

주변 색과의 차이가 클 경우에 모서리 필터를 적용하면 0이 아닌 120이라는 큰 값이 나옵니다.

원본 이미지의 축소 이미지　　새롭게 얻은 이미지의 축소 이미지

$$p_2 = 10 * 4 + 10 * 0 + 0 * -4 + 10 * 4 + 10 * 0 + 0 * -4 + 10 * 4 + 10 * 4 + 0 * -4 = 120$$

주변 색과의 차이가 큰 픽셀에 대하여 모서리 필터를 적용한 결과

도전 문제 10.5: 합성곱 필터 적용하기　　상 중 하

다음의 그림에 나타난 원본 이미지의 빨간색 영역에 대하여 합성곱 필터 F를 적용한 후의 픽셀값 p_3과 p_4를 각각 구하여라.

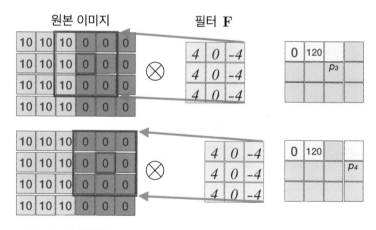

원본 이미지　　　　　　　필터 **F**

02 합성곱 신경망의 기본적 구조

필터와 특징 추출

이전 절에서는 **필터를 사용하여 수평, 수직선을 강조하거나 검출**할 수 있다는 것을 살펴보았는데, 비슷한 원리로 빗금선과 같은 여러 가지 형태의 패턴을 감지하는 필터가 존재 가능하다. 어떤 신경망이 합성곱에 사용되는 필터를 스스로 학습하여 얻을 수 있다면, 이 신경망은 이전에 살펴본 모니터의 테두리나 잘록한 목 부분을 잘 인식할 수도 있을 것이다. 이 합성곱 신경망을 학습하는 것을 어떻게 구현할 수 있을지 생각해 보자. 다음 그림은 입력 이미지에 A라는 이름의 컨볼루션 필터를 이용하여 합성곱을 적용한 결과이다. 그 결과, 필터 A를 통해서 얻게 된 특성 이미지가 만들어질 것이며 이 부분이 파란색으로 나타나 있다. 그리고 이러한 이미지들의 모임을 특성 맵이라는 회색의 이미지로 나타내었다. 이런 방식으로 특징을 추출한 이미지를 얻은 다음, 이 특징 추출 이미지를 신경망의 다음 단계로 연결하는 구조는 노란색 화살표로 표시하였다. 이때 학습의 대상이 되는 것은 무엇일까? 만일 필터가 3×3의 크기라면 아홉 개의 요소를 찾는 일이 바로 학습의 대상이 될 것이다.

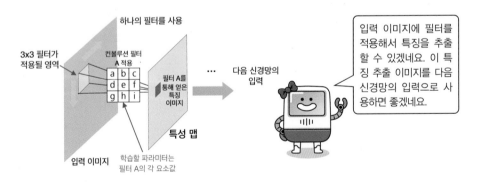

그런데 하나의 필터만으로는 이미지의 특징을 다양하게 추출할 수 없을 것이다. 따라서 다음 그림과 같이 32개의 필터를 모델의 파라미터로 두고 학습한다고 가정해 보자. 필터가 각각 A, B...라고 할 때, A, B...와 같은 필터는 각각 고유한 특징을 추출할 수 있다. 즉, 이미지 하나에 대해 모두 32장의 특징 추출 결과를 얻을 수 있다. 이것을 특성 맵 feature map 이라 한다. 이때 학습해야 할 파라미터는 필터 32개가 가진 모든 요소인 [[a, b, c], [d, e, f], [g, h, i]]들의 값이다.

이런 구조의 연결을 통해 입력 이미지를 처리하고 얻는 결과는 특성 맵이라는 이미지이다. 따라서 이 특성 맵에 대해 다시 합성곱을 수행하는 계층을 계속해서 이어나갈 수 있다. 그런데 이때 발생할 수 있는 문제에 대해 생각해 보자.

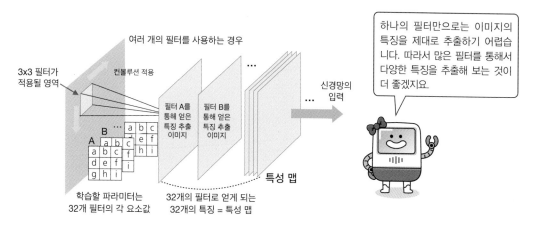

하나의 필터만으로는 이미지의 특징을 제대로 추출하기 어렵습니다. 따라서 많은 필터를 통해서 다양한 특징을 추출해 보는 것이 더 좋겠지요.

점점 작아지는 이미지 문제와 패딩

첫 번째 문제는 합성곱을 적용하면 이미지가 작아진다는 것이다. 다음 그림을 보자. 그림 ①에는 6×6 크기를 가지는 원래 이미지와 그 픽셀이 파란색으로 표시되어 있다. 이 이미지에 3×3 크기의 녹색 점선으로 표시된 필터를 사용하여 합성곱 연산을 적용할 수 있다. 그 결과로 얻게 되는 첫 번째 픽셀은 그림 ②에 표시된 S 픽셀이 될 것이다. 계속해서 합성곱을 적용할 경우, 마지막으로 얻게 될 픽셀은 E 픽셀이다. 따라서 그림 ①의 원래 이미지가 합성곱 연산에 의해 4×4 크기가 되는 것을 볼 수 있다. 즉, 그림 ②에 나타나 있는 회색 영역이 원래 픽셀에서 사라지는 픽셀이다. 이제 그 다음 단계가 진행된다면 어떻게 될까? 그림 ③의 이미지에 대해서 3×3 크기의 필터로 합성곱 연산을 수행한 것이 그림 ④이다. 이 결과, 최종 이미지의 크기는 2×2로, 원래 이미지에 비하여 더 작아진 이미지이다. 만일 필터의 크기가 커지면 결과는 더욱더 작아질 것이다. 따라서 연결망을 계속해서 쌓아나가면 출력에 가까운 곳에서는 합성곱의 결과 이미지가 지나치게 작은 크기로 줄어들게 된다. 이러한 문제를 해결하기 위해서 **특성 맵의 이미지가 줄어들지 않도록 하는 방법 중의 하나로** 패딩 padding 이라는 방법이 있다.

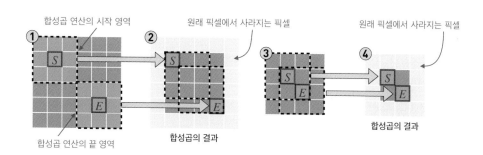

패딩은 다음의 그림과 같이 **원래 이미지의 가장자리에 0과 같은 특정한 값을 채워주는 것**을 말한다. 패딩을 하게 되면 합성곱 연산의 결과로 나타나는 특성 맵의 크기가 원래 이미지의 크기와 비슷해진다. 다음 그림 **①**을 살펴보면 원래 이미지는 4×4 크기이다. 이 이미지에 패딩을 하여 주위에 1 픽셀씩 추가한 것이 그림 **②**에 나타나 있다. 따라서 패딩의 결과 이미지의 6×6 크기의 이미지이다. 패딩을 위해 추가된 픽셀 값은 0을 사용하였다. 이제 패딩된 이미지에 이전과 같이 3×3 크기의 필터를 이용하여 합성곱 연산을 수행하면 4×4 크기의 특성 맵이 나타난 것을 볼 수 있다. 이 결과는 원래 이미지의 크기와 동일하다.

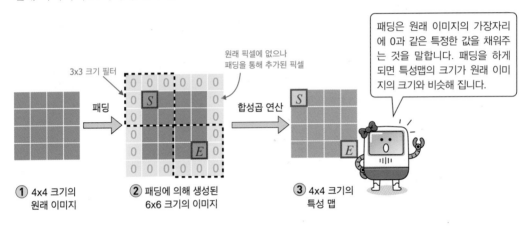

패딩은 원래 이미지의 가장자리에 0과 같은 특정한 값을 채워주는 것을 말합니다. 패딩을 하게 되면 특성맵의 크기가 원래 이미지의 크기와 비슷해 집니다.

① 4x4 크기의 원래 이미지

② 패딩에 의해 생성된 6x6 크기의 이미지

③ 4x4 크기의 특성 맵

성큼성큼 이동하기: 윈도우와 스트라이드

합성곱 신경망에서 필터가 적용되는 영역을 윈도우^{window}라고도 부르는데, 지금까지는 이 윈도우에 필터를 적용한 다음 한 픽셀씩 이동하는 경우를 살펴보았다. 하지만 이웃한 영역으로 이동하기 위하여 반드시 한 픽셀씩 움직일 필요는 없으며 두 픽셀 혹은 세 픽셀씩 성큼성큼 움직일 수도 있다. 이때 필터가 이동하는 간격을 스트라이드^{stride}라고 한다. 스트라이드가 크면 클수록 필터를 적용한 결과 이미지는 원본이 되는 입력 이미지보다 작아지게 될 것이다.

간단한 예를 통해서 스트라이드와 그 결과로 생성되는 특성 맵의 크기 관계를 살펴보자. 다음과 같이 7×5 크기의 입력 이미지와 3×3 크기의 필터가 있을 경우, 이 이미지에 대하여 스트라이드를 1로 두고 합성곱 연산을 수행하여 그 결과를 살펴보자. 이 경우 생성된 특성 맵의 크기는 그림 **①**과 같이 5×3이 된다. 반면 스트라이드를 2로 두고 합성곱 연산을 수행하면, 그 결과로 나타나는 특성 맵의 크기는 그림 **②**와 같이 3×2가 된다. 이와 같이 스트라이드가 크면 클수록 그 결과 특성 맵의 크기는 더 작아지는 것을 볼 수 있다. 스트라이드를 크게 주면 그만큼 출력(특성 맵)의 크기가 작아지기 때문에 보통 연산량을 줄이기 위한 목적으로 사용된다. 최근에는 합성곱 신경망의 스트라이드를 2로 하여 학습을 시키는 모델이 많이 나오고 있다.

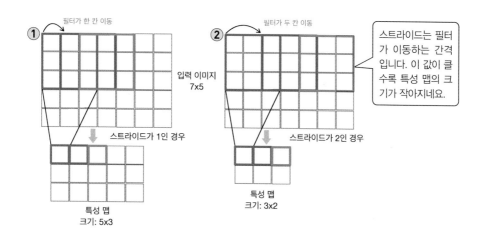

풀링을 적용하자

합성곱 신경망은 합성곱층이라는 층을 통해서 특성 맵을 만든다. 특성 맵은 이미지의 특성을 요약한 이미지이다. 다음 단계로 활성화 함수가 있으며 그 다음 단계의 층이 풀링층이다. 이 절에서는 풀링층의 기능에 대하여 설명할 것이다. 합성곱층은 원본 이미지의 특징을 잘 요약하기 위해서 필요하며, 이를 위하여 특성 맵을 사용한다. 하지만 이 특성 맵 역시 많은 정보와 잡음을 가질 수 있다. 이를 개선하여 보다 더 나은 특성을 뽑아내기 위해서는 정보를 요약하는 작업이 필요하다. **정보를 요약한다는 것은 특성으로부터 더 의미 있는 특징을 뽑아서 보존하는 것을 의미**한다. 이와 같이 **정보를 요약하는 계층을 통해 이미지를 적절한 크기로 줄이는 과정**을 풀링 pooling 이라고 한다.

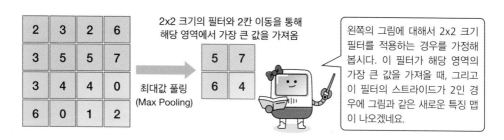

간단한 예제를 통해서 최대값 풀링 기법을 알아보자. 그림의 왼쪽에는 2, 3, 2, 6... 값을 가지는 픽셀들이 있다. 원본 이미지의 크기는 4×4인데 이 이미지에 2×2 크기의 필터를 적용하는 경우를 가정해 보자. 이 필터는 합성곱 연산을 수행하는 것이 아니라 **2×2 크기의 영역에서 가장 큰 값을 추출하는 필터**이다. 다음으로 2칸을 수평으로 이동하여 동일한 필터링을 한다. 이미지의 마지막 픽셀까지 수평으로 필터링한 후, 스트라이드를 2로 두고 수직 방향으로 내려가서 다시 필터링을 한다면 오른쪽 그림처럼 새로운 값을 가져올 수 있을 것이다.

이와 같이 특정한 영역에서 가장 큰 값을 추출하는 것을 **최대값 풀링** max pooling 이라고 한다. 최대값 풀링은 [[2, 3], [3, 5]]와 같이 보라색으로 표시된 영역에서 최대값 5를 가져온다. 그리고 [[2, 6], [5, 7]]로 이루어진 두 번째 영역에서도 최대값 7을 가져온다. 이 값들은 해당 영역에서 가장 큰 값으로, [[5, 7], [6, 4]]로 이루어진 풀링 영역은 각 영역을 대표하는 값으로 볼 수 있다. 이 풀링을 적용한 결과는 원래 층에 비하여 데이터의 양이 75% 감소했다.

이와 같은 풀링층을 사용하는 이유는 다음과 같이 정리할 수 있다.

- **매개변수의 수를 줄여 준다**: 풀링층은 표현의 공간 크기를 점진적으로 줄여 신경망에서 매개변수와 계산의 양을 줄여준다.
- **과대적합을 막아준다**: 픽셀의 값을 일부 변경하여도 최대값 풀링의 결과는 잘 바뀌지 않는다. 이러한 특징을 **이동 불변성** translation invariance 이라 하며, 이동 불변성을 가진 모델을 강건한 모델이라고 한다. 이러한 강건한 모델은 신경망의 과대적합을 예방할 수 있다.

가장 일반적인 풀링은 최대값 풀링이며, 풀링 필터의 크기로는 2×2를 많이 사용한다.

도전 문제 10.6: 풀링 필터 적용하기   상 중 하

(a)

7	3	8	6	2	6
3	1	5	7	5	7
3	4	8	0	1	0
8	0	1	2	1	6
9	2	5	4	4	5
6	1	1	2	1	2

(b)

8	5	2	6
4	7	0	1
0	1	1	7
2	9	4	4

1. 그림과 같은 픽셀값을 가지는 두 개의 이미지 (a), (b)가 있다. 이 이미지에 대하여 2×2 크기의 최대값 풀링 필터를 적용한 결과를 구하여라. 이때, 풀링 필터를 적용한 다음 수평 방향, 수직 방향으로 2 픽셀을 이동한다고 가정한다.

2. 동일한 그림에 대하여 동일한 크기의 필터를 적용하여라. 단, 이번에는 최대값 풀링 대신 평균값 풀링을 사용하도록 한다. 평균값은 네 개의 픽셀에 대한 평균 픽셀값을 구하는 방법이다. 이때 소수점 아래의 값은 버리도록 한다.

03 합성곱 신경망을 위한 채널과 필터, 평탄화 과정

다중 채널에 적용되는 필터

합성곱을 위한 입력 이미지는 회색조일 수도 있고, 컬러 이미지일 수도 있다. 컬러를 표현할 때 흔히 사용되는 방법은 빨간색, 녹색, 파란색의 채널을 조합하는 방식이다. 이런 다중 채널 multi-channel 이미지에 대해 합성곱 신경망 모델은 어떤 방식으로 필터를 적용할까?

이것을 이해하기 위하여 다음 그림을 살펴보자. 입력으로 제공되는 이미지는 세 개의 채널로 구성되어 있다. 그리고 각 채널 이미지는 회색 테두리로 표현된 것처럼 패딩이 되어 있다. 채널 내의 선명한 영역은 합성곱이 적용되는 윈도우 내의 픽셀값을 보이고 있다. 신경망이 학습을 하는 필터 A가 있다면 이 필터는 채널별로 만들어진다. 이것들이 자신이 담당하는 채널과 합성곱을 수행하고 결과를 생성해 낸다. 따라서 이때의 결과는 채널의 수만큼 나온다. 이 값은 모두 합산되어 최종 결과 이미지에 기록되는 방식이다.

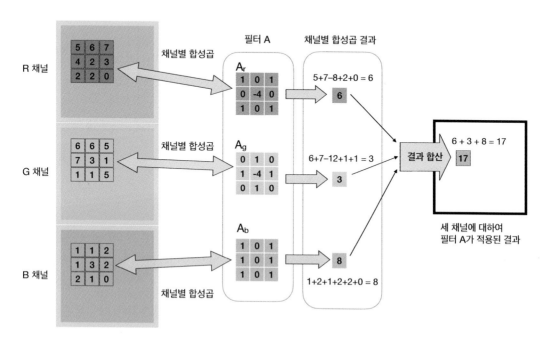

그림을 살펴보면 R 채널과 A_r 필터의 합성곱 연산의 결과가 6으로 나타나 있고, G 채널, B 채널의 채널별 합성곱 연산의 결과가 각각 3과 8로 나타나 있다. 따라서 이들 결과의 합산 17이 이미지의 채널별 합성곱 연산과 그 최종 합이 된다. 신경망이 필터 A 이외의 여러 필터를 사용하여 학습한다면 각각의 필터가 또 다른 이미지를 만들어 낼 것이다. 그러면 결과 이미지는 다시 필터의 수만큼 채널을 가지게 된다.

기본 신경망과 합성곱 신경망의 비교

우리가 6장과 7장에서 살펴본 기본적인 심층 신경망은 그림 ①과 같이 아핀 Affine 층이라는 이름의 완전 연결층과 ReLU와 같은 비선형 함수들의 조합으로 구성되어 있다. 아핀은 완전 연결 신경망을 지칭하는 또 다른 이름이다. 반면 합성곱 신경망은 그림 ②와 같이 합성곱 연산을 수행하는 계층인 합성곱 계층 convolution layer 과 비선형 함수 그리고 풀링 연산을 수행하는 계층인 풀링 계층 pooling layer 으로 이루어져 있다.

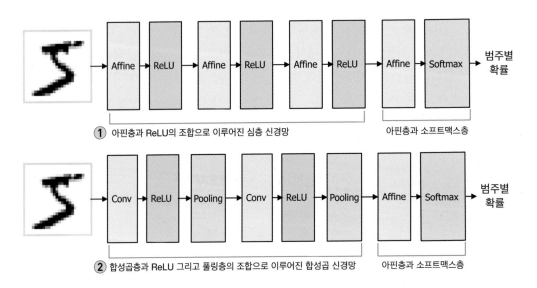

① 아핀층과 ReLU의 조합으로 이루어진 심층 신경망   아핀층과 소프트맥스층

② 합성곱층과 ReLU 그리고 풀링층의 조합으로 이루어진 합성곱 신경망   아핀층과 소프트맥스층

이러한 차이를 제외하면 소프트맥스층을 통해 범주별 확률값이 최종적으로 출력되는 구조의 차이는 없다.

물론 합성곱 신경망의 합성곱 연산에서는 패딩이 적용되지만 이는 별도의 층으로 된 것은 아니다. 이와 같이 합성곱과 풀링이 순차적으로 이루어지는 것이 합성곱 신경망의 신호 연결이다. 이 과정에 파라미터로 사용되는 것이 **합성곱 필터의 가중치**들이다. 합성곱 신경망의 필터들은 학습이 거듭될수록 점점 더 좋은 특징을 추출하도록 그 가중치가 변경되어 다음 그림과 같은 다양한 필터로 발전된다. 그림과 같은 이미지가 입력으로 들어올 경우, 첫 번째 **합성곱-ReLU-풀링층**에서는 그림 ①

과 같이 객체의 모서리나 얼룩, 패턴을 추출하는 필터가 생성된다. 이 패턴이나 얼룩 같은 정보를 바탕으로 그림 ❷의 합성곱층은 객체에 대한 고급 특징을 추출하는 필터가 생성된다. 그 다음 단계에서는 그림 ❸과 같이 더욱 추상적인 특징을 추출하게 된다.

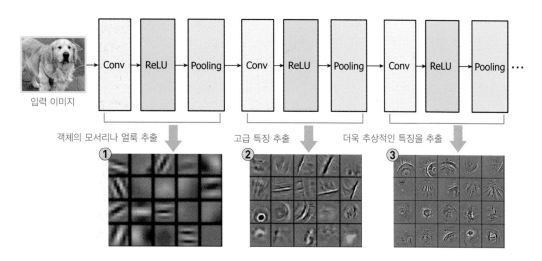

이러한 연결은 다음과 같은 그림으로 살펴보면 합성곱과 풀링이 여러 차례 연속하여 실시되는 것을 볼 수 있다. 물론 이 두 층을 반드시 번갈아가며 둘 필요는 없으며, 몇 차례의 합성곱을 한 뒤에 풀링을 할 수도 있고, 풀링 없이 합성곱으로만 연결할 수도 있다.

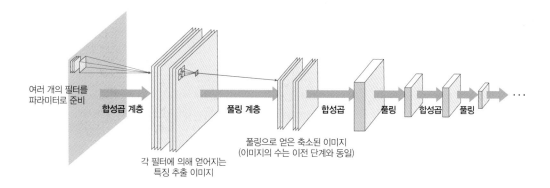

합성곱 단계를 거쳐 몇 장의 이미지를 얻게 되는지는 합성곱 계층에 사용되는 필터의 수에 따라 결정된다. 하나의 필터가 하나의 이미지를 생성하기 때문에 필터의 수와 동일한 수의 이미지가 생성된다. 이때 패딩을 사용하는지 여부에 따라 이미지의 크기가 결정된다. 풀링 계층은 어떤 풀링 방법을 사용하든지 입력 이미지의 크기만 변경하기 때문에 채널의 수가 그대로 유지된다. 즉, 입력으로 받은 이미지의 수가 그대로 출력에서 유지된다.

합성곱 신경망의 최종 단계: 평탄화

이미지를 처리하기 위해서는 이렇게 해서 얻은 최종 이미지를 **다층 퍼셉트론** 형태의 전통적인 신경망에 연결한다. 이를 위해서는 합성곱 신경망의 앞부분에서 얻은 이미지 정보들을 1차원 벡터로 만드는 평탄화^{flatten} 과정을 거쳐야 한다. 이렇게 해서 얻은 1차원 벡터가 합성곱 신경망 구조의 후반부를 차지하는 전통적 신경망의 입력으로 제공된다고 생각하면 된다. 이후의 연결들을 퍼셉트론 구조로 구성하면 밀집 연결망을 사용하면 된다. 최종적인 출력이 나오도록 하는 방법은 앞 장에서 살펴본 신경망 구조와 동일하다.

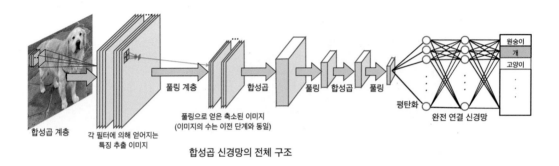

합성곱 신경망의 전체 구조

텐서플로의 케라스 API를 사용하여 다층 퍼셉트론 형태의 신경망을 만드는 일을 해 보았기 때문에 합성곱 신경망의 뒷부분을 만드는 일은 전혀 어렵지 않다. 그러면 앞부분은 어떻게 만들까? 케라스 API는 밀집 연결이나 평탄화 계층처럼 합성곱과 풀링을 위한 계층도 미리 만들어 제공하고 있다. 다음과 같이 Sequential 클래스를 이용하여 모델을 하나 만들고 합성곱과 풀링 계층을 추가하기만 하면 된다.

```
model = keras.models.Sequential([
        keras.layers.Conv2D(input_shape = (64, 64, 3),\
                            kernel_size = (3, 3), filters = 32),
        keras.layers.MaxPooling2D((2, 2), strides = 2),
        keras.layers.Conv2D(kernel_size = (3, 3), padding = 'same',\
                            filters = 64),
    ... ])
```

이 코드에서 사용된 계층 중에서 합성곱 계층은 Conv2D이다. 이 계층은 앞에서 넘어온 이미지를 받아 합성곱을 수행하는데, 최초로 사용되는 Conv2D는 입력으로 들어오는 이미지의 크기를 모르기 때문에 input_shape을 통해 가로, 세로의 폭과 채널의 수를 알려줘야 한다. 그리고 합성곱에 사용될 필터의 크기를 kernel_size, 필터의 개수를 filters 키워드 매개변수에 지정하면 된다. 합성곱 계층에 패딩을 적용할 때는 padding 키워드 매개변수에 'valid' 혹은 'same'을 사용하는데 'valid'은 패딩을 사용하지 않는다는 의미이고, 'same'은 합성곱의 출력 이미지의 가로, 세로 크기가 원래의 이미지와 똑같이 유지되도록 패딩을 한다는 의미이다.

풀링은 풀링이 적용되는 영역의 크기와 스트라이드를 지정한다. 이러한 층을 연속하여 쌓아나가고, 후반부에는 평탄화 계층을 거친 뒤에 전통적 신경망 계층을 쌓는다. 이상의 정보를 바탕으로 합성곱 신경망을 만들어 보도록 하자. 우선 앞서 작성한 코드를 가져오는 일부터 시작하자.

```python
import tensorflow as tf
from tensorflow import keras
import numpy as np
import matplotlib.pyplot as plt

# 패션 MNIST 데이터를 학습용, 테스트 데이터로 구분하자
fashion_mnist = keras.datasets.fashion_mnist
(train_images, train_labels), (test_images, test_labels) =\
    fashion_mnist.load_data()
```

```
Downloading data from
https://storage.googleapis.com/tensorflow/tf-keras-datasets/
train-labels-idx1-ubyte.gz
32768/29515 [==============================] - 0s 0us/step
... 중간 생략 ...
```

다음으로 훈련 이미지 데이터들과 테스트 이미지 데이터들을 입력 형식에 맞게 고쳐주도록 하자. 합성곱 신경망 모델은 (데이터 인스턴스의 수, 데이터의 행 수, 데이터의 열 수, 채널 수)의 형태로 입력을 받아야 하는데, 우리가 가진 패션 MNIST 데이터는 회색조 이미지이므로 Red, Green, Blue의 채널 정보가 없다. 따라서 채널의 수를 1로 하여 (데이터 인스턴스의 수, 데이터의 행 수, 데이터의 열 수, 1)로 변형하면 된다. 이것은 다음과 같이 넘파이의 newaxis를 활용하면 된다.

```python
train_images = train_images[:, :, :, np.newaxis]
test_images = test_images[:, :, :, np.newaxis]
train_images, test_images = train_images / 255, test_images / 255
```

또는 다음과 같은 방법도 가능하다.

```python
train_images = train_images.reshape((train_images.shape[0], 28, 28, 1))
test_images = test_images.reshape((test_images.shape[0], 28, 28, 1))
```

04 합성곱 신경망의 구조와 모델 훈련 과정

합성곱 신경망 모델의 전체 구조

다음 단계는 합성곱 신경망 모델을 만들어 보는 단계이다. 합성곱 신경망 모델은 여러 가지 방법으로 만들 수 있는데, 우리는 아래 그림과 같이 설계하여 이를 그대로 옮겨서 케라스의 Sequential 클래스에 계층을 쌓는 방식으로 작업을 하려고 한다.

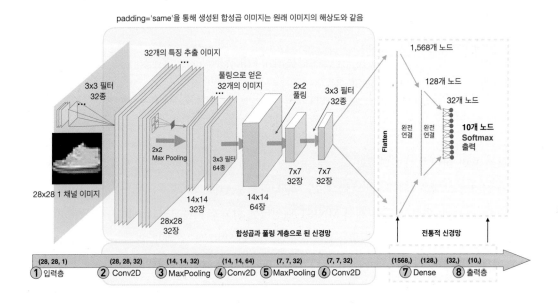

이 합성곱 신경망의 구조를 알아보자. 이 모델은 ① 28×28 크기의 회색조 이미지를 입력으로 받아서 ② 이 이미지에 대한 32개의 합성곱 필터를 만드는 층이 첫 번째 층을 이루고 있다. ③ 이 합성곱 필터는 강건한 층을 만들기 위하여 MaxPooling 층을 통과하도록 되어 있는데, 이 MaxPooling 층은 14×14 크기의 32장의 이미지로 이루어진다. ④ MaxPooling 층을 통과한 네트워크는 14×14 크기의 64장으로 된 Conv2D 층을 통과한다. ⑤ 이 층의 다음에는 2×2 크기의 필터를 가지는 MaxPooling 층이 있는데, MaxPooling 층은 7×7 크기이며 이미지의 수는 32개로 되어 있다. ⑥ 다음으로 3×3 크기의 필터를 가지는 또 하나의 합성곱층을 통과하여 전통적인 신경망에 연결된다. 합성곱층을 통과한 이미지의 크기는 7×7 크기이며 32개의 필터가 있다. 따라서 이것을 평탄화시키면 1,568개의 노드가 나타난다.

전통적인 신경망은 1,568개의 노드를 가진 완전 연결층, 128개의 노드를 가진 완전 연결층, 32개의 노드를 가진 완전 연결층, 10개의 노드를 가진 출력층으로 되어 있다. 이 출력층은 이전과 같이 소프트맥스 출력함수를 통과하는 구조이다. 이제 다음과 같은 방법으로 이 합성곱 신경망을 만들어 보자.

```python
model = keras.models.Sequential( [
        keras.layers.Conv2D(input_shape = (28, 28, 1),
                            kernel_size = (3,3), padding = 'same',
                            filters = 32),
        keras.layers.MaxPooling2D((2, 2), strides=2),
        keras.layers.Conv2D(kernel_size = (3,3), padding ='same',
                            filters = 64),
        keras.layers.MaxPooling2D((2, 2), strides=2),
        keras.layers.Conv2D(kernel_size = (3,3), padding = 'same',
                            filters = 32),
        keras.layers.Flatten(),
        keras.layers.Dense(128, activation = 'relu'),
        keras.layers.Dense(32, activation = 'relu'),
        keras.layers.Dense(10, activation = 'softmax')
])

model.summary()
```

```
Model: "sequential_1"
_____
Layer (type)                 Output Shape              Param #
=================================================================
conv2d_3 (Conv2D)            (None, 28, 28, 32)        320

max_pooling2d_2 (MaxPooling2 (None, 14, 14, 32)        0

conv2d_4 (Conv2D)            (None, 14, 14, 64)        18496

max_pooling2d_3 (MaxPooling2 (None, 7, 7, 64)          0

conv2d_5 (Conv2D)            (None, 7, 7, 32)          18464

flatten_1 (Flatten)          (None, 1568)              0

dense_3 (Dense)              (None, 128)               200832
```

```
dense_4 (Dense)                (None, 32)              4128

_____

dense_5 (Dense)                (None, 10)              330
================================================================
Total params: 242,570
Trainable params: 242,570
Non-trainable params: 0
```

우리가 생성한 합성곱 신경망의 정보를 `model.summary()` 메소드를 통해서 확인해 보자. 이 모델은 242,570개의 학습 파라미터를 가지는 신경망임을 확인할 수 있으며, 합성곱층과 최대 풀링층 그리고 완전 연결층으로 되어 있다는 것도 살펴볼 수 있다.

합성곱 신경망 모델의 훈련

이제 모델의 하이퍼파라미터인 최적화 알고리즘, 손실 함수, 성능평가 방법을 지정하고 이를 컴파일하여 모델에 반영하자. 다음으로 `model.fit()` 함수를 사용하여 모델을 훈련시키도록 하자. 모델의 훈련 결과는 `hist` 객체를 이용하여 살펴볼 것이다. 모델의 `fit()` 메소드에서 `validation_split` 키워드 인자가 있는데 이는 훈련 과정에서 75%의 데이터는 학습에 사용하고, 25%는 검증에 사용하는 **교차검증 기법으로 훈련**한다는 의미이다. 이제 정확도를 살펴보면 약 90% 정도로 이전 장에서 다룬 다층 퍼셉트론에 비해 정확도가 크게 개선되는 것을 볼 수 있다.

```
model.compile(optimizer='adam',
              loss='sparse_categorical_crossentropy',
              metrics=['accuracy'])
hist = model.fit(train_images, train_labels,
                 epochs=5, validation_split=0.25)
```
```
Epoch 1/5
1407/1407 [==============================] - 66s 46ms/step - loss: 0.4676 -
... 중간 생략 ...
1407/1407 [==============================] - 64s 46ms/step - loss: 0.1934 -
accuracy: 0.9284 - val_loss: 0.2602 - val_accuracy: 0.9092
```

이제 다음과 같이 에폭에 따른 정확도 값과 검증 정확도 값을 살펴보자. 정확도는 파란색 실선으로 나타내었고, 검증 정확도는 빨간색 점선으로 나타내었다. 둘 다 첫 번째 에폭 이후에는 매우 높은 정확도를 나타내는 것을 볼 수 있다.

```
plt.plot(hist.history['accuracy'], 'b-')
plt.plot(hist.history['val_accuracy'], 'r--')
```

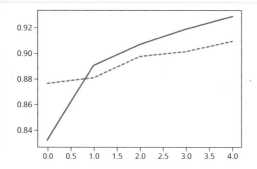

다음으로 훈련 과정에서 본 적이 없는 새로운 데이터인 테스트 데이트를 이용하여 모델의 학습 결과를 테스트하도록 하자. 90% 수준의 정확도를 보이고 있다. 이것은 다층 퍼셉트론을 사용했던 실습에 비해 4% 포인트의 향상을 나타낸다.

```
test_loss, test_acc = model.evaluate(test_images, test_labels,\
                                     verbose=2)
print('테스트 정확도:', test_acc)
```

```
313/313 - 3s - loss: 0.2762 - accuracy: 0.9040
테스트 정확도: 0.9039999842643738
```

다음 단계로 최초 이미지부터 25개의 이미지를 모델에 넣어서 예측해 보고 정답 레이블과 비교해 보도록 하자. 테스트 이미지 25개를 넣어 예측한 값은 [9, 2, 1, 1, 6...] 값이며 실제 값은 [9, 2, 1, 1, 6...] 임을 알 수 있는데 연주황색 바탕을 넣어서 예측을 틀리게 한 결과를 표시하였다.

```
mnist_lbl = ['T-shirt', 'Trouser', 'Pullover', 'Dress', 'Coat',
             'Sandal', 'Shirt', 'Sneaker', 'Bag', 'Ankle_boot']

images = test_images[:25]
pred = np.argmax(model.predict(images), axis=1)
print('예측값 =', pred)
print('실제값 =', test_labels[:25])
```

```
예측값 = [9 2 1 1 6 1 4 6 5 7 4 5 8 3 4 1 2 4 8 0 2 5 7 5 1]
실제값 = [9 2 1 1 6 1 4 6 5 7 4 5 7 3 4 1 2 4 8 0 2 5 7 9 1]
```

예측값과 실제값을 비교해 보면 25개 중에서 두 개의 오류가 있음을 알 수 있다. 위의 결과값은 신경망의 초기값에 의해서 약간 다르게 나타날 수 있다.

도전 문제 10.7: 신경망의 정확도 알아보기 　상　중　하

1. 여러분이 구성한 신경망의 테스트 데이터에 대한 정확도는 얼마인가?

2. 최초 50개의 데이터에 대하여 예측값과 실제값이 다르게 나온 값은 각각 무엇인가. 레이블값에 대한 실제 데이터의 이름을 다음 표에 적어라(빈 칸이 부족할 경우 표의 행을 더 추가하여라).

위치(인덱스)	예측값(레이블 이름)	실제값(레이블 이름)
12	8(Bag)	7(Sneaker)

합성곱 신경망 모델의 결과와 시각화

이전 절의 결과를 다음과 같은 함수를 사용하여 시각화시키는 작업에 도전해 보자. plot_images() 함수는 이미지 데이터와 레이블을 하나의 화면에 표시하는 함수인데, 이미지 데이터의 위에 예측 레이블이 표시된다. 코드에 대한 자세한 설명은 생략하지만 독자 여러분은 코드를 꼼꼼하게 보며 이해하기를 권한다.

```python
def plot_images(images, labels, images_per_row=5):
    n_images = len(images)
    n_rows = (n_images-1) // images_per_row + 1
    fig, ax = plt.subplots(n_rows, images_per_row,
                        figsize = (images_per_row * 2, n_rows * 2))
    for i in range(n_rows):
        for j in range(images_per_row):
            if i*images_per_row + j >= n_images: break
            img_idx = i*images_per_row + j
            a_image = images[img_idx].reshape(28, 28)
            if n_rows>1: axis = ax[i, j]
            else: axis = ax[j]
            axis.get_xaxis().set_visible(False)
            axis.get_yaxis().set_visible(False)
            label = mnist_lbl[labels[img_idx]]
            axis.set_title(label)
            axis.imshow(a_image, cmap='gray', interpolation='nearest')

plot_images(images, pred, images_per_row=5)
```

a, b는 합성곱 신경망이 분류에 실패한 데이터입니다. 하지만 b의 경우, 합성곱 신경망 모델은 샌들로 분류한 것으로 비교적 유사하게 분류했다는 것을 확인할 수 있지요.

결과 그림의 ⓐ를 살펴보면 Sneaker(레이블값 7)를 Bag(레이블값 8)으로 잘못 분류한 것을 볼 수 있다. 다음으로 ⓑ를 살펴보면 Ankle_boot(레이블값 9)를 Sandal(레이블값 5)로 잘못 분류한 것을 볼 수 있다. 이 Ankle_boot와 Sandal 데이터는 유사한 형태의 이미지임을 독자 여러분은 충분히 짐작할 수 있을 것이다.

결론적으로 합성곱 신경망이 분류에 실패한 데이터는 매우 유사해서 사람의 육안으로도 판별하기 어려운 경우가 있다는 것을 알 수 있다. 이런 경우에 대하여 우리는 혼동행렬을 사용하여 확인하도록 하자.

```python
from sklearn.metrics import confusion_matrix

pred = np.argmax(model.predict(test_images), axis=1)
conf_mat = confusion_matrix(pred, test_labels)
plt.matshow(conf_mat)
```

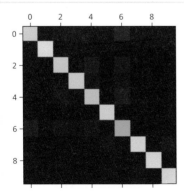

```
print(conf_mat)
```

```
[[854    3   19   21    1    0  122    0    2    0]
 [  0  982    2    6    1    0    0    0    1    0]
 [ 17    0  879    9   82    0   68    0    2    0]
 [ 19    9    8  919   35    0   32    0    2    0]
 [  7    4   43   13  843    0   85    0    0    0]
 [  2    0    0    0    0  957    0    4    1    5]
 [ 90    0   48   28   37    0  686    0    4    0]
 [  1    0    0    1    0   29    0  975    3   34]
 [ 10    2    1    3    1    0    7    1  985    1]
 [  0    0    0    0    0   14    0   20    0  960]]
```

혼동행렬의 대각선 데이터는 정답을 정답으로 맞힌 경우인데, Bag(레이블 8)은 1,000개 중에서 985개를 예측하여 전체 값들 중에서 가장 예측 정확도가 높았다. 대각선 이외의 값들은 예측이 틀린 것들인데, 이들 중에서 보라색 배경으로 표시된 122가 가장 큰 값으로 나타났다. 이 예측은 **T-shirt를 Shirt로 잘못 예측한 것**이다. 또한 연한 하늘색 배경의 Shirt는 정확하게 예측한 것이 686개에 불과한 것도 확인할 수 있다.

도전 문제 10.8: 예측 정확도가 높은 이미지, 낮은 이미지 분석

이 장의 코드를 각자 수행하고 그 결과를 살펴보자. 이 결과 값은 신경망의 초기값에 의해서 모델마다 약간 다르게 나타날 것이다. 여러분의 모델에 대하여 다음 질문에 답해 보자.

1. 예측 정확도가 가장 높은 이미지와 낮은 이미지는 무엇인가?

2. 예측이 틀린 값들 중 가장 잘못 예측한 값은 무엇인가? 그 이유를 분석하여라.

01 패션 MNIST 데이터 셋은 잘란도라는 연구자 웹사이트에서 개발하여 텐서플로의 **케라스 모듈**을 통해 제공하고 있다. **이 데이터 셋은 옷과 신발 등의 이미지와 각각의 이미지에 대한 레이블을 제공**하고 있다.

02 이미지는 원래 라틴어 이마고에서 온 말로, 무엇인가를 닮도록 인위적으로 만든 것을 뜻하며 일상적으로 부르는 대부분은 컴퓨터에 저장되고 표현될 수 있는 **2차원 시각 정보 파일**을 의미한다.

03 디지털 이미지 데이터는 색상을 표현하는 점들이 모여 한 장의 이미지가 되는 비트맵 방식과 점과 곡선, 면들이 수학적인 식으로 표현된 벡터 이미지로 나뉜다.

04 **RGB 방식**은 색을 표현하는 대표적인 방법으로 **빛의 스펙트럼**을 대표하는 **빨간색, 녹색, 파란색의 강도**를 섞어서 나타낸다.

05 **합성곱 신경망**은 공간적 구조를 학습하는 신경망으로, 시각 수용장의 역할을 합성곱 혹은 컨볼루션이라는 연산이 수행하여 그 결과를 다음 층의 신경망에 전달하는 방식이다. 학습 과정에서 데이터의 특징을 추출하는 방법도 함께 학습하므로 문제와 관련된 지식을 바탕으로 **특징을 추출해 내는 과정**이 필요 없다.

06 **영상처리 분야**에서 이미지를 조작할 때 사용하는 방법 중에 커널 혹은 필터 라고 불리는 작은 행렬을 사용하여 **새로운 값**을 얻는 방법이 있다. 필터 중에서 특정 픽셀 주변의 픽셀들이 가진 값의 평균을 취하는 필터를 평균 필터 혹은 상자 필터라고 한다.

07 합성곱 신경망에서 필터가 적용되는 영역을 윈도우라고 하며, 필터가 이동하는 간격을 스트라이드라고 한다. 또한 **정보를 요약하는 계층을 통해 이미지를 적절한 크기로 줄이는 과정**을 풀링이라고 하며, **특정한 영역에서 가장 큰 값을 추출하는 것**을 최대값 풀링이라고 한다.

08 합성곱 신경망은 합성곱 연산을 수행하는 계층인 합성곱 계층과 비선형 함수 그리고 풀링 연산을 수행하는 계층인 풀링 계층으로 이루어져 있다.

단답형 문제

다음 괄호 안에 들어갈 알맞은 단어를 적으시오.

01 컴퓨터에 저장되고 표현될 수 있는 2차원 시각 정보 파일을 지칭하는 용어로 오늘날 (   )(이)라는 용어를 사용한다.

02 이미지 데이터는 색상을 표현하는 점들을 모아서 만드는 (   ) 방식과 점과 곡선, 면들을 수학적인 식으로 표현하는 (   ) 방식으로 나눌 수 있다.

03 이미지 데이터 중에서 (   )(은)는 빨간색, 파란색, 녹색과 같은 색상 정보 없이 밝기 정보만 가진 이미지이다.

04 디지털 비트맵 이미지를 이루는 가장 작은 단위이며, 하나의 색상 값만을 가진 이미지의 구성 요소를 화소 또는 (   )(이)라고 한다.

05 픽셀은 회색조의 밝기 값만으로도 구성될 수 있으나, 색조를 나타내기 위하여 밝기가 서로 다른 색의 조합으로 구성되는 경우가 많다. 이와 같이 이미지에서 픽셀의 밝기 정보만을 표현하는 하나의 색상 이미지를 (   )(이)라고 한다.

06 색을 표현하는 방법은 여러 가지가 있는데 대표적인 방법은 빛의 스펙트럼을 대표하는 빨간색, 녹색, 파란색의 강도를 섞어서 나타내는 것이다. 이 방법을 (   )(이)라고 한다.

07 허벨과 비셀의 연구는 뉴런과 신경망이 어떻게 시각 정보를 처리하는지에 대한 깊은 이해를 제공하였고, 이는 후에 딥러닝과 컨볼루션 신경망 개발의 기반이 되었다. 이들의 발견은 계층적인 구조에 의하여 눈으로 본 사물은 비행기와 같은 객체로 인식이 이루어진다는 것이었다. 이처럼 시각 정보와 같은 외부 자극에 반응하는 뉴런의 최소 영역을 (   )(이)라고 한다.

08 합성곱 신경망은 동물의 시각 정보 처리 방식을 이미지 인식에 적용한 것이다. 즉, 시각 수용장의 역할을 합성곱 혹은 (   )(이)라는 연산이 수행하여 그 결과를 다음 층의 신경망에 전달하는 방식으로 동작한다.

09 (   ) 혹은 필터는 영상처리라는 컴퓨터 분야에서 이미지를 조작할 때 사용하는 방법으로, 작은 행렬을 사용하여 새로운 값을 얻는 방법이다.

10 (   ) 혹은 가중치는 가우스 함수의 형태에서 가운데 부분이 볼록하게 솟아 오른 정도를 나타 낸다.

11 입력 이미지에 (   )(을)를 적용해서 특징을 추출한 이미지는 합성곱 신경망 은닉층의 입력으로 사 용될 수 있다.

12 합성곱 신경망에서 하나의 필터만으로 이미지의 특징을 다양하게 추출하기 힘들다. 따라서 이미지의 고유 특징에 따라 필터를 적용하여 얻게 되는 이미지들의 모임을 (   )(이)라고 한다.

13 패딩은 특성맵의 이미지가 줄어들지 않도록 하는 방법으로 원래 이미지의 (   )에 0과 같은 특 정한 값을 채워주는 것을 말한다.

14 합성곱 신경망에서 정보를 요약한다는 것은 특성으로부터 더 의미 있는 특징을 뽑아서 보존하는 것 을 의미하며, 정보를 요약하는 계층을 통해 이미지를 적절한 크기로 줄이는 과정을 (   )(이)라고 한다.

15 기본적인 심층 신경망은 (   )층 혹은 완전 연결 신경망이라는 이름의 완전 연결층과 비선형 함수 들의 조합으로 구성되어 있다. 반면, 합성곱 신경망은 합성곱 연산을 수행하는 계층인 (   ) (와)과 비선형 함수 그리고 풀링 연산을 수행하는 풀링 계층으로 이루어져 있다.

객관식 문제

다음 질문에 대하여 가장 알맞은 답을 구하여라.

01 다음 3×3 크기의 필터 중에서 세로 모서리를 검출하는데 가장 적절한 필터는 무엇인가?

❶
1	1	1
1	1	1
1	1	1

❷
1	0	-1
1	0	-1
1	0	-1

❸
1	1	1
0	0	0
1	1	1

❹
-1	1	0
1	4	1
0	1	-1

02 6×6 크기를 가지는 이미지가 주어질 때, 3×3 크기의 필터를 사용하여 합성곱 연산을 수행하고자 한다. 이 연산을 수행할 때 스트라이드 값은 2, 패딩 사이즈는 1로 둘 경우, 합성곱 연산을 두 번 적용한 후의 이미지의 크기로 올바른 것을 고르시오.

❶ 8×8   ❷ 6×6

❸ 4×4   ❹ 2×2

03 다음 중 풀링층에 대한 설명으로 올바르지 않은 것을 고르시오.

❶ 풀링층을 사용하면 과대적합을 막아준다.

❷ 특정한 영역에서 가장 희소한 값을 추출하는 것을 최대값 풀링이라고 한다.

❸ 풀링층은 표현의 공간 크기를 점진적으로 줄여 신경망에서 매개변수와 계산의 양을 줄여준다.

❹ 픽셀의 값을 일부 변경하여도 최대값 풀링의 결과는 잘 바뀌지 않는다.

짝짓기 문제

01 다음 다양한 이미지와 관련 용어에 대한 설명이다. 용어와 설명을 올바르게 짝짓기 하여라.

비트맵 이미지 •
     • 디지털 비트맵 이미지를 이루는 가장 작은 단위

벡터 이미지 •
     • 점과 곡선, 면들이 수학적인 식으로 표현된 이미지

픽셀 •
     • 색상을 표현하는 점들이 모여 한 장의 이미지로 표현

회색조 •
     • 빨간색, 파란색과 같은 색상이 없으며 밝기 정보만 가진 이미지

02 다음은 합성곱 신경망의 이미지 처리 단계를 나타낸다. 각 순서에 맞게 내용을 짝짓기 하여라.

1단계 •
     • 합성곱 연산 수행과 특성 맵 생성

2단계 •
     • 여러 개의 필터 정의 및 초기화

3단계 •
     • 풀링 연산 수행

4단계 •
     • 특성 맵 평탄화 및 분류

코딩 문제

01 패션 MNIST 데이터를 분류하는 다음과 같은 형태의 신경망 모델을 만들어 보자. 이 모델의 요약 정
보와 10회 에폭으로 학습한 모델에 대한 정확도를 출력해 보자. 나머지 하이퍼파라미터의 설정은 교
재의 내용과 동일하게 하자.

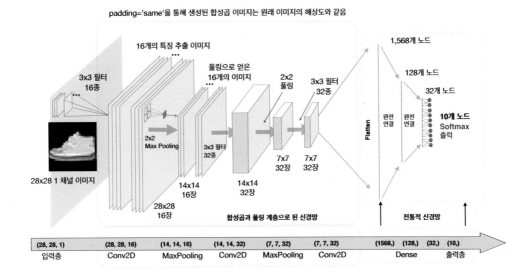

❶ 모델의 요약 정보를 다음과 같이 출력하여라.

model.summary() 실행 결과

```
Model: "sequential_5"

_____
Layer (type)                 Output Shape              Param #
=================================================================
conv2d_9 (Conv2D)            (None, 28, 28, 16)        160

max_pooling2d_6 (MaxPooling  (None, 14, 14, 16)        0
2D)

conv2d_10 (Conv2D)           (None, 14, 14, 32)        4640

max_pooling2d_7 (MaxPooling  (None, 7, 7, 32)          0
2D)

conv2d_11 (Conv2D)           (None, 7, 7, 32)          9248

flatten_5 (Flatten)          (None, 1568)              0
```

```
dense_13 (Dense)              (None, 256)            401664

dense_14 (Dense)              (None, 32)             8224

dense_15 (Dense)              (None, 10)             330

=================================================================
Total params: 424,266
Trainable params: 424,266
Non-trainable params: 0
```

❷ 모델을 10회 에폭으로 학습시키고 학습 곡선을 다음과 같이 출력하여라.

실행 결과

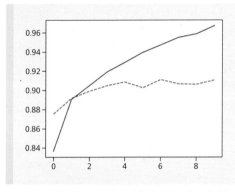

※주의: 위의 출력은 예시이며 실제 출력 결과는 다소 차이가 날 수 있다.

❸ 모델의 테스트 정확도를 다음과 같이 출력하여라.

실행 결과

```
313/313 - 4s - loss: 0.3666 - accuracy: 0.9036 - 4s/epoch - 13ms/step
테스트 정확도: 0.9035999774932861
```

※주의: 위의 출력은 예시이며 실제 출력 결과는 다소 차이가 날 수 있다.

02 패션 MNIST 데이터를 분류하는 합성곱 신경망 모델을 스스로 만들어 보자. 최소 2개의 합성곱층과 풀링층을 사용하도록 하자. 학습을 위한 에폭의 수를 7 이하가 되도록 하고, 이 모델을 학습시키도록 하자. 이 모델의 테스트 데이터에 대한 정확도가 92% 이상이 되도록 모델을 재구성해 보자.

❶ 이 모델의 구조를 summary( ) 메소드를 사용하여 표시하여라.

❷ 이 모델의 정확도를 화면에 출력하여라.

11

합성곱 신경망의 응용

학습목표

- 과대적합과 과소적합 모델의 문제점과 일반화가 잘 된 모델을 구성하는 방법을 익힌다.

- 교차검증을 통해서 견고한 모델을 만들 수 있음을 이해한다.

- 드롭아웃 기법으로 과대적합을 예방할 수 있음을 이해한다.

- 배치 정규화와 가중치 초기화로 딥모델의 성능을 향상시킬 수 있음을 이해한다.

- CIFAR-10, CIFAR-100 데이터를 이용하여 딥러닝을 할 수 있으며, 모델의 정확도 향상을 위한 다양한 기법을 적용할 수 있다.

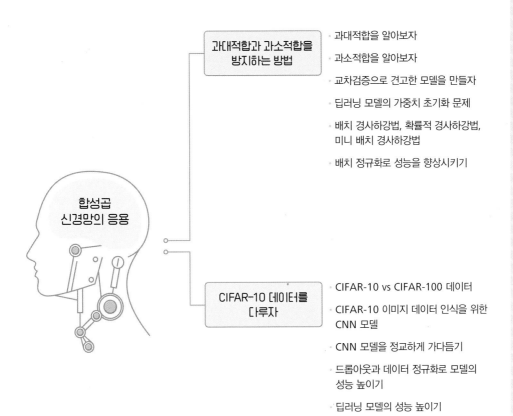

과대적합과 과소적합을 방지하는 방법

- 과대적합을 알아보자
- 과소적합을 알아보자
- 교차검증으로 견고한 모델을 만들자
- 딥러닝 모델의 가중치 초기화 문제
- 배치 경사하강법, 확률적 경사하강법, 미니 배치 경사하강법
- 배치 정규화로 성능을 향상시키기

합성곱 신경망의 응용

CIFAR-10 데이터를 다루자

- CIFAR-10 vs CIFAR-100 데이터
- CIFAR-10 이미지 데이터 인식을 위한 CNN 모델
- CNN 모델을 정교하게 가다듬기
- 드롭아웃과 데이터 정규화로 모델의 성능 높이기
- 딥러닝 모델의 성능 높이기

과대적합을 알아보자

머신러닝이나 딥러닝에서 종종 발생하는 과대적합 overfitting 에 대하여 알아보자. 과대적합이란 모델이 데이터를 이용하여 학습을 수행할 때, 학습 데이터 집합에만 최적화된 모델이 생성되는 것을 말한다. 즉, 모델을 지나치게 복잡하게 만들어서 학습 데이터 집합에서는 모델 성능이 좋게 나타나지만 정작 새로운 데이터가 주어졌을 때 정확한 예측이나 분류를 수행하지 못하는 경우를 말한다. 하나의 모델은 데이터의 전체적인 경향을 잘 설명해야 좋은 모델이라고 할 수 있는데, 이 경우를 일반화 generalization 가 잘 되었다고 표현한다.

다음의 그림을 살펴보면 ①번에 데이터가 검은색 점으로 나타나 있으며 이 데이터들의 진짜 경향이 주황색 선으로 표시되어 있다. 이 데이터를 설명하는 회귀 모델을 만들기 위하여 그림 ②와 같이 붉은색 점들을 표본(샘플)으로 추출하였다. 그리고 이 소수의 표본으로 추정한 모델이 녹색 실선으로 표시되어 있다. 이 모델은 학습을 위해 추출한 표본 데이터를 매우 잘 설명하는 회귀 모델로 보인다. 하지만 동시에 이 모델은 **소수의 학습용 데이터에 지나치게 최적화된 모델**임을 알 수 있다. 또한 모델이 **지나치게 복잡한 함수 꼴로 되어 있다**는 것도 알 수 있다. 이러한 모델이 과연 최선의 모델일까? 그림 ③을 살펴보면 전체 데이터와 녹색 선으로 나타난 모델이 동시에 표시되어 있는데 검은색의 전체 데이터의 분포를 설명하는 회귀 모델로 보기에 녹색으로 나타난 회귀 모델은 문제가 있어 보인다. 이러한 모델은 **일반화가 부족한 모델**이라고도 한다.

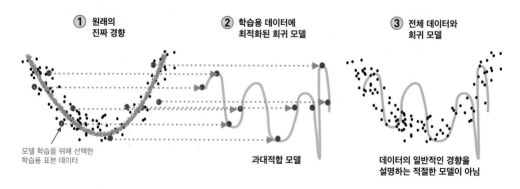

① 원래의 진짜 경향

모델 학습을 위해 선택한 학습용 표본 데이터

② 학습용 데이터에 최적화된 회귀 모델

과대적합 모델

③ 전체 데이터와 회귀 모델

데이터의 일반적인 경향을 설명하는 적절한 모델이 아님

이러한 과대적합을 해결하기 위한 일반적인 방법은 다음과 같은 것들이 있다.

- **많은 학습 데이터:** 더 많은 학습 데이터를 제공할수록 과대적합 가능성은 낮아진다. 더 많은 학습 데이터가 제공되면 모델의 정확도는 높아질 수 있으며 동시에 과대적합의 가능성은 줄어든다.
- **단순한 모델의 사용:** 주어진 데이터를 빠짐없이 잘 설명하려는 욕심으로 인해 지나치게 복잡한 모델을 사용하는 경우가 있는데, 이런 경우 과대적합에 빠지게 된다. 따라서 제공되는 데이터 모두에 대해 최선이 되려고 하지 않는 것이 오히려 과대적합을 예방하는 데 도움이 된다. 그러기 위해서는 모델이 마음대로 움직이지 못하게 제한하는 것이 필요하며, 이렇게 모델의 학습을 오히려 방해하는 방식의 단순한 모델을 사용하여 일반화 능력을 높이는 기법도 필요하다.

과소적합을 알아보자

과소적합 ^{underfitting} 이란 과대적합과는 반대로 학습이 지나치게 덜 이루어져 새로운 데이터뿐만 아니라 학습 데이터조차 제대로 설명하지 못하는 모델을 말한다. 다음의 그림을 보자. 그림 **①**은 이전의 그림과 같다. 그리고 검은색으로 나타난 데이터의 분포를 설명하기 위한 회귀 모델 중의 하나가 녹색으로 표현한 그림 **②**의 모델이다. 이 모델은 학습용 데이터를 설명하기 위하여 **지나치게 단순한 모델을 사용**하였다. 따라서 학습용 데이터에 대해서 많은 오차를 가지고 있는 것으로 보인다. 이러한 모델은 그림 **③**과 같이 일반화를 했을 때에도 당연히 오차가 클 수밖에 없다.

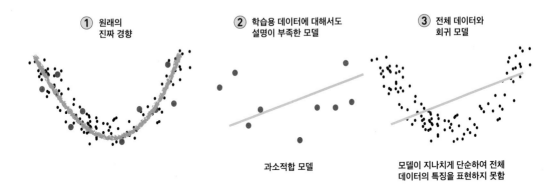

① 원래의 진짜 경향

② 학습용 데이터에 대해서도 설명이 부족한 모델

③ 전체 데이터와 회귀 모델

과소적합 모델

모델이 지나치게 단순하여 전체 데이터의 특징을 표현하지 못함

과소적합은 모델이 지나치게 단순하거나 예측을 제대로 할 수 없는 특징들만 제공된 경우에 발생하므로 입력 데이터의 특징을 바꾸거나 학습 모델의 복잡도를 높이는 방법으로 문제를 해결할 수 있다.

이러한 과소적합을 해결하기 위한 일반적인 방법은 다음과 같은 것들이 있다.

- **규제를 줄여줄 것**: 모델이 복잡해지지 않도록 적절한 규제를 더해주는 것은 필요하지만, 너무 많은 규제가 걸린 경우 모델이 지나치게 단순해지므로 규제를 줄여주는 것이 필요하다.
- **모델의 복잡도를 높일 것**: 모델의 복잡도가 너무 낮은 경우, 모델의 복잡도를 높여서 학습용 데이터 집합으로부터 규칙을 잘 찾아내도록 해야 한다.
- **충분히 많은 학습**: 모델을 학습하여 그 특징을 파악하기 위해서는 많은 학습 데이터와 에폭 횟수가 필요하다. 더 많은 에폭을 통해 모델이 충분히 학습할 수 있도록 해야 한다.

과대적합 및 과소적합과는 달리 최적적합 모델은 학습용 데이터를 잘 일반화한 모델로, 새로운 데이터를 잘 설명하는 좋은 성능의 모델로 볼 수 있다. 다음 표는 위의 세 기법을 비교하는 표이다.

	과대적합	과소적합	최적적합
정의	모델이 학습 데이터 집합에만 최적화되어 실제 데이터에서는 잘 작동하지 않음	모델이 지나치게 단순하여 실제 데이터에 대하여 잘 작동하지 않음	모델이 학습 데이터를 잘 학습하여, 실제 데이터에서도 좋은 성능을 보임
원인	모델이 지나치게 복잡함	모델이 지나치게 단순함	모델의 복잡도가 적절함
해결 방법	규제를 추가하여 모델의 복잡도를 줄이거나, 특징의 수를 줄이거나, 데이터를 더 많이 수집함	규제를 줄여서 모델의 복잡도를 높이거나, 특징의 수를 늘려줌	최적적합을 얻기 위하여 모델의 규제와 복잡도를 적절하게 조정하여야 함

도전 문제 11.1: 분류문제와 과대적합, 과소적합 상 중 하

다음은 특징 x_1과 x_2를 가진 두 클래스의 분포와 이 클래스를 분류하기 위한 모델이다. 클래스는 × 표시와 ○ 표시로 나타나 있으며 이 클래스를 분류하는 분류 모델이 녹색 선으로 나타나 있다. 이 분류 모델 중에서 과대적합, 과소적합, 최적적합 모델을 가려내고 그 이유를 설명하여라.

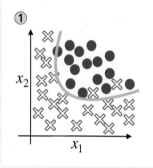
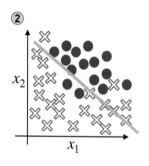
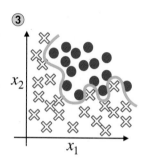

교차검증으로 견고한 모델을 만들자

머신러닝을 진행할 때 전체 데이터를 학습용 데이터와 테스트용 데이터로 나눈 후 학습용 데이터를 이용하여 모델을 학습시키고 테스트용 데이터를 이용하여 이 모델의 성능을 평가하는 것이 일반적인 방법이다. 하지만 이 모델은 고정된 학습용 데이터에만 지나치게 과대적합된 모델이 될 가능성이 매우 높다. 이것을 좀 더 일반화시켜서 지금보다 견고한 모델을 만들 수는 없을까?

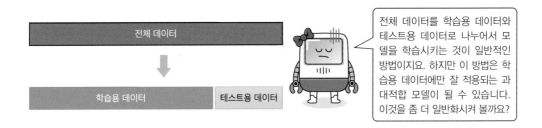

전체 데이터를 학습용 데이터와 테스트용 데이터로 나누어서 모델을 학습시키는 것이 일반적인 방법이지요. 하지만 이 방법은 학습 데이터에만 잘 적용되는 과대적합 모델이 될 수 있습니다. 이것을 좀 더 일반화시켜 볼까요?

이러한 문제를 해결하기 위해서 **학습 단계에서 데이터를 k개의 데이터 폴드(겹) 세트로 만든 다음, k번만큼 각 폴드 세트에 대해 훈련과 검증을 반복적으로 실행하는 방법이 있다.** 이 방법이 바로 k-겹 교차검증 방법이다. 그림은 k가 4일 때의 k-겹 교차검증 데이터와 학습용 데이터를 나타내고 있다. 이 그림을 살펴보면 전체 데이터를 4개의 집합으로 나눈 것을 볼 수 있는데, k가 4일 경우 25%의 데이터를 매번 검증용으로 사용할 수 있다.

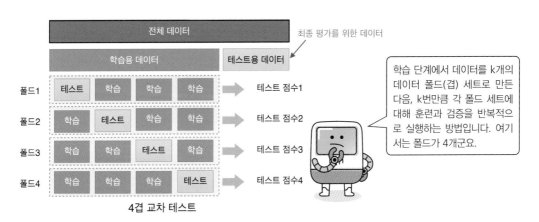

4겹 교차 테스트

학습 단계에서 데이터를 k개의 데이터 폴드(겹) 세트로 만든 다음, k번만큼 각 폴드 세트에 대해 훈련과 검증을 반복적으로 실행하는 방법입니다. 여기서는 폴드가 4개군요.

그림 속 폴드1의 경우 전체 학습용 데이터 중에서 첫 번째 데이터를 테스트용으로 사용하고, 나머지 데이터를 학습용으로 사용하고 있다. 이러한 학습을 통해 만들어진 모델에 대한 점수를 얻은 다음, 폴드2와 같은 방법으로 학습을 진행한다. 이와 같은 방법으로 폴드4까지의 학습이 진행되면 이 테스트 점수의 평균을 구하여 모델의 점수로 삼는다.

k-겹 교차검증 방법의 장점과 단점은 다음과 같이 정리할 수 있다.

장점	단점
강건한 모델 평가: 모든 데이터 샘플이 학습과 테스트에 사용되므로, 단일 학습/테스트 데이터 셋으로 분할하는 것에 비해 더 일반적이고 신뢰할 수 있는 모델 성능 평가를 제공한다.	**높은 계산 비용**: k-겹 교차검증을 위해서는 모델을 k번 훈련하고 평가해야 하므로, 계산 비용이 k배 증가한다. 이는 계산 비용이 많이 드는 모델에서 심각한 문제가 될 수 있다.
과대적합 방지: 모델이 특정 훈련 데이터 집합에 과도하게 적응하는 것을 방지하여 모델의 일반화 능력을 높인다.	**데이터 불균형 문제**: k-겹 교차검증은 각 클래스의 샘플이 균등하게 분포되어 있을 때 가장 잘 작동한다는 한계가 있다.
데이터 활용 최대화: k-겹 교차검증은 데이터가 제한적일 때 특히 유용하다. 각 폴드에서 다른 부분의 데이터를 테스트에 사용하므로 데이터 활용도를 높일 수 있다.	**예상하기 어려운 연관성을 가진 데이터 문제**: 데이터 간의 예상하지 못한 시간적, 공간적 연관성이 있는 시계열 데이터나 공간 데이터의 경우 k-겹 교차검증의 정확성은 떨어질 수 있다.

딥러닝 모델에서 k-겹 교차검증은 비교적 쉽게 구현할 수 있다. 이 기능은 모델에 대하여 `fit()` 메소드를 호출할 때, 다음과 같이 `validation_split` 키워드 인자를 이용하면 된다. 다음 코드의 경우 `validation_split=0.25`로 키워드 인자의 값을 설정하였는데, 이것은 4겹 교차검증을 모델의 성능 평가 시에 사용하는 것을 의미한다.

```
model.fit(train_images, train_labels,\
        epochs=10, validation_split=0.25)
```

다음으로 성능을 개선할 수 있는 방법은, 9장에서 배운 드롭아웃이다. 10장에서 다룬 모델에 대하여 다음과 같은 드롭아웃층을 추가하도록 하자. 드롭아웃은 과적합을 예방하고 좋은 성능의 모델을 만드는 데 도움이 된다.

```
# 드롭아웃을 적용한 모델
model = keras.models.Sequential([
        keras.layers.Conv2D(input_shape = (28, 28, 1),
                            kernel_size = (3, 3), padding = 'same',
                            filters = 32),
        keras.layers.MaxPooling2D((2, 2), strides=2),
        keras.layers.Dropout(.2),
        keras.layers.Conv2D(kernel_size = (3, 3), padding = 'same',
                            filters = 64),
        keras.layers.MaxPooling2D((2, 2), strides=2),
        keras.layers.Conv2D(kernel_size = (3, 3), padding = 'same',
                            filters = 32),
        keras.layers.Flatten(),
        keras.layers.Dense(128, activation = 'relu'),
        keras.layers.Dropout(.2),
        keras.layers.Dense(32, activation = 'relu'),
        keras.layers.Dense(10, activation = 'softmax')
])
```

드롭아웃을 추가할 경우 반드시 모델의 성능 향상이 이루어지는 것을 보장하지는 않으나 일반적으로 더 좋은 성능을 기대할 수 있다.

딥러닝 모델의 가중치 초기화 문제

딥러닝 모델의 학습이란 이 모델의 가중치가 주어진 입력에 대하여 목표값을 가지도록 반복적으로 수정되는 것을 말한다. 초기 딥러닝 연구자들은 모델의 초기 가중치를 랜덤하게 주고 학습을 시켰는데 딥러닝 연구가 진행될수록 초기 가중치가 학습에 큰 영향을 미친다는 것을 알게 되었다. 잘못된 초기화 방법은 학습의 느린 진행, 지역 최적점에서의 고착, 심지어는 모델 학습의 실패로 이어질 수 있다.

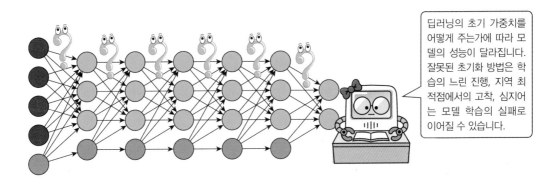

> 딥러닝의 초기 가중치를 어떻게 주는가에 따라 모델의 성능이 달라집니다. 잘못된 초기화 방법은 학습의 느린 진행, 지역 최적점에서의 고착, 심지어는 모델 학습의 실패로 이어질 수 있습니다.

가중치 초기화가 중요한 이유는 다음과 같다.

- **기울기 소실과 기울기 폭발**: 너무 작은 초기값을 사용하면 역전파에서 기울기가 점점 작아져 네트워크의 층이 매우 깊을 경우 기울기가 소실될 수 있다. 반면, 너무 큰 초기값을 사용하면 기울기가 너무 커져서 학습이 불안정해질 수 있다.
- **학습 속도**: 적절한 초기 가중치는 학습의 수렴을 빠르게 만들어 주며, 잘못된 초기 가중치는 학습 속도를 저하시키거나 학습이 수렴하지 않게 만들 수 있다.
- **지역 최적점 문제**: 잘못된 초기화로 인하여 모델은 지역 최적점에 빠질 수 있다. 적절한 초기화를 통해 전역 최적점에 가까운 곳으로 시작하여 이러한 문제를 줄일 수 있다.

텐서플로나 파이토치와 같은 딥러닝 프레임워크들은 위의 문제들을 고려하여 다양한 가중치 초기화 전략을 제공한다. 세이비어 ^{Xavier} 초기화, 허 ^{He} 초기화, 글로럿 ^{Glorot} 초기화 등의 방법은 딥러닝 네트워크의 특정 활성화 함수와 함께 사용하기 위해 설계되었으며, 이를 통해 학습의 안정성과 효율성을 높일 수 있다.

텐서플로의 케라스 API는 글로럿 초기화를 디폴트 초기화 방법으로 사용한다. 예를 들어 밀집 계층의 경우 다음과 같은 생성자를 가지고 있는데, 초기화 방법이 글로럿 초기화로 지정된 것을 확인할 수 있다. 따라서 특별한 연결강도 초기화를 수행하지 않아도 케라스 API만 사용한다면 경사가 사라지거나 폭발하는 일을 피하는 데에 도움이 되는 초기화를 할 수 있다.

```python
# 완전 연결층의 정의부
class Dense(Layer):
    ...
    def __init__(self, units,...)
        ...
        kernel_initializer='glorot_uniform',
        ...
```

배치 경사하강법, 확률적 경사하강법, 미니 배치 경사하강법

출력과 정답의 오차를 이용하여 최적의 연결 가중치를 계산하는 과정이 신경망 학습의 과정이다. 이러한 신경망의 연결 가중치를 계산하기 위해서 학습 데이터 셋을 사용하는 데는 크게 세 가지의 방법이 있다.

우선 지금까지 살펴본 방법으로 연결 가중치를 계산하기 위하여 **전체 데이터 셋을 모두 사용하는 배치 경사하강법** batch gradient descent 이 있다(그림 ①). 전체 데이터를 입력으로 사용하여 얻은 연결 가중치 값을 이용하여 정답과의 오차를 구하는 과정을 반복한다면 최적해를 얻을 수 있겠지만 이 방법은 치명적인 단점이 있다. 바로 데이터 집합이 너무 클 경우 **최적해를 얻는 데 너무 많은 계산 시간이 소요**된다는 점이다. 이미지를 인식하는 데 사용되는 뛰어난 성능을 보이는 Inception V3, VGG, ResNet과 같은 신경망 모델은 수백만 개의 학습 파라미터(연결 가중치)를 사용하기 때문에 입력 이미지가 많을 경우에 심각한 속도저하 문제가 발생한다.

두 번째 방법은 **확률적 경사하강법** stochastic gradient descent: SGD 으로, 무작위로 뽑은 하나의 훈련 데이터에 대하여 경사하강법을 적용하는 방법이다(그림 ②). 확률적 경사하강법은 실행 속도가 빠르지만 무작위로 뽑은 데이터의 편향으로 인하여 신경망의 성능이 들쑥날쑥 변하며 학습이 된다. 이 방법의 또 다른 문제는 하나하나의 데이터가 가지는 편향에 의해서 올바른 해로 수렴하는 것이 아니라 부분 극소점 local minimum 으로 잘못 수렴할 가능성이 있다는 점이다.

세 번째 방법은 미니 배치 경사하강법 mini-batch gradient descent 으로, **전체 경사하강법과 확률적 경사하강법 간의 절충안**이다(그림 ③). 이 방법은 무작위로 선택한 n개의 데이터를 사용하여 신경망을 학습시키는 방법으로, 학습 파라미터가 많은 경우에도 n개의 데이터만을 샘플링하므로 해를 구하는 계산 시간이 절약되며, 여러 개의 데이터를 학습에 사용하므로 데이터의 편향도 비교적 적다는 장점이 있다. 학습 데이터의 크기 n을 배치 크기라고 하며 이 배치 크기는 케라스 모델의 fit() 메소드에서 batch_size 인자로 들어가며 디폴트 값으로 32를 사용한다. 미니 배치 경사하강법은 배치 크기가 1일 경우 확률적 경사하강법과 동일하며 이 때문에 **확률적 경사하강법의 일종**으로 보는 연구자들도 있다.

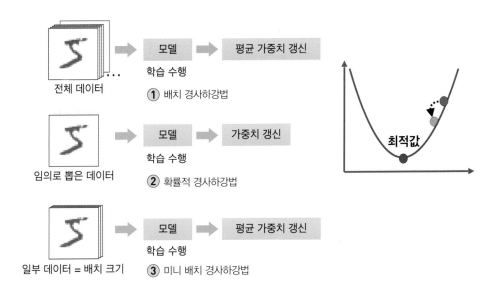

> **NOTE: 배치 정규화 vs 배치 경사하강법**
>
> **배치 정규화**와 **배치 경사하강법**은 용어가 비슷해 보이지만, 그 성격이 다른 최적화 기법의 하나이다. 이 절에서 살펴본 배치 경사하강법은 가중치 갱신을 위하여 **학습 데이터의 개수를 조절**하는 방법의 하나인 반면, 배치 정규화는 학습 과정에서 **신경망 가중치 값들의 분포를 조절**하는 방법이다.

배치 정규화로 성능을 향상시키기

가중치 초기화 방법인 세이비어 초기화, 허 초기화, 글로럿 초기화는 신경망이 학습을 시작하기 전의 최초 가중치를 조절하는 방법이었다. 하지만 학습이 진행되는 도중에도 가중치가 특정한 값에 가깝게 편중되거나 0에 가까운 값으로 수렴할 수도 있다. 그리고 이러한 편향이 심해질 경우 학습 성능은 떨어지게 될 것이다. 만일 은닉층이 매우 많은 심층 신경망이 있을 경우, 학습층의 단계를 지날 때마다 출력 특징의 분포가 변하는 현상이 두드러지게 나타날 수 있다. 따라서 이 가중치들의 값 분포가 일정해지도록 정규화를 수행하는 단계가 추가되는 것이 학습에 더 유리하다.

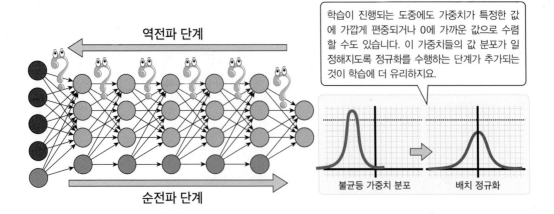

학습이 진행되는 도중에도 가중치가 특정한 값에 가깝게 편중되거나 0에 가까운 값으로 수렴할 수도 있습니다. 이 가중치들의 값 분포가 일정해지도록 정규화를 수행하는 단계가 추가되는 것이 학습에 더 유리하지요.

역전파 단계

순전파 단계

불균등 가중치 분포   배치 정규화

배치 정규화는 다음과 같이 모델에 BatchNormalization() 객체를 추가하는 것으로 간단하게 구현할 수 있다.

```
# 입력 데이터에 합성곱층을 적용시키자
model.add(layers.Conv2D(32, (3, 3), activation='relu', \
          input_shape=(32, 32, 3)))
# 배치 정규화를 통해서 데이터의 분포를 일정하게 하자
new_model.add(layers.BatchNormalization())
```

배치 정규화와 함께 드롭아웃을 하는 것도 모델의 성능 향상에 도움이 된다. 이제 입력층의 값에 대해 배치 정규화를 하고 드롭아웃까지 한 다음, 합성곱층을 만드는 코드를 다음과 같이 만들어 보자.

```
# 입력 데이터에 합성곱층을 적용시키자
new_model.add(layers.Conv2D(32, (3, 3), activation='relu', \
            input_shape=(32, 32, 3)))
# 배치 정규화를 통해서 데이터의 분포를 일정하게 하자
new_model.add(layers.BatchNormalization())
# 드롭아웃을 하자
new_model.add(layers.Dropout(.2))
# 합성곱층을 만들자
new_model.add(layers.Conv2D(32, (3, 3), activation='relu'))
```

02 CIFAR-10 데이터를 다루자

CIFAR-10 vs CIFAR-100 데이터

머신러닝이나 딥러닝에서 다루는 기본적인 데이터인 MNIST 데이터에 이어서 9장에서 다룬 CI-FAR-10 데이터와 CIFAR-100 데이터를 살펴보자. 이 데이터 셋들은 모두 캐나다 토론토 대학의 제프리 힌튼 교수의 연구 그룹에 의해 수집되고 배포되었다. 각 데이터 셋의 크기와 복잡성은 서로 다르기 때문에, 이 데이터들은 컴퓨터 비전 알고리즘, 머신러닝과 딥러닝 모델의 성능을 테스트하고 벤치마킹하는 데 널리 사용된다. 예를 들어, 신경망이 이미지 분류 문제를 얼마나 잘 해결할 수 있는지 평가하는 데 이 데이터 셋들이 사용된다.

- **CIFAR-10:** 이 데이터 셋은 총 60,000장의 컬러 이미지로 구성되어 있으며, 10개의 클래스(즉, 카테고리)로 분류된다. 이 10개의 클래스는 각각 비행기, 자동차, 새, 고양이, 사슴, 개, 개구리, 말, 배, 트럭이다. 각 클래스에는 6,000장의 이미지가 있으며, 각 이미지의 크기는 32×32 픽셀이다.
- **CIFAR-100:** CIFAR-100 데이터 셋은 역시 60,000장의 컬러 이미지로 구성되어 있지만, 100개의 다른 클래스로 분류된다. 각 클래스는 600장의 이미지를 가지고 있다. 더 나아가, 이 100개의 클래스는 20개의 '상위 클래스'로 더 좁게 그룹화된다는 점이 CIFAR-10과 다른 점이다. 이러한 이유로 CIFAR-100은 CIFAR-10보다 더 복잡한 분류 문제를 다루기 위해 사용된다. 이미지의 크기는 CIFAR-10과 동일하게 32×32 픽셀이다.

이전에 다룬 내용을 기반으로 CIFAR-10 데이터를 인식하는 합성곱 신경망 모델을 만들고 이 모델의 성능을 테스트해 보자. 이 과정은 9장의 패션 MNIST 데이터를 읽어들이는 과정과 거의 동일하다.

```python
import numpy as np
import tensorflow as tf
from tensorflow.keras import datasets, layers, models
import matplotlib.pyplot as plt

# CIFAR-10 데이터를 읽어서 훈련 이미지와 테스트 이미지로 나누기
(train_images, train_labels), (test_images, test_labels) =\
    datasets.cifar10.load_data()
```

```
# 픽셀값을 0에서 1 사이 값으로 정규화하기
train_images, test_images = train_images / 255.0, test_images / 255.0
```

```
Downloading data from https://www.cs.toronto.edu/~kriz/cifar-10-python.
tar.gz
170498071/170498071 [==============================] - 2s 0us/step
```

CIFAR-10 데이터는 캐나다 토론토 대학의 컴퓨터 과학과 웹사이트인 www.cs.toronto.edu에서 다운받을 수 있으며 약 170mb의 압축 데이터로 제공된다. cifar-10-python.tar.gz 파일은 파이썬에서 사용할 수 있는 압축된 데이터 파일이다.

이제 이 사이트에서 다운로드한 훈련용 이미지 데이터의 형태와 레이블의 형태를 살펴보자. 다음과 같이 32×32 크기의 이미지가 세 개의 채널로 되어 있음을 알 수 있다. 그리고 훈련용 데이터 셋이 모두 50,000개 있음을 확인할 수 있다.

▶ `train_images.shape`   # (50000, 32, 32, 3) 형태의 훈련용 이미지

```
(50000, 32, 32, 3)
```

▶ `train_labels.shape`   # (50000, 1) 형태의 훈련 데이터 레이블

```
(50000, 1)
```

훈련용 데이터를 살펴보았으니 테스트용 데이터에 대해서도 살펴보자. 테스트용 데이터 역시 다음과 같이 32×32 크기의 이미지가 세 개의 채널로 되어 있음을 알 수 있다. 그리고 데이터 셋이 모두 10,000개 있음을 확인할 수 있다.

▶ `test_images.shape`   # (10000, 32, 32, 3) 형태의 테스트용 이미지

```
(10000, 32, 32, 3)
```

▶ `test_labels.shape`   # (10000, 1) 형태의 테스트용 데이터 레이블

```
(10000, 1)
```

다음으로 훈련용 데이터의 레이블이 어떤 형식인가 확인해 보자.

▶ `train_labels[0]`   # 첫 번째 데이터

```
array([6], dtype=uint8)
```

위의 결과와 같이 **train_labels[0]**의 값은 다차원 배열로 되어있다. 따라서 이 데이터의 값을 읽어오기 위해서는 **train_labels[0][0]**과 같이 인덱스 0을 한 번 더 사용해야만 한다.

`train_labels[0][0]`   *# 첫 번째 데이터의 값을 추출*

6

훈련 데이터의 첫 레이블이 6임을 알 수 있다. 이 레이블은 다음 그림과 같은 데이터 셋의 이미지 인덱스로, 6은 frog(개구리)를 의미한다. 이 데이터 셋의 레이블과 인덱스 그리고 이미지 샘플은 그림과 같다.

레이블   인덱스   32x32 크기의 이미지 데이터 셋

CIFAR-10 데이터 셋에는 그림과 같이 10개의 카테고리별 데이터가 있습니다. 이들의 레이블은 왼쪽과 같으며 인덱스는 오른쪽과 같습니다.

`train_labels[0][0]`이 6으로 출력되었는데 이제 이 데이터의 레이블만이 아닌 색상을 가진 이미지를 화면에 출력해 보도록 하자. 이를 위하여 `class_names`라는 리스트를 정의하고 맷플롯립의 `imshow()` 기능을 호출해 보도록 하자.

```python
class_names = ['airplane', 'automobile', 'bird', 'cat', 'deer',
               'dog', 'frog', 'horse', 'ship', 'truck']
plt.figure(figsize=(3, 3))      # 그림의 크기를 지정함
plt.imshow(train_images[0])     # 훈련용 이미지셋에서 첫 이미지를 그리자
plt.xlabel(class_names[train_labels[0][0]])
```

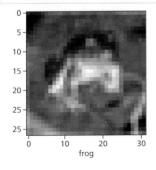

코드를 실행시키면 개구리의 컬러 이미지가 32×32 픽셀로 그려지는 것을 볼 수 있다. 이제 두 번째 이미지를 그려본 후, 18개의 이미지를 3행 6열의 격자 구조로 그려보자.

```
plt.figure(figsize=(3, 3))
plt.imshow(train_images[1])          # 두 번째 훈련용 이미지를 그리자
plt.xlabel(class_names[train_labels[1][0]])
```

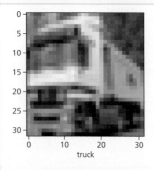

```
plt.figure(figsize=(10, 6))
row, col = 3, 6                       # 행과 열의 수를 지정하자
for i in range(row * col):
    plt.subplot(row, col, i+1)        # 3행 6열의 격자 구조로 그리자
    plt.xticks([]); plt.yticks([])    # 눈금표시는 하지 않는다
    plt.imshow(train_images[i])
    plt.xlabel(class_names[train_labels[i][0]])
plt.show()
```

CIFAR-10 이미지 데이터 인식을 위한 CNN 모델

다음으로 CIFAR-10 이미지를 인식하기 위한 CNN 모델을 만들어 보자. 그리고 이 모델의 구조를 model.summary() 메소드를 사용하여 확인해 보자.

```
# CIFAR-10 이미지 인식을 위한 모델 만들기
model = models.Sequential()
# 합성곱층과 풀링층을 교대로 만들자
model.add(layers.Conv2D(32, (3, 3), activation='relu', \
          input_shape=(32, 32, 3)))
model.add(layers.MaxPooling2D((2, 2)))
model.add(layers.Conv2D(64, (3, 3), activation='relu'))
model.add(layers.MaxPooling2D((2, 2)))
model.add(layers.Conv2D(64, (3, 3), activation='relu'))

# 평탄화 후 완전 연결 신경망을 만들자
model.add(layers.Flatten())
model.add(layers.Dense(64, activation='relu'))
model.add(layers.Dense(10))
model.summary()
```

Model: "sequential_2"

Layer (type)	Output Shape	Param #
conv2d_6 (Conv2D)	(None, 30, 30, 32)	896
max_pooling2d_4 (MaxPooling 2D)	(None, 15, 15, 32)	0
conv2d_7 (Conv2D)	(None, 13, 13, 64)	18496
max_pooling2d_5 (MaxPooling 2D)	(None, 6, 6, 64)	0
conv2d_8 (Conv2D)	(None, 4, 4, 64)	36928
flatten_1 (Flatten)	(None, 1024)	0
dense_2 (Dense)	(None, 64)	65600
dense_3 (Dense)	(None, 10)	650

```
Total params: 122,570
Trainable params: 122,570
Non-trainable params: 0
```

이 모델은 입력으로 32×32 크기의 이미지를 받아들이는데, 색상을 가지고 있기 때문에 빨간색, 녹색, 파란색의 3 채널을 가지고 있다. 따라서 입력 형태는 (32, 32, 3)과 같다. 이 입력은 합성곱층과 풀링층, 합성곱층과 풀링층을 차례로 통과하여 평탄화된다. 이 평탄화된 데이터는 밀집층(Dense)을 지나 10개의 카테고리를 가지는 출력층으로 이어지는 구조를 가지고 있다. 이 모델의 학습 가능한 파라미터는 122,570개로, 이 파라미터를 학습시키는 것이 딥러닝 모델의 `fit()` 메소드가 하는 일이다.

이제 이 모델을 학습시키기 위한 하이퍼파라미터를 설정하도록 하자. 다음으로 `model.fit()` 메소드를 사용해서 모델을 학습시키도록 하자. 모델의 에폭은 10으로 하고 단계별 정확도를 알기 위해서 `history`라는 변수에 모델의 훈련 결과를 저장하도록 하자. 다음 코드를 살펴보면 손실 함수로 `SparseCategoricalCrossentropy()`를 사용하며 `from_logits` 키워드 인자의 값이 True임을 알 수 있다. `SparseCategoricalCrossentropy()` 손실 함수에서 `from_logits` 키워드 인자는 모델의 출력이 소프트맥스나 시그모이드 활성화 함수로 변환되기 전의 원시 출력인 로짓인지, 소프트맥스나 시그모이드 활성화 함수를 통해 변환된 출력인 확률 분포인지를 나타낸다. 딥러닝에서 로짓이란, 확률화되지 않은 날 것 상태의 예측 결과를 말한다. 각 기능을 정리하면 다음과 같다.

- `from_logits=True`: 모델의 출력이 로짓일 때 사용한다. 이 경우, `SparseCategoricalCrossentropy()`는 내부적으로 소프트맥스를 적용하여 로짓을 확률로 변환한 후 손실을 계산한다.
- `from_logits=False`: 모델의 출력이 확률 분포일 때 사용한다. 이 경우, 확률 분포를 바탕으로 직접 손실을 계산한다.

실제로, 딥러닝 모델이 분류 문제를 풀 때 마지막 층에 활성화 함수로 소프트맥스를 사용한다면, `from_logits`는 False로 설정되어야 한다. 반면, 마지막 층에 활성화 함수를 사용하지 않는 경우 `from_logits`는 True로 설정되어야 한다.

```python
model.compile(optimizer='adam',\
    loss=tf.keras.losses.SparseCategoricalCrossentropy(from_logits=True),\
    metrics=['accuracy'])

history = model.fit(train_images, train_labels, epochs=10,\
                    validation_data=(test_images, test_labels))
```

```
Epoch 1/10
1563/1563 [==============================] - 92s 57ms/step - loss: 1.5236 -
accuracy: 0.4427 - val_loss: 1.3364 - val_accuracy: 0.5254
Epoch 2/10
1563/1563 [==============================] - 85s 55ms/step - loss: 1.1708 -
accuracy: 0.5851 - val_loss: 1.0793 - val_accuracy: 0.6231
```

```
...  중간  생략  ...

accuracy: 0.7785 - val_loss: 0.8775 - val_accuracy: 0.7080
```

이 모델의 학습결과 에폭을 거듭할수록 정확도가 높아지는 것을 볼 수 있다. 또한 **val_accuracy**로 나타낸 검증 정확도도 최종적으로 70.8%로 나타난 것을 볼 수 있다.

학습의 진행에 따른 정확도 곡선을 살펴보자. 정확도 곡선은 에폭이 증가하면서 50~70%가량 증가 하는 것을 볼 수 있다. 그리고 검증 정확도는 이보다 더디게 증가하는 것도 확인할 수 있다.

```
plt.plot(history.history['accuracy'], label='accuracy')
plt.plot(history.history['val_accuracy'], label='val_accuracy')
plt.xlabel('Epoch')
plt.ylabel('Accuracy')
plt.ylim([0.5, 1])
plt.legend(loc='lower right')

test_loss, test_acc = model.evaluate(test_images, test_labels,\
                                     verbose=2)
```

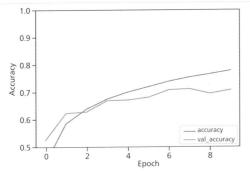

다음으로 model.evaluate()라는 평가 메소드가 반환한 테스트용 데이터의 정확도를 다음과 같이 출력해 보자.

```
test_loss, test_acc = model.evaluate(test_images, test_labels,\
                                     verbose=2)
print('테스트 정확도:', test_acc)
```
```
313/313 - 4s - loss: 0.8593 - accuracy: 0.7075 - 4s/epoch - 14ms/step
테스트 정확도: 0.7074999809265137
```

이 모델의 테스트 데이터에 대한 정확도를 검사하면 70.7%가량의 정확도를 보이고 있다는 것을 알 수 있다.

CNN 모델을 정교하게 가다듬기

딥러닝이란 깊게 여러 층 쌓아서 만든 심층 신경망을 학습시키는 알고리즘을 의미한다. 이제 다음과 같이 매우 많은 층과 파라미터를 만들어서 학습을 시키고 그 결과를 살펴보자. 합성곱층을 여러 개 만들고, 밀집 신경망층의 노드 수도 더 늘려보자. 이 모델의 이름을 nb_model이라고 짓고 최종적으로 이 모델의 구조를 살펴보자.

```python
nb_model = models.Sequential()
# 합성곱층과 풀링층을 만들자
nb_model.add(layers.Conv2D(32, (3, 3), activation='relu', \
            input_shape=(32, 32, 3)))
nb_model.add(layers.Conv2D(32, (3, 3), activation='relu'))
nb_model.add(layers.MaxPooling2D((2, 2)))
nb_model.add(layers.Conv2D(64, (3, 3), activation='relu'))
nb_model.add(layers.Conv2D(64, (3, 3), activation='relu'))
nb_model.add(layers.MaxPooling2D((2, 2)))
# 평탄화 후 완전 연결 신경망을 만들자
nb_model.add(layers.Flatten())
nb_model.add(layers.Dense(1024, activation='relu'))
nb_model.add(layers.Dense(120, activation='relu'))
nb_model.add(layers.Dense(10))

nb_model.summary()
```

```
Model: "sequential"
```

Layer (type)	Output Shape	Param #
conv2d (Conv2D)	(None, 30, 30, 32)	896
conv2d_1 (Conv2D)	(None, 28, 28, 32)	9248
max_pooling2d (MaxPooling2D)	(None, 14, 14, 32)	0
conv2d_2 (Conv2D)	(None, 12, 12, 64)	18496
conv2d_3 (Conv2D)	(None, 10, 10, 64)	36928
max_pooling2d_1 (MaxPooling 2D)	(None, 5, 5, 64)	0
flatten (Flatten)	(None, 1600)	0

dense (Dense)	(None, 1024)	1639424
dense_1 (Dense)	(None, 120)	123000
dense_2 (Dense)	(None, 10)	1210

```
=================================================================
Total params: 1,829,202
Trainable params: 1,829,202
Non-trainable params: 0
```

이 모델은 183만 개가량의 어마어마한 파라미터를 가진 깊은 신경망이다. 이제 이 신경망 모델을 학습시켜보자. 학습시켜야 할 파라미터의 수가 워낙 많기 때문에 이 모델을 10회 에폭으로 학습시키는 데 걸리는 시간은 꽤 많이 소요된다. 만일 모델의 파라미터가 200만 개 이상을 넘어 1000만 개 이상이 된다면 여러분의 코랩 환경에서는 정상적으로 종료되지 않을 수 있다. 하지만 인내심을 가지고 결과를 살펴보면 결과와 같이 테스트 데이터에 대한 정확도가 약 73% 이상이 되는 것을 확인할 수 있다.

```
nb_model.compile(optimizer='adam',\
    loss=tf.keras.losses.SparseCategoricalCrossentropy(from_logits=True),\
    metrics=['accuracy'])

nb_model.fit(train_images, train_labels, epochs=10,\
            validation_data=(test_images, test_labels),\
            validation_split=0.25)

test_loss, test_acc = nb_model.evaluate(test_images, test_labels,\
                                        verbose=2)
print('깊은 층의 신경망 모델 테스트 정확도:', test_acc)
```

```
Epoch 1/10
1563/1563 [==============================] - 15s 7ms/step - loss: 1.4638
- accuracy: 0.4628 - val_loss: 1.1900 - val_accuracy: 0.5751

... 중간 생략 ...

313/313 - 1s - loss: 1.3063 - accuracy: 0.7269 - 776ms/epoch - 2ms/step
깊은 층의 신경망 모델 테스트 정확도: 0.7268999814987183
```

이전 모델의 결과가 70%가량의 성능을 보였다면 183만 개나 되는 어마어마한 모델의 성능이 고작 72.6%밖에 되지 않는 것은 다소 실망스러운 결과이다.

드롭아웃과 데이터 정규화로 모델의 성능 높이기

다음으로 드롭아웃, 데이터 정규화를 모두 적용하여 이 이미지 데이터의 인식 성능을 향상시키는 방법을 살펴보자. 이 모델은 다음과 같이 합성곱층의 수를 증가시키고, 배치 정규화를 위하여 BatchNormalization() 객체를 추가하였으며, 완전 연결층에는 Dropout()을 통해 드롭아웃을 실시하였다. 이러한 과정을 통해서 전체 파라미터의 수는 이전과 같지만 보다 정교하게 동작할 수 있을 것이다. 이 거대한 파라미터를 가진 모델은 얼마나 잘 동작할까?

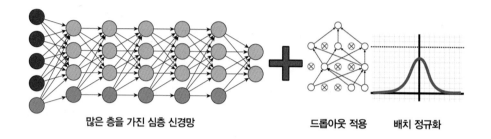

많은 층을 가진 심층 신경망　　　　　드롭아웃 적용　　배치 정규화

```python
new_model = models.Sequential()
# 합성곱층과 풀링층을 교대로 만들자
new_model.add(layers.Conv2D(32, (3, 3), activation='relu',\
                input_shape=(32, 32, 3)))
# 배치 정규화를 통해서 데이터의 분포를 일정하게 하자
new_model.add(layers.BatchNormalization())
new_model.add(layers.Dropout(.2))   # 드롭아웃
new_model.add(layers.Conv2D(32, (3, 3), activation='relu'))
new_model.add(layers.BatchNormalization())
new_model.add(layers.MaxPooling2D((2, 2)))
new_model.add(layers.Dropout(.2))   # 드롭아웃
new_model.add(layers.Conv2D(64, (3, 3), activation='relu'))
new_model.add(layers.BatchNormalization())
new_model.add(layers.Conv2D(64, (3, 3), activation='relu'))
new_model.add(layers.BatchNormalization())
new_model.add(layers.MaxPooling2D((2, 2)))
# 평탄화 후 완전 연결 신경망을 만들자
new_model.add(layers.Flatten())
new_model.add(layers.Dense(1024, activation='relu'))
# 배치 정규화와 드롭아웃을 추가하자
new_model.add(layers.BatchNormalization())
new_model.add(layers.Dropout(.2))   # 드롭아웃
new_model.add(layers.Dense(120, activation='relu'))
new_model.add(layers.Dense(10))
new_model.summary()
```

```
Model: "sequential_4"

_____
 Layer (type)                 Output Shape              Param #
=================================================================
 conv2d_16 (Conv2D)           (None, 30, 30, 32)        896
 batch_normalization_20 (Bat  (None, 30, 30, 32)        128
 chNormalization)
 dropout_4 (Dropout)          (None, 30, 30, 32)        0


 ... 중간 생략 ...


 dropout_6 (Dropout)          (None, 1024)              0
 dense_13 (Dense)             (None, 120)               123000
 dense_14 (Dense)             (None, 10)                1210
=================================================================
Total params: 1,834,066
Trainable params: 1,831,634
Non-trainable params: 2,432
_____
```

학습시켜야 할 파라미터의 수는 이전과 같지만 학습 결과 테스트 데이터에 대한 정확도가 약 78%
이상이 되는 것을 확인할 수 있다.

```
new_model.compile(optimizer='adam',
    loss=tf.keras.losses.SparseCategoricalCrossentropy(from_logits=True),
        metrics=['accuracy'])


new_model.fit(train_images, train_labels, epochs=10,\
            validation_data=(test_images, test_labels),\
            validation_split=0.25)


test_loss, test_acc = new_model.evaluate(test_images, test_labels,\
                                    verbose=2)
print('드롭아웃과 배치 정규화를 추가한 모델의 테스트 정확도:', test_acc)
```

```
Epoch 1/10
1563/1563 [==============================] - 17s 9ms/step - loss: 1.4417
- accuracy: 0.5005 - val_loss: 1.1847 - val_accuracy: 0.5827

... 중간 생략 ...

313/313 - 1s - loss: 0.7036 - accuracy: 0.7805 - 807ms/epoch - 3ms/step
드롭아웃과 배치 정규화를 추가한 모델의 테스트 정확도: 0.7804999947547913
```

이 정확도는 다소 차이가 날 수 있으나 별다른 파라미터의 추가 없이도 성능 개선이 5%나 이루어진 것은 매우 고무적이라 할 수 있다.

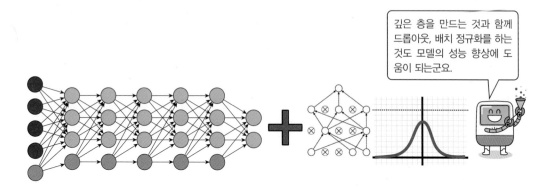

> 깊은 층을 만드는 것과 함께 드롭아웃, 배치 정규화를 하는 것도 모델의 성능 향상에 도움이 되는군요.

NOTE: 하드웨어를 활용하여 학습 속도를 높이자

구글 코랩은 런타임 유형 변경이라는 기능을 통해서 파이썬 코드를 실행시키는 실행 환경(런타임)의 하드웨어를 선택할 수 있다. 다음 그림과 같이 런타임 메뉴의 런타임 유형 변경을 선택해 보자. 여기에 표시되는 런타임 중에서 가장 기본은 CPU를 이용하여 코드를 실행시키는 유형이다. 이 유형 대신 T4 GPU나 TPU를 선택해 보자. T4 GPU는 엔비디아사의 **그래픽 처리 장치**를 하드웨어 가속기로 사용하는 기능이며, TPU는 구글의 **텐서 처리 장치**를 하드웨어 가속기로 사용하는 기능이다.

이러한 **하드웨어 가속기**는 사용 시간에 제약이 있으며, 유료 서비스를 이용하여 더 높은 성능의 하드웨어를 이용할 수 있다. 제한된 시간이기는 하지만 이 하드웨어를 활용하여 딥러닝 모델의 학습 시간을 단축시킬 수 있으니 요긴하게 활용하도록 하자.

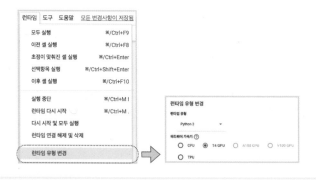

딥러닝 모델의 성능 높이기

딥러닝 모델의 성능을 높이기 위한 방법으로 지금까지의 내용을 정리하면 다음과 같다.

더 깊은 층의 신경망

일반적으로 딥러닝 모델의 층이 깊어지면 깊어질수록 모델의 자유도가 증가하여 성능이 향상될 수 있다.

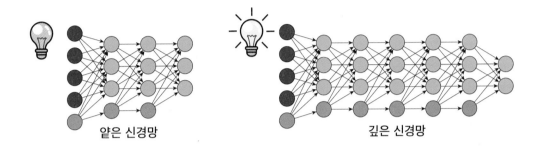

얕은 신경망   깊은 신경망

인간의 뇌를 닮은 신경망

일반적으로 이미지 인식은 인간의 뇌가 가진 특징인 수용장의 구조를 흉내 낸 합성곱 신경망과 같은 신경망이, 그렇지 않은 완전 연결 신경망보다 더 나은 성능을 보여준다. 또한 인간의 언어나 주식처럼 시간의 흐름에 따라 예측을 하는 시계열 데이터의 경우에는 순환 신경망과 같은 구조의 신경망이 더 나은 성능을 보여준다.

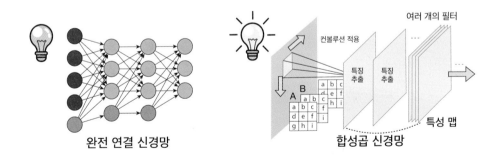

완전 연결 신경망   합성곱 신경망

가중치의 정규화

일반적으로 딥러닝에 사용되는 가중치가 0에 가까운 값을 가지거나 특정한 편향을 가지는 경우에는 좋은 학습을 보여주지 못한다. 따라서 가중치 정규화를 통해서 정규분포에 가까운 고른 분포의 가중치를 가지는 신경망 모델이 더 나은 성능을 보여준다.

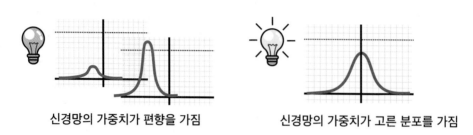

신경망의 가중치가 편향을 가짐 　　　　　　　　　 신경망의 가중치가 고른 분포를 가짐

드롭아웃을 가진 신경망

일반적으로 완전 연결 신경망은 학습에 최적화된 과대적합을 보여준다. 따라서 드롭아웃을 통해서 일부 가중치를 탈락시킨 불완전 연결 신경망이 과대적합의 예방에 도움을 준다.

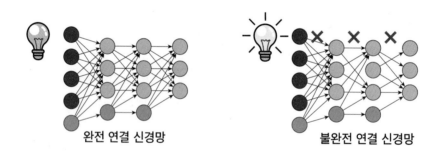

완전 연결 신경망 　　　　　　　　　　　　　　　 불완전 연결 신경망

그 밖의 딥러닝 기법

그 밖에도 딥러닝의 성능을 향상시키기 위해서 많은 방법이 시도되고 있으며 지금 이 시간에도 많은 연구자들의 연구가 이루어지고 있다. 다음의 그림은 이미지넷 경진대회에서 좋은 성능을 보인 구글의 **GoogLeNet** 신경망의 구조이다.

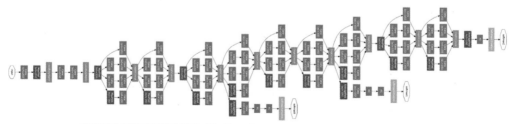

이미지넷 경진대회에서 좋은 성능을 보인 **GoogLeNet** 신경망의 구조

이 모델의 주요 특징을 설명하면 다음과 같다.

1. **깊은 신경망:** GoogLeNet은 매우 깊은 신경망 구조를 가지고 있다. 이를 통해 더 복잡하고 다양한 특징을 학습할 수 있다.
2. **인셉션 모듈:** 이 모델의 핵심적인 특징 중 하나는 '인셉션 모듈'이라고 불리는 구조이다. 인셉션 모듈은 여러 크기의 필터와 풀링 연산을 동시에 수행하고 그 결과를 합치는 방식으로, 다양한 스케일의 정보를 한 번에 추출할 수 있게 해준다.
3. **작은 필터 사용:** GoogLeNet은 주로 1x1, 3x3, 5x5 크기의 작은 필터를 사용한다. 이 작은 필터들은 연산량을 줄이면서도 충분한 표현력을 보장한다.
4. **매개변수 수의 효율성:** GoogLeNet은 깊지만 비교적 적은 수의 매개변수를 가지고 있다. 이로 인해 계산 효율성이 높으며, 과대적합을 줄일 수 있다.
5. **보조 분류기:** 깊은 네트워크에서는 중간에 기울기 소실 문제가 발생할 수 있다. GoogLeNet은 이 문제를 완화하기 위해 중간에 보조 분류기를 넣어 중간 결과도 학습에 활용한다.
6. **효과적인 연산량:** 1x1의 컨볼루션 연산을 통해 연산량을 크게 줄이면서도 네트워크의 표현력을 유지한다.

GoogLeNet은 이러한 특징들을 통해 이미지 분류에서 높은 성능을 보였고, 인셉션 모듈 등의 아이디어는 그 후의 다양한 모델에서도 차용되었다.

01 과대적합이란 데이터를 이용하여 학습을 수행할 때, 학습 데이터 집합에만 최적화된 모델이 생성되는 것을 말한다. 반대로, 과소적합은 학습이 지나치게 덜 이루어져 새로운 데이터뿐만 아니라 학습 데이터조차 제대로 설명하지 못하는 모델을 말한다.

02 **과대적합**을 해결하기 위해서는 **많은 학습 데이터를 제공해주거나, 단순한 모델을 사용해야 한다.** 과소적합을 해결하기 위해서는 **지나친 규제를 줄여주거나, 모델의 복잡도를 높이거나, 충분히 많은 양의 학습을 해야 한다.**

03 하나의 모델은 데이터의 전체적인 경향을 잘 설명해야 좋은 모델이라고 할 수 있는데, 이 경우를 일반화가 잘 되었다고 표현한다.

04 **k-겹 교차검증 방법**은 학습 단계에서 데이터를 k개의 데이터 폴드(겹) 세트로 만든 다음, k번만큼 각 폴드 세트에 대해 훈련과 검증을 반복적으로 실행하는 방법이다.

05 **과대적합** 문제를 해결하는 대안으로 드롭아웃 혹은 **희석화**라고도 불리는 방법이 있다. 핵심 아이디어는 신경망의 학습 단계에서 **임의의 노드를 탈락시켜 학습**시키는 것이다.

06 딥러닝의 가중치 값을 잘 설정하는 것은 매우 중요한 문제이다. 너무 작은 초기값을 사용하면 역전파에서 기울기가 점점 작아져 네트워크의 층이 매우 깊을 경우 기울기가 소실될 수 있다. 반면, 너무 큰 초기값을 사용하면 기울기가 너무 커져서 학습이 불안정해질 수 있다.

07 학습이 진행되는 도중에도 가중치가 특정한 값에 가깝게 편중되거나 0에 가까운 값으로 수렴할 수 있다. 따라서 이 가중치들의 값 분포가 일정해지도록 정규화를 수행하는 배치 정규화 단계가 추가되는 것이 학습에 더 유리하다.

08 CIFAR-10, CIFAR-100 이미지 데이터는 MNIST 데이터에 비하여 이미지도 크고, 채널도 더 많으며, 이미지의 클래스도 다양한 데이터이다.

09 딥러닝 모델의 층이 깊어지면 깊어질수록 모델의 자유도가 증가하여 성능이 향상될 수 있다. 또한 이미지 인식은 인간의 뇌가 가진 특징인 수용장의 구조를 흉내 낸 합성곱 신경망과 같은 신경망이, 그렇지 않은 완전 연결 신경망보다 더 나은 성능을 보여준다.

단답형 문제

다음 괄호 안에 들어갈 알맞은 단어를 적으시오.

01 (   )(은)는 학습용 데이터에 지나치게 최적화된 모델이고, (   )(은)는 학습용 데이터 뿐만 아니라 새로운 데이터에 대해서도 많은 오차를 보이는 모델이다.

02 모델의 학습을 방해하는 방식의 단순한 모델을 사용하여 일반화 능력을 높이는 기법을 사용하면 (   ) 문제를 보완할 수 있다.

03 과대적합이나 과소적합과는 달리 최적적합 모델은 학습용 데이터를 잘 (   ) 모델이며 새로운 데이터를 잘 설명하는 좋은 성능의 모델로 볼 수 있다.

04 모델을 학습하여 그 특징을 파악하기 위해서는 많은 학습 데이터와 (   ) 시간이 필요하다. 더 많은 (   )(을)를 통해 모델이 충분히 학습할 수 있다면 (   )(을)를 보완할 수 있다.

05 머신러닝을 진행할 때 전체 데이터를 (   ) 데이터와 (   ) 데이터로 나눈 후 (   ) 데이터를 이용하여 모델을 학습시키고 (   ) 데이터를 이용하여 이 모델의 성능을 평가하는 것이 일반적인 방법이다.

06 학습 단계에서 데이터를 k개의 데이터 폴드 세트로 만든 다음, k번만큼 각 폴드 세트에 대해 훈련과 검증을 반복적으로 실행하는 방법은 (   ) 방법이다. 예를 들어 k가 4일 때 (   )%의 데이터를 매번 검증용으로 사용할 수 있다.

07 심층 신경망에서 일부 노드를 탈락시켜 희석화된 네트워크에서 학습을 진행할 경우, 더욱 강건한 네트워크를 만들 수 있다. 이를 (   ) 기법이라고 한다.

08 초기 딥러닝 연구자들은 모델의 초기 가중치를 랜덤하게 주고 학습을 시켰는데 딥러닝 연구가 진행될수록 초기 가중치가 학습에 큰 영향을 미친다는 것을 알게 되었다. 잘못된 초기화 방법은 학습의 느린 진행, (   )에서의 고착, 심지어는 모델 학습의 실패로 이어질 수 있다.

09 CIFAR-10 데이터 셋은 총 60,000개의 컬러 이미지로 구성되어 있으며, (   )개의 클래스(즉, 카테고리)로 분류된다.

10 일반적으로 딥러닝 모델의 층이 깊어지면 깊어질수록 모델의 (   )(이)가 증가하여 성능이 향상 될 수 있다.

객관식 문제

다음 질문에 대하여 가장 알맞은 답을 구하여라.

01 다음 중 과대적합과 과소적합에 대한 설명으로 올바르지 않은 것을 고르시오.

❶ 과대적합은 일반화가 부족한 모델이다.

❷ 과대적합은 새로운 데이터에 정확한 예측이나 분류를 수행하지 못한다.

❸ 과소적합은 학습용 데이터에 지나치게 최적화된 모델이다.

❹ 너무 많은 규제가 걸린 경우, 규제를 줄여주면 과소적합을 보완할 수 있다.

02 케라스의 신경망층에 적용되는 layer 중 하나로, 과대적합 문제를 해결하는 대안으로 신경망의 학습 단계에서 임의의 노드를 탈락시키는 일을 하는 클래스는 무엇인가?

❶ Conv2D ❷ Flatten

❸ Dropout ❹ MaxPooling2D

짝짓기 문제

01 다음은 과대적합과 과소적합의 해결하기 위한 방법에 대한 설명이다. 설명에 해당되는 모델을 올바르게 짝짓기 하여라.

• 많은 양의 학습 데이터를 제공한다.

과대적합 •   • 비교적 단순한 모델을 사용한다.

과소적합 •   • 지나친 규제를 줄여준다.

• 모델의 복잡도를 높인다.

• 많은 양의 학습을 진행한다.

01 CIFAR-10 데이터 셋을 학습시키기 위한 합성곱 신경망을 생성하여라. 이 합성곱 신경망은 다음과 같은 구조를 가지도록 하여라. 이 모델의 이름은 `my_cnn1`이라고 이름을 짓도록 하자.

- 462,986개의 학습 가능한 파라미터를 가진다.
- 네 개의 합성곱층과 세 개의 풀링층을 가진다.
- 드롭아웃과 배치 정규화 층을 가지지 않는다.

❶ 다음의 출력 결과를 참고하여 출력과 동일한 구조의 딥러닝 모델을 구축하여라.

my_cnn1.summary() 실행 결과

```
Model: "sequential_11"
_____
 Layer (type)                Output Shape              Param #
=================================================================
 conv2d_44 (Conv2D)          (None, 32, 32, 64)        1792

 max_pooling2d_33 (MaxPoolin (None, 16, 16, 64)        0
 g2D)

 conv2d_45 (Conv2D)          (None, 16, 16, 64)        36928

 max_pooling2d_34 (MaxPoolin (None, 8, 8, 64)          0
 g2D)

 conv2d_46 (Conv2D)          (None, 8, 8, 32)          18464

 max_pooling2d_35 (MaxPoolin (None, 4, 4, 32)          0
 g2D)

 conv2d_47 (Conv2D)          (None, 4, 4, 32)          9248

 flatten_11 (Flatten)        (None, 512)               0

 dense_33 (Dense)            (None, 512)               262656

 dense_34 (Dense)            (None, 256)               131328

 dense_35 (Dense)            (None, 10)                2570

=================================================================
Total params: 462,986
Trainable params: 462,986
Non-trainable params: 0
_____
```

❷ my_cnn1 모델에 대하여 다음과 같은 학습 파라미터를 적용하여 CIFAR-10 데이터를 모두 학습시킨 후 테스트 정확도를 출력하여라.

```
my_cnn1.compile(optimizer='adam',
  loss=tf.keras.losses.SparseCategoricalCrossentropy(from_logits=True),
  metrics=['accuracy'])

my_cnn1.fit(train_images, train_labels, epochs=10,\
            validation_data=(test_images, test_labels),\
            validation_split=0.25)

test_loss, test_acc = my_cnn1.evaluate(test_images, test_labels,\
                                       verbose=2)
print('my_cnn1 모델의 테스트 정확도:', test_acc)
```

실행 결과

```
Epoch 1/10
1563/1563 [==============================] - 17s 9ms/step - loss: 1.3275
- accuracy: 0.5253 - val_loss: 1.1884 - val_accuracy: 0.5803

... 중간 생략 ...

Epoch 10/10
1563/1563 [==============================] - 12s 7ms/step - loss: 0.3225
- accuracy: 0.8895 - val_loss: 1.1835 - val_accuracy: 0.7133
313/313 - 1s - loss: 1.1835 - accuracy: 0.7133 - 830ms/epoch - 3ms/step
my_cnn1 모델의 테스트 정확도: 0.7132999897003174
```

※주의: 위의 출력은 예시이며 실제 출력 결과는 다소 차이가 날 수 있다.

❸ my_cnn1 모델에 대하여 배치 정규화와 20%의 드롭아웃을 적용하여 새로운 모델인 my_cnn2를 생성하여라. 이 모델은 다음과 같은 구성을 가지도록 하여라.

my_cnn2.summary() 실행 결과

```
Model: "sequential_22"
_____
 Layer (type)                Output Shape              Param #
=================================================================
 conv2d_88 (Conv2D)          (None, 32, 32, 64)        1792

 max_pooling2d_66 (MaxPoolin (None, 16, 16, 64)        0
 g2D)

 conv2d_89 (Conv2D)          (None, 16, 16, 64)        36928
```

```
batch_normalization_28 (Bat    (None, 16, 16, 64)        256
chNormalization)

max_pooling2d_67 (MaxPoolin    (None, 8, 8, 64)          0
g2D)

dropout_28 (Dropout)           (None, 8, 8, 64)          0

conv2d_90 (Conv2D)             (None, 8, 8, 32)          18464

batch_normalization_29 (Bat    (None, 8, 8, 32)          128
chNormalization)

max_pooling2d_68 (MaxPoolin    (None, 4, 4, 32)          0
g2D)

dropout_29 (Dropout)           (None, 4, 4, 32)          0

conv2d_91 (Conv2D)             (None, 4, 4, 32)          9248

flatten_22 (Flatten)           (None, 512)               0

dense_66 (Dense)               (None, 512)               262656

batch_normalization_30 (Bat    (None, 512)               2048
chNormalization)

dropout_30 (Dropout)           (None, 512)               0

dense_67 (Dense)               (None, 256)               131328

dense_68 (Dense)               (None, 10)                2570

=================================================================
Total params: 465,418
Trainable params: 464,202
Non-trainable params: 1,216
```

❹ my_cnn2 모델에 대하여 my_cnn1 모델과 동일한 학습 파라미터를 적용하여 학습을 실행한 후 테스트 정확도를 출력하여라.

실행 결과

```
Epoch 1/10
1563/1563 [==============================] - 20s 10ms/step - loss: 1.5060
- accuracy: 0.4659 - val_loss: 3.4477 - val_accuracy: 0.3104

... 중간 생략 ...

Epoch 10/10
1563/1563 [==============================] - 13s 8ms/step - loss: 0.6894
- accuracy: 0.7567 - val_loss: 0.7774 - val_accuracy: 0.7332
313/313 - 1s - loss: 0.7774 - accuracy: 0.7332 - 1s/epoch - 3ms/step
my_cnn2 모델의 테스트 정확도: 0.7332000136375427
```

※주의: 위의 출력은 예시이며 실제 출력 결과는 다소 차이가 날 수 있다.

❺ my_cnn1과 my_cnn2의 테스트 데이터에 대한 정확도를 비교하는 표를 완성하여라(단위는 %를 사용하여라).

	my_cnn1 모델	my_cnn2 모델
테스트 정확도		
비고	배치 정규화와 드롭아웃 적용 전	배치 정규화와 드롭아웃 적용 후

❻ my_cnn1 모델에 대하여 학습용 데이터를 2만 개, 4만 개, 5만 개 사용하여 학습을 시킨 후 모델을 완성하여라. 각각의 모델에 대하여 테스트 데이터를 분류한 후, 분류 정확도를 비교하는 표를 완성하여라(단위는 %를 사용하여라).

	2만 개의 학습 데이터 사용	4만 개의 학습 데이터 사용	5만 개의 학습 데이터 사용
테스트 정확도			

❼ my_cnn2 모델에 대하여 학습용 데이터를 2만 개, 4만 개, 5만 개 사용하여 학습을 시킨 후 모델을 완성하여라. 각각의 모델에 대하여 테스트 데이터를 분류한 후, 분류 정확도를 비교하는 표를 완성하여라(단위는 %를 사용하여라).

	2만 개의 학습 데이터 사용	4만 개의 학습 데이터 사용	5만 개의 학습 데이터 사용
테스트 정확도			

❽ my_cnn1 모델에 대하여 에폭을 데이터를 5회, 10회, 20회 사용하여 학습을 시킨 후 모델을 완성하여라. 각각의 모델에 대하여 테스트 데이터를 분류한 후, 분류 정확도를 비교하는 표를 완성하여라(단위는 %를 사용하여라).

	5회 에폭 사용	10회 에폭 사용	20회 에폭 사용
테스트 정확도			

❾ my_cnn2 모델에 대하여 에폭을 데이터를 5회, 10회, 20회 사용하여 학습을 시킨 후 모델을 완성하여라. 각각의 모델에 대하여 테스트 데이터를 분류한 후, 분류 정확도를 비교하는 표를 완성하여라(단위는 %를 사용하여라).

	5회 에폭 사용	10회 에폭 사용	20회 에폭 사용
테스트 정확도			

02 CIFAR-10 데이터 셋을 학습시키기 위한 합성곱 신경망을 생성하여라. 이 합성곱 신경망은 다음과 같은 구조를 가지도록 하여라. 이 모델의 이름은 my_cnn3이라고 이름을 짓도록 하자.

- 100만 개에서 150만 개 사이의 학습 파라미터를 가진다.
- 네 개 이상의 합성곱층과 세 개 이상의 풀링층을 가진다.
- 드롭아웃과 배치 정규화 층을 가진다.

이 모델에 대하여 테스트 데이터에 대한 정확도가 79% 이상이 되도록 학습을 수행하여라.

❶ 다음과 같이 학습 성능을 출력하여라.

실행 결과

```
Epoch 1/10
1563/1563 [==============================] - 20s 10ms/step - loss: 1.5060
- accuracy: 0.4789 - val_loss: 3.4477 - val_accuracy: 0.5604

... 중간 생략 ...

Epoch 10/10
1563/1563 [==============================] - 13s 8ms/step - loss: 0.6894
- accuracy: 0.7967 - val_loss: 0.7774 - val_accuracy: 0.7832
313/313 - 1s - loss: 0.7774 - accuracy: 0.7332 - 1s/epoch - 3ms/step

my_cnn3 모델의 테스트 정확도: 0.7942000136375427
```

※주의: 위의 출력은 예시이며 실제 출력 결과는 다소 차이가 날 수 있다.

❷ 이 모델의 구조를 my_cnn3.summary()를 이용하여 출력하여라.

12

데이터 증강

학습목표

- 딥러닝과 머신러닝을 위한 데이터 분석 플랫폼인 캐글의 필요성과 효용성을 이해한다.
- 열린 데이터 마켓의 필요성과 활용에 대하여 이해한다.
- 기존의 데이터를 변형하거나 새로운 데이터를 생성해 데이터 셋의 크기를 늘리는 기법인 데이터 증강의 필요성을 이해한다.
- 다양한 이미지 데이터 증강 기법을 이해하고 활용할 수 있다.
- 오토인코더와 잠재공간, 변분 오토인코더의 개념을 이해한다.

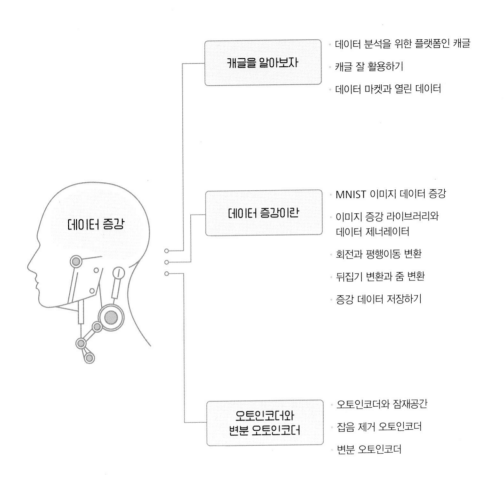

데이터 증강

캐글을 알아보자
- 데이터 분석을 위한 플랫폼인 캐글
- 캐글 잘 활용하기
- 데이터 마켓과 열린 데이터

데이터 증강이란
- MNIST 이미지 데이터 증강
- 이미지 증강 라이브러리와 데이터 제너레이터
- 회전과 평행이동 변환
- 뒤집기 변환과 줌 변환
- 증강 데이터 저장하기

오토인코더와 변분 오토인코더
- 오토인코더와 잠재공간
- 잡음 제거 오토인코더
- 변분 오토인코더

01 캐글을 알아보자

데이터 분석을 위한 플랫폼인 캐글

딥러닝 알고리즘이 성공적으로 잘 동작하기 위해서는 많은 데이터가 필요하다. 다행히 최근 많은 기관과 기업에서는 데이터를 적극적으로 공개하는 문화가 형성되고 있으며, 체계적으로 데이터를 공개할 수 있도록 도와주는 데이터 공개 플랫폼도 활발하게 운영되고 있다. 데이터가 공개되었을 때 이러한 데이터에 대한 분석을 개발자들끼리 서로 도와주는 대표적인 협업 플랫폼인 캐글 [kaggle] 에 대해서 알아보도록 하자. 캐글 웹사이트의 주소는 다음과 같다.

```
https://www.kaggle.com/
```

캐글 사이트의 필요성을 이해하기 위해 우선 다음과 같은 사례를 살펴보자.

> "어떤 기업 A사에서는 10여 년간 자사의 전자 제품에 대해 고객의 문의 전화를 응대하는 서비스를 운영한다. 이 과정에서 고객의 정보와 제품의 불량에 대한 방대한 데이터를 축적하였다. 이제 A사는 이 정보를 토대로 모든 고객에게 일방적으로 같은 응대를 하지 않고, 개별 고객에 대한 **맞춤형 응대 매뉴얼을 개발**하여 전화 응대 직원들에게 보급하려고 한다. 예를 들어서, 그동안의 전화 시간과 불량 접수의 유형, 사후 처리와 만족도 등의 축적된 방대한 데이터를 분석하여 어떤 고객이 VIP 고객인지, 어떤 고객이 요주의 고객인지를 판단하는 시스템을 구축하려는 것이다. 만약 이 기업에 우수한 데이터 분석 전문가가 확보되어 있다면 이 전문가의 힘을 빌려 데이터를 잘 분석할 수 있을 것이다."

그러나 안타깝게도 전문가가 없다면, 이 기업은 새로운 전문가를 채용해야만 하는 것일까? 만일 이 업무가 일회성 업무라면 굳이 사람을 채용할 필요가 있을까? 혹은 이 업무에 관련하여 세계에서 가장 우수한 전문가의 힘을 빌려서 훌륭한 분석 시스템을 개발하려면 어떻게 하는 것이 좋을까?

이 같은 경우에 대하여 기업 A는 캐글을 이용하는 것을 고려해 볼 수 있을 것이다. 캐글은 기업이나 기관으로부터 데이터를 제공받아서, 이를 온라인으로 공개하여 세계 각지의 수많은 데이터 과학자들이 팀이나 개인으로 이 문제를 해결할 수 있도록 도와주는 대표적인 데이터 분석 플랫폼이다. 캐글은 2010년에 설립된 예측 모델 및 분석 대회 플랫폼인데, 지금 이 시간에도 전 세계의 데이터 과학자들이 문제를 해결하는 모델을 개발하며 서로 경쟁하고 있다. 실제 프랑스 전자상거래 사이트인 C디스카운트는 상품 이미지 분류 대회를 열었으며 3만 5천 달러의 상금을 걸었다. 캐글의 데이터 셋은 대회가 끝날 경우 사라지기도 하지만 언제든 다운로드 받을 수 있는 경우도 많다. 그리고 이 대회에 참여한 개인이나 팀의 코드를 보고 토의하는 커뮤니티도 잘 되어 있어서 인공지능 연구자들의 좋은 놀이터로 인기를 얻고 있다.

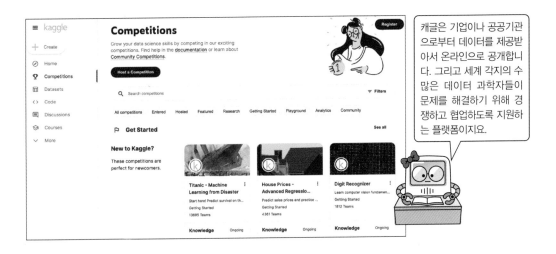

캐글은 기업이나 공공기관으로부터 데이터를 제공받아서 온라인으로 공개합니다. 그리고 세계 각지의 수많은 데이터 과학자들이 문제를 해결하기 위해 경쟁하고 협업하도록 지원하는 플랫폼이지요.

캐글 잘 활용하기

캐글은 데이터 과학자들의 훌륭한 커뮤티니로서의 기능도 하고 있으며, 다음과 같은 방법으로 효과적으로 활용될 수 있다.

- **캐글 경진대회 참여:** 캐글은 정기적으로 머신러닝 경진대회를 개최한다. 이 대회에서는 실제 문제를 머신러닝으로 해결해 보는 경험을 쌓을 수 있다. 이를 통해 실제 문제에 접근하는 방법, 다양한 머신러닝 알고리즘 그리고 모델의 성능을 개선하는 전략 등을 배울 수 있다.
- **커널 활용:** 캐글 사용자들은 커널 ^{kernel} 이라는 형태로 코드를 공유한다. 이를 통해 다른 사람들이 어떻게 데이터를 처리하고, 어떤 모델을 사용하며, 어떤 전략을 사용하는지 등을 배울 수 있다. 또한 자신이 작성한 코드를 커널로 공유하면 다른 사람들로부터 피드백을 받을 수 있다.
- **데이터 셋 활용:** 캐글에서는 다양한 주제의 데이터 셋이 공유된다. 이 데이터 셋을 활용해 자신만의 프로젝트를 수행하거나, 머신러닝, 딥러닝 모델을 학습시켜볼 수 있다.
- **토론 참여:** 캐글에서는 다양한 주제에 대한 토론이 이루어진다. 이를 통해 새로운 아이디어를 얻거나, 복잡한 개념을 이해하거나, 머신러닝에 대한 최신 트렌드를 파악할 수 있다.

이러한 여러 방법으로 캐글을 활용하면 머신러닝에 대한 실력을 향상시키고, 데이터 과학 커뮤니티에 참여하는 경험을 쌓을 수 있다.

다음으로 실제 캐글을 이용하는 방법을 자세히 살펴보자. 캐글에 접속한 나음, **Competitions** 메뉴를 확인해 보자. 이 메뉴에는 초보자를 위한 타이타닉 생존자를 예측하는 간단한 예제와 더불어 많은 경진대회가 상금과 함께 개최되고 있다. **타이타닉 생존자 예측 문제**는 1912년 첫 항해 중 대서양에 침몰한 호화 여객선 타이타닉호의 승객 데이터를 이용하는 문제이다. 이 데이터에는 승객의 성(sex), 나이, 객실 등급, 동반 가족 등이 포함되어 있으며 이를 분석하여 생존 및 사망 요인을 분석하는 문제이다.

또한 캐글의 **Datasets** 메뉴에는 여러 기업이나 기관에서 공개한 풍부한 데이터 집합이 있으며 이 데이터의 분석 목표를 다음과 같이 명시하여 제공하고 있다.

다음은 캐글에 등록된 데이터와 분석 주제의 한 예이다.

- 통신사에서 축적한 고객의 정보를 분석하여 주의 깊게 살펴야 할 고객 정보를 찾아내는 고객 행동 예측 분석

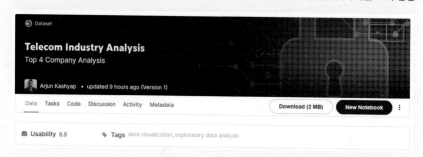

- 코로나 바이러스 환자와 정상인의 가슴 X-선 사진을 이용하여 코로나 바이러스 환자를 진단

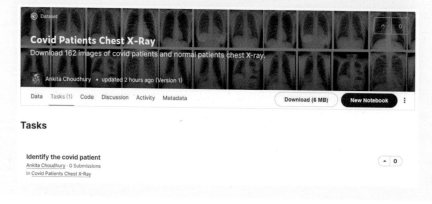

지금 이 시간에도 많은 기업이나 정부, 기관에서 데이터를 제공하고 있으며 이 데이터를 바탕으로 훌륭한 분석 결과를 제시하려는 많은 데이터 과학자들이 캐글 생태계를 더욱더 발전시키고 있다.

데이터 마켓과 열린 데이터

캐글뿐만 아니라 미국 정부의 경우 data.org라는 웹사이트에서 정부의 주요 데이터를 공개하고 있으며, 지금도 여러 나라의 정부 기관과 의료 기관 등에서는 많은 데이터를 공개하여 데이터 분석가들이 활용할 수 있도록 도와주는 데이터 마켓 data market 을 열고 있다. 모든 사람이 제한없이 자유롭게 사용하고 재사용할 수 있으며 재배포까지 가능한 데이터를 열린 데이터 open data 라고 한다.

오픈 데이터 핸드북이라는 웹사이트에서는 **열린 데이터의 가장 핵심이 되는 개념을** 다음과 같이 정의하고 있다.

이용성 및 접근	전체 데이터는 이용 가능해야 하며, 합리적인 재생산 비용으로, 가능하면 인터넷에서 다운로드되어야 한다. 데이터는 편리하고 수정 가능한 형태로 제공되어야 한다.
재사용과 재배포	데이터는 서로 다른 데이터와 결합되는 것을 포함하여 재사용과 재배포를 허용하는 조건으로 제공되어야 한다.
보편적 참여	누구나 데이터를 사용, 재사용 및 재배포할 수 있어야 한다. 즉, 활동 분야 혹은 특정한 사람이나 그룹에 대한 차별이 없어야 한다.

비록 열린 데이터는 아니지만 캐글과 같은 데이터 분석 플랫폼은 데이터 분석을 전문적으로 하는 개발자를 위한 열린 토론, 소스코드 공개 등의 상호 소통을 활발하게 지원하고 있다. 또한, 최근 캐글의 데이터 분석 플랫폼의 효과적인 데이터 분석을 위해서는 대부분 딥러닝 기술과 같은 인공지능 기술을 사용하고 있는 추세이다.

NOTE: 2019년 미국의 1순위 직업은 데이터 과학자

기업에 대한 평가와 연봉 등을 정리해서 알려주는 소셜 구인 사이트인 Glassdoor에 따르면 2019년도 미국에서 최고의 연봉과 만족도를 보여주는 직업이 **데이터 과학자**인 것으로 알려졌다.

	Job Title	Median Base Salary	Job Satisfaction	Job Openings
#1	Data Scientist	$108,000	4.3/5	6,510
#2	Nursing Manager	$83,000	4/5	13,931
#3	Marketing Manager	$82,000	4.2/5	7,395

2021년도와 2022년도의 순위는 2위와 3위로 다소 떨어지기는 했으나 수만 개 이상의 직업군 중에서 최상위에 위치하여 각광받는 직업은 여전히 데이터 과학자이다.

02 데이터 증강이란

머신러닝과 딥러닝에서 모델의 성능을 높이는 기법 중 하나는 많은 양의 데이터를 학습시키는 것이다. 그러나 현실 세계에서는 많은 양의 데이터를 수집하는 데 많은 비용과 시간이 소요되는 경우가 많다. 이러한 어려움을 해결하기 위한 방법의 하나로 데이터 증강은 매우 유용하다. 데이터 증강 data augmentation은 **기존의 데이터를 변형하거나 새로운 데이터를 생성해 데이터 셋의 크기를 늘리는 기법**이다.

머신러닝과 딥러닝에서 데이터 증강은 다음과 같은 이유로 필요하다.

1. **데이터 부족 문제를 해결**: 딥러닝 모델은 대량의 데이터를 필요로 하는데, 실제 상황에서 충분한 양의 데이터를 얻는 것이 어렵다. 데이터 증강을 통해 기존 데이터를 변형하거나 새로운 데이터를 생성함으로써 이러한 어려움을 덜 수 있다.
2. **과적합 방지**: 데이터 증강은 모델이 학습 데이터에 과도하게 적합되는 것을 방지하는 데 도움을 준다. 증강된 데이터를 사용하면 모델은 다양한 상황에 대해 학습할 수 있으므로 일반화 성능이 향상된다.
3. **데이터 다양성의 증가**: 데이터 증강은 기존 데이터의 다양성을 증가시키는 데 도움을 준다. 이로 인해 모델이 다양한 특성을 더 잘 이해하게 되어 성능이 향상된다.

예를 들어, 이미지 분류 문제에서는 이미지를 회전, 확대, 축소, 반전 등의 변형을 통해 데이터 증강을 진행할 수 있는데, 이는 모델이 다양한 각도나 크기, 위치에서도 객체를 인식하는 능력을 향상시키는 데 도움이 된다. 데이터 증강은 이미지 분류 모델의 성능 향상을 위해서도 필요하지만 이미지만이 아닌 다양한 데이터에 대해서도 적용할 수 있다. 이 책에서는 이미지 데이터를 증강하는 방법을 집중적으로 다룰 것이다.

이미지 데이터에 사용되는 데이터 증강 기법과 이에 대한 설명은 다음 표와 같이 정리할 수 있다.

데이터 증강 기법	설명
뒤집기 Flip	이미지를 수평 또는 수직으로 뒤집는다.
회전 Rotation	이미지를 일정한 각도로 회전시킨다.
크롭 Crop	이미지의 일부 영역을 잘라낸다.
확대/축소 Scale	이미지의 크기를 확대하거나 축소한다.
밝기 조절 Brightness Adjustment	이미지의 밝기를 조절한다.
채도 조절 Saturation Adjustment	이미지의 채도(선명하고 탁한 정도)를 조절한다.
색상 변화 Color Shift	이미지의 색상을 변화시킨다.
가우시안 노이즈 Gaussian Noise	이미지에 가우시안 노이즈를 추가한다.
왜곡 Distortion	이미지를 왜곡시켜 물체의 형태를 변경한다.
변환 Affine Transformation	이미지를 이동, 확대, 회전시키는 등의 변환을 적용한다.
컷아웃 Cutout	이미지에서 사각형 영역을 잘라내거나 픽셀을 가리는 마스킹 기법이다.
믹스업 Mixup	두 이미지를 선형 결합하여 새로운 이미지를 생성하는 기법이다.

전기 자동차 분야에서 세계 1위의 매출을 자랑하는 테슬라는 뛰어난 운전 보조 시스템 기술을 보유하고 있다. 향후에 출현하게 될 자율주행 자동차를 위해서는 많은 양의 운전자 데이터가 필요하다. 테슬라사는 자율주행 자동차에 대하여 가파른 커브길과 교차로에서 회전하는 능력을 키우기 위한 특허를 가지고 있다. 이 특허 중 하나가 그림과 같이 수집한 이미지에 대하여 특정한 영역을 가리거나 노이즈를 추가하는 데이터 증강 기술이다.

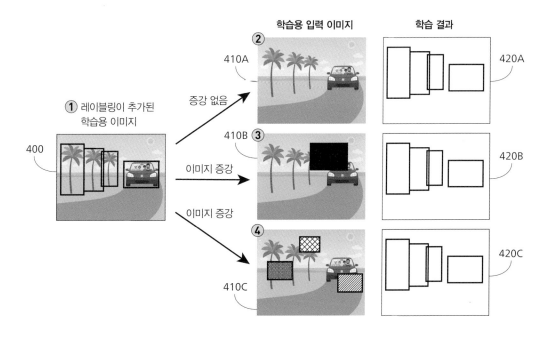

그림을 살펴보면 왼쪽의 이미지가 원본 이미지로, 운전자가 실제로 운행하면서 획득한 이미지이다. 이 영상에 대하여 그림 ①에는 나무와 자동차에 대한 레이블링이 추가되어 있다. 이 데이터에 대하여 아무런 증강 기술을 사용하지 않은 것이 그림 ②이며, 사물의 일부를 가린 것이 그림 ③이다. 그리고 그림 ④는 특정한 영역에 노이즈를 추가한 영상을 학습용 이미지로 사용한 후 이 이미지에 대한 출력을 보여주고 있다. 자율주행 자동차는 심야 시간이나 태풍, 폭우와 같은 궂은 날씨에도 안전 운전이 보장되어야 한다. 그러나 주간에 비해 심야 시간대와 궂은 날씨에서 운전하는 영상과 같은 데이터는 매우 부족한 편이다. 따라서 이와 같은 상황을 위한 데이터를 별도로 만들기보다는 방대한 양의 주간 운행 데이터에 대하여 밝기와 대비를 조절하는 것이 더 나은 해결책이 될 수 있다.

MNIST 이미지 데이터 증강

이미지 데이터 증강을 위하여 MNIST 이미지 데이터를 활용할 것이다. 우선 다음과 같이 격자형태의 모양으로 숫자 데이터를 그리는 코드를 만들어 보자. 이 프로그램은 다섯 개의 숫자 이미지를 한 줄에 표시한다. 이 이미지들에 대하여 변형을 가한 이미지를 만들어서 딥러닝의 학습 데이터로 사용할 것이며 이를 위하여 케라스의 preprocessing.image 서브 모듈에 있는 ImageDataGenerator 클래스를 사용할 것이다. 또한 변형된 그림을 화면에 나타내기 위하여 맷플롯립 라이브러리의 pyplot 서브 모듈을 사용하였다. mnist.load_data()는 MNIST 이미지 데이터를 반환하는 함수로 이전에 다룬 바 있다. 이 코드에서 위의 네 줄은 이 장 전체에서 반드시 필요한 중복된 코드로, 이 코드 이하의 코드에서는 생략할 것이다. 이전 코드와는 달리 이 장에서는 train_images, train_labels라는 긴 변수명 대신 X_train, y_train으로, test_images, test_labels 대신 X_test, y_test라는 짧은 변수명을 사용하였다.

```python
from tensorflow import keras
from keras.preprocessing.image import ImageDataGenerator
import numpy as np
import matplotlib.pyplot as plt

# MNIST 데이터를 학습용, 테스트 데이터로 구분하여 읽어옴
mnist = keras.datasets.mnist

# 격자형태의 공간에 데이터를 그려 보자
def draw_images(n, data):
    fig, ax = plt.subplots(1, n, sharex=True, sharey=True,\
                           figsize=(10,2))
    for i in range(n):
        ax[i].imshow(data[i], cmap='Greys')
```

```
(X_train, y_train), (X_test, y_test) = mnist.load_data()
# 다섯 장의 이미지를 그려 보자
draw_images(5, X_train)
```

MNIST 데이터에서 학습용으로 사용되는 6만 개의 이미지 중 다섯 장의 이미지를 이 코드를 이용하여 그려 보았다. 그 결과는 위와 같이 5, 0, 4, 1, 9로 다섯 개의 손글씨 이미지가 나타난다.

이미지 증강 라이브러리와 데이터 제너레이터

머신러닝과 딥러닝에 사용할 수 있는 주요 데이터 증강 라이브러리들은 다음과 같다.

- 케라스의 ImageDataGenerator: 케라스는 텐서플로 위에서 동작하는 고수준 딥러닝 라이브러리로, ImageDataGenerator 클래스를 통해 다양한 이미지 데이터 증강 기법을 지원한다. 이 라이브러리를 통해 이미지의 회전, 이동, 확대, 축소 등의 변환을 쉽게 적용할 수 있다.
- Augmentor: Augmentor는 파이썬에서 사용할 수 있는 데이터 증강 라이브러리로, 특히 이미지 데이터에 대한 증강 기능이 풍부하다. 이 라이브러리에서는 다양한 변환 방법과 확률을 설정해 이미지 데이터를 증강할 수 있다.
- Albumentations: Albumentations는 이미지, 시맨틱 세그멘테이션, 객체 검출 등 다양한 태스크에 활용할 수 있는 데이터 증강 라이브러리이다. 빠른 처리 속도와 다양한 증강 기법이 특징이다.
- imgaug: imgaug 라이브러리는 이미지 데이터를 증강하기 위한 다양한 기법을 지원한다. 기본적인 변환 기법 외에도 노이즈 추가, 블러링, 색상 변경 등 다양한 기능을 제공한다.
- Torchvision: Torchvision 라이브러리는 텐서플로와 함께 많이 사용되는 파이토치용 이미지 증강 라이브러리이다. 이 라이브러리의 transforms 모듈을 통해 이미지 데이터 증강 기법을 제공한다.

이상의 다양한 라이브러리들을 사용하면 이미지 데이터를 증강하는데 도움이 되며, 자신의 프로젝트에 가장 적합한 라이브러리를 선택해 사용하면 좋을 것이다.

이 책에서는 위의 라이브러리 중에서 케라스의 ImageDataGenerator을 사용할 것이다. 이 라이브러리는 케라스의 preprocessing.image 서브 모듈 아래에 있다. 따라서 다음과 같은 코드를 사용하여 ImageDataGenerator 클래스의 imagegen 객체를 생성한다.

```
from keras.preprocessing.image import ImageDataGenerator
imagegen = ImageDataGenerator()
```

ImageDataGenerator를 생성하고 구성한 후에는 모든 데이터를 지정된 이미지 데이터 생성기를 통해서 생성하는 피팅 ^{fitting} 절차가 필요하다. 이렇게 하면 이미지 데이터에 대한 변환을 실제로 실행하는 데 필요한 모든 통계적인 작업이 수행된다. 데이터 생성기는 통계적 모델을 사용하여 데이터를 처리하게 된다. 데이터 피팅은 데이터 생성기에서 fit() 메소드를 호출하는 것으로 이루어지는데 인자로 학습 데이터 세트(train_data)를 전달하면 이 작업을 수행할 수 있다.

```
# train_data라는 학습 데이터 세트를 데이터 생성기가 데이터를 생성함
imagegen.fit(train_data)
```

위의 ImageDataGenerator 클래스는 반복문에서 요청하면 내부의 원소를 하나하나 반환하는 기능을 가지고 있다. 이 때문에 반복문에서 요청할 경우, 이미지 샘플 배치를 반환한다. 따라서 이것을 사용하기 위해서는 배치 크기를 설정하고, flow() 메소드를 호출하여 데이터 생성기를 준비한 다음, 다음과 같이 이미지 배치를 가져올 수 있다. flow() 메소드는 제너레이터라는 특수한 함수이다. 제너레이터는 반복 가능한 객체를 생성하는 특수한 함수이므로 다음과 같이 사용할 수 있다.

```
# train_data라는 학습 데이터 세트를 데이터 생성기가 데이터를 생성함
X_batch, y_batch = imagegen.flow(train_data, test_label, batch_size=16)
```

이 메소드가 호출한 X_batch를 살펴보기 위해서 첫 배치의 내용을 출력해 보자. 첫 배치의 출력 후 두 번째 배치, 세 번째 배치를 불러올 수 있으나 이 코드에서는 첫 배치의 내용만을 출력한 후 break 문으로 반복문을 종료해 보자.

```
for X_batch, y_batch in imagegen.flow(X_train, y_train,\
                                      batch_size=9, shuffle=False):
    print(f'X_batch.min() = {X_batch.min()}')
    print(f'X_batch.max() = {X_batch.max()}')
    print(f'X_batch.mean() = {X_batch.mean()}')
    print(f'X_batch의 크기 = {len(X_batch)}')
    break
```

이제 이 데이터에 대하여 평균값이 0이고 표준편차가 1인 형태로 데이터를 정규화한 후 이미지를 화면에 출력하는 코드를 작성해 보자.

```
# MNIST 데이터를 학습용, 테스트 데이터로 구분하여 읽어옴
mnist = keras.datasets.mnist

def show_data(data):
    # 배치 크기를 설정하고 배치 이미지를 가져옴
    for X_batch, y_batch in data.flow(X_train, y_train, batch_size=16,\
                                       shuffle=False):
        draw_images(5, X_batch)
        break

(X_train, y_train), (X_test, y_test) = mnist.load_data()
X_train = X_train.reshape((X_train.shape[0], 28, 28, 1))
X_test = X_test.reshape((X_test.shape[0], 28, 28, 1))
# 데이터를 정규화함
X_train = X_train / 255.0
X_test = X_test / 255.0
# 이미지 데이터 제너레이터를 이용하여 증강 기능을 호출
imagegen = ImageDataGenerator(featurewise_center=True,\
                              featurewise_std_normalization=True)

# 주어진 파라미터로 데이터를 증강시킴
imagegen.fit(X_train)
show_data(imagegen)
```

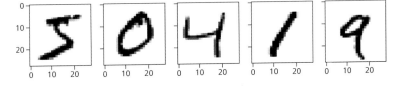

이 코드는 위의 결과와 비슷해 보이지만 원래의 이미지를 정규화한 후 ImageDataGenerator 클래스를 사용하여 데이터를 증강시킨 결과이다. imagegen 객체의 flow() 메소드는 전체 데이터에 대하여 주어진 정보를 이용하어 데이터를 변형시키고 이를 배치 크기만큼 반환하는 기능을 가지고 있다. flow() 메소드가 반환한 X_batch의 최소, 최대, 평균, 크기를 출력하는 다음과 같은 코드를 작성하여 수행시켜보자. flow()는 배치 크기만큼의 데이터를 반복 생성하기 때문에 break를 사용하여 루프를 빠져나오지 않으면 매우 큰 루프를 돌게 되어 수행시간이 많이 소요된다.

```
for X_batch, y_batch in imagegen.flow(X_train, y_train,\
                                      batch_size=9, shuffle=False):
    # 배치 데이터 셋의 정보 요약
    print(f'배치 데이터 : {X_batch.shape}')
    # 픽셀의 정보 요약
    print(f'배치 데이터의 최소값 : {X_batch.min()}')
    print(f'배치 데이터의 최대값 : {X_batch.max()}')
    print(f'배치 데이터의 평균값 : {X_batch.mean()}')
```

```
        print(f'배치 데이터의 표준편차 : {X_batch.std()}')
        break
```
```
배치 데이터 : (9, 28, 28, 1)
배치 데이터의 최소값 : -0.4240730404853821
배치 데이터의 최대값 : 2.8215339183807373
배치 데이터의 평균값 : -0.04093816503882408
배치 데이터의 표준편차 : 0.9531126022338867
```

이 코드의 실행 결과를 살펴보면 **X_batch**의 최소값이 −0.424, 최대값이 2.8, 평균값이 −0.04로 거의 0에 가까운 값을 가지는 것을 볼 수 있다. 이 **flow()** 제너레이터가 반환하는 이미지 데이터는 원래의 이미지에 대하여 변형을 적용한 결과이므로 최소값, 최대값, 평균값은 **ImageDataGenerator**의 설정에 따라 다를 수 있다.

이제 다음과 같이 다양한 키워드 인자를 사용하여 **ImageDataGenerator**를 생성하도록 하자. 이 **ImageDataGenerator**의 설정값에 대해서는 추후 상세하게 설명할 것이며, 다음 코드에서는 배치 데이터의 정보에 대해서만 눈여겨보도록 하자.

```
# 다양한 키워드 인자를 이용해서 데이터를 변형하자
imagegen = ImageDataGenerator(rotation_range=40, width_shift_range=0.2,\
                              height_shift_range=0.2,\
                              shear_range=0.2,zoom_range=0.2,\
                              horizontal_flip=True,fill_mode='nearest')
imagegen.fit(X_train)
for X_batch, y_batch in imagegen.flow(X_train, y_train,\
                                      batch_size=9, shuffle=False):
    # 배치 데이터 셋의 정보 요약
    print(f'배치 데이터 : {X_batch.shape}')
    # 픽셀의 정보 요약
    print(f'배치 데이터의 최소값 : {X_batch.min()}')
    print(f'배치 데이터의 최대값 : {X_batch.max()}')
    print(f'배치 데이터의 평균값 : {X_batch.mean()}')
    print(f'배치 데이터의 표준편차 : {X_batch.std()}')
    break
```
```
배치 데이터 : (9, 28, 28, 1)
배치 데이터의 최소값 : 0.0
배치 데이터의 최대값 : 0.9992240071296692
배치 데이터의 평균값 : 0.12609516084194183
배치 데이터의 표준편차 : 0.28343579173088074
```

이전 코드와 달리 배치 데이터의 최소값, 최대값, 평균값, 표준편차가 각각 다른 값으로 변경된 것을 확인할 수 있다.

ImageDataGenerator 클래스는 다양한 키워드 인자를 제공하여 이미지 데이터의 증강 및 전처리를 지원한다. 아래는 일부 주요 키워드 인자들에 대한 설명을 포함하는 표이다.

키워드 인자	설명
rescale	모든 픽셀값에 주어진 값을 곱한다(예: 픽셀이 0에서 255 사이 값을 가질 경우, rescale을 1./255로 설정하면 모든 픽셀값을 [0,1] 범위로 정규화한다).
rotation_range	무작위 회전의 범위를 지정한다. 회전각은 일반각을 사용하며 0~지정한 값 사이에서 무작위로 회전 각도가 결정된다.
width_shift_range	수평 이동의 범위를 지정한다(데이터 형식에 따라 픽셀 또는 비율로 설정된다).
height_shift_range	수직 이동의 범위를 지정한다(데이터 형식에 따라 픽셀 또는 비율로 설정된다).
shear_range	이미지를 기울어지게 만드는 전단 변환을 수행한다. 기울어지는 정도는 바로 서 있는 각 대비 기울어진 각도 범위를 통해서 지정한다.
zoom_range	무작위 줌의 범위를 지정한다(예: [0.9, 1.1]은 0.9배에서 1.1배 사이의 줌을 무작위로 적용한다).
horizontal_flip	이미지를 수평으로 무작위로 뒤집는다. True 또는 False로 설정한다.
vertical_flip	이미지를 수직으로 무작위로 뒤집는다. True 또는 False로 설정한다.
fill_mode	입력 이미지의 경계 밖의 포인트에 대한 전략을 지정한다. 'nearest', 'constant', 'reflect', 'wrap' 중 하나를 선택한다.
cval	fill_mode가 'constant'로 설정될 때 사용할 값이다.
brightness_range	무작위로 선택된 범위 내에서 이미지의 밝기를 변경한다.

ImageDataGenerator 클래스는 다양한 키워드 인자들이 있다. 위의 표는 주요한 일부 키워드 인자들만을 포함하고 있으며, 이 책에서는 모든 인자들에 관한 설명을 하지는 않는다. 자세한 설정 및 인자 설명은 케라스 문서나 공식 홈페이지를 참조하는 것이 좋다.

회전과 평행이동 변환

ImageDataGenerator 클래스의 가장 기초적인 변환이 회전과 평행이동 변환을 알아보자. 회전 변환은 rotation_angle 키워드 인자를 사용한다. 이 인자는 0도에서 360도의 일반각을 인자값으로 사용한다. 다음은 rotation_range 값을 30과 90으로 설정하여 나타난 결과이다.

```
# 0도에서 30도 범위에서 랜덤하게 회전
imagegen = ImageDataGenerator(rotation_range=30)
show_data(imagegen)
```

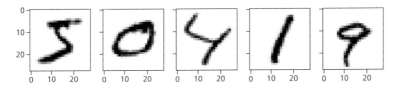

```
# 0도에서 90도 범위에서 랜덤하게 회전
imagegen = ImageDataGenerator(rotation_range=90)
show_data(imagegen)
```

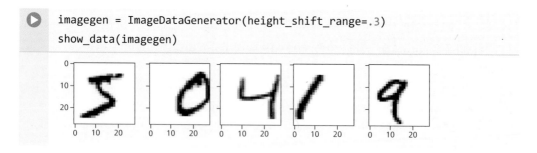

결과를 살펴보면 랜덤한 회전각이 큰 경우, 데이터의 회전이 더 많이 발생하는 경향이 있다는 것을 알 수 있다.

다음은 `width_shift_range`를 사용하여 이미지를 수직 방향으로 이동시키는 기능을 살펴보자. 이를 위하여 다음 코드와 같이 `width_shift_range`의 값을 .3으로 지정하도록 하자. 이 코드는 원래 이미지를 0~30% 범위에서 랜덤하게 수직 이동시키는 기능이 있다.

```
# 원래 이미지를 0~30% 범위에서 랜덤하게 수직 이동
imagegen = ImageDataGenerator(width_shift_range=.3)
show_data(imagegen)
```

다음으로 `height_shift_range`를 .3으로 설정한 코드와 그 결과이다. 결과와 같이 원래의 이미지를 수평 방향에 대하여 좌측이나 우측으로 이동시킨 것을 볼 수 있다.

```
imagegen = ImageDataGenerator(height_shift_range=.3)
show_data(imagegen)
```

위의 두 기능을 혼합하여 다음과 같이 원래 이미지를 수직 방향, 수평 방향으로 모두 변환시킨 결과를 생성해 보자.

```
shift = 0.2
imagegen = ImageDataGenerator(width_shift_range=shift,\
                              height_shift_range=shift)
show_data(imagegen)
```

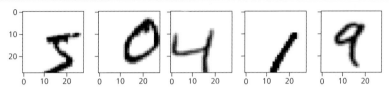

다음은 전단 변환에 대하여 알아보자. 전단 변환은 사물의 형태를 기울이는 변환으로, 기울임 변환이라고도 한다. 전단 변환을 위하여 shear_range라는 키워드 인자를 사용하여 0도에서 40도 사이의 범위에서 랜덤하게 이미지를 기울여 보자.

```
shear = 40
imagegen = ImageDataGenerator(shear_range=shear)
show_data(imagegen)
```

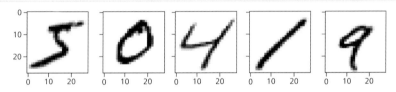

전단 변환의 범위가 60도로 늘어나면 다음 그림과 같이 기울어지는 범위가 더 커지게 된다.

```
shear = 60
imagegen = ImageDataGenerator(shear_range=shear)
show_data(imagegen)
```

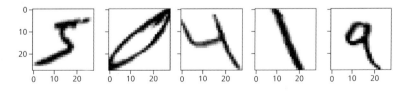

1. `ImageDataGenerator` 객체를 사용하여 다음과 같이 회전 변환과 기울임 변환이 추가된 이미지 객체를 생성하여라. 회전 변환의 범위는 0도에서 40도이며, 기울임 변환의 범위는 0도에서 30도이다.

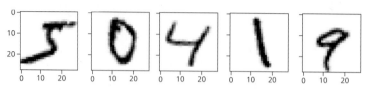

2. `ImageDataGenerator` 객체를 사용하여 15개의 학습용 데이터를 다음과 같이 3행 5열의 격자형태로 나타내어라.

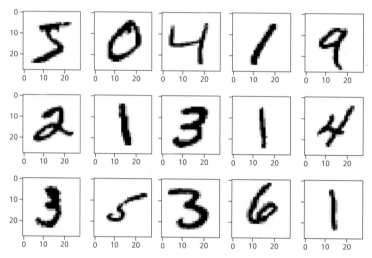

3. 문제 2와 같이 주어진 데이터에 대하여 회전 변환과 기울임 변환, 수직 이동, 수평 이동이 추가된 이미지 객체를 생성하여라. 회전 변환의 범위는 0도에서 20도이며, 기울임 변환의 범위는 0도에서 25도, 수직 이동, 수평 이동은 각각 원래 이미지의 25% 범위이다.

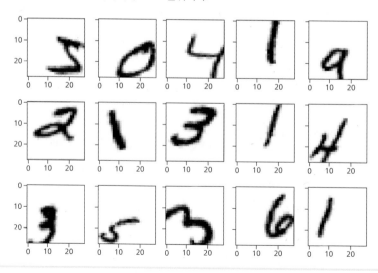

뒤집기 변환과 줌 변환

뒤집기 변환은 이미지를 수직 방향이나 수평 방향으로 뒤집는 변환이다. 다음과 같이 `horizontal_flip=True` 키워드 인자는 수직 방향에 대하여 랜덤하게 뒤집기 변환을 실행한다. 만일 `vertical_flip=True`를 사용하면 수평 방향에 대해서 랜덤하게 뒤집기 변환을 실행한다.

```
# 수직 방향에 대해서 랜덤하게 뒤집기 변환을 실행
imagegen = ImageDataGenerator(horizontal_flip=True)
show_data(imagegen)
```

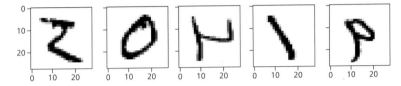

```
# 수평 방향에 대해서 랜덤하게 뒤집기 변환을 실행
imagegen = ImageDataGenerator(vertical_flip=True)
show_data(imagegen)
```

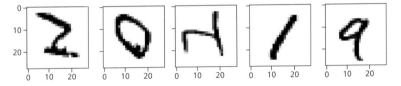

숫자와 같이 **상하좌우의 위치 정보가 중요한 이미지에 대해서는 뒤집기 변환으로 만든 이미지가 학습에 효과적이지 않다는 점**을 항상 유의하도록 하자.

다음 코드는 CIFAR-10 데이터 셋에 대하여 원본 이미지와 수직 방향 뒤집기 변환을 적용한 결과이다. 수직 방향으로 뒤집기 변환을 적용하면 그림과 같이 개구리, 트럭, 자동차의 이미지에 대한 뒤집기가 이루어진 것을 볼 수 있다.

```
from keras.datasets import cifar10
from matplotlib import pyplot

(X_train, y_train), (X_test, y_test) = cifar10.load_data()
X_train = X_train.astype('float32')
X_test = X_test.astype('float32')
X_train /= 255
X_test /= 255
# 원본 이미지
cifar_datagen = ImageDataGenerator()
show_data(cifar_datagen)
```

```
# 뒤집기 변환을 적용시키자
cifar_datagen = ImageDataGenerator(horizontal_flip=True)
show_data(cifar_datagen)
```

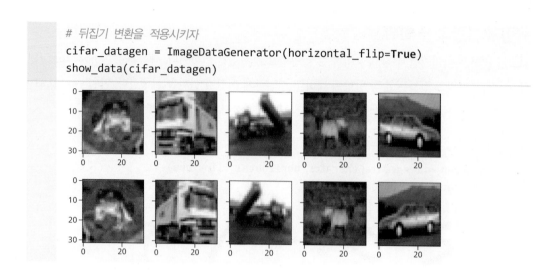

이와 같은 이미지들은 딥러닝의 성능 향상을 위한 이미지로 의미 있게 사용될 수 있을 것이다.

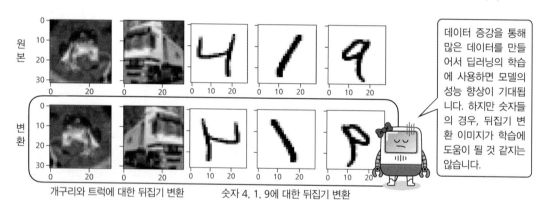

개구리와 트럭에 대한 뒤집기 변환   숫자 4, 1, 9에 대한 뒤집기 변환

데이터 증강을 통해 많은 데이터를 만들어서 딥러닝의 학습에 사용하면 모델의 성능 향상이 기대됩니다. 하지만 숫자들의 경우, 뒤집기 변환 이미지가 학습에 도움이 될 것 같지는 않습니다.

CIFAR-10 데이터에 대한 수직 방향, 수평 방향 뒤집기를 모두 적용한 결과는 다음과 같다.

```
# 수직 방향, 수평 방향 뒤집기 변환을 적용시키자
cifar_datagen = ImageDataGenerator(horizontal_flip=True,\
                                   vertical_flip=True)
show_data(cifar_datagen)
```

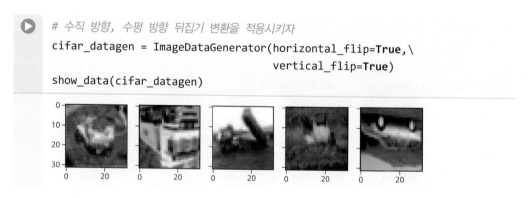

위아래가 뒤집어진 개구리와 트럭, 자동차 데이터가 학습에 필요한가에 대해서는 정책적 고려가 필요할 것이지만 이와 같은 방법으로 쉽게 데이터를 만들 수 있다는 것은 매우 고무적이라 할 수 있다.

이어서 줌인과 줌아웃 변환을 zoom_range 키워드 인자를 통해서 실행해 보자. zoom_range 인자의 값이 1.0에서 1.7일 경우, 최소 줌 값이 1.0, 최대 줌 값이 1.7이 되어 그림은 축소된다. 그림이 축소 되면 원본 픽셀의 외부가 비게 되는데, 이 값은 디폴트이며 원본 경계 픽셀값으로 채워진다.

```
# 확대 축소 범위를 1.0에서 1.7로 지정(이미지 축소 효과)
cifar_datagen = ImageDataGenerator(zoom_range=[1.0, 1.7])
show_data(cifar_datagen)
```

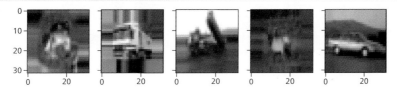

위의 그림과 같이 원본 픽셀의 경계를 어떻게 처리할지 결정하는 인자가 바로 fill_mode 인자이 다. 이 인자의 디폴트 속성은 'nearest'로 경계의 바깥을 경계의 색으로 채우는 기능이 있다. 이제 다음과 같이 'reflect', 'constant' 속성을 지정하고 그 결과를 살펴보자. 'reflect'는 경계 외 부의 픽셀을 경계 내부의 픽셀과 반사되도록 하며, 'constant' 속성은 외부를 검은색과 같이 고정 된 색으로 채운다.

```
# 경계 외부의 픽셀은 내부 픽셀과 반사되도록 함
cifar_datagen = ImageDataGenerator(zoom_range=[1.0, 1.7],\
                                   fill_mode='reflect')
show_data(cifar_datagen)
```

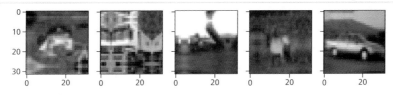

```
# 경계 외부의 픽셀 색상을 고정시킴
cifar_datagen = ImageDataGenerator(zoom_range=[1.0, 1.7],\
                                   fill_mode='constant')
show_data(cifar_datagen)
```

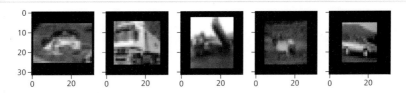

이전과 달리 이미지를 확대하기 위해서는 다음 코드와 같이 zoom_range의 범위를 1 이하의 값인

0.7에서 1.0으로 두어야 한다. 그리고 0.7에서 1.3과 같이 30% 확대와 축소를 범위로 지정하고자 할 경우, zoom_range=.3과 같이 설정한다.

```python
# 확대 축소 범위를 0.7에서 1.0으로 지정(이미지 확대 효과)
cifar_datagen = ImageDataGenerator(zoom_range=[0.7, 1.0])
show_data(cifar_datagen)
```

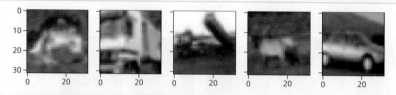

```python
# 확대 축소 범위를 1-0.3에서 1+0.3으로 지정
cifar_datagen = ImageDataGenerator(zoom_range=0.3)
show_data(cifar_datagen)
```

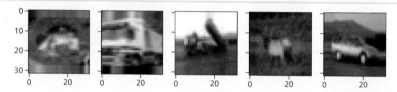

도전 문제 12.2: 확대/축소 변환 상 중 하

1. ImageDataGenerator 객체를 사용하여 MNIST 숫자 이미지에 확대 변환이 추가된 이미지 객체를 생성하여라. 확대 변환의 범위는 원래 이미지의 40% 이내가 되도록 하여라

원본 :

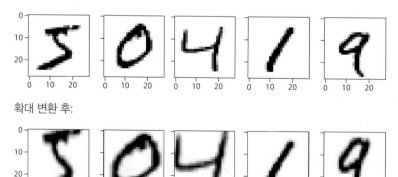

확대 변환 후:

2. ImageDataGenerator 객체를 사용하여 확대, 축소 변환을 한꺼번에 적용하여라. 확대 축소의 범위가 50~150% 사이가 되도록 하여라.

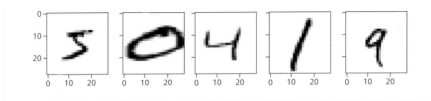

증강 데이터 저장하기

ImageDataGenerator 클래스를 이용하여 생성한 증강 데이터는 지정된 디렉토리에 지정된 형식의 접두어를 가진 파일로 저장할 수 있다. 이를 위해서는 ImageDataGenerator 클래스의 flow() 메소드를 사용한다. flow() 메소드의 주요 키워드 인자는 다음과 같다.

키워드 인자	설명
save_to_dir	저장할 파일의 경로를 지정한다. 기본값은 None이다.
save_prefix	저장할 파일의 이름 앞에 붙을 접두어를 지정한다.
save_format	저장할 파일의 형식으로 'png' 또는 'jpeg' 중 하나를 선택한다.

이제 다음과 같은 코드를 통해서 MNIST 데이터를 불러온 후 여덟 개의 데이터에 대하여 줌 변환, 회전 변환을 수행한 다음, 이를 저장하도록 하자. 저장할 파일의 접두어는 'aug_'이며, 파일의 형식은 'png' 파일이다.

```python
from tensorflow import keras
from keras.preprocessing.image import ImageDataGenerator
import numpy as np
import matplotlib.pyplot as plt

mnist = keras.datasets.mnist
(X_train, y_train), (X_test, y_test) = mnist.load_data()
X_train = X_train.reshape((X_train.shape[0], 28, 28, 1))
X_test = X_test.reshape((X_test.shape[0], 28, 28, 1))
X_train = X_train / 255.0
X_test = X_test / 255.0

row, col = 2, 4
# 데이터 저장하기
datagen = ImageDataGenerator(zoom_range=[.8, 1.2], rotation_range=.3)
# 배치 크기 설정, 첫 배치 이미지를 화면에 그리기
# aug_라는 접두어를 가진 png 이미지를 생성
for X_batch, y_batch in datagen.flow(X_train, y_train,\
                        batch_size=row*col,\
                        shuffle=False, save_to_dir='.',\
                        save_prefix='aug_', save_format='png'):
```

```
# 그리드 구조에 데이터 그리기
fig, ax = plt.subplots(row, col, figsize=(6,3))
for i in range(row):
    for j in range(col):
        ax[i][j].imshow(X_batch[i*col+j].reshape(28,28),cmap='Greys')
break
```

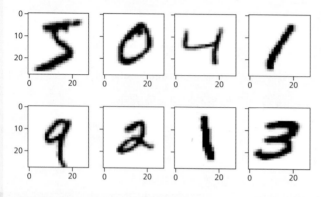

```
!ls -l
```

```
total 544
-rw-r--r-- 1 root root   331 Aug 21 05:18 aug_0_1091.png
-rw-r--r-- 1 root root  2079 Aug 21 05:16 aug_0_215.png
-rw-r--r-- 1 root root   321 Aug 21 05:31 aug__0_2839.png
-rw-r--r-- 1 root root   404 Aug 21 05:31 aug__0_5168.png
-rw-r--r-- 1 root root  2384 Aug 21 05:15 aug_0_5825.png
-rw-r--r-- 1 root root   356 Aug 21 05:36 aug__0_6640.png
-rw-r--r-- 1 root root   345 Aug 21 05:17 aug_0_7178.png
... 중간 생략 ...
```

이전에 언급한 바와 같이 !ls를 통해서 현재 디렉토리의 내용을 확인할 수 있다. 이 파일을 살펴보면 aug_0_215.png와 같이 aug_라는 접두어를 가지는 png 이미지 파일로 저장되어 있다. 이 파일들은 구글 코랩 왼쪽의 파일 메뉴를 클릭하여 찾을 수도 있다.

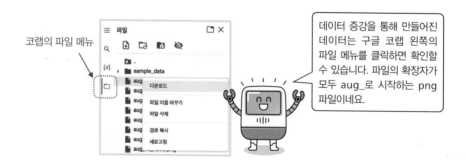

03 오토인코더와 변분 오토인코더

오토인코더와 잠재공간

오토인코더 ^{Autoencoder} 는 딥러닝 모델 중 하나로, 데이터를 압축하고 다시 복원하는 기능을 수행한다. 오토인코더의 이해를 돕기 위해 장난감 상자와 장난감 담기의 원리로 비유해서 인코더를 먼저 설명할 것이다. 예를 들어, 큰 상자에 있는 여러 개의 장난감을 더 작은 상자에 담아야 한다고 상상해 보자. 인코더는 이 큰 상자의 장난감을 더 작은 상자에 정확하게 맞게 정리하는 역할을 한다. 이렇게 작은 상자에 옮기는 과정에서 잘 사용하지 않는 장난감들을 버리게 되어 더 중요한 장난감들 위주로 장난감 상자가 구성될 것이다.

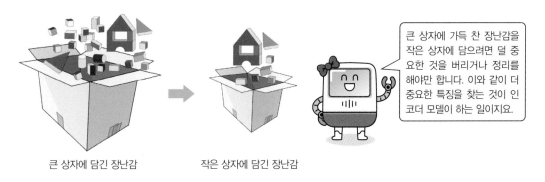

큰 상자에 가득 찬 장난감을 작은 상자에 담으려면 덜 중요한 것을 버리거나 정리를 해야만 합니다. 이와 같이 더 중요한 특징을 찾는 것이 인코더 모델이 하는 일이지요.

큰 상자에 담긴 장난감   작은 상자에 담긴 장난감

이와 같이 일을 잘하는 인공지능이 있다면 이 인공지능은 장난감들 중에서 더 중요하고 의미 있는 장난감을 잘 고르고 정리하는 일을 능숙하게 잘 할 것이다. 원래의 장난감을 이미지 데이터에 비유한다면 이미지 데이터 중에서 더 중요하고 의미 있는 부분을 잘 고르고 정리하는 인공지능은 **이미지 데이터의 특징을 잘 압축하여 드러내는 일을 잘 할 것**이다.

이상에서 설명한 인코더와 함께 디코더라는 기능까지 가지고 있는 것이 오토인코더이다.

- **인코더**: 데이터를 압축하는 부분으로, 큰 상자의 장난감을 작은 상자에 담는 역할을 한다.
- **디코더**: 압축된 데이터를 원래대로 복원하는 부분으로, 작은 상자의 장난감을 다시 큰 상자에 되돌리는 역할을 한다.

모델을 학습할 때, 오토인코더는 입력 데이터를 압축(인코딩)하고 복원(디코딩)하는 과정을 반복하면서, 복원된 데이터가 원본 데이터와 최대한 비슷하도록 학습한다. 이렇게 함으로써 오토인코더는 중요한 정보만을 유지하게 되어 데이터의 특성을 잘 포착할 수 있다.

오토인코더는 딥러닝에서 사용되는 특별한 유형의 인공신경망으로, 주어진 입력을 먼저 압축한 후 다시 복원하는 구조를 가진다. 오토인코더의 중요성은 그 다양한 용도와 특성 때문인데, 오토인코더가 중요한 이유를 정리해 보면 다음과 같다.

- **차원 축소:** 오토인코더는 높은 차원의 데이터를 저차원의 표현으로 압축할 수 있다. 이는 머신러닝의 주성분 분석(PCA)과 같은 전통적인 차원 축소 기법과 유사하지만, 비선형 변환을 통해 데이터의 복잡한 구조를 효과적으로 포착할 수 있다.
- **특성 학습:** 오토인코더는 주어진 데이터의 중요한 특성을 학습하며, 이러한 특성은 다른 딥러닝 작업에 활용될 수 있다.
- **이상치 탐지:** 잘 훈련된 오토인코더는 정상 데이터를 잘 복원하지만, 이상치나 노이즈는 잘 복원하지 못한다. 이 특성을 활용하여 이상치 탐지에 사용할 수 있다.
- **데이터 생성:** 변분 오토인코더(Variational AutoEncoder: VAE)와 같은 변형된 오토인코더는 새로운 데이터를 생성하는 데 사용될 수 있다. VAE는 뒷장에서 다룰 생성 모델로도 활용되며, 원하는 특성을 가진 샘플을 생성하는 데 사용될 수 있다.
- **노이즈 제거:** 오토인코더는 노이즈가 있는 입력 데이터를 깨끗한 데이터로 복원하는 데 사용될 수 있다. 이를 통해 이미지 또는 시퀀스 데이터의 노이즈 제거 작업에 활용될 수 있다.

이와 같은 이유들로 오토인코더는 비지도학습과 관련된 다양한 작업에 중요한 도구로 간주되며, 딥러닝 연구와 응용 분야에서 널리 활용되고 있다.

다음 그림을 살펴보면 입력층과 은닉층 그리고 은닉층 내의 병목구간이 있으며, 병목구간을 지나 출력층으로 이어지는 오토인코더의 구조가 나타나 있다. 이 신경망에서 입력된 이미지는 은닉층을 거쳐 병목구간을 지나 다시 출력층의 이미지로 복원된다. 이 복원을 학습하는 신경망이 오토인코더이다. 가운데 병목구간은 복원에 필요한 핵심 정보를 가지는데, 이를 잠재공간$^{latent\ space}$이라고 한다.

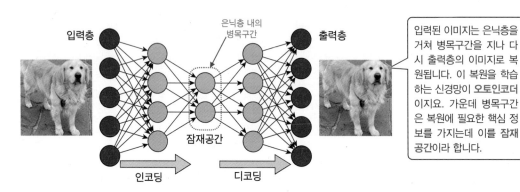

입력된 이미지는 은닉층을 거쳐 병목구간을 지나 다시 출력층의 이미지로 복원됩니다. 이 복원을 학습하는 신경망이 **오토인코더**이지요. 가운데 병목구간은 복원에 필요한 핵심 정보를 가지는데 이를 잠재공간이라 합니다.

오토인코터의 목적 중 하나가 잠재공간을 얻는 것인데 다음 그림을 통해서 잠재공간을 이해해 보자. 그림의 왼쪽에는 개의 이미지와 새의 이미지가 있다. 두 이미지에서 픽셀의 값만을 선형적으로 보간하여 두 이미지 사이의 중간 이미지를 만든 것이 그림 ①이다. 하지만 이 중간 이미지는 개의 특징과 새의 특징을 나타내지 못하는 의미가 없는 이미지이다. 반면 그림 ②는 잠재공간에서의 보간을 나타낸다. 잠재공간은 개의 특징과 새의 특징을 잘 설명할 수 있는 특징 집합이다. 잠재공간의 보간 시 두 데이터의 중간 이미지가 이 이미지들의 특징들을 잘 드러내고 있다. 따라서 잠재공간은 생성형 인공지능에 유용하게 사용될 수 있다.

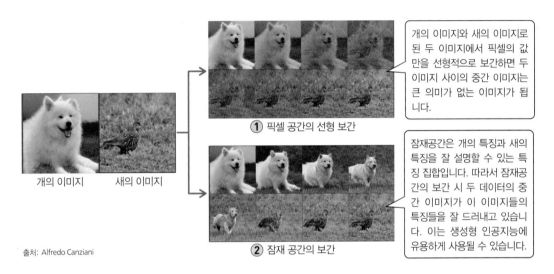

개의 이미지와 새의 이미지로 된 두 이미지에서 픽셀의 값만을 선형적으로 보간하면 두 이미지 사이의 중간 이미지는 큰 의미가 없는 이미지가 됩니다.

① 픽셀 공간의 선형 보간

개의 이미지   새의 이미지

출처: Alfredo Canziani

잠재공간은 개의 특징과 새의 특징을 잘 설명할 수 있는 특징 집합입니다. 따라서 잠재공간의 보간 시 두 데이터의 중간 이미지가 이 이미지들의 특징들을 잘 드러내고 있습니다. 이는 생성형 인공지능에 유용하게 사용될 수 있습니다.

② 잠재 공간의 보간

잡음 제거 오토인코더

잡음 제거 오토인코더 Denoising Autoencoder 는 기본적인 오토인코더의 변형 중 하나로, 손상되거나 잡음이 섞인 데이터로부터 원본 데이터의 유용한 특성을 추출하는 데 특화된 모델이다. 이 잡음 제거 오토인코더의 핵심 원리는 다음과 같이 정리할 수 있다.

- **잡음 추가:** 학습 데이터에 의도적으로 잡음을 추가하여 손상된 데이터를 생성한다.
- **재구성 목표 설정:** 잡음이 섞인 손상된 데이터를 입력으로 사용하되, 목표는 원본의 '깨끗한' 데이터를 재구성하는 것이다.
- **잡음 제거 학습:** 오토인코더는 손상된 데이터에서 원본 데이터의 특성을 추출하고 재구성하는 방법을 학습하면서 동시에 잡음을 제거하는 방법도 학습한다.

이러한 접근법의 결과로, 잡음 제거 오토인코더는 **데이터의 핵심적인 특성만을 간직**하게 되며, 이는 일반적인 오토인코더보다 더 견고한 특성 추출 능력을 가진 모델이다. 다음 그림을 통해서 잡음 제거 오토인코더의 동작을 살펴보자. 그림의 **①**번은 오토인코더의 입력이 되는 원본 이미지이다. 이제 이 이미지에 대하여 그림 **②**와 같이 무작위적인 잡음을 추가하도록 한다. 이 잡음이 추가된 이미지가 잡음 제거 오토인코더의 학습 데이터가 되며 그림 **①**번은 목표값이 된다. 이제 가운데가 오목한 구조의 심층 신경망은 그림 **②**의 입력과 원본 그림 **①**번의 이미지를 비교하여 그 차이를 측정한 후 원본 그림을 만드는 방법을 학습하게 된다. 이와 같이 잡음을 잘 제거하기 위해서는 **원본 그림이 가장 본질적인 특징을 잘 추출하는 능력**이 있어야 하는데, 이 능력을 가진 딥러닝 모델은 그림 **⑤**의 왼쪽 이미지로부터 오른쪽의 깨끗한 이미지를 추출하게 된다.

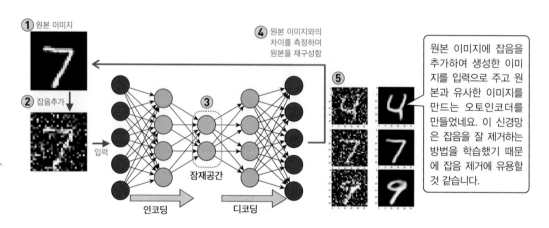

잡음 제거 오토인코더의 대표적인 응용 사례는 다음과 같다.

1. **이미지 복원:** 잡음이 있는 이미지를 입력으로 사용하여 원래의 깨끗한 이미지를 복원하는 데 사용된다.
2. **음성 복원:** 잡음 제거 오토인코더는 오디오 신호에서 원하지 않는 배경 잡음을 제거하는 데 사용된다.
3. **데이터 압축:** 잡음 제거 오토인코더는 데이터를 저차원 표현으로 압축하고, 압축된 표현에서 원래 데이터를 재구성하는 데 사용된다.
4. **이상 탐지:** 정상 데이터를 입력으로 넣고 이 입력을 정상 데이터로 복원하는 오토인코더와, 정상 데이터에 대하여 잡음을 추가하고 이를 제거하는 오토인코더를 학습시키는 것이 가능하다. 그리고 이 두 개의 모델을 이용하여 데이터 내의 이상한 패턴을 갖는 것을 탐지하는 데 사용된다.
5. **생성 인공지능을 위한 작업:** 잡음 제거 오토인코더와 다른 생성적 모델(예: GAN)을 결합하여 고해상도 이미지 생성, 스타일 전이, 이미지-텍스트 변환 등의 작업에 활용할 수 있다.

변분 오토인코더

변분 오토인코더는 영어 Variational Autoencoder의 약자인 VAE로 표기할 수 있다. 이 모델은 데이터의 숨겨진 구조를 학습하고, 그 구조를 바탕으로 원래 데이터와 유사하지만 **새로운 데이터를**

생성하는 일을 한다. 이러한 의미에서 VAE는 생성 인공지능 모델로 볼 수 있다. 다음과 같은 상상을 해 보자. 어떤 화가가 코끼리 그림을 그릴 때 이 화가는 어떤 방식으로 그림을 그릴까? 그는 먼저 코끼리의 큰 특징인 커다란 귀와 길다란 코로부터 시작해서 세부 사항을 추가하는 방식으로 그림을 그릴 것이다. 이 '큰 특징'은 그림의 '잠재된 구조'와 비슷하다. VAE는 비슷한 방식으로 데이터의 '큰 특징'을 학습하려고 한다. VAE의 주요 특징은 다음과 같다.

1. **인코더**: VAE는 입력 데이터를 받아서 잠재공간이라는 낮은 차원의 공간에 표현한다. 이 과정은 데이터의 복잡한 구조를 간단한 구조로 압축하는 것과 비슷하다.
2. **디코더**: 잠재공간의 표현을 다시 원래의 고차원 데이터로 변환한다. 이 과정은 압축 해제와 유사하다.
3. **확률론적 접근**: VAE는 잠재공간에 있는 각 데이터 포인트를 정확한 위치가 아닌 확률 분포로 표현한다. 즉, VAE는 "특정한 데이터 포인트는 잠재공간에서 이 범위 내에 있을 확률이 높다"라는 방식으로 데이터를 표현한다.
4. **재구성 손실 최소화**: VAE는 원본 데이터와 재구성된 데이터 사이의 차이(재구성 손실)와, 잠재 변수의 분포와 정규분포 사이의 차이를 최소화하도록 학습한다. 이 학습을 하는 이유는 재구성된 데이터가 원본 데이터의 잠재적인 특징을 잘 가지는 그럴듯한 데이터로 재구성하는 것을 목적으로 하기 때문이다.

오토인코더와 변분 오토인코더 모델은 그 구조가 인코더-잠재공간-디코더로 유사하지만 목적에서 차이가 있다. 오토인코더는 잠재공간을 찾는 인코더의 학습이 목적이며 이 학습을 위하여 디코더를 붙인 모델이다. 반면 변분 오토인코더는 디코더의 학습이 목적이며 이 학습을 위하여 인코더를 붙인 모델이다. 변분 오토인코더는 새로운 데이터를 생성하는 생성형 인공지능 모델이며, 입력 데이터의 분포를 잘 근사하는 모델을 통해서 그럴듯한 데이터를 만들어 내는 것을 그 목적으로 한다. 그림과 같이 입력 데이터로부터 눈과 코의 특징을 잘 학습한 모델은 눈의 모양과 코의 모양이라는 특징의 확률 분포 모델을 만들 수 있을 것이다. 그리고 이를 잘 따르는 그럴듯한 이미지를 그림과 같이 생성하는 것도 가능할 것이다. 반면 이 분포와 다른 특징을 가진 그럴듯하지 않은 이미지도 확률 분포 모델로부터 생성할 수 있을 것이다.

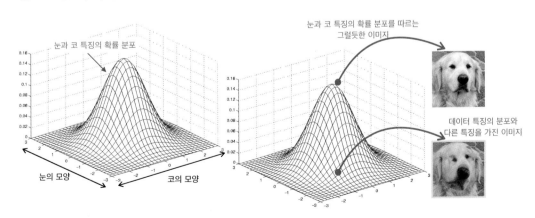

01 **데이터 분석을 도와주는 협업 플랫폼**인 캐글은 기업이나 기관으로부터 데이터를 제공받아서, 이를 온라인으로 공개하여 세계 각지의 수많은 데이터 과학자들이 팀이나 개인으로 이 문제를 해결할 수 있도록 도와주는 플랫폼이다.

02 많은 데이터를 공개하여 데이터 분석가들이 활용할 수 있도록 도와주는 곳을 데이터 마켓이라 하며, 모든 사람이 제한 없이 **자유롭게 사용 및 재사용**할 수 있으며 재배포까지 가능한 데이터 를 열린 데이터라고 한다.

03 데이터 증강이란 기존의 데이터를 변형하거나 새로운 데이터를 생성해 데이터 셋의 크기를 늘 리는 기법을 말한다.

04 케라스 라이브러리는 서브 모듈에서 `ImageDataGenerator` 클래스를 제공하며, 이를 통해서 데이터 증강을 손쉽게 할 수 있다.

05 오토인코더는 딥러닝 모델 중 하나로, 데이터를 압축하고 다시 복원하는 기능을 수행한다.

06 오토인코더는 입력 데이터를 압축(인코딩)하고 복원(디코딩)하는 과정을 반복하면서, 복원된 데이터가 원본 데이터와 최대한 비슷하도록 학습한다. 이렇게 함으로써 오토인코더는 중요한 정보만을 유지하게 되어 데이터의 특성을 잘 포착할 수 있다.

07 오토인코더는 입력층과 은닉층 그리고 은닉층 내의 병목구간이 있으며, 병목구간을 지나 출력 층으로 이어지는 구조를 가지고 있다. 이 병목구간은 복원에 필요한 핵심 정보를 가지는데, 이 를 잠재공간이라 한다.

08 잡음 제거 오토인코더는 기본적인 오토인코더의 변형 중 하나로, 손상되거나 잡음이 섞인 데이 터로부터 원본 데이터의 유용한 특성을 추출하는 데 특화된 모델이다.

09 **변분 오토인코더**는 데이터의 숨겨진 구조를 학습하고, 그 구조를 바탕으로 원래 데이터와 유사 하지만 새로운 데이터를 생성하는 일을 한다. 이러한 의미에서 변분 오토인코더는 생성 인공지 능 모델로 볼 수 있다.

단답형 문제

다음 괄호 안에 들어갈 알맞은 단어를 적으시오.

01 (   )(은)는 데이터 분석을 도와주는 대표적인 플랫폼으로 기업이나 기관으로부터 데이터를 제공받아서, 이를 (   )(으)로 공개하여 많은 데이터 과학자들이 팀 혹은 개인으로 문제를 해결할 수 있도록 도와준다. 또한 개발자를 위한 열린 토론, 소스코드 공개 등의 상호 소통을 활발하게 지원하고 있다.

02 많은 데이터를 공개하여 데이터 분석가들이 활용할 수 있도록 하는 곳을 (   )(이)라 하며, 모든 사람이 제한 없이 자유롭게 사용하고 재사용할 수 있으며, 재배포까지 가능한 데이터를 (   )(이)라고 한다.

03 (   )(은)는 기존의 데이터를 변형하거나 새로운 데이터를 생성해 데이터 셋의 크기를 늘리는 기법이다.

04 케라스는 텐서플로 위에서 동작하는 고수준 딥러닝 라이브러리로, (   ) 클래스를 통해 다양한 이미지 데이터 증강 기법을 지원한다.

05 (   ) 라이브러리는 텐서플로와 함께 많이 사용되는 파이토치용 이미지 증강용 라이브러리이다.

06 ImageDataGenerator를 생성하고 구성한 후에, 모든 데이터는 지정된 이미지 데이터 생성기를 통해서 생성하는 (   ) 절차가 필요하다. 이렇게 하면 이미지 데이터에 대한 변환을 실제로 수행하는데 필요한 모든 통계적인 작업이 수행된다.

07 ImageDataGenerator 클래스의 가장 기초적인 변환인 (   )(은)는 rotation_angle 키워드 인자를 사용한다.

08 ImageDataGenerator 클래스에서는 줌인과 줌아웃 변환을 위하여 (   ) 키워드 인자를 사용한다.

09 (   )(은)는 딥러닝 모델 중 하나로, 데이터를 압축하고 다시 복원하는 기능을 수행한다. 이 모델은 인코더와 (   )의 두 부분으로 나눌 수 있다.

10 오토인코더는 입력층과 은닉층 그리고 은닉층 내의 병목구간이 있으며, 병목구간을 지나 출력층으로 이어지는 구조를 가진다. 이 신경망에서 입력된 이미지는 은닉층을 거쳐 병목구간을 지나 다시 출력층의 이미지로 복원된다. 이 가운데 병목구간은 복원에 필요한 핵심 정보를 가지는데, 이를 (   )(이)라 한다.

객관식 문제

다음 질문에 대하여 가장 알맞은 답을 구하여라.

01 다음 중 데이터 증강의 필요성으로 올바르지 않은 것을 고르시오.

① 기존 데이터를 변형시켜 빠른 학습이 가능하다.

② 데이터 부족 문제를 해결할 수 있다.

③ 과대적합을 방지할 수 있다.

④ 데이터 다양성을 증가시켜 모델이 데이터의 특성을 더 잘 이해할 수 있다.

02 다음 중 케라스 라이브러리에서 데이터 증강을 위해서 사용하는 클래스의 이름으로 올바른 것은 무엇인가?

① `ImageDataGenerator`   ② `Augmentor`

③ `imgaug`   ④ `Torchvision`

03 다음 중 잡음 제거 오토인코더의 핵심 원리로 가장 거리가 먼 것을 고르시오.

① 학습 데이터에 의도적으로 잡음을 추가한다.

② 매우 중요한 분류 모델로 반드시 데이트 증강을 거쳐야 한다.

③ 잡음이 섞인 손상된 데이터를 입력으로 사용하되, 목표는 '깨끗한' 원본 데이터를 재구성하는 것이다.

④ 손상된 데이터에서 원본 데이터의 특성을 추출하고 재구성하는 방법을 학습하면서 동시에 잡음을 제거한다.

짝짓기 문제

01 오픈 데이터 핸드북이라는 웹사이트에서 정의한 열린 데이터의 가장 핵심이 되는 개념과 이에 대한 설명을 올바르게 짝짓기 하여라.

이용성 및 접근 •　　•　데이터는 서로 다른 데이터와 결합되는 것을 포함하여 재사용과 재배포를 허용하는 조건으로 제공되어야 함

재사용과 재배포 •　　•　누구나 데이터를 사용, 재사용 및 재배포할 수 있어야 함

보편적 참여 •　　•　전체 데이터는 이용 가능해야 하며, 합리적인 재생산 비용으로, 가능하면 인터넷에서 다운로드되어야 함

02 이미지 증강 기법과 이에 대한 설명을 올바르게 짝짓기 하여라.

뒤집기 •　　•　이미지를 일정한 각도로 회전시킴

회전 •　　•　이미지를 수평 또는 수직으로 뒤집음

왜곡 •　　•　이미지의 색상을 변화시킴

색상변환 •　　•　이미지를 왜곡시켜 물체의 형태를 변경함

01 CIFAR-100 데이터에 대하여 다음과 같은 이미지 증강 기법을 적용해 보자.

❶ ImageDataGenerator 클래스를 사용하여 15개의 학습용 데이터를 다음과 같이 3행 6열의
격자형태로 나타내어라.

실행 결과

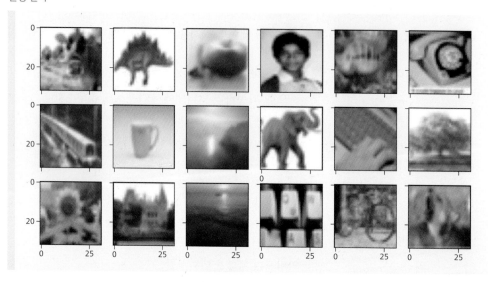

❷ ImageDataGenerator 클래스를 사용하여 다음과 같이 15개의 이미지 객체에 대하여 회전
변환과 기울임 변환이 추가된 이미지 객체를 생성하여라. 회전 변환의 범위는 0도에서 40
도이며, 기울임 변환의 범위는 0도에서 30도이다.

실행 결과

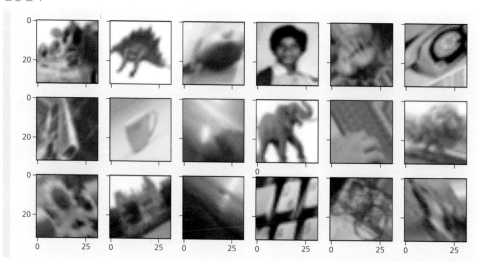

❸ 원본 데이터에 대하여 회전 변환과 기울임 변환, 수직 이동, 수평 이동이 모두 추가된 이미지 객체를 생성하여라. 회전 변환의 범위는 0도에서 20도이며, 기울임 변환의 범위는 0도에서 25도, 수직 이동, 수평 이동은 각각 원래 이미지의 25% 범위이다.

실행 결과

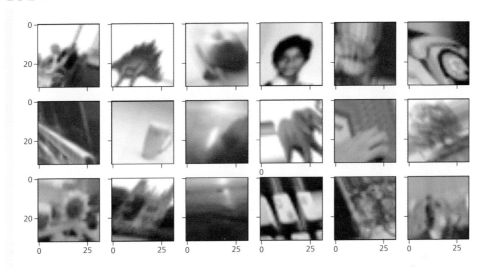

❹ 원본 데이터에 대하여 75~125% 범위에서 확대/축소 변환을 실시하고 그 결과를 출력하여라. 이때 `fill_mode`는 `reflect`를 사용하여라.

실행 결과

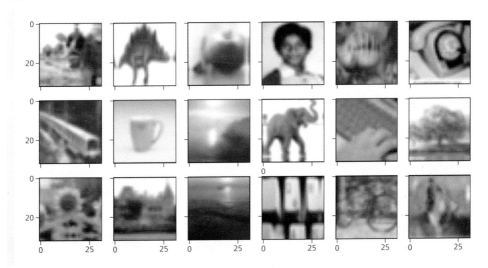

❺ 원본 데이터에 대하여 75~125% 범위에서 확대/축소 변환을 실시하고 그 결과를 출력하여라. 이때 fill_mode는 nearest를 사용하여라. 다음으로 이 파일은 aug_라는 이름의 접두어를 붙인 파일로 저장하여라. 이때 파일의 형식은 jpeg 파일로 지정하여라. 모두 네 개의 파일을 그림과 같이 화면에 표시하고 확장자가 jpeg인 파일을 ls -1 명령으로 리스트업하여라.

실행 결과

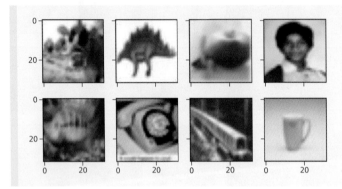

ls -l *.jpeg 실행 결과

```
-rw-r--r-- 1 root root 941 Aug 21 06:00 aug__0_8943.jpeg
-rw-r--r-- 1 root root 935 Aug 21 06:00 aug__1_129.jpeg
-rw-r--r-- 1 root root 854 Aug 21 06:00 aug__2_8291.jpeg
-rw-r--r-- 1 root root 957 Aug 21 06:00 aug__3_544.jpeg
-rw-r--r-- 1 root root 968 Aug 21 06:00 aug__4_9746.jpeg
-rw-r--r-- 1 root root 987 Aug 21 06:00 aug__5_8968.jpeg
-rw-r--r-- 1 root root 969 Aug 21 06:00 aug__6_985.jpeg
-rw-r--r-- 1 root root 844 Aug 21 06:00 aug__7_1350.jpeg
```

02 패션 MNIST 데이터 중에서 임의의 데이터를 가져온 후, 다음과 같은 데이터 증강을 통해서 다섯 개의 이미지를 생성하여 화면에 나타내어라.

❶ 데이터 증강을 위하여 이미지 회전 연산을 적용하여라. 회전의 범위는 0도에서 20도 사이이다.

❷ 데이터 증강을 위하여 이미지 기울이기 연산과 회전 연산을 적용하여라. 기울임 범위와 회전 범위는 여러분 스스로 선택해 보자.

03 11장 코딩 문제에서 구현한 my_cnn2 모델에 대하여 증강된 CIFAR-10 이미지를 입력으로 넣어 학습을 진행하여라.

❶ my_cnn2 모델의 정확도와 증강된 CIFAR-10 이미지 데이터로 학습한 후의 모델에 대한 정확도를 비교하는 표를 완성하여라(단위는 %를 사용하여라).

	my_cnn2 모델	my_cnn2 모델에 증강 데이터 사용
테스트 정확도		
비고	증강 데이터 사용 전	증강 데이터 사용 후

13

다양한 딥러닝 기술

학습목표

- 순차적인 신호를 잘 처리할 목적으로 개발된 순환 신경망의 개념을 이해한다.

- 기존에 존재하지 않던 이미지나 데이터를 생성하는 적대적 생성 신경망의 원리를 이해한다.

- 환경과의 상호 작용을 통해 학습을 하는 강화학습의 주요 개념을 이해한다.

- 순환 신경망의 대안으로 부각되고 있는 트랜스포머 모델과 대규모 언어 모델의 개념을 이해한다.

- 인공지능에 대한 적대적 공격과 설명 가능한 인공지능의 중요성을 알아본다.

- 뇌과학과 딥러닝 기술의 발전 관계를 이해하고 인공지능의 발전 방향을 전망해 본다.

01 피드포워드 신경망과 순환 신경망

신호가 출력층 방향으로만 가는 피드포워드 신경망

앞서 배운 신경망들은 모든 신호가 오직 출력층 방향으로만 향하는 신경망이다. 이와 같은 신경망들을 피드포워드 신경망 Feed Forward Neural Network: FFNN 이라고 한다. 이러한 신경망의 단점은 한 시점의 이미지나 정보만을 이용한다는 점이다. 예를 들어 합성곱 신경망은 그림과 같은 고양이의 사진을 입력으로 받아서 기존에 학습한 내용을 통해 '토끼'와 '고양이' 중 더 높은 확률의 '고양이'라는 출력을 내보내는 구조이다. 하지만 우리가 책을 읽거나 영화를 보면서 느끼는 감동이나 감정은 이전에 읽고 본 문장이나 장면이 현재의 입력과 함께 작용하여 일어난다. 따라서 시간에 따라 누적된 정보가 없다면 그 내용을 이해하기 힘들 것이다.

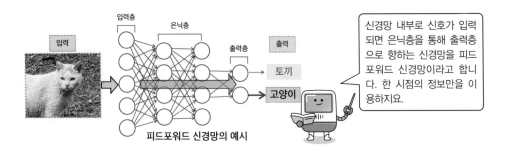

피드포워드 신경망의 예시

> 신경망 내부로 신호가 입력되면 은닉층을 통해 출력층으로 향하는 신경망을 피드포워드 신경망이라고 합니다. 한 시점의 정보만을 이용하지요.

순차적으로 제공되는 정보를 다루는 순환 신경망

이번 장에서 다룰 순환 신경망 Recurrent Neural Network: RNN 은 시간에 따라 순차적으로 제공되는 정보를 다룰 수 있는 신경망으로, 다양한 분야에서 널리 이용되고 있다. 순환 신경망의 구조를 간단히 설명하면 신경망층과 활성화 함수를 통해 나온 출력이 다시 신경망층의 입력으로 제공되는 구조이다. 이런 구조의 신경망은 **시간의 흐름에 따라 연속적으로 발생하는 신호를 보고 다음 신호를 예측하는 일**에 활용될 수 있다. 순환 신경망 기술이 응용되는 분야로는 기계 번역, 로봇 제어, 음성 인식, 음성 합성, 리듬 학습, 노래 만들기, 시계열 데이터의 예측 등 여러 분야가 있다.

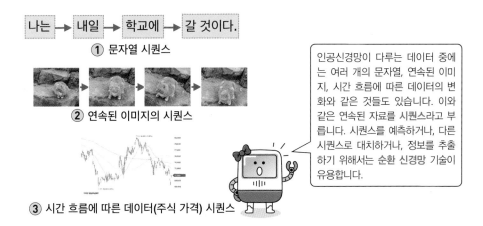

① 문자열 시퀀스

② 연속된 이미지의 시퀀스

③ 시간 흐름에 따른 데이터(주식 가격) 시퀀스

인공신경망이 다루는 데이터 중에는 여러 개의 문자열, 연속된 이미지, 시간 흐름에 따른 데이터의 변화와 같은 것들도 있습니다. 이와 같은 연속된 자료를 시퀀스라고 부릅니다. 시퀀스를 예측하거나, 다른 시퀀스로 대치하거나, 정보를 추출하기 위해서는 **순환 신경망 기술**이 유용합니다.

순환 신경망 기술이 적용되는 예로 기계 번역 프로그램인 네이버의 파파고를 살펴보자. 이런 시스템은 번역하고자 하는 문장이 입력되면 다른 언어로 번역된 문장이 출력된다. 이때 입력과 출력 모두 글자나 단어들이 순서를 가지고 연속적으로 나타나는데 이를 시퀀스 sequence 라고 한다. 만일 영상 데이터가 머신러닝에 사용된다면 각 영상을 이루는 프레임이 시퀀스가 될 수 있을 것이다. 기계 번역은 n개의 단어들이 순차적으로 입력될 때 이를 번역한 m개의 단어들을 순차적으로 나열하는 것으로, 순환 신경망 기법 중에서 n:m 방식의 기법이다. 이를 다대다(多對多) 혹은 시퀀스-대-시퀀스 sequence to sequence: seq2seq 매칭이라고도 부른다.

기계 번역을 위해서는 순차적으로 제공되는 정보를 다룰 수 있는 신경망이 필요합니다.

만일 이런 순차적인 구조를 사용하지 않고 입력된 자료인 단어에 대해서만 피드포워드 신경망에서 학습한 내용을 적용한다면 어떻게 될까? 아마도 다음과 같이 "나는 내일 학교에 갈 것이다."라는 한국어를 "I tomorrow to school will go."라는 영어로 번역하는 결과를 얻을 수 있을 것이다. 한국어와 영어는 어순이 다르기 때문에 이것을 충분히 학습해야 하는데 **순차적인 구조에 대해 효과적이지 않은 단순한 피드포워드 신경망으로는 원하는 결과를 얻기 어렵다.**

피드포워드 신경망의 한계를 극복하기 위해서는 신경망을 학습할 때 출력된 결과를 신경망의 입력으로 되먹임하는 구조가 필요하며, 이러한 형태의 인공신경망이 순환 신경망이다. 이 신경망의 구조는 다음과 같은 그림으로 나타낼 수 있다. 그림에서 보면 입력 시퀀스가 "나는 - 내일 - 학교에 - 갈 것이다."인데 이러한 구조를 순환 신경망에 넣은 다음, "I - will go - to school - tomorrow."의 **시퀀스 구조가 출력되도록 신경망을 학습시키는 네트워크를 만드는 것**이 학습의 핵심 원리이다. 만약 이 구조를 학습한 신경망에 "나는 - 내일 - 식당에 - 갈 것이다."가 입력 시퀀스로 들어오면 "I - will go - to restaurant - tomorrow."의 시퀀스 구조를 출력할 것이다.

이를 **되먹임 구조로 표현**하면 다음과 같이 입력층, 은닉층, 출력층을 가지는 구조로 나타낼 수 있다.

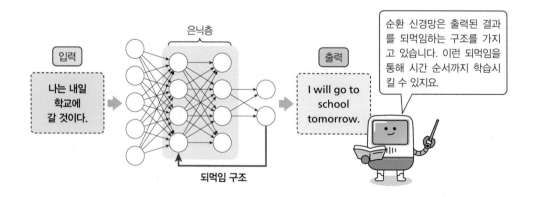

순환 신경망의 구조를 좀 더 구체적으로 살펴본다면 일대다 구조, 다대일 구조, 다대다 구조가 될 수 있다. 다음은 순환 신경망의 구조와 그 예시를 보여준다.

일대다 구조

입력이 하나일 때 출력이 여러 개가 나타나는 일대다(1:n) 구조의 순환 신경망은 다음과 같이 하나의 이미지를 분석하여 이 이미지를 묘사하는 글을 생성하는 신경망이 그 예가 될 수 있다. 이러한 기능을 이미지 캡셔닝 image captioning 이라고 한다. 이미지 캡셔닝을 위해서는 이미지 내부의 객체를 인식하고 이를 바탕으로 상황을 묘사하는 기술이 필요하다. 다음의 그림을 보면 사진 이미지 속에 헬멧을 쓰고 배낭을 맨 소년이 있으며, 바닷가에서 바이크를 타고 있다. 이러한 객체 인식을 바탕으로 순환 신경망은 "헬멧을 쓰고 배낭을 맨 소년이 바닷가에서 바이크를 타고 있다."라는 상황을 묘사하는 캡션을 생성한다.

하나의 입력에 대한 묘사: 이미지 캡션 생성   **하나의 입력 이미지를 묘사하는 캡션이 출력됨**

다대일 구조

일대다 구조와는 반대로 다대일(n:1) 구조의 순환 신경망은 다음과 같이 문장을 분석하여 긍정/부정과 같은 감정을 판단하는 신경망이 그 예가 될 수 있다. 다음 그림을 보면 "《노인과 바다》는 정말 재미있는 소설이야."라는 문장에 대해서 '긍정'이라는 하나의 출력을 내보내는 것을 볼 수 있다.

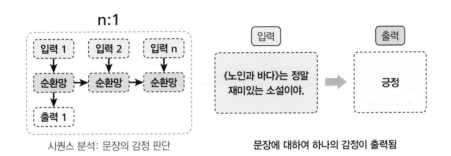

시퀀스 분석: 문장의 감정 판단   **문장에 대하여 하나의 감정이 출력됨**

다대다 구조

다대다(n:m) 구조의 순환 신경망은 다음과 같이 기계 번역에 적용될 수 있다. 아래 문장을 보면 "나는 내일 학교에 갈 것이다."라는 여러 단어로 이루어진 한국어 문장을 "I will go to school tomorrow."라는 여러 단어의 영어 문장으로 번역하였다. 이러한 기술을 시퀀스 매칭 sequence matching 이라고 한다.

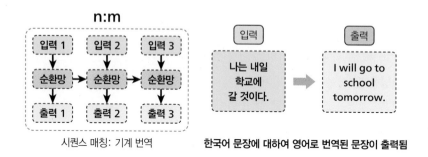

시퀀스 매칭: 기계 번역   한국어 문장에 대하여 영어로 번역된 문장이 출력됨

생성 인공지능과
적대적 생성 신경망

이번 절의 내용을 익히기 전에 우선 아래에 있는 세 장의 이미지들을 보고 ①, ②, ③ 중에서 어느 것이 실사 사진이고 어느 것이 인공지능이 생성한 가짜 사진인지 구분해 보자.

세 장의 사진 중에서 어느 것이 실사 사진이고 어느 것이 인공지능이 만든 가짜 사진일까요?

아마도 여러분은 세 장의 사진이 모두 실사 사진이라고 생각했을지 모른다. 하지만 위의 세 이미지는 모두 인공신경망을 통해 생성된 가짜 사진들이다.

Generated Photos사는 267만 장이 넘는 인물사진을 제공합니다. 모두 인공지능이 생성한 저작권 없는 사진이지요.

위의 이미지와 같이 Generated photos라는 회사는 현재 267만 장이 넘는 방대한 인물사진을 제공하고 있는데, 이 사진들은 인공지능과 머신러닝을 이용하여 100% 컴퓨터로 생성된, 실제 사람처럼 보이는 사진이다. 이러한 사진은 각각 유일하며, 웹사이트, 앱, 게임, VR, AR 등 다양한 분야에서 사용될 수 있다. 이 회사는 고품질의 데이터 셋을 사용하여 각기 다른 특징, 표정, 포즈 등을 가진 가상의 인물 이미지를 생성한다. 이를 통해 무한한 수의 인물 이미지를 제공하며, 디지털 프로젝트에 대하여 제한 없는 사용 권한을 부여하고 있다.

Generated Photos사는 개인정보 보호에 대한 우려를 해소하기 위한 일종의 대안을 제공하고 있다. 즉, 실제 사람의 사진을 사용하는 것이 아니므로 초상권과 개인정보 침해에 대한 우려가 줄어드는 것이다.

인공지능은 어떻게 이런 정교한 이미지를 생성할 수 있을까? 이러한 정교한 이미지를 만들거나 고흐, 세잔 등의 유명한 화가의 화풍으로 그림을 그리는 인공지능 기술이 바로 적대적 생성 신경망 Generative Adversarial Networks: GANs 이다. 이 기술은 영어 약자 GAN을 그대로 발음하여 '간' 또는 '갠' 이라고도 한다. 적대적 생성 신경망은 이미지 분야의 혁신을 가져온 합성곱 신경망과 함께 최근 가장 주목받고 있는 인공신경망 기술이다. 이 기술을 활용한 이미지 생성 및 변환 기술은 인공신경망이 다양한 노이즈 입력을 받아 원하는 카테고리의 **기존에 존재하지 않는 새로운 이미지를 생성**해내거나, 입력 이미지나 비디오를 **다른 형태나 정보를 지닌 이미지 또는 비디오로 변환하는 기술**로 최근 몇 년간 급속도로 발전하여 많은 관심을 받고 활발하게 연구되고 있다.

생성 모델

적대적 생성 신경망에 대해 알아보기 위하여 우선 생성 모델 generative model 에 대해 알아보자. 생성 모델은 **주어진 데이터를 학습하여 학습 데이터의 분포를 따르고 유사한 데이터를 생성**하는 모델이다. 생성 모델을 위한 기술 중에는 이전 장에서 배운 변분 오토인코더(VAE) 기술이 중요한 기술로 사용되고 있다. 이 모델을 이해하기 위하여 다음 그림을 살펴보자. 그림의 왼쪽에는 여러 개의 이미지들이 있는데 이것들이 학습을 위한 학습용 데이터이다. 생성 모델은 이 데이터를 이용하여 데이터의 분포를 학습한다. 그리고 랜덤한 잡음을 추가하여 데이터 샘플링을 하는 방법으로, 기존에 관찰했던 데이터와 같은 분포를 갖지만 실제로 존재하지는 않는 새로운 데이터를 생성한다.

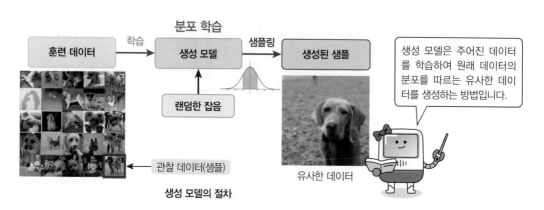

생성 모델의 절차

생성 모델링을 위해서는 생성하려는 개체의 데이터 셋이 매우 많이 필요하다. 이러한 데이터가 훈련 데이터이며 훈련 데이터 셋의 개별적인 관찰 데이터를 샘플^{sample}이라고 한다. 각 샘플은 많은 특성으로 이루어진다. 그림 속 개(dog)의 이미지는 많은 픽셀로 구성되어 있다. 이렇게 여러 개의 픽셀로 이루어진 데이터로부터 동일한 규칙을 가진 이미지를 만드는 것은 사실 매우 어려운 작업이다. 이러한 까다로운 일을 하는 생성 모델의 핵심 원리는 **주어진 학습 데이터를 학습하여 학습 데이터의 분포를 따르는 유사한 모델을 만드는 것**이다.

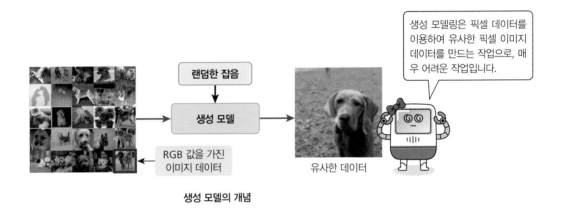

생성 모델의 개념

판별 모델

생성 모델에 이어서 또 하나의 중요한 개념인 판별 모델^{discriminative model}에 대하여 알아보자. 판별 모델의 예는 다음과 같이 여러 장의 가짜 이미지와 진짜 이미지가 주어졌을 때 이 데이터를 학습하여 진짜와 가짜를 판별하는 모델이다. 충분히 잘 학습된 판별 모델이라면 새로운 이미지가 들어왔을 때 어느 이미지가 가짜 이미지인지 혹은 진짜 이미지인지를 효과적으로 잘 구분할 수 있을 것이다.

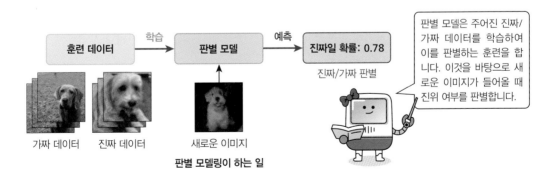

판별 모델링이 하는 일

적대적 생성 신경망

다음과 같은 흥미로운 시나리오를 생각해 보자.

"A 나라의 금융 기관은 **위조 지폐범**으로 인해 많은 어려움을 겪고 있다. 이에 대한 해결책으로 이 나라에서는 최고의 위조 **지폐 판별 능력을 갖춘 경찰**을 채용하여 진짜와 가짜 지폐를 빠르게 판별하여 위조 지폐의 유통을 차단하고 있다. 그러자 위조 지폐범들은 더욱더 진짜 같은 위조 지폐를 발행하여 유통시키려고 한다. ..."

위의 위조 지폐 범죄의 예에서 가짜 지폐를 만들려는 위조 지폐범을 **생성 모델**이라고 하고, 위조 지폐 판별 능력을 갖춘 경찰을 **판별 모델**이라고 할 수 있다. 만일 판별 모델의 성능이 뛰어나서 경찰이 위조 지폐를 아주 잘 판별해 낸다면, 생성 모델은 이 결과를 바탕으로 다른 시도를 통해 더 진짜 같은 위조 지폐를 만들어 낼 것이다. 이러한 과정이 반복되어 생성 모델과 판별 모델 두 가지가 함께 학습을 한다면, 위조 지폐의 성능이 점점 좋아져서 결국에는 진짜와 구분할 수 없는 가짜를 만들어 내는 생성 모델을 얻을 수 있다. 이것이 **적대적 학습** adversarial training 의 핵심 개념이며, 이 두 모델을 합한 것이 적대적 생성 신경망이다.

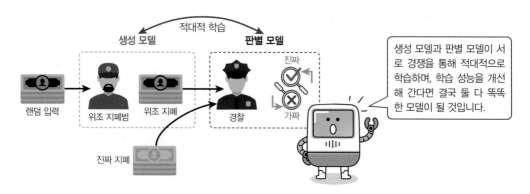

2014년 **이안 굿펠로**Ian Goodfellow는 기존의 생성 모델링에 분류 문제를 해결하는 판별자 네트워크 discriminative networks 를 도입한 후, 진짜 같은 가짜 이미지를 만드는 적대적 생성 신경망을 제안했다.[1] **얀 르쿤**Yann LeCun 교수는 적대적 생성 신경망을 가리켜 **최근 10년간 머신러닝 분야에서 가장 혁신적인 아이디어**라고 말했다. GAN은 게임 이론을 바탕으로 가짜를 생성하는 인공신경망(생성 모델)과 진짜를 판별해 내려는 인공신경망(판별 모델)이라는 목적이 다른 두 적대적 인공신경망이 최적의 균형을 찾도록 만든 심층 신경망 모델이다. 서로 **경쟁하는 두 모델이 각자 최선의 선택을 하면 언젠가 서로 자신의 선택을 더 이상 바꾸지 않는 균형 상태에 도달**할 것이다. 이 상태를 내시 균형 Nash equilibrium 이라고 한다. 내시 균형이라는 용어는 게임 이론에서 등장한 단어로, 게임 공간에

---

[1] Goodfellow, I. *et al.*, (2014) Generative Adversarial Nets, *Proc. the 27th International Conference on Neural Information Processing Systems* 2 pp. 2672–2680.

서 경쟁자의 대응에 따라 최선의 선택을 하여 서로의 전략을 바꿀 필요가 없는 균형 상태가 되는 것을 의미한다. GAN에서 내시 균형의 의미는 관찰 데이터의 분포가 생성자 네트워크가 학습한 분포와 정확히 일치하는 것을 의미한다. GAN의 주요 활용 사례들은 다음과 같다.

- **예술과 디자인**: GAN은 실제 이미지를 기반으로 새로운 이미지를 생성할 수 있어, 예술 작품을 만드는 데 사용된다. 현실 세계에서 오래전에 활동한 화가인 고흐를 만날 수는 없으나 고흐의 스타일을 학습한 생성 인공지능을 통해 고흐 스타일의 많은 그림을 만들 수 있다. 또한, GAN은 이미지의 스타일 변환에도 사용될 수 있다. 이러한 과정을 통해 새로운 디자인 아이디어를 얻을 수 있다.
- **가상 이미지 생성**: GAN은 실제 이미지를 기반으로 사람이나 사물, 풍경 등의 사실적인 가상 이미지를 생성하는 데 사용된다. 이는 영화나 게임에서 캐릭터나 배경을 디자인하는 데 사용될 수 있다. 실제로 사망한 인기 배우나 가수의 모습과 창법 등을 영상으로 재현한 사례도 있다.
- **초고화질화** Super-resolution : GAN은 저해상도 이미지를 고해상도 이미지로 변환하는 데 사용될 수 있다. 이는 CCTV 영상이나 의료 영상 분석 등에서 활용될 수 있다.
- **데이터 증강**: 데이터 셋이 부족한 경우, GAN을 이용하여 새로운 학습 데이터를 생성할 수 있다. 이는 특히 의료 영상 분석에서 유용하게 활용될 수 있다. 예를 들어 실제 환자의 데이터를 기반으로 가상의 환자 데이터를 생성하는 데 사용된다면, 이는 의료 데이터의 개인정보 보호 문제를 해결하는 데 도움이 될 수 있다.

NOTE: 두 개의 인공지능 모델을 가진 적대적 생성 신경망

적대적 생성 신경망이라는 인공지능 모델은 **하나의 인공지능 모델 안에서 두 개의 인공지능 모델이 동작**한다. 이 중 하나는 **생성을 목적으로 하는 인공지능**이며 다른 하나는 **판별을 목적으로 하는 인공지능**이다.

경쟁하며 발전하는 GAN 인공지능

생성 인공지능 VS 판별 인공지능

경쟁하며 진화하는 생물

치타 VS 가젤

초원의 초식 동물 **가젤** gazelle 은 육식 동물인 **치타** cheetah 와의 달리기 경쟁에서 이기기 위해 매우 빠른 속도로 뛰도록 진화하였으며, 치타 역시 가젤을 사냥하기 위하여 더욱 빠른 속도로 뛰도록 진화하였다. 상호 간의 경쟁적 성질을 가진 두 개체는 **진화를 거듭할수록 달리기 속도가 빨라져서** 오늘날의 치타는 최고 속도가 무려 시속 110km에 이른다고 한다. 적대적 생성 신경망의 원리 또한 이와 같이 경쟁을 통해 서로 진화하며 발전하는 양상을 띄고 있다.

적대적 생성 신경망에서 **적대적**이라는 단어는 이 인공지능 모델의 창시자인 이안 굿펠로가 사용한 adversarial을 한글로 번역한 단어인데, 이 단어는 적대적이라는 의미 외에도 **대립적** 또는 **경쟁적**이라는 의미를 가지고 있다. 비록 적대적이라는 강한 느낌의 단어로 번역되기는 했지만 GAN은 **대립적 생성 네트워크, 경쟁적 생성 네트워크**로 이해해도 무방하다.

GAN의 발전을 촉진시킨 파생 모델

2014년 발표된 이안 굿펠로의 논문은 뒤이어 발표된 후속 연구로 인하여 더욱 빠르게 발전하였다. 후속 연구에서 가장 중요한 연구 중의 하나인 DCGAN은 Deep Convolutional GAN의 약자이다. 이안 굿펠로가 공개한 GAN은 MNIST 같은 비교적 단순한 이미지에서는 잘 작동했지만, CIFAR-10 같이 조금만 복잡한 이미지에서는 성능이 그다지 좋지 않았다. 따라서 이 모델을 폭넓게 사용하는 데 큰 제약이 있었다. DCGAN은 이러한 제약을 극복하고 GAN의 이미지 생성 기능을 다양한 분야에서 사용할 수 있도록 하는 좋은 개선안을 제시했다. 우리가 이미 다룬 합성곱 신경망은 이미지를 식별할 때 주로 사용되는 딥러닝 모델이며, 기본적으로 지도학습의 원리를 따른다. 이를 GAN의 비지도학습에 적용한 것이 바로 DCGAN의 핵심 아이디어이다. 다음 그림을 통해서 DCGAN의 성취를 살펴보자. 그림에서 가장 상단의 ①은 오른쪽을 바라보는 인물의 사진이며 ②는 왼쪽을 보는 인물의 사진이다. 그리고 아래쪽 ③의 여러 이미지는 DCGAN을 통해 생성한 이미지들이다.

이 그림의 생성 결과를 살펴보면 여러 인물의 사진에 대해서도 DCGAN 모델이 좋은 결과를 내고 있다. 이것이 가능하다는 점은 **생성자가 얼굴의 의미적인 속성을 잘 학습했다는 것을** 의미한다.

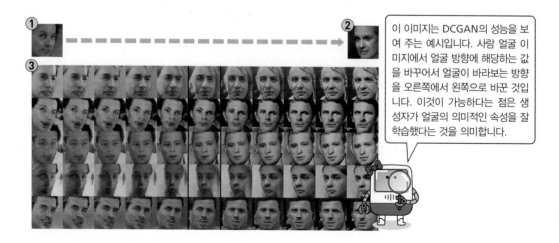

이 이미지는 DCGAN의 성능을 보여 주는 예시입니다. 사람 얼굴 이미지에서 얼굴 방향에 해당하는 값을 바꾸어서 얼굴이 바라보는 방향을 오른쪽에서 왼쪽으로 바꾼 것입니다. 이것이 가능하다는 점은 생성자가 얼굴의 의미적인 속성을 잘 학습했다는 것을 의미합니다.

BEGAN은 Boundary Equilibrium GAN의 약자로, 기존 GAN의 한계점을 극복하기 위해 개발되었다. BEGAN은 단순하지만 강력한 구조를 가지고 있어서 빠르고 안정적인 학습과 수렴이 가능한 GAN 모델이다. 이러한 모델이 가능한 것은 생성기와 판별기 사이의 균형을 조정해주는 평형(equilibrium) 개념의 도입에 있다.

다음은 BEGAN 알고리즘의 주요 원리를 요약한 것이다.

- **오토인코더** Autoencoder: 기존의 GAN 모델이 생성기와 판별기로 구성되어 있는 것과 달리, BEGAN은 오토인코더를 판별기로 사용한다. 오토인코더는 입력을 압축하고(인코더 부분), 압축된 표현을 다시 입력과 유사한 출력으로 복원하는(디코더 부분) 신경망이다.
- **경계 균형**: BEGAN의 목표는 생성된 이미지와 실제 이미지 간의 **재구성 오차** reconstruction error 를 최소화하는 것이다. 이 재구성 오차를 최소화함으로써, 생성된 이미지와 실제 이미지 사이의 분포를 좀 더 가깝게 만든다.
- **동적 업데이트 규칙**: BEGAN은 생성기와 판별기의 균형을 유지하기 위해 동적인 학습률 업데이트 규칙을 사용한다. 이 규칙은 재구성 오차에 기반하여 생성기와 판별기의 학습률을 동적으로 조정한다.

BEGAN의 이러한 원리들 덕분에 GAN 모델의 안정성과 이미지 품질이 획기적으로 개선되었으며, 사실적이고 다양한 이미지를 생성하는 데 큰 성과를 거두었다.

적대적 생성 신경망의 혁신과 응용 사례

적대적 생성 신경망은 그동안 딥러닝에 기반한 머신러닝이 성공적으로 잘 하던 분야인 예측과 분류에 이어 창의성이라는 분야로 그 영역이 확장되었다는 점에서 큰 의미가 있다. 인공지능 기술은 선형 회귀를 통한 예측 그리고 합성곱 신경망을 통한 이미지 분류와 지역화로도 큰 성과를 거두었지만 창의성이라는 면에서는 다소 부족함이 있었다. 그러나 적대적 생성 신경망은 이 분야마저도 인간을 뛰어넘는 혁신을 보여주었다.

한국의 웹툰이 세계적인 인기를 끌면서 많은 사람들이 웹툰 작가를 꿈꾸기도 한다. 그렇다면 그들은 이제 인공지능 웹툰 작가와 경쟁해야 할지도 모른다. 다음 그림의 만화 캐릭터는 모두 인공지능이 실제 만화 캐릭터를 참고하여 만든 것이다. 물론 만화의 스토리와 콘티를 만드는 작업은 현재까지 창작자의 영역이지만 다음 그림과 같이 인공지능이 그린 캐릭터는 상당한 수준에 이르렀음을 알 수 있다.

Novel AI에서 '말을 타는 원숭이, 눈 덮힌 산맥,
푸른 하늘' 프롬프트를 통해서 생성한 결과물

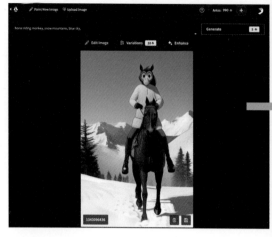

이 그림은 Novel AI라는 생성 인공지능을 제공하는 웹사이트에서 '말을 타는 원숭이, 눈 덮힌 산맥, 푸른 하늘' 프롬프트를 통해서 생성한 결과물이다. 왼쪽은 Novel AI에서 생성한 최초의 이미지이며, 오른쪽은 이 이미지를 바탕으로 만든 변형들이다.

텍스트를 이용하여 이미지를 만드는 인공지능

인간 고유의 영역으로 보이는 창의성이라는 정신 영역에 인공지능이 도전한 사례는 최근에 자주 언론을 통해 보도되고 있다. 2022년 9월, 인카네이트게임스사의 최고 경영자인 **제이슨 앨런**은 소셜미디어의 일종인 디스코드를 통해 "인공지능 작품이 1위를 차지했다"고 밝혔다. 그는 인공지능 그림 프로그램인 미드저니 MidJourney를 활용해 그림을 그렸고, 이를 콜로라도 주립 박람회에서 개최하는 작품전의 디지털 아트 부문에 제출했다. 미드저니라는 프로그램은 문장을 입력하는 것만으로 기존에 학습한 방대한 이미지를 토대로 문장에 맞는 그림을 그려 주는 프로그램이다. 이 그림의 제목은 시어터 오페라 스페이셜 Theatre D'opera Spatial 이라고 하는데 오페라 공연장에서 공연하는 배우들의 뒷모습과 밝은 배경이 대비를 이루는 그림이다. 그림을 그려 주는 인공지능은 구글의 딥드림 제너레이터와 같이 공개된 프로그램들도 많이 있으나, 이러한 종류의 프로그램이 공식적인 디지털 아트 부문에서 1위를 수상했다는 것은 큰 의미가 있다.

2022년 콜로라도 주립 박람회의 디지털 아트
부문에서 1위를 수상한 인공지능의 작품

구글에서 제공하는 그림을 그려주는 인공지능
프로그램 DEEP DREAM GENERATOR

미드저니는 영어로 입력된 텍스트나 제공된 이미지 파일을 이용하여 인공지능이 그림을 생성하는 시스템이다. 미드저니 시스템이 제공하는 프롬프트에서 특정한 문장이나 단어를 입력할 경우, 그림과 같이 이 문장에 가장 적합한 이미지를 생성한다. 미드저니와 유사한 기능을 하는 시스템으로 OpenAI의 Dall-E 2, Stability.ai 그룹에서 오픈 소스로 공개한 Stable Diffusion 등이 있다.

'cute baby dinosaur with a funny hat' 프롬프트의 결과

> 이 이미지는 미드저니에서 '우스꽝스러운 모자를 쓴 귀여운 아기 공룡'이라는 프롬프트를 통해서 생성한 결과입니다. 이 인공지능 모델은 텍스트를 학습하여 이 텍스트에 적합한 이미지를 만들어서 제공합니다.

인공지능 프로그램인 미드저니가 만든 그림이 콜로라도에서 개최된 디지털 아트 경진대회에서 1등을 차지하게 되자 예술가들이 집단으로 저항하기도 하였다. 한 트위터 사용자는 "예술의 죽음이 눈앞에서 펼쳐지는 것을 보고 있다"라고 지적하기도 했다.

텍스트를 이용하여 이미지를 생성하는 인공지능은 주로 GAN이라는 딥러닝 모델을 사용한다. 텍스트를 이미지로 변환하는 과정은 크게 다음과 같은 단계로 이루어진다.

1. **텍스트 임베딩**: 우선, 입력된 텍스트 데이터는 텍스트 임베딩이라는 과정을 거쳐 수치 벡터로 변환된다. 이 벡터는 텍스트의 의미와 정보를 담고 있다. 텍스트 임베딩에는 여러 방법이 있으며 Word2Vec, GloVe, BERT 등의 알고리즘을 사용할 수 있다.
2. **조건부 생성기 학습**: 임베딩된 텍스트 데이터를 사용하여 조건부 GAN 모델을 학습시킨다. 이때, 텍스트 임베딩 벡터는 GAN의 생성기에 추가 입력으로 제공되어, 해당 텍스트의 정보에 따라 이미지를 생성하도록 한다.
3. **이미지 생성**: 학습이 완료된 조건부 GAN 모델은 새로운 텍스트 입력에 대해 해당 내용을 반영한 이미지를 생성할 수 있다.

이렇게 텍스트를 기반으로 이미지를 생성하는 방법은 다양한 응용 분야에서 사용될 수 있다. 예를 들어, 온라인 쇼핑에서는 상품 설명 텍스트를 기반으로 상품 이미지를 생성하거나, 동화책에서는 스토리의 텍스트를 기반으로 일러스트를 생성하는 등의 활용이 가능할 것이다.

추억의 게임기: 아타리 게임기

아타리는 미국의 게임회사로 1970년대에 비디오 게임기와 여러 종류의 게임을 출시하여 선풍적인 인기를 얻었다. 아래 그림은 Pong 게임과 벽돌깨기 게임의 화면이다. Pong 게임은 2명의 경기자가 조이스틱을 위아래로 조절해서 공을 반사시켜 게임을 하는 방식이다. 또한, 벽돌깨기 게임은 공을 반사시켜 벽돌을 깨고 튀어나오는 공을 다시 반사시켜 점수를 올리는 방식으로 동작한다. 과거에는 게임을 할 수 있는 하드웨어 성능이 오늘날과 같이 뛰어나지 않았기 때문에, 이와 같이 단순한 2차원 화면에서 간단한 조작으로 점수를 올리는 방식을 선호하였다.

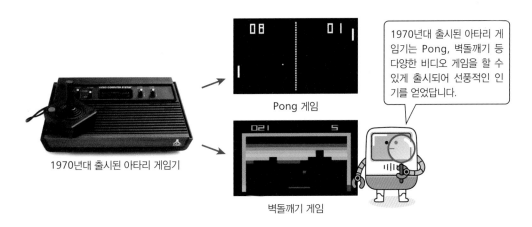

1970년대 출시된 아타리 게임기

Pong 게임

벽돌깨기 게임

1970년대 출시된 아타리 게임기는 Pong, 벽돌깨기 등 다양한 비디오 게임을 할 수 있게 출시되어 선풍적인 인기를 얻었답니다.

현재 상태를 바탕으로 보상을 최대로 하는 강화학습 기술

영국의 인공지능 전문기업인 딥마인드사는 2013년 〈심층 강화학습을 이용한 아타리 게임하기(Playing Atari with Deep Reinforcement Learning)〉라는 제목의 논문을 통해서 아타리사의 여러 가지 게임을 스스로 학습하는 강화학습 reinforcement learning 기술에 대해 소개하였다. 이 논문에서 소개된 강화학습 기술은 벽돌깨기 게임을 스스로 학습하여 점수를 올리는 방법을 터득하는 획기적인 내용이었다. 강화학습은 행동심리학에서 영감을 받았으며, 어떤 환경 안에서 정의된 에이전트가 현재의 상태를 인식하여, 선택 가능한 행동들 중 보상 reward 을 최대화하는 행동을 학습하는 기법이다.

즉, **환경과의 상호 작용을 통해 학습해 나가는 것**이다. 에이전트는 상태라고 부르는 다양한 상황 안에서 정책에 따른 행동을 취하며 점차 학습해 나간다. 에이전트가 취한 행동은 그에 대한 응답으로, 양(+)이나 음(−) 또는 0의 보상을 돌려받는다.

다음 그림은 팩맨 Pac-Man 이라는 게임에 등장하는 주인공 캐릭터 팩맨과 게임 환경을 보여주고 있다. 이 게임 속의 환경은 에이전트가 행동을 하는 공간으로 상태에 따른 보상을 하고, 에이전트는 행동을 취할 수 있으며 여러 가지 정책을 선택할 수도 있다.

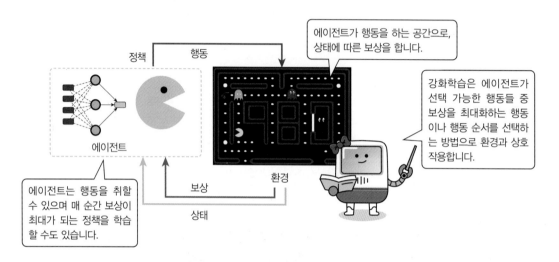

여기에서 에이전트의 목표는 처음 시작하는 시점부터 종료 시점까지 일어나는 모든 에피소드에서 받을 보상값을 최대로 끌어올리는 것이다. 이를 위해 음(−)의 보상을 받는 행동은 최대한 피하도록 하고, 양(+)의 보상을 받을 수 있는 행동을 강화시킨다는 의미에서 강화학습이라는 이름이 붙게 되었다. 이렇게 에이전트가 학습을 하는 과정에서 점점 발전하게 될 의사결정 전략을 **정책** policy 이라고 한다.

계속해서 **팩맨** 게임의 예를 들면, 이 게임의 주인공인 팩맨 캐릭터는 게임 환경과 상호작용을 하면서 이동하고 점수를 획득하며 유령 캐릭터와 충돌하면 생명을 잃는 역할을 하는 **에이전트**이다. **상태**는 매 순간 스크린에 보여지는 이미지이고, 한 에피소드는 게임의 한 판이 시작되는 시점부터 끝나는 시

점까지의 내용이다. 에이전트가 취할 수 있는 행동은 '앞으로 이동', '뒤로 이동', '위로 이동', '아래로 이동' 등이 있다. 각각의 행동에 따라 보상은 달라질 수 있는데, 이에 따라 에이전트가 아이템을 먹거나 보너스 아이템을 얻은 경우 양(+)의 보상을 받고, 유령 캐릭터와 충돌하는 경우 음(−)의 보상을 받도록 설계할 수 있다. 이때 팩맨 캐릭터가 그냥 아무것도 하지 않는다면 보상은 0이 될 것이다.

이와 같은 상호작용이 무한히 반복되어 에이전트가 **보상을 최대로 얻기 위해 노력한다면 그 능력이 강화된다**고 할 수 있다. 에이전트는 매 순간 보상을 최대화하는 방향으로 그 행동을 선택하게 되는데 이것을 학습하는 것이 정책망이다. 강화학습은 이러한 결정을 순차적으로 내려야 하는 문제에 적용할 수 있다. 이러한 문제를 모델링할 때 사용하는 수학적인 틀을 마르코프 의사결정 프로세스 Markov Decision Process: MDP 라고 하며 아래와 같은 요소를 가진다.

- **상태** state : 에이전트의 정적인 요소와 동적인 요소이다. 예를 들어 에이전트의 속도, 가속도 등이 될 수 있다. 에이전트는 상태를 기반으로 의사결정을 한다.
- **행동** action : 어떠한 상태에서 취할 수 있는 행동이다(에이전트의 상, 하, 좌, 우 이동).
- **보상** reward : 에이전트가 학습할 수 있는 유일한 정보로 양의 보상, 음의 보상이 있다.
- **정책** policy : 순차적 행동 결정 문제에서 구해야 할 답, 모든 상태에 대해 에이전트가 어떤 행동을 해야 하는지 정해 놓은 것이다.
- **전이 확률** Transition Probability : 특정 상태에서 특정 행동을 취했을 때, 다음 상태로 얼마나 확률적으로 갈 수 있는지를 나타낸다. 마치 팩맨 에이전트가 위쪽이나 아래쪽으로 움직일 확률이 얼마인지와 같은 개념이다.

이와 같이 마르코프 의사결정 프로세스는 상태, 행동, 보상, 전이 확률, 정책의 개념을 통해 어떤 문제를 수학적으로 모델링하고, 그 문제를 효과적으로 해결하는 방법을 찾을 수 있도록 도와주는 강화학습의 중요한 도구이다.

NOTE: 딥마인드와 구글

딥마인드 DeepMind 는 영국에 본사를 둔 인공지능 연구 기업이다. 이 회사는 특히 딥러닝과 강화학습 분야에서 선두를 달리고 있으며, 여러 가지 중요한 연구 결과를 세상에 내놓고 있다. 딥마인드의 우수한 기술력과 인력풀에 매력을 느낀 **구글** Google 은 2014년에 딥마인드를 인수하였다. 이 인수는 인공지능 분야의 연구를 가속화하고, 인공지능 기술을 구글의 다양한 제품과 서비스에 적용하려는 구글의 의도를 반영한 것으로 볼 수 있다. 딥마인드의 연구원들은 구글과 협력하여 구글의 많은 서비스, 예를 들어 검색 알고리즘 최적화나 에너지 효율 개선 등에 딥러닝 기술을 적용하고 있다.

딥마인드는 구글의 자회사로서 독립적으로 연구를 수행하고 있으며, 특히 알파고와 같은 프로젝트로 유명해졌다. 이러한 협력은 인공지능 분야의 발전에 크게 기여하고 있으며, 2023년도부터는 대규모 언어 모델을 위한 연구에 많은 노력을 기울이고 있다.

강화학습의 무한한 가능성

딥마인드사는 아타리 게임을 하는 효율적인 강화학습 알고리즘을 개발하였고 이어서 알파고를 선보이며 전 세계의 주목을 받았다. 하지만 강화학습이 게임만 잘하는 것은 아니다. 구글 로봇팀에서 연구 개발하고 있는 강화학습은 로봇 시뮬레이션 시나리오뿐만 아니라 실제 환경에서도 인간의 행동을 흉내 내는 휴머노이드 ^{Humanoid} 로봇 같은 물체에 대한 행동 인식과 동작도 설계할 수 있다.

2021년에 현대자동차 그룹이 약 1조 원으로 인수한 보스턴 다이나믹스사는 로봇 기술에 대해 세계에서 가장 앞선 회사로 평가받고 있다. 이 회사에서는 2021년 2족 보행 로봇 캐시 ^{Cassie} 가 걷는 영상을 공개하였는데, 이 로봇은 **강화학습을 통해서 시행착오를 해가며 걷는 방법을 터득**하였다. 다리가 두 개인 이 로봇은 마치 아기가 걸음마를 배우듯이 야외에서 빠르게 걷기, 옆으로 걷기, 방향 틀기, 웅크리고 걷기, 예상치 못한 하중 견디기 등의 **여러 가지 새로운 과제를 스스로 학습**하며 수행하였다.

야외에서 빠르게 걷기

옆으로 걷기

방향 틀기

미끄러졌다가 복구하기

물건 함께 들기

미끄럼 예방   미끄러운 곳 걷기

하나의 에이전트가 주어진 환경에서 자신의 보상을 최대화하는 행동 또는 행동 순서를 학습하는 것이 강화학습이라면 다수의 에이전트가 협업 또는 경쟁하는 환경에서의 문제를 강화학습을 통해 해결하려는 방법이 바로 다중 에이전트 강화학습 ^{multi-agent reinforcement learning} 이다. 이 로봇 캐시는 2족 보행을 하면서 인간과 함께 물건을 들고 옮기는 일을 수행하는 어려운 작업도 해내고 있다.

다수의 에이전트가 협업 또는 경쟁하는 환경에서 만나는 문제를 강화학습을 통해 해결하려는 방법이 바로 **다중 에이전트 강화학습**입니다.

강화학습은 지도학습처럼 미리 정답을 알려주고 이를 맞히는 방식이 아니라 에이전트가 알려지지 않은 환경과 상호작용하며 시행착오를 통해서 학습을 하는 방식이므로 인간의 학습 방법과 매우 유사하다고 할 수 있다.

04 트랜스포머와 대규모 언어 모델

기계 번역의 어려움과 순환 신경망의 한계

기계 번역은 어떤 언어로 된 문장을 입력으로 받아 다른 언어로 번역하는 작업을 말한다. 이 작업은 인공지능 초창기부터 주목받는 작업이었으나 그다지 우수한 성능을 보여주지 못했다. 인공지능의 겨울을 촉발하게 된 유명한 사건 중 하나는 1960년대 미국 자동언어처리자문 위원회Automatic Language Processing Advisory Committee: ALPAC 의 인공지능 연구에 대한 보고서이다. 2차 세계대전과 한국전쟁 이후 냉전이 이어지면서 미국 정부는 러시아어로 된 문서와 과학 보고서를 자동으로 번역하는 시스템에 큰 관심을 가지고 있었다. 이에 따라 1954년 이후 자동 기계 번역에 2,000만 불 이상의 엄청난 연구비를 투자하였다. 초기 연구자들의 긍정적인 전망에도 불구하고 10년이 지난 1964년까지 큰 진전이 없자 미국 정부는 자동언어처리자문 위원회라는 조직을 만들고 이 문제를 깊이 살펴보게 되었다. 이 위원회는 2년간의 검토 결과, 기계 번역 기술이 어려운 문제이며 당분간 쓸만한 기계 번역 기술이 개발될 가능성이 보이지 않는다는 결론을 내리게 되었다. 기계 번역의 역사는 50년이 넘었지만 2000년대 초반까지도 기계 번역이 다소 한계를 가지고 있다는 점을 생각해 본다면 이 당시의 전망이 지나치게 낙관적이었음을 알 수 있다.

기계 번역

이전 절에서 살펴본 순환 신경망은 시퀀스 데이터를 처리하는 데 탁월한 능력을 갖춘 딥러닝 모델이다.

하지만 이 모델은 다음과 같은 큰 한계가 있다.

1. **기울기 소실 및 폭발 문제:** 순환 신경망은 시퀀스가 짧을 경우, 성능 저하가 없지만 매우 긴 시퀀스에서 성능이 저하되는 경향이 있다. 이는 시퀀스가 길어질수록 기울기가 소실되거나 폭발하는 현상 때문이다. 이로 인해 순환 신경망은 장기 의존성을 학습하는 데 어려움이 있다. **장기 의존성**이란 시퀀스 데이터에서 멀리 떨어져 있는 입력과 출력 사이의 연관성을 의미한다. 예를 들어, 긴 문장을 이해하려면 문장의 시작 부분에서 주어진 정보를 문장의 끝까지 기억해야 할 수 있다. 이처럼, 시퀀스의 특정 위치에서 얻은 정보가 후속 위치에서의 결정에 영향을 미치는 상황을 '장기 의존성'이라고 한다.

2. **병렬화 불가능 문제:** 순환 신경망은 이전 시간 단계의 출력에 의존하는 순차적인 특성 때문에 시퀀스 데이터를 잘 처리할 수는 있지만 이 특성으로 인하여 계산을 병렬화하기 어렵다. 이는 학습 속도를 저하시키는 원인이 된다. 특히 GPU와 같은 하드웨어 가속기를 활용하여 학습 속도를 높이는 딥러닝에서 큰 문제가 될 수 있다. 이러한 장치들은 동시에 많은 수의 연산을 병렬로 처리하는 데 최적화되어 있기 때문에, 이들의 성능을 최대로 활용하기 위해서는 알고리즘이 병렬 처리를 지원할 수 있어야 한다.

이와 같은 한계를 극복하기 위해, 트랜스포머 Transformer 아키텍처가 소개되었다. 트랜스포머는 순환 신경망의 순차적인 특성을 버리고, 셀프 어텐션 self-attention 이라는 구조를 도입함으로써 시퀀스 내 모든 요소들 사이의 관계를 동시에 고려한다. 이렇게 하면, 트랜스포머는 긴 시퀀스에서의 장기 의존성을 잘 학습할 수 있으며, 병렬 계산도 가능하게 되어 학습 속도가 향상된다. 최근 트랜스포머 모델은 기계 번역, 텍스트 요약, 감성 분석 등 다양한 자연어 처리 작업에서 탁월한 성능을 보이고 있으며, GPT와 BERT와 같은 최신 언어 모델의 기반 아키텍처로 사용되고 있다.

트랜스포머와 어텐션

트랜스포머 Transformer 는 2017년 구글 연구진이 발표한 〈Attention Is All You Need〉라는 제목의 논문[2]을 통해 소개된 모델로, **입력 시퀀스의 모든 단어 간 관계를 파악하여 그 단어가 얼마나 중요한가를 학습**하는 것이 근본적인 아이디어이다. 이 기법을 셀프 어텐션이라고 한다.

다음과 같이 영어 입력을 독일어로 번역하는 기계 번역의 예를 통해 트랜스포머에 대해 살펴보자.

- **입력:** 'I love the book titled The Best Machine Learning. Is it just a textbook? Is it the Bible for ML?'
- **출력:** 'Ich liebe das Buch The Best Machine Learning, ist es nur ein Lehrbuch, ist es die Bibel für ML?'

---

[2] Vaswani, A. *et al.* (2017) Attention Is All You Need, *Proc. the 31st International Conference on Neural Information Processing Systems.* pp. 6000–6010.

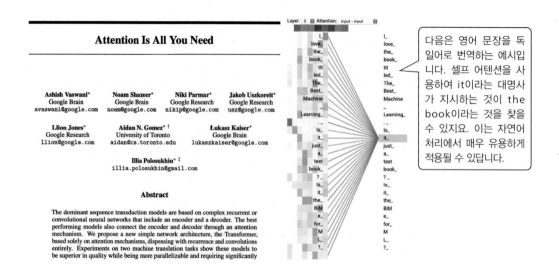

입력 문장에서 빨간색으로 표시한 'it'은 무엇을 가리키는 것인지는 기존 인코더-디코더 기반의 어텐션 메커니즘만으로는 찾을 수 없다. 반면 트랜스포머 모델은 'it'이라는 단어를 인코딩할 때, 셀프 어텐션을 이용하여 'it'과 'the book'을 연결할 수 있다. 트랜스포머는 인코더와 디코더에서 기존 어텐션뿐만 아니라, 셀프 어텐션을 통해 기계 번역에서 단어들의 맥락을 파악할 수 있다. 다음 그림의 예는 **구글 브레인**Google Brain 팀에서 개발한 **T2T**Tensor2Tensor 코랩 사이트에 공개한 코드를 수정해서 테스트해 본 결과이다.

자연어 처리Natural Language Processing: NLP 분야를 중심으로 트랜스포머를 이용한 다양한 모델이 개발되고 있고, 최근 컴퓨터 비전 분야에서도 트랜스포머를 활용한 기법들도 개발되고 있다. 트랜스포머의 인코더-디코더 모델 구조에서 어텐션과 셀프 어텐션을 어떻게 활용했는지는 논문을 통해 살펴볼 수 있다.

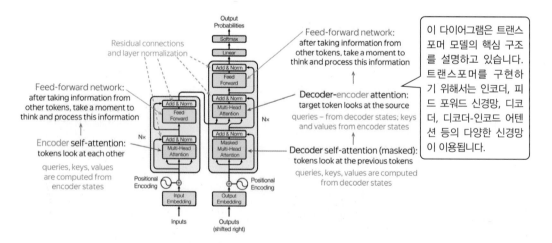

트랜스포머에는 어텐션 메커니즘만으로 높은 수준의 성능을 제공할 수 있다. 트랜스포머의 인코더 부분을 이용한 언어 모델인 BERT ^{bidirectional encoder representations from transformers} 는 수많은 자연어 처리 태스크에서 최고 성능을 보여 주면서 이 분야에 한 획을 그은 모델로 평가받고 있다. 이 다이어그램은 트랜스포머 모델의 핵심 구조를 설명하고 있다. 트랜스포머를 구현하기 위해서는 인코더, 피드포워드 신경망, 디코더, 디코더-인코드 어텐션 등의 다양한 신경망이 이용된다.

트랜스포머의 보다 자세한 내용은 논문과 구현[3] 소스를 참고하자.

ChatGPT의 혁신

GPT는 Generative Pretrained Transformer의 약자로, 앞서 살펴본 트랜스포머 기술에 기반하여 자연어 처리에서 사용되는 인공지능 모델 중 하나이다. GPT 모델은 텍스트를 생성하는 데 주력하는 것이 특징이며, 이런 특성을 가진 인공지능 모델을 언어 생성 모델이라고 한다. GPT 모델은 주어진 문맥에서 다음에 나올 단어나 문장을 예측하는 데 탁월하다. 이런 특성으로 인해 GPT 모델은 번역, 질의응답, 문장 생성, 문서 요약 등 다양한 언어 관련 작업에 사용될 수 있다. GPT 모델은 샘 알트먼이 최고 경영 책임자로 있는 OpenAI라는 인공지능 연구 기관에서 개발되었다. OpenAI는 2015년에 설립되었으며, 인공지능 기술의 안전성과 공정성을 고려하여 이 기술의 혜택이 모두에게 공정하게 돌아갈 수 있도록 하는 것을 목표로 한다. 현재 이 기관은 자신들의 모델을 개발하고 상업화하는 데 필요한 자금을 확보하기 위해 OpenAI LP라는 새로운 단체를 설립하였다. 이 새로운 단체는 투자를 받아서 수익을 내는 수익 창출형 기업으로 운영되고 있으나 원래의 비영리 기관이 경영에 관계하는 형태로 운영되고 있다.

간단한 GPT의 역사는 다음과 같이 정리할 수 있다.

- **GPT-1**: 2018년에 처음 발표되었다. 이 모델은 단어의 시퀀스를 처리하고, 주어진 문맥에서 다음 단어를 예측하는 데 초점을 맞추었다. GPT-1은 1억 1700만 개의 모델 파라미터를 가지고 있었으며, 기존의 다른 자연어 처리 모델들에 비해 높은 성능을 보여주었다.
- **GPT-2**: 2019년에 발표되었으며, 그 성능과 인상적인 텍스트 생성 능력으로 큰 주목을 받았다. GPT-2는 이전 버전에 비해 훨씬 큰 크기의 15억 개의 모델 파라미터를 가지고 있었고, 더욱 다양하고 복잡한 텍스트를 자연스럽게 생성할 수 있었다.
- **GPT-3**: 2020년에 발표된 GPT-3는 무려 1750억 개의 모델 파라미터를 가지고 있어, 그 규모와 성능에서 압도적인 차이를 보여주었다. 또한, GPT-3는 미세 조정 없이도 다양한 언어 작업에서 뛰어난 성능을 보였다.
- **GPT-4**: ChatGPT의 큰 성공에 이어서 2023년 발표된 GPT-4는 이미지와 글을 동시에 다루는 멀티모달 기능을 보유하고 있으며, 미국 변호사 시험과 미국 생물올림피아드에서 각각 백분위 90%, 99%를 달성하며 놀라운 성능을 보였다.

---

[3] https://github.com/strutive07/transformer-tensorflow2.0

GPT 모델은 꾸준한 발전을 통해서 인공지능 연구와 자연어 처리 분야에 중요한 영향을 미쳤다.

ChatGPT는 다음의 웹사이트를 통해서 무료로 서비스되고 있다.

```
https://chat.openai.com/
```

GPT를 기반으로 OpenAI는 GPT-2와 GPT-3 등을 연이어 발표했으며, 이 언어 생성 모델은 많은 연구자들의 관심을 받았다. 이 성공에 힘입어 2022년 11월에 출시한 서비스가 바로 ChatGPT이다. 이 서비스는 기존의 GPT 모델을 대화 생성에 특화되도록 훈련시킨 것이다. ChatGPT는 인간과 자연스러운 대화를 생성하도록 최적화되어 있다. ChatGPT의 핵심은 트랜스포머의 셀프 어텐션 메커니즘을 사용하는 것으로, 이를 통해 모델은 주어진 입력에서 중요한 부분에 집중하고, 이를 기반으로 적절한 출력인 대화 응답문을 생성한다. 이러한 방식을 통해 ChatGPT는 문맥에 따라 유연하게 대화를 생성할 수 있다.

ChatGPT의 가장 큰 특징은 사전 학습 Pretraining 과 미세 조정 Finetuning 의 두 단계를 거치는 학습 방법으로, 인간 피드백형 강화학습 Reinforcement Learning with Human Feedback: RLHF 을 통해서 사람의 선호를 반영하였다. 각각의 특징을 간략하게 정리하면 다음과 같다.

- **사전 학습 단계:** GPT 모델은 우선 대량의 텍스트 데이터로 학습을 하면서 언어에 대한 기본적인 이해를 한다. 이 단계에서 모델은 문법, 문맥, 심지어는 일부 상식까지도 배운다.
- **미세 조정 단계:** 특정 작업에 맞게 미세 조정 학습을 진행하는 단계를 일컫는다. 예를 들어, 특정 작업이 '번역'이라면 번역 관련 데이터로 추가 학습을 진행하는 것을 말한다.
- **인간 피드백형 강화학습:** 언어 모델이 출력한 결과를 최적화하기 위하여 손실 함수와 같은 평가 척도를 이용하는 기존의 방식에는 한계가 존재한다. 따라서 이 훈련 과정에 인간이 관여하도록 하는 것이 인간 피드백형 강화학습이다. 즉, 성능 측정이나 모델 최적화를 위한 손실에 인간의 피드백이 들어간다면, 손실 함수나 평가 척도가 없어도 더 나은 결과물을 얻을 수 있을 것이다.

이 밖에도 윤리성 검토와 보안 검토를 통해서 출시한 언어 모델이 바로 ChatGPT이다. 다음 그림은 LifeArchitect.ai의 ChatGPT 일러스트레이션이다.

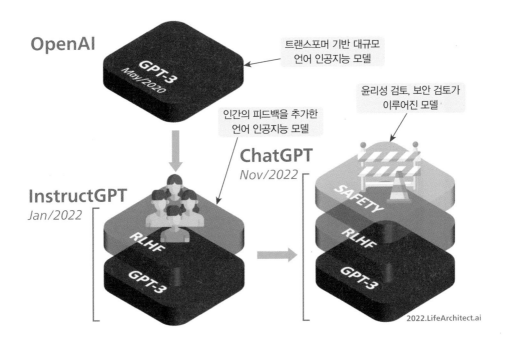

OpenAI

GPT-3
May/2020

트랜스포머 기반 대규모
언어 인공지능 모델

인간의 피드백을 추가한
언어 인공지능 모델

ChatGPT
Nov/2022

윤리성 검토, 보안 검토가
이루어진 모델

InstructGPT
Jan/2022

RLHF
GPT-3

SAFETY
RLHF
GPT-3

2022.LifeArchitect.ai

대규모 언어 모델의 혁신과 한계

대규모 언어 모델이란 수많은 텍스트 데이터를 학습하여 사람들이 언어를 사용하는 방식을 이해하려는 인공지능 시스템을 말한다. 이 모델은 영어 Large Language Model의 약자인 LLM으로 지칭하기도 한다. 최근 이 모델이 다루는 데이터와 파라미터가 기하 급수적으로 증가하면서 초거대 언어 모델이라고도 불린다. 이러한 모델은 대용량의 텍스트 데이터, 예를 들어 인터넷상의 책, 기사, 웹 페이지 등에서 패턴을 학습하게 된다. 대규모 언어 모델이 언어를 이해한다는 것은 사람이 언어를 이해하는 것과는 조금 다르다. 사람은 문장이나 단어의 의미를 이해하고, 그 의미를 바탕으로 세상을 이해하고 행동한다. 반면에 언어 모델은 언어 패턴을 통계적으로 학습하여 주어진 입력에 대해 적절한 출력을 생성한다. 즉, 문맥에 맞는 다음 단어를 예측하거나, 질문에 대한 답변을 생성하는 것이다.

대규모 언어 모델은 그 크기가 매우 크며 복잡성 또한 매우 높기 때문에 데이터를 학습하는 데 많은 계산 자원이 필요하며, 이는 상당한 비용을 수반한다. 실제로 GPT-3를 학습시키기 위하여 사용된 계산 비용은 약 4,600만 달러로 추정되는데, 이는 한국 화폐로 약 500억 원의 비용이다. 또한 사용자들의 질의에 대한 응답 비용은 하루에 약 70만 달러로 추정된다. 이러한 구조가 구글 검색에 적용된다면 그 비용은 하루에 약 360억 달러가 될 것이며, 이는 약 47조 원이나 되는 어마어마한 금액이 된다. 따라서 이 언어 모델을 활용하여 상업적인 이윤을 달성하면서 현실에 활용하기까지 많은 난관이 있을 수 있다.

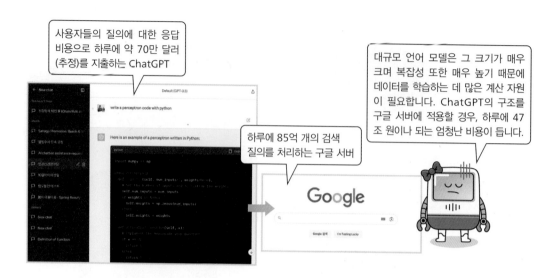

또한, 이 데이터들 중에는 인간의 편향을 포함하고 있기 때문에 이 데이터가 학습 데이터로 사용될 경우 많은 편향성을 그대로 반영할 수 있으므로 이용에 주의가 필요하다.

블랙박스 속의 인공지능

딥러닝 기술에 기반한 인공지능이 매우 큰 성취를 이루고 있지만 한 가지 큰 문제가 있다. 바로 인공지능의 판단 결과에 대하여 그 결과물이 생성되는 과정에 대한 설명이 없다는 것이다. 다음과 같은 그림 속의 회색조 원을 살펴보자. 왼쪽과 오른쪽의 회색 원의 밝기는 어느 쪽이 더 밝을까? 아마도 왼쪽의 회색이 더 밝은 회색으로 느껴지겠지만 정답은 **같은 밝기**이다. 인간의 눈은 최근에 개발된 첨단 카메라보다도 뛰어난 성능을 가지고 있다. 하지만 인간의 뇌는 시각 정보를 해석할 때 아래 그림과 같이 현실과 동떨어진 해석을 내리기도 하는데 이것을 **착시 현상**이라고 한다. 이러한 착시 현상의 원인은 인간의 눈이 아니라 뇌에 있다. 즉, **인간의 뇌는 과거의 경험을 바탕으로 판단하고 능동적인 해석**을 하므로 같은 회색을 보더라도 검은색으로 둘러싸인 회색을 더 밝다고 판단하는 것이다.

두 회색의 밝기는 같을까요?

착시 현상은 **인간의 뇌가 갖고 있는 고정 관념 때문에 발생**하는 것으로 알려져 있다. 왜냐하면, 뇌는 눈앞에 보이는 사물의 실체를 빠르게 파악하기 위해 기존의 지식을 총동원하며 기존의 지식에 부합하는 형태나 밝기로 사물을 인식하기 때문이다. 이러한 면에서 본다면 착시 현상 역시 **학습에 기반한 뇌의 편향**으로도 볼 수 있으며, 왜 그러한가와 같은 궁극적인 질문에 대해서는 정확하게 그 숨어있는 원리를 설명하기보다는 '**뇌가 그렇게 학습을 하였기 때문**'이라는 시시한 대답을 할 수밖에 없을 것이다.

오늘날의 많은 인공지능은 데이터를 바탕으로 학습을 진행하여 분류를 하거나, 수치값을 예측하거나, 새로운 데이터를 생성하는 데 놀라운 성능을 보이고 있다. 그 과정에서 수없이 많은 파라미터가 경사하강법, 오차 역전파와 같은 다양한 알고리즘을 통해서 최적의 값을 찾아나가며 결과를 알려준다. 인공지능의 연구자들은 결과를 통해서 알고리즘을 개선해 나가며 가장 좋은 알고리즘을 보여주는 모델을 문제해결을 위해 최종적으로 채택한다. 이와 같이 **사람의 인지 영역을 넘어선 내부 구조 탓에 인공지능이 왜 그런 결과를 도출했는지는 개발자도 알 수 없다**. 이와 같은 형태의 인공지능 모델을 블랙박스 ^Black Box^ 라고 부르기도 한다.

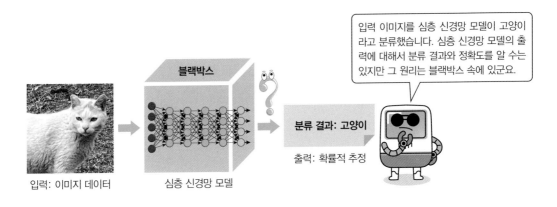

입력: 이미지 데이터   심층 신경망 모델

> 입력 이미지를 심층 신경망 모델이 고양이라고 분류했습니다. 심층 신경망 모델의 출력에 대해서 분류 결과와 정확도를 알 수는 있지만 그 원리는 블랙박스 속에 있군요.

위의 그림은 블랙박스의 이해를 돕기 위한 그림으로, 입력 이미지가 주어졌을 경우 심층 신경망 모델이 이 이미지에 대하여 높은 확률로 고양이라고 추정하는 과정을 보여준다. 이미지 인식에 주로 사용되는 **합성곱 신경망 모델 중에서 매우 뛰어난 성능을 보여준 구글의 Inception 모델은 2016년 이미지넷 경진대회에서 불과 3%의 인식 오류**를 보여주었으며, 인간의 인식 오류인 5%보다 더 좋은 성능을 보여주었다. 이 모델은 6천5백만 개의 엄청난 파라미터를 가지고 있다. 이러한 심층 신경망 모델이 있을 경우, 우리는 실험을 통해서 그 분류 결과와 정확도를 알 수는 있지만 모델의 **수많은 가중치 뒤에 숨어있는 원리는 파악하기 힘들다**. 이것을 다른 말로 표현하면 '**인공신경망 모델이 그렇게 학습을 하였기 때문**'이라는 답이 되는 것이다.

불투명한 인공지능을 투명하게 만들려는 노력

설명 가능한 인공지능은 영어로 eXplainable Artificial Intelligence라고 하며, 이 단어들의 머리글 자를 따서 XAI라고 표기하기도 한다. 앞서 살펴본 바와 같이 **불투명한 인공지능 알고리즘을 신뢰할 수 있고 책임감 있게 만드는 데 있어 중요한 것은 설명 가능성**이다. 설명 가능성은 시스템의 의사결정 결과값에 대한 인과 정보를 통해 인공지능 알고리즘을 이해할 수 있도록 하는 방법이다. 아래의 그림은 설명 가능한 모델의 수행 결과이다. 이 모델은 이미지 데이터를 고양이로 인식하게 된 근거로 **털이 있음, 수염이 있음, 귀가 쫑긋함** 등과 같은 상세한 근거와 과정을 투명하게 제시하고 있다. 이러한 근거를 통해 이 이미지가 95%의 확률로 고양이 이미지라는 것을 알려준다.

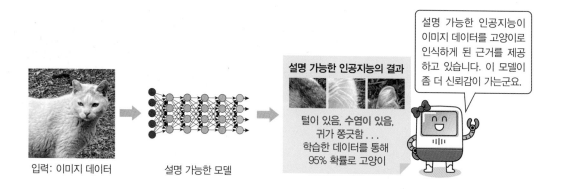

이와 같이 언어를 이용하여 설명할 수도 있으나 CAM ^{Class Activation Map} 과 같이 **객체의 인식 과정을 시각적으로 나타내는 방법**도 있다. CAM은 클래스 활성화 지도를 의미하는 Class Activation Map 의 약자로 그림과 같이 이미지가 주어지고 이 이미지를 딥러닝 모델이 텍스트로 묘사할 때 이 묘사의 근거가 되는 영역을 하이라이팅하여 시각적으로 알려준다.

설명 가능한 인공지능에 관한 많은 연구에도 불구하고 우리가 현재 사용하는 **많은 인공지능 모델은 설명 불가능한 블랙박스 모델**이다. 이제 이것으로 인해서 발생한 실질적인 문제 사례를 살펴보자. 다음 그림은 2017년에 발표된 〈딥러닝 모델에 대한 견고한 실세계 공격(Robust Physical-World

Attacks on Deep Learning Models)〉논문에 실린 내용으로, 잡음을 포함한 이미지를 인공지능이 잘못 인식한 경우이다. 이 그림은 STOP 표지판에 인위적인 잡음이 추가된 사진이다. 인간의 판단으로는 이 표지판이 STOP 표지판으로 보이지만, 딥러닝 모델은 이를 속도 제한(Speed Limit) 표지판으로 인식했다고 한다.

> 그림과 같이 STOP 표지판에 약간의 잡음 이미지가 추가되었네요. 딥러닝은 이 표지판을 속도 제한으로 인식했다고 합니다. STOP 표지판을 속도 제한 표지판으로 인식한 근거는 무엇이었을까요?

이러한 인식 오류에 대하여 명백한 근거를 알지 못한다면 우리는 이 인공지능을 신뢰하기 힘들 것이다. 따라서 이 인공지능 모델을 바탕으로 만든 자율주행 자동차의 인식 성능에 대하여 고객의 인정을 받기도 어려울 것이다.

인공지능의 이러한 취약점을 이용하여 상당히 위험한 실험이 실제로 이루어진 사례도 있다. 2019년 3월, 중국 텐센트 산하의 킨 시큐리티 연구소가 이러한 **적대적 사례를 이용해 자율주행차 시스템이 도로를 역주행하도록 만드는 실험에 성공**했다. 킨 시큐리티 연구소는 테슬라 전기차의 자율주행 시스템을 대상으로 실제 도로에 작은 점 3개를 칠하고 주행하도록 했는데, 자동차는 이 점으로 인해 중앙선을 넘어 맞은편 차선을 달려 역주행하는 결과로 이어졌다. 도로의 점들 때문에 테슬라가 이를 오른쪽 차선으로 인식하고 왼쪽으로 방향을 틀어 맞은편 도로를 주행한 것이다. 인공지능의 이미지 인식이나 알고리즘의 결함을 악용한 공격을 적대적 공격 adversarial attack 이라고 하며 인공지능의 놀라운 성능과 함께 적대적 공격의 많은 사례도 계속해서 발표되고 있다.

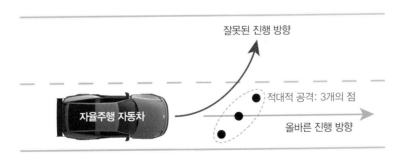

자율주행 자동차에 대한 적대적 공격의 사례

인공지능에 가해지는 위협: 적대적 공격

적대적 공격이란 **인공지능 모델의 예측을 잘못하게 만들거나, 그 성능을 저하시키기 위해 사용하는 공격 방법**을 말한다. 이러한 공격은 인공지능의 결정이 중요한 상황에서 특히 위험할 수 있다. 예를 들어, 딥러닝 모델이 이미지를 분류하는 경우에 적대적 공격자는 이미지에 미세한 변화를 가해 원래의 이미지와 거의 동일해 보이지만, 모델은 완전히 다른 클래스로 분류하게 만들 수 있다. 이런 변화는 사람의 눈으로 거의 눈치채지 못하지만, 모델의 예측에 큰 영향을 미칠 수 있다. 이런 적대적 공격은 자율주행 자동차, 의료 진단, 보안 시스템 등 인공지능이 중요한 역할을 하는 많은 분야에서 위험요소로 작용할 수 있다. 따라서 적대적 공격에 대한 방어 메커니즘 연구와 적용은 인공지능 기술 발전에 있어 중요한 연구 주제이다.

다음 그림은 2020년에 발표된 〈딥러닝 분야의 사생활과 보안 문제(Privacy and Security Issues in Deep Learning: A Survey)〉라는 논문에 소개된 그림이다. 연구자들은 왼쪽의 판다 이미지에 잡음 이미지를 추가하여 딥러닝 모델의 입력으로 넣었다. 그 결과, 인간의 눈에는 잘 드러나지 않는 잡음이 추가되어 여전히 판다로 보이는 이미지임에도 불구하고, 딥러닝 모델은 이 이미지의 동물을 긴팔원숭이로 인식하였다.

판다 적대적 노이즈 긴팔원숭이

+ .007 × =

> 그림과 같이 연구자들이 판다의 이미지에 적대적 노이즈를 합성시킨 이미지를 만들었습니다. 인공지능은 이를 긴팔원숭이로 인식했군요.

이러한 결과는 왜 도출된 것일까? 미국 매사추세츠공과대학의 연구진은 일련의 실험을 통해 적대적 사례는 **컴퓨터의 시각인지가 인간이 보지 못하는 것을 보는 현상** 때문이라는 점을 밝혀냈다. 연구진은 초기에 컴퓨터 이미지 인식의 오류라고 생각하고 알고리즘 개선에 집중했으나, 연구 과정에서 '적대적 사례'의 원인이 다른 곳에 있다는 결론에 이르렀다. 사람은 동물의 귀 모양이나 코의 길이처럼 특정한 대상의 두드러진 특징을 기반으로 이미지를 인식하는데, 인공지능 이미지 인식은 사람이 인식할 수 없는 특징들을 이용해 사물을 인식한다는 점이 이 연구의 발견이다. 연구진은 "우리는 사람이 보지 못하고 기계만 볼 수 있는 특징이 무엇인지 알지 못하고 인간 두뇌는 이해하지도 못한다"라고 말하며 이를 인공지능의 '취약점'이라고 이름 붙였다.

인공지능 기술이 점점 발전하고 인간이 이 인공지능에 의존하는 영역이 늘어남에 따라 불가피하게 기계만 식별할 수 있는 정보의 종류와 형태가 증가하게 된다. 그 과정에서 현재 인공지능 연구자들에 의해 '적대적 사례'가 보고된 상황이다. 하지만 이런 방식의 문제 보고와 해결 시도 대신 '적대적 사례'를 이용해 악용하려는 시도가 나타날 수 있다. 인공지능과 이미지 인식에 의존하는 사회는 편리하지만, 동시에 **전에 없는 위험한 사회**가 될 가능성도 가지고 있다. 따라서 인공지능 연구자들에 대한 높은 수준의 윤리 교육을 강화시키고, 이를 통하여 인간에게 적대적인 인공지능의 출현을 예방하자는 국제적인 움직임도 일어나고 있다.

딥러닝은 인간의 뇌가 하는 일을 할 수 있을까

뇌과학의 연구가 가져온 딥러닝 기술의 발전

합성곱 신경망이 대두되기 전에 초기의 딥러닝 개발자는 어떤 방식으로 심층 신경망을 학습시켰을까? 그림과 같이 28×28 크기의 픽셀 공간에 손글씨가 입력되는 경우를 가정하자. 이 경우 28×28 픽셀의 밝기값을 입력 노드에 대응시킨 다음, 이 값에 가중치를 곱하여 은닉층으로 전달한다. 그리고 은닉층에서는 다시 가중치를 곱한 다음 출력층으로 전달하면, 출력층에서 숫자별 확률값이 나타날 것이다. 만일 이 값이 정답 1이 아닐 경우, 정답에 가장 가까운 값이 나올 때까지 신경망을 반복해서 학습시키는 단순한 구조로 학습을 진행하였다. 이러한 단순한 방식의 **밀집 연결 구조**를 가진 **인공신경망**으로도 학습은 되지만 그다지 좋은 성능을 보이지 못하는 경우가 많았다.

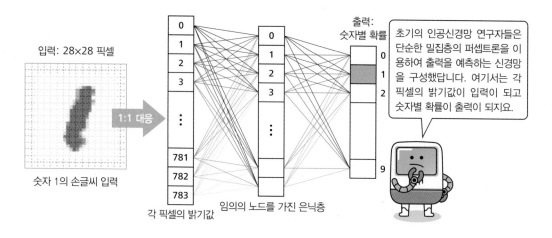

합성곱 신경망은 그림과 같이 인간의 뇌가 사물을 인식하는 과정에서 영감을 받았다. 시각지능에 대한 많은 연구 결과, 시신경으로부터의 자극이 뇌 속의 1차 시각 피질, 2차 시각 피질, 3차 시각 피질 등 여러 영역을 통과하여 계층적으로 정보를 처리하는 과정을 통해 인식하는 것으로 밝혀졌다. 즉, 정보가 모서리와 직선에서 형상으로, 형상에서 객체로, 객체에서 보다 구체적인 이름의 사물로 추상적인 특징이 추출되어 시각 인식이 이루어지는 것으로 알려졌으며 이를 바탕으로 합성곱 신경망이 탄생하였다.

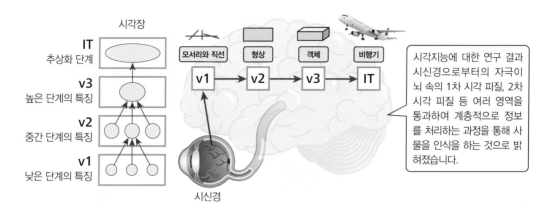

합성곱 신경망은 시신경으로부터의 자극을 계층적 구조로 추상화하는 데에서 영감을 얻어 다음 그림과 같이 깊이 있는 신경망을 구성하도록 하였다. 이 신경망은 필터를 이용해서 특징을 추출하는데, 낮은 단계의 특징, 중간 단계의 특징, 높은 단계의 특징을 추출한 후, 대표되는 특징을 밀집 연결 신경망에 넣어 추상적인 출력인 '비행기'로 분류되도록 하였다.

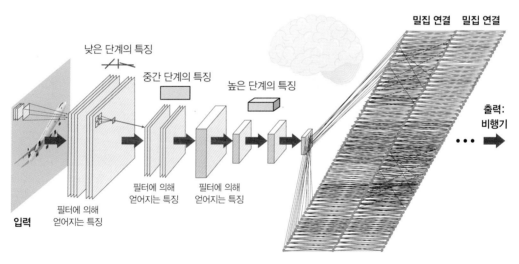

여러 층의 신경망을 통해 특징을 추출하고 사물을 인식하는 합성곱 신경망

2012년 이미지넷 경진대회에서 큰 충격을 준 합성곱 신경망은 이후 이어진 딥러닝 연구의 활성화를 크게 촉진하였다. 합성곱 신경망 알고리즘은 심층 신경망 학습기법인 딥러닝 기술의 성공을 이끌었으며, 동시에 **인공신경망의 구조와 뇌세포 사이의 생물학적 근사성이 실제로 의미를 가진다는 인식**을 심어주는 계기가 되었다.

딥러닝과 인공지능의 진전

오늘날 혁신적인 기술의 대명사로 인기를 누리고 있는 딥러닝의 핵심이 되는 중요한 특징은 다음과 같이 정리할 수 있다.

- 딥러닝은 인간의 **신경세포가 가지는 연결 구조를 모방한 기술**인데, 컴퓨터를 사용하여 인공적으로 구현한 신경망을 사용한다.
- 머신러닝 기술의 일종으로 작업에 대한 성능을 측정하여 **인공신경망의 가중치를 개선해 나가는 방법**을 사용한다.
- 인공신경망의 가중치를 점진적으로 개선하기 위하여, **정답과 추정값과의 오차를 최소로 만드는 오차 역전파 알고리즘**을 사용한다.
- 인공신경망의 층을 매우 깊게 만들어서 복잡한 문제를 풀 수 있도록 하였다.

매우 많은 층을 가진 인공신경망에서 가장 핵심이 되는 학습 알고리즘은 바로 선형대수, 미분/편미분 등의 수학 도구에 기반한 오차 역전파 알고리즘이다. 이 알고리즘의 핵심은 많은 데이터를 통해 **심층 신경망을 학습시킬 때 오차가 발생하면 이 오차를 줄이는 방향으로 신경망 모델의 파라미터 값을 반복적으로 조절**하는 것이다. 오차 역전파는 매우 잘 동작하며 심지어 이 학습법에 기반한 합성곱 신경망 모델은 이미지넷 경진대회에서 인간을 넘어서는 인식률을 보였다. 바둑에서 인간 최고수인 이세돌 기사를 넘어선 알파고 역시 이 오차 역전파 학습법에 기반한 심층 강화학습 기법을 사용하고 있다. 인간의 신경세포가 가지고 있는 복잡한 연결 구조에서 영감을 받아서 이를 흉내 낸 것이 심층 신경망이기는 하지만 인간의 신경세포가 학습을 하는 과정이 오차 역전파와 같은 학습법인가에 대해서는 아직 분명하게 밝혀지지 않았다.

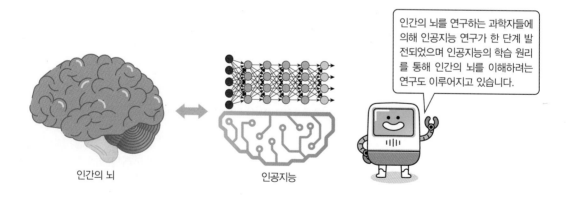

인간의 뇌 ↔ 인공지능

> 인간의 뇌를 연구하는 과학자들에 의해 인공지능 연구가 한 단계 발전되었으며 인공지능의 학습 원리를 통해 인간의 뇌를 이해하려는 연구도 이루어지고 있습니다.

이러한 인공지능의 성취는 뇌과학을 연구하는 많은 사람들에게 영감을 주고 있다. 인간의 뇌가 오차 역전파와 유사한 방법으로 학습하는지는 아직 잘 모르지만, 인간이 사고하고 학습하는 원리를 이해하는 데 매우 중요한 근거임에는 틀림없기 때문이다. 오랜 기간 동안 인간의 뇌를 연구하는 과학자들의 연구 성과에 의해 인공지능 연구의 돌파구가 열리게 되었으며, 인공지능의 학습 원리를 통해 인간의 뇌를 이해하려는 연구도 이루어지고 있다. 두 **연구의 상호 보완적인 협력**으로 인하여 **언젠가는 인간 뇌의 수수께끼가 풀리는 날이 있을 것이며 이러한 성과는 인공지능의 큰 진전을 가져올 것이다.**

01 모든 신호가 출력층 방향으로 향하는 신경망을 피드포워드 신경망이라고 한다. 반면 신경망층과 활성화 함수를 통해 나온 출력이 다시 자기 자신에게 입력으로 제공되는 구조를 가진 신경망을 순환 신경망이라고 한다.

02 적대적 생성 신경망은 가짜를 생성하는 인공신경망(생성 모델)과 진짜를 판별해 내려는 인공신경망(판별 모델)이라는 목적이 다른 두 적대적 인공신경망이 최적의 균형을 찾도록 만든 모델이다.

03 생성 모델은 **주어진 데이터를 학습하여 학습 데이터의 분포를 따르는 유사한 데이터를 생성**하는 모델이며, 변분 오토인코더 기술이 중요한 기술로 사용되고 있다.

04 판별 모델은 진짜 데이터와 가짜 데이터가 주어졌을 때 이 데이터를 학습하여 진짜와 가짜를 판별하는 모델이다.

05 강화학습은 어떤 환경 안에서 정의된 에이전트가 현재의 상태를 인식하여, 선택 가능한 행동들 중 보상을 최대화하는 행동을 학습하는 기법이다.

06 마르코프 의사결정 프로세스는 상태, 행동, 보상, 전이 확률, 정책의 개념을 통해 어떤 문제를 수학적으로 모델링하고, 그 문제를 효과적으로 해결하는 방법을 찾을 수 있도록 도와주는 강화학습의 중요한 도구이다.

07 순환 신경망이 가지는 한계를 극복하기 위해 도입된 딥러닝 구조가 **트랜스포머**이다. 트랜스포머는 순환 신경망의 특성 대신 셀프 어텐션이라는 구조를 도입함으로써 시퀀스 내의 모든 요소들 사이의 관계를 동시에 고려하는 방법을 사용한다.

08 자연어 처리 분야를 중심으로 트랜스포머를 이용한 다양한 모델이 개발되고 있으며, 최근 컴퓨터 비전 분야에서도 트랜스포머를 활용한 기법들도 개발되고 있다. ChatGPT와 같은 초거대 언어 모델은 트랜스포머를 핵심 구조로 하고 있다.

09 설명 가능한 인공지능은 **불투명한 인공지능 알고리즘을 신뢰할 수 있고 책임감 있게 만들기 위한 제반 기술**을 말한다.

단답형 문제

다음 괄호 안에 들어갈 알맞은 단어를 적으시오.

01 모든 신호가 출력층 방향으로만 향하는 신경망을 (   )(이)라고 한다.

02 (   )(은)는 신경망층과 활성화 함수를 통해 나온 출력이 다시 신경망층의 입력으로 제공되는 구조를 가지고 있다.

03 번역 시스템에서는 번역하고자 하는 문장이 입력될 때 다른 언어로 번역된 문장이 출력된다. 이때 입력과 출력 모두 글자나 단어들이 순서를 가지고 연속적으로 나타나는데 이를 (   )(이)라고 한다.

04 하나의 이미지를 분석하여 이 이미지를 묘사하는 글을 생성하는 신경망의 기능을 (   )(이)라고 한다.

05 (   )(은)는 주어진 데이터를 학습하여 학습 데이터의 분포를 따르는 유사한 데이터를 생성하는 모델이다.

06 (   )(은)는 여러 장의 진짜 이미지와 가짜 이미지가 주어졌을 때 이 데이터를 학습하여 진짜와 가짜를 구분하는 모델이다.

07 이안 굿펠로는 기존의 생성 모델링에 분류 문제를 해결하는 판별자 네트워크를 도입한 후 진짜 같은 가짜 이미지를 만드는 (   )(을)를 제안했다.

08 (   )(은)는 게임 이론을 바탕으로 가짜를 생성하는 인공신경망(생성 모델)과 진짜를 판별해 내려는 인공신경망(판별 모델)이라는 목적이 다른 두 적대적 인공신경망이 (   )(을)를 찾도록 만든 심층 신경망 모델이다.

09 인간의 뇌는 시각 정보를 해석할 때 실제 존재하는 현실과 동떨어진 해석을 내리기도 하는데 이것을 (   )(이)라고 한다.

10 사람의 인지 영역을 넘어선 딥러닝의 내부 구조 탓에 인공지능이 왜 그런 결과를 도출했는지 개발자도 알 수 없는 경우가 있다. 이와 같은 형태의 인공지능 모델을 (   )(이)라고 부르기도 한다.

11 불투명한 인공지능 알고리즘을 신뢰할 수 있고 책임감 있게 만드는 데 있어 중요한 것은 설명 가능성이다. 이러한 설명 가능한 인공지능을 영어 단어의 머리글자를 따서 (   )(이)라고 표기하기도 한다.

12 인공지능의 이미지 인식이나 알고리즘의 결함을 악용한 공격을 (   )(이)라고 하며 인공지능의 놀라운 성능과 함께 이러한 공격의 많은 사례도 계속해서 발표되고 있다.

객관식 문제

다음 질문에 대하여 가장 알맞은 답을 구하여라.

01 다음 중 순환 신경망에 대한 설명으로 올바르지 않은 것을 고르시오.

❶ 실생활의 대부분 데이터는 순환 신경망으로 학습시킬 수 있다.

❷ 시간의 흐름에 따라 연속적으로 발생하는 신호를 보고 다음 신호를 예측하는 일에 활용될 수 있다.

❸ 기계 번역, 로봇 제어, 음성 인식, 음성 합성, 리듬 학습, 노래 만들기, 시계열 데이터의 예측과 같은 분야에 응용될 수 있다.

❹ 시간에 따라 순차적으로 제공되는 정보를 다룰 수 있는 신경망이다.

02 다음 중 적대적 생성 신경망에 대한 설명으로 올바르지 않은 것을 고르시오.

❶ 정교한 이미지를 만들거나 고흐, 세잔 등의 유명한 화가의 화풍으로 그림을 그리는 인공지능 기술이다.

❷ 다양한 노이즈 입력을 받아 원하는 카테고리의 기존에 존재하지 않는 새로운 이미지를 생성해 낼 수 있다.

❸ 생성 모델과 판별 모델이라는 중요한 구성 요소를 가진다.

❹ 시간에 따라 생성되는 데이터를 다루는 데 효과적인 신경망이다.

짝짓기 문제

01 순환 신경망의 시퀀스 구조와 그 구체적인 사례를 올바르게 연결하여라.

일대다 구조 •   • 기계 번역을 하는 신경망

다대일 구조 •   • 하나의 이미지를 분석하여 이 이미지를 묘사하는
                        글을 생성하는 신경망

다대다 구조 •   • 문장을 분석하여 긍정/부정과 같은 감정을 판단하
                        는 신경망

02 다음은 적대적 생성 신경망과 그 파생 신경망이다. 이 신경망들의 특징을 올바르게 짝짓기 하여라.

적대적 생성 신경망 •   • GAN의 이미지 생성 기능을 다양한 분야에서 사용
                        할 수 있도록 하는 좋은 개선안을 제시함

DCGAN •   • 생성 모델과 판별 모델이라는 중요한 신경망으로
                        구성됨

BEGAN •   • 생성기와 판별기 사이의 균형을 조정해주는 평형
                        개념의 도입으로 단순하지만 강력한 구조를 가짐

03 다음은 ChatGPT에서 수행하는 학습 방법과 그 특징이다. 이들을 올바르게 짝짓기 하여라.

사전 학습 단계 •   • 특정 작업이 '번역'이라면 번역 관련 데이터로 추가
                        학습을 진행하게 되는 것을 말함

미세 조정 단계 •   • 훈련 과정에 인간이 관여하도록 하는 것을 말함

인간 피드백형 강화학습 •   • 대량의 텍스트 데이터로 학습을 하면서 언어에
                        대한 기본적인 이해를 함

04 다음은 인공지능에서 사용되는 주요 용어와 이에 대한 설명이다. 이들을 올바르게 짝짓기 하여라.

LLM ·   · 클래스 활성화 지도

XAI ·   · 대규모 언어 모델

CAM ·   · 설명 가능한 인공지능

RNN ·   · 적대적 생성 신경망

GAN ·   · 순환 신경망

찾아보기